Margarida H. Windholz

Passo a passo, seu caminho

GUIA CURRICULAR PARA O ENSINO DE HABILIDADES BÁSICAS

3ª EDIÇÃO AMPLIADA

EDICON

CIP-BRASIL. CATALOGAÇÃO NA PUBLICAÇÃO
SINDICATO NACIONAL DOS EDITORES DE LIVROS, RJ

W733p
Windholz, Margarida H.
Passo a passo, seu caminho : guia curricular para o ensino de habilidades básicas / Margarida H. Windholz . - 3. ed. amp. - São Paulo : EDICON, 2018.
500 p. : il. ; 28 cm.
Apêndice
Inclui bibliografia e índice
ISBN 978-85-290-1046-5
1. Educação especial.2. Educação inclusiva. 3. Avaliação de comportamento. 4. Psicologia da aprendizagem. I. Título.

16-34868 CDD: 371.9
CDU: 376.1

EDICON
Editora e Consultoria Ltda EPP
(11) 3255 1002 • 3255 9822
Rua Gama Cerqueira, 87 Cambuci
CEP 01539-010 São Paulo/SP
www.edicon.com.br

Coordenador Editorial
Antônio Jayro da Fonseca Motta Fagundes

Colaboradores
Ana Lúcia Cortegoso
Ana Lúcia Rossito Aiello
Célia Maria Gonçalves Loch
Sonia Beatriz Meyer
Antonio Celso de Noronha Goyos
Antônio Jayro da Fonseca Motta Fagundes

Coordenação de produção
Valentina Ljubtschenko

Revisão
Nilza Aparecida Hoehne Rigo

Normalização bibliográfica
Marta Pião - CRB 8/6466

Editoração Eletrônica
André Furlan
Daniela Ljubtschenko Motta
Vinicius Zanetti

Capa
Soraia Ljubtschenko Motta

Xilogravuras
Hannah Brandt

À CARMINHA

E a todas as crianças, como ela,
que nos ajudaram a aprender
como melhor ensiná-las.

À CELMA CENAMO,

Pedagoga e mãe, e amiga.

AGRADECIMENTOS

Semeei, reguei, colhi...

Semeei com amor sementes coloridas, reguei com valores, conhecimentos e dedicação, para que se abrissem. Colhi sucessos e alguns fracassos, alegrias e decepções, bem como amizades duradouras, ao longo da minha vida no Brasil, ao qual, graças à reedição deste livro, a ele retorno e tenho a oportunidade de rever e abraçar os amigos.

Antes de mudar com parte da família para Israel, em 2008, realizando o projeto de iniciar uma "vida nova aos 80 anos", fui perguntada sobre meus planos para o futuro. Respondi que pretendia continuar trabalhando e gostaria de uma reedição do meu livro "Passo a Passo, seu Caminho". Na ocasião, restavam apenas poucos exemplares, que deixei aos cuidados de Argemiro Garcia que, juntamente com sua esposa Mariene M. Maciel, são grandes ativistas em prol do atendimento de pessoas com autismo, ficando esgotado o estoque dos livros por mais de duas décadas.

Os anos passaram e a reedição não se viabilizou... Até que, em janeiro deste ano de 2016, depois de uma tentativa não considerada no ano anterior, meu "ex-aluno", como ele insiste em dizer, Jayro Motta (Antônio Jayro da Fonseca Motta Fagundes), me procurou, pedindo autorização para reeditar o livro pela editora Edicon, de sua esposa Valentina, que tinha publicado a 1ª edição. A proposta, em si, me deu novas forças em um momento profundamente triste da minha vida: o falecimento do meu companheiro de 70 anos de casados. Disponibilizar novamente o "Passo a Passo" aos profissionais e pais que se dedicam à educação de pessoas com necessidades especiais, quando, no Brasil, ainda há uma carência enorme de material didático na área, me permitiria concretizar o desejo, de tantos anos, justo agora quando inicio a minha nona década de vida.

Mas tive dúvidas. Decorridos 28 anos após a primeira edição, seria válida uma reedição? O "sim" recebido da professora e amiga Maria do Carmo Guedes, da PUC–SP – Pontifícia Universidade Católica de São Paulo e o "deve ser reeditado", da amiga e professora Daisy de Souza, da UFSCar – Universidade Federal de São Carlos, me convenceram. A elas, meus agradecimentos pelo encorajamento e pela amizade que a distância não afetou.

Por todo o incentivo, dedicação e trabalho com que Jayro e Valentina promoveram a reedição, a eles meus agradecimentos especiais. À Valentina, pelo primor e carinho para termos esta edição alegre, bonita, funcional, que atrai o leitor. A Jayro, ainda mais perfeccionista do que eu, por acompanhar cada passo da revisão, com esmero e "olho de lince" para o texto e rodapés e inclusão correta de referências difíceis de encontrar.

Não tenho palavras para dizer que esta reedição representou para mim o reconhecimento do trabalho a que dediquei tantos anos de minha vida e que restará como meu legado.

Meus agradecimentos à ABPMC – Associação Brasileira de Psicologia e Medicina Comportamental, na figura de seu presidente Denis Zamignani, que, além de me honrar com a deferência de uma "homenagem pelas contribuições ao desenvolvimento da análise do comportamento no Brasil" – prestada na abertura do XXV Encontro da ABPMC [1] – está colaborando com parte dos custos para a reedição deste livro, como e-book.

Meus agradecimentos também vão para minhas amigas e colaboradoras na 1ª edição: Ana Lúcia Aiello, Ana Lúcia Cortegoso, Célia Gonçalves Loch e Sônia Beatriz Meyer que novamente participaram, dando sugestões para algumas mudanças na 2ª edição.

Gratidão ao Prof. Celso Goyos que não conhecia o Passo a Passo e, malgrado ter uma agenda comprometida, varou noites para fazer uma revisão detalhada de parte considerável do conteúdo técnico do texto.

[1] Nota do Editor. Nesta abertura, em nome da ABPMC, Antônio Jayro fez uma saudação à Dra. Margarida, elencando as principais contribuições por ela prestadas para o desenvolvimento, em nosso País, da Análise Comportamental (AC), principalmente da Aplicada, e ela discursou, agradecendo a homenagem, mostrando os passos percorridos e indicando alguns dos passos que ainda precisam ser dados, para o pleno desenvolvimento da AC no Brasil.

Nesta 3ª edição, a fala de ambos está reproduzida ao final do livro, antes da seção Sobre a Autora, para um mais amplo conhecimento da importância das contribuições da Dra. Margarida, algumas das quais eram desconhecidas, para os estudiosos dessa área. Essas duas falas também serão publicadas nos anais do Evento realizado em Foz do Iguaçu.

Impossível não mencionar as amigas Maria Beatriz Braga, cuja família contribuiu financeiramente com uma parte dos custos para imprimir a 1ª edição, e Sônia Beatriz Meyer, que se dispuseram a contribuir com uma parte dos custos para a reedição impressa. A elas, meu muitíssimo obrigado. Juntas percorremos variados caminhos, selados pela amizade recíproca.

E, por fim, minha gratidão pela torcida dos meus filhos, netos e netas, desta família maravilhosa e amorosa que me envolve com seu carinho e que, pelo apoio constante, me mantém jovem. Vocês são minha melhor obra.

Sumário

Voltando ao começo 11

Indrodução 13

Capítulo I **Passo a passo se faz um caminho: o guia curricular** 17

Capítulo II **Apresentação dos programas** 31

Capítulo III **Apoio técnico do educador: o guia curricular e a analise do comportamento** 57

Anexos - Folhas de registro e representação gráfica do desempenho 78

Capítulo IV **Guia curricular** 91

Programa 1 Senso-percepção 93

Programa 2 Contato visual 123

Programa 3 Comportamento exploratório 157

Programa 4 Procura de objetos 175

Programa 5 Imitação motora 189

Comunicação ***Introdução aos programas de comunicação - Programas de 6 a 13*** 207

Programa 6 Atendimento de ordens 213

Programa 7 Senta / Levanta 227

Programa 8 Identificação 237

Programa 9 Imitação do movimento dos órgãos fonoarticulatórios 265

Programa 10 Imitação oral de palavras 279

Programa 11 Nomeação 295

Programa 12 Sim / Não 317

Programa 13 Expressão gestual de desejos e necessidades 331

Programa 14 Expressão e reconhecimento de sentimentos 347
Programa 15 Emparelhamento 361
Programa 16 Uso funcional de brinquedos 385
Programa 17 Dramatização 401
Programa 18 AVD — Atividades da vida diária 413

E o caminho continua 461

Sugestões para leitura 463

Tributo para Dra. Margarida H. Windholz (Maggi), por suas contribuições para a análise comportamental no Brasil 481

Passos para o futuro da análise comportamental no brasil 489

Sobre a autora 493

Sobre os colaboradores 496

Voltando ao começo

Este trabalho, na verdade, pertence às crianças e aos jovens com problemas de desenvolvimento que, por representarem um desafio para nós, seus educadores, foram verdadeiros coparceiros na sua concretização.

Pertence também a todos aqueles, educadores e pais, que — através destes anos — lutaram para que as Carminhas, os Flávios, as Lulus e os Márcios não fossem mais considerados incapazes de aprender, para que tivessem uma chance de se independerem, na medida de suas possibilidades, de aprender a saber mais sobre o mundo em que vivem e sobre si mesmos, de estabelecer relações mais significativas, enfim, de serem educados com esperança.

O Guia Curricular de Ensino de Habilidades Básicas, que ora sai à luz, é produto de uma atividade de mais de quinze anos e contou com a colaboração de muitas pessoas de diferentes especialidades. Surgiu a partir do trabalho educacional direto, que exigiu a criação de programas de atividades que favorecessem o desenvolvimento de crianças e jovens com defasagem severa de desenvolvimento e permaneceriam numa instituição em regime de semi-internato.

As atividades deveriam, de um lado, capacitar estes alunos quanto à sua independência na vida diária, à aquisição de habilidades básicas e, sempre que possível, introduzir atividades ditas pré-acadêmicas, acadêmicas e atividades ocupacionais. De outro lado, queria-se oferecer a eles um ambiente carinhoso e alegre, entremeando a programação com atividades de recreação, música e educação física. Terapias necessárias também tinham que ser incluídas na programação, pois muitos alunos requeriam atendimento específico, seja de fisioterapia, fonoaudiologia, terapia ocupacional e psicoterapia.

Partiu-se de uma proposta que visava unir uma filosofia de ação à metodologia derivada da análise comportamental, na medida em que, cada vez mais, pesquisas e trabalhos realizados fora do país mostravam os resultados positivos obtidos através da aplicação da análise do comportamento ao ensino do excepcional. Embora partilhando dos mesmos sentimentos de dor, que acompanham e acompanharão todos aqueles, pais, familiares ou educadores que lidam com a criança especial, a equipe também alimentava sentimentos de esperança: acreditávamos — e hoje temos a confirmação disto — que o problema do educador depende muito mais da descoberta do "o que" e "como" ensinar à população-alvo, do que da "incapacidade" desta de aprender. Sabemos que existem limites, mas também aprendemos que, passo a passo cada qual poderá seguir um caminho que o leve a uma maior independência na sua vida diária, a uma maior participação social e que, apenas trabalhando sistematicamente, podemos ampliar o limite que cada um pode alcançar.

Os anos gastos para elaborar e reelaborar o conteúdo do Guia Curricular têm sua explicação. Quando começamos, em 1972, nada havia no Brasil que se assemelhasse ao que nos propúnhamos a fazer. Tivemos que começar do zero. Os poucos modelos estrangeiros, existentes na ocasião, não podiam ser transpostos diretamente para o nosso meio, dada uma série de diferenças históricas, de condições econômicas, tecnológicas, culturais e sociais. Assim, partiu-se do repertório das crianças que a nós vinham como alunos e para as quais foram elaboradas avaliações específicas. As suas necessidades e as do seu ambiente mais próximo, bem como as da comunidade em geral, foram analisadas e as expectativas, levadas em consideração. Tivemos que recorrer ao nosso próprio "know-how", à criatividade e ao bom senso dos participantes, na procura de utilizar o conhecimento existente, para abrir novos caminhos e encontrar novas formas de trabalhar com o excepcional. Os próprios dados, oriundos da aplicação dos programas, das informações colhidas, das observações feitas, bem como o funcionamento geral da instituição em que foram criados, levaram-nos a fazer modificações repetidas. Resultados de pesquisas, sempre que pertinentes, foram aproveitados na revisão dos programas. A equipe teve que ser treinada e, também neste aspecto, havia uma proposta inovadora. O alvo era fazer com que o trabalho, sempre que viável, tomasse um caráter transdisciplinar, maximizando o aproveitamento das contribuições de cada membro da equipe e, com isso, também maximizando as oportunidades de aprendizagem e crescimento dos alunos. Funcionalidade e manutenção do aprendido nortearam as escolhas programáticas, de modo que o que fosse aprendido na instituição pudesse ser transposto e generalizado para a vida do aluno, junto aos seus pais e familiares. Esta proposta de trabalho em equipe, por suas próprias condições, levou à incorporação do ensino contínuo do profissional, como uma das finalidades importantes do nosso trabalho.

A falta de pesquisas na área fez com que a instituição abrisse suas portas a estudantes e psicólogos, propiciando oportunidades de treino e desenvolvimento de pesquisas e, deste modo, várias teses de mestrado e doutorado foram realizadas, enriquecendo nosso conhecimento sobre o excepcional e sobre os procedimentos de ensino.

A confirmação de estarmos no caminho certo veio de várias fontes, inclusive muitas vezes de pesquisas, publicadas muito depois de se estar usando determinados procedimentos ou de se ter tomado certas decisões sobre sequências a serem escolhidas.

Com o passar do tempo, a tríade — ação educacional, ensino contínuo da equipe e pesquisa — foi se cristalizando na forma de objetivos, com a convicção de que, no estado atual dos conhecimentos sobre o excepcional, estes aspectos têm que caminhar sempre juntos, se quisermos fazer um trabalho sério e contribuir, ao mesmo tempo, para aumentar o conhecimento científico existente.

O material foi se acumulando e o nosso desejo de compartilhar nossa experiência com a comunidade mais ampla tornou-se patente. Entregamos o Guia ao público, convencidos de que, pelas próprias características dos indivíduos a quem serviu e — esperamos — continuará servindo, ele será sempre um "produto-em-processo" e, portanto, novas mudanças e revisões ocorrerão e serão desejáveis.

Introdução

Início de 1972. Celma, mãe de Carminha, de 12 anos, com síndrome de Down e severa deficiência intelectual, foi chamada à diretoria de uma escola especializada para esse tipo de criança, e teve que ouvir:

— *"Lamentavelmente não temos condições de continuar com sua filha. As características dos serviços que oferecemos não se coadunam mais com as necessidades dela"*.

Quantas mães brasileiras já escutaram frases como essa, deixando a sala da diretoria perdidas e desesperadas!

Só que a mãe de Carminha, Celma Cenamo, embora chocada diante dessa situação, optou por um novo caminho. Psicopedagoga, trabalhando na área educacional, lembrou-se das visitas que acabara de fazer a escolas especiais nos Estados Unidos, onde presenciara o êxito no atendimento aos alunos, com programações baseadas nos conceitos teóricos da Análise Comportamental. Resolveu, ela mesma, trabalhar com a filha nessa nova linha. Para isso, veio buscar ajuda junto à minha pessoa, sua amiga e psicóloga, com formação na área de Análise Experimental do Comportamento.

Juntas, construímos um programa de ensino para Carminha, partindo da análise do seu repertório comportamental, visando atividades que seriam as mais importantes para seu dia a dia. Contratou-se uma professora para trabalhar com ela, sob minha supervisão direta.

Uma vizinha, a mãe de Flávio, 9 anos, menino autista, extremamente agitado, considerado "irrecuperável" pela escola, fez uma proposta para Celma: cederia a ela uma parte de sua casa, para que lá instalasse uma classe para atendimento dos dois. Logo mais, a mãe de Lulu, 7 anos, com deficiência auditiva e sérias sequelas físicas, tomando conhecimento da iniciativa, propôs-se a colaborar, desde que sua filha fosse atendida lá. Com Márcio, menino de 6 anos, com deficiência intelectual moderada, formou-se um grupo de 4 crianças. Com elas, teve início a "Escola da Carminha"[1], mais tarde oficializada como "CARE — Centro de Aprendizagem e Reabilitação do Excepcional.

***

O livro *"Passo a Passo, seu Caminho - Guia Curricular para o Ensino de Habilidades Básicas"* foi o produto do trabalho desenvolvido na CARE, seguindo esta nova filosofia de ação e perspectiva de ensino: a aplicação da Análise Comportamental, cientificamente fundamentada. Foi o primeiro Guia Curricular brasileiro para e com crianças e jovens excepcionais, que resultou de 15 anos de pesquisa nessa escola, bem como em outras instituições e clínicas psicológicas, escrito de modo essencialmente didático. Seu objetivo foi oferecer a profissionais da área de educação e reabilitação, professores, psicólogos, fonoaudiólogos, fisioterapeutas e, até mais importante, a pais, uma orientação sistemática para a instalação de habilidades básicas essenciais, para tornar a pessoa especial independente e competente na realização de certas tarefas rotineiras ocupacionais ou, até mesmo, quando possível, acadêmicas.

[1] A denominação "Carminha - Associação para Reabilitação do Excepcional - CARE", depois foi mudada, por volta de 1977, para "CARE – Centro de Aprendizagem e Reabilitação do Excepcional", mas era comum ser designada apenas como "Escola da Carminha".

Na Introdução à primeira edição do livro, expusemos detalhadamente sua proposta, que visava unir nossa filosofia de ação à metodologia derivada da Análise Comportamental. Afirmamos que a eficácia do educador depende muito mais da descoberta do "que" e "como" ensinar à população-alvo, do que da "incapacidade" dela de aprender. Sabíamos que existem limites, mas também aprendemos que, passo a passo, cada qual poderia seguir um caminho que o levasse a maior independência na sua vida diária, a maior e melhor convivência na família e no seu ambiente social e que, apenas trabalhando sistematicamente, podemos ampliar o limite que cada um pode alcançar.

O sucesso do livro evidenciou que havia uma severa lacuna a ser preenchida: a falta de informações, de instrumentos de avaliação, de ensino e orientação no Brasil, para o atendimento da sua população-alvo. O livro constituía uma esperança de orientação com base em conhecimentos da Análise Comportamental.

Procurando conhecer quais foram os principais compradores do livro, encontramos, no primeiro momento, os profissionais atuantes com a população especial, ou seja: educadores, psicólogos, pedagogos, terapeutas ocupacionais, bem como fonoaudiólogos e fisioterapeutas, trabalhando em clínicas e em escolas particulares. Houve menor interesse por parte de diretores de escolas e instituições especiais, embora alguns tivessem conhecimento da Abordagem Comportamental, pois, por vezes, a direção encaminhava alunos para atendimento clínico nessa linha e aceitava, eventualmente, acompanhante na classe. Porém, faltou abertura para um trabalho sistemático mais amplo, que poderia ser útil para o ensino de todos os seus alunos.

O maior número de compradores, no entanto, foi formado por pais, ansiosos por encontrar ajuda e diretrizes para educar seus filhos especiais.

O lançamento do livro de Catherine Maurice: *"Deixe-me ouvir sua voz — O triunfo de uma família sobre o autismo"*[2], em 1993, foi um marco nesse sentido, pois chamou a atenção de pais, antes resistentes a uma linha que pretendia "condicionar" seus filhos, para os êxitos na aplicação da Metodologia Comportamental e aumentou a procura do "*Passo a Passo*". O mesmo, aliás, passou a ser considerado por muitos como específico para a população autista. Cumpre lembrar, porém, que os programas curriculares nele existentes, servem a uma variedade de pessoas com diagnósticos diferentes e, portanto, com características e necessidades diferentes. Por isso, no seu atendimento, a especificidade de cada uma delas deve ser levada em consideração na programação.

Passados quase 30 anos desde sua publicação, e com a edição do livro esgotada, convidada a autorizar uma reedição pela Edicon, surgiram as perguntas:

Seria ainda válida e desejável uma reedição do "Passo a Passo" (inclusive em forma de e-book, o que o tornaria disponível a um maior número de pessoas)? Ainda há falta de material didático para atendimento da população de crianças, jovens e adultos com necessidades especiais? Logo outra pergunta surgiu e que talvez devesse preceder a primeira: como se encontra hoje no Brasil, decorridas quase três décadas, a situação da população-alvo do "Passo a Passo"? Ainda é frequente pais ouvirem a frase: "Não temos condições de atender a seu filho", por parte de escolas públicas, particulares e outras instituições?

[2] Maurice, C. (1998). *Let me hear your voice: a family's triumph over autism.* London: Robert Hale. (Edição original 1993).

Constatamos que ocorreram significativos avanços jurídicos no Brasil nos últimos 30 anos — em grande parte devido ao empenho e à luta de pais e instituições para a população em foco — por meio de diversas leis aprovadas pelo Governo, culminando com a recente, que trata da Inclusão da Pessoa com Deficiência (Lei nº 13.146, de 6 de julho de 2015), segundo a qual o atendimento da pessoa com deficiência deve ser garantido em todos os níveis.

No entanto, com relação à inclusão escolar, deve-se dizer que o fato da Lei exigir a inclusão de cada pessoa na escola não é suficiente para que as condições de atendimento garantam os resultados desejáveis dessa inclusão. Com uma grande quantidade de alunos em cada classe, sem uma formação específica do corpo de professores e sem uma metodologia baseada em conceitos teóricos fundamentados, para atendimento de uma população com características tão diversas e difíceis, teremos professores sobrecarregados e obtendo resultados insatisfatórios, inclusive com o perigo de acentuar os estereótipos, em relação a esses alunos.

Mesmo tendo, como previsto, a possibilidade de acompanhantes para os alunos especiais, ambos, professor e acompanhante, necessitam de uma formação que lhes permita sucesso na sua tarefa. Há que lutar também contra o preconceito de significativa parte de pais, contra a pessoa "diferente" junto a seus filhos, implicando em rejeição, isolamento e "*bullying*".

Existe, aqui, um grande campo para a atuação da comunidade de Analistas de Comportamento, trazendo seus conhecimentos e instrumentos, no sentido de contribuir para a melhor habilitação dos professores, uma mais eficaz organização escolar, programação curricular e criação de condições específicas para garantir resultados promissores. Afirmamos isso tendo em vista os avanços importantes em pesquisas de aplicação da Análise do Comportamento nas últimas décadas, especificamente na área de Educação e Educação Especial, no que se refere a instrumentos de diagnóstico, intervenção e ensino. Nesse sentido, constata-se um sensível aumento de clínicas, escolas e instituições, de excelente nível, num trabalho muito válido, mas que atinge apenas uma população limitada, num trabalho que chamaríamos "de varejo".

A quem pode atender o conteúdo deste livro?

É desejável e necessário incentivar um maior número de profissionais e estudantes em direção à habilitação e atuação em escolas e instituições, principalmente as públicas, para ajudar a aprimorar o atendimento da população, garantindo resultados do mesmo nível. Isso porque, diante do vasto número de pessoas a encaminhar e educar há necessidade de um trabalho "por atacado", neste imenso e diversificado Brasil.

A contribuição de *"Passo a Passo"* se torna especialmente importante já que, hoje em dia, diagnósticos de comprometimentos diversos, que requerem atenção e intervenção, são realizados mais precocemente por estarem as famílias melhor informadas, pelos meios de comunicação e por trocas de informações em grupos de pais e profissionais, principalmente pela internet. Os pais, com filhos com necessidades especiais, têm também maior conhecimento sobre os direitos e serviços aos quais eles têm direito.

Nesse sentido, parece importante também visar à formação do pediatra, primeiro especialista a entrar em contato com a criança e que, ainda hoje, frequentemente procura dissipar as preocupações de pais, em vez de ouvi-las e fazer os devidos encaminhamentos a serviços especializados para intervenção precoce. Vemos também a necessidade de criar, junto à escola, grupos de apoio aos pais e à família, para um trabalho conjunto deste triângulo: profissionais, pais e comunidade escolar.

Os casos de infecções pelo vírus da *Zica*, que estão surgindo no Brasil e outros lugares, envolvendo o nascimento de bebês com microcefalia, vêm trazer um novo problema de dimensões ainda não previsíveis e, infelizmente, um aumento significativo de crianças que necessitarão de atendimento e estreita colaboração entre profissionais das áreas de medicina, psicologia, fisioterapia e fonoaudiologia.

Voltemos então à primeira pergunta que respondemos afirmativamente. Passamos da idade da máquina de escrever (a 1ª edição deste livro foi escrita com uma IBM elétrica) para a era da tecnologia mais avançada do computador, da internet, do Google, dos notebooks, aplicativos os mais diversos, celulares etc. Dispomos hoje de acesso, nunca pensado, a todo e qualquer tipo de informação. As maneiras de comunicação interpessoal sofreram mudanças drásticas. Paralelamente a essas mudanças, as pesquisas nas áreas neurológicas e psiconeurológicas abrem novos conhecimentos, que, junto com os avanços tecnológicos, teremos que considerar e incluir em nossos processos educativos.

Mesmo assim, e embora passados quase 30 anos desde a primeira publicação de *"Passo a Passo"*, com base em levantamentos feitos e na opinião dada por especialistas da área de Educação e Educação Especial, acreditamos que o livro permanece válido para fornecer um quadro referencial teórico e prático, que se enriquecerá mais ainda com a inclusão dos novos conhecimentos neurológicos, psiconeurológicos e tecnológicos.

Os princípios de programação comportamental, apresentados no *"Passo a Passo"*, de maneira clara e organizada, são atemporais, abrangendo habilidades das mais simples às mais complexas, todas compondo um mosaico de habilidades necessárias para qualquer criança, com ou sem limitações.

Tais princípios valem não apenas para a lista dos dezoito programas nele apresentados, como servem de guia para criar um sem-número de programas curriculares, ocupacionais, acadêmicos ou mesmo esportivos. Nesse sentido, *"Passo a Passo"* é um Guia em aberto, que poderá ser constantemente ampliado. Seu formato favorece que novos conjuntos de habilidades sejam a ele acrescentados, seja pelas descobertas na prática de atuação de pais, professores e profissionais, seja por novas pesquisas e conhecimentos na área de Educação Especial.

Conta-se ainda, para sua aplicação, com contribuições importantes e constantes que surgem na internet e que podem ajudar na realização dos programas: vídeos no "Youtube", demonstrativos dos procedimentos de ensino das mais diversas habilidades, bem como materiais auxiliares na forma de material didático, aplicativos, jogos.

"Passo a Passo" pretende ser a base do triângulo – profissionais, pais e comunidade –, resgatando os conhecimentos do passado e do presente, preparando a sociedade para uma verdadeira integração, em futuro próximo, das pessoas portadoras de necessidades especiais.

Capítulo I

Passo a passo se faz um caminho: o guia curricular

O ENSINO DE HABILIDADES BÁSICAS A EXCEPCIONAIS

O caminho, a fim de educar, estabelecer um tratamento eficaz e habilitar crianças, jovens e adultos atípicos ou excepcionais, tem sido longo e tortuoso. Discutiu-se e discute-se ainda o que estas pessoas, com características e dificuldades bastante diferentes, poderiam e deveriam aprender. Frequentemente os programas propostos são adaptados daqueles do ensino acadêmico normal e pouco ajustados às necessidades da população a ser atendida. Este é um fato comum nas classes especiais e em muitas escolas para excepcionais, talvez até com base numa falsa ideia de normalização.

Mesmo assim, nos últimos vinte anos, evidenciaram-se progressos acentuados na área de ensino especial. De um lado, desenvolveram-se os conhecimentos teóricos das áreas voltadas par o ser humano, como a Psicologia, Medicina, Genética, Neurologia. De outro, as pesquisas e a tecnologia, derivadas da análise comportamental aplicada, ofereceram uma metodologia eficaz de prestação de serviços e, em muitos países, já existem, hoje em dia, leis que garantem o direito à educação e ao acesso a serviços especializados a todos os indivíduos excepcionais, especiais ou atípicos.

Continuam em aberto, no entanto, as questões fundamentais:

- porque ensinar
- o que ensinar
- como ensinar
- onde ensinar
- quando ensinar

Para respondê-las, precisamos conhecer bem a população a ser atendida, suas características, suas necessidades, seus repertórios, bem como os dos educadores e profissionais disponíveis para atendê-la. Precisamos conhecer as condições e os recursos existentes. Com estas informações, fica mais fácil definir objetivos, bem como uma filosofia educacional, e verificar de que modo esta é compatível com os meios existentes ou o que pode estar em falta e terá que ser criado. Isto é válido para diferentes populações: excepcionais, sejam estes com problemas leves ou mais severos, deficientes físicos ou com distúrbios emocionais e crianças carentes.

São algumas destas perguntas que procuramos responder através do presente Guia Curricular, no que se refere ao ensino do que denominamos de HABILIDADES BÁSICAS, ou seja, as primeiras habilidades que uma criança deve adquirir.

Cumpre, portanto, antes de mais nada, definir o que entendemos por HABILIDADES BÁSICAS.

Acreditamos que seja necessário a qualquer ser humano desenvolver habilidades iniciais em sua vida que lhe permitam perceber o mundo que o cerca, atingindo com seus meios sensoriais as coisas, pessoas e outros seres vivos. Não lhe basta, porém, perceber o mundo, experimentar sensações, mas é preciso que este contato vá construindo uma compreensão deste mundo, com a apreensão de suas características, suas lógicas, seus mecanismos de causa e efeito. Junto aos avanços sensório-motores e cognitivos, também se ampliam suas possibilidades de comunicação, entendendo e atendendo ao mundo e às pessoas, expressando seus desejos, sentimentos e necessidades. O ser humano vai adquirindo independência nas rotinas do dia a dia

— alimentar-se, vestir-se, limpar-se, ir ao banheiro... — e vai se adaptando às exigências do ambiente.

Sintetizamos, no parágrafo anterior, um sem número de aprendizagens básicas, pré-requisitos para inúmeras outras que constroem o viver. A elas chamamos Habilidades Básicas, neste Guia Curricular.

Estas habilidades são importantes no desenvolvimento da criança normal e da criança ou do jovem com problemas de desenvolvimento: bebês de risco, crianças carentes, crianças com defasagem global de desenvolvimento ou com problemas específicos.

A criança normal adquire estas habilidades no decorrer dos seus primeiros anos de vida, em geral sem necessidade de programações ou procedimentos específicos. A criança especial, a criança excepcional, muitas vezes precisa ser ensinada, através de procedimentos bem precisos e elaborados, de um guia curricular para o ensino de habilidades básicas.

NOSSA CONCEPÇÃO DE CURRÍCULO E GUIA CURRICULAR

"A palavra *currículo* é definida formalmente como uma sequência de matérias que compõem um curso de estudos como, p.ex., o currículo do curso de Medicina, de Psicologia, do SENAI. Em muitas escolas primárias e secundárias, o currículo é uma *compilação sequenciada de materiais e livros* que o aluno deve superar. Dentro do contexto da educação especial e da educação pré-primária, o currículo especifica os tipos das *sequências de atividades e os materiais* aos quais uma criança será exposta. No entanto, segundo nossa proposta, um currículo é um documento que especifica em detalhe a *sequência de comportamentos* que uma criança deve adquirir para obter proficiência em várias áreas de desenvolvimento." (Romanczyk e Lockshin, 1981)

Procuramos produzir um currículo que realmente orientasse a ação dos educadores que dele se servissem. Os comportamentos nele englobados, se incluem em diferentes áreas de desenvolvimento. Pode ser adotado como um guia para ajudar a selecionar programas individualizados, de acordo com as necessidades e os dados de avaliação obtidos com cada aluno, antes e no decorrer de sua utilização.

Portanto, o guia curricular é um documento dinâmico, inter-relacionado que, ao mesmo tempo, modela e é modelado pela realização do trabalho. O currículo provê uma estrutura que facilita a comunicação eficaz entre todos os indivíduos envolvidos no ensino e serve como recurso importante para promover responsabilidades, por parte de quem o implementa, melhorando assim qualidade, consistência e eficácia do programa de cada criança.

De preferência, este currículo deve ser operacionalizado por uma equipe de especialistas que trabalhem de modo integrado e que conheçam as características de seus alunos e suas condições familiares. A programação não deveria ser deixada só a cargo de um professor que, na maioria das vezes, nem dispõe dos dados importantes sobre seus alunos. O professor, isso sim, deveria fazer parte da equipe.

Os programas selecionados para cada aluno deverão ser incluídos na sua programação diária que envolverá outras atividades, tais como fisioterapia, recreação, descanso, passeios, trabalhos manuais... Isto é, o dia do aluno deverá conter outras atividades, além das previstas pelo guia de ensino de habilidades básicas.

FUNÇÕES DE UM GUIA CURRICULAR

A que se presta um guia curricular na forma e conteúdo assumidos por este? Algumas das (possíveis) funções já estão claras. Seu uso por diferentes pessoas, em contextos diversos deve evidenciar outras ainda...

1. BASE PARA ESTABELECIMENTO DE UM ELENCO PROGRAMÁTICO INDIVIDUALIZADO

Conciliando-se dados do repertório do aluno e suas necessidades específicas com as alternativas de programação oferecidas pelo Guia, a equipe de especialistas poderá organizar a sequência de comportamentos a serem trabalhados com aquele aluno. É importante adotar o Guia, como oferta de *alternativas* a serem selecionadas e priorizadas em função de cada indivíduo, pois só assim o Guia adquirirá significado e funcionalidade para o aluno.

2. GUIA PARA A REALIZAÇÃO ADEQUADA DOS PROGRAMAS DE TREINO

Como se verá, cada programa de treino, incluído no Guia Curricular, está detalhado e cuidadosamente descrito, no intuito de facilitar sua utilização por educadores interessados. Procuramos oferecer, através da descrição precisa de como aplicar os treinos, um real guia de ação, em relação a cada programa. Além disso, acompanhamos estas descrições, de comentários e sugestões, extraídos de nossa experiência, que devem ampliar as possibilidades de uso desses programas (mais adiante, no Capítulo II, uma explicação mais detalhada dos recursos que utilizamos pode ser encontrada).

3. INSTRUMENTO PARA AVALIAÇÃO

O Guia Curricular, no seu conjunto, indica quais comportamentos devem ser avaliados, quando se pretende fazer um levantamento do repertório apresentado por um aluno. Serve também para acompanhar a evolução das aprendizagens já obtidas, bem como a sua generalização para o ambiente mais amplo.

4. INSTRUMENTO (PARCIAL) PARA TREINO DE EDUCADORES

Procuramos tornar a apresentação do Guia, no seu conjunto e em cada programa de treino nele contido, a mais completa possível. Fizemos uma tentativa de aproximar este Guia de um guia curricular autoinstrutivo para os educadores que dele se servissem. A riqueza e complexidade de sua aplicação, sentida por nós em nossa própria prática, sugere, no entanto, que um treinamento adicional — com uso de recursos diversos de ensino (como material teórico, discussões, "role-playing", filmes, fotos), feito por profissionais da área de educação especial e de análise de comportamento, será desejável.

O ELENCO PROGRAMÁTICO

Nosso Guia Curricular compõe-se de 26 programas de treino, que abrangem as principais Habilidades Básicas para uma pessoa especial viver e conviver, num mundo não tão especial. Procuramos dar aos programas de treino nomes precisos e esclarecedores, de tal forma que apenas a listagem de seus nomes, a seguir, já comece a dar uma ideia do que pode ser encontrado no Guia Curricular.

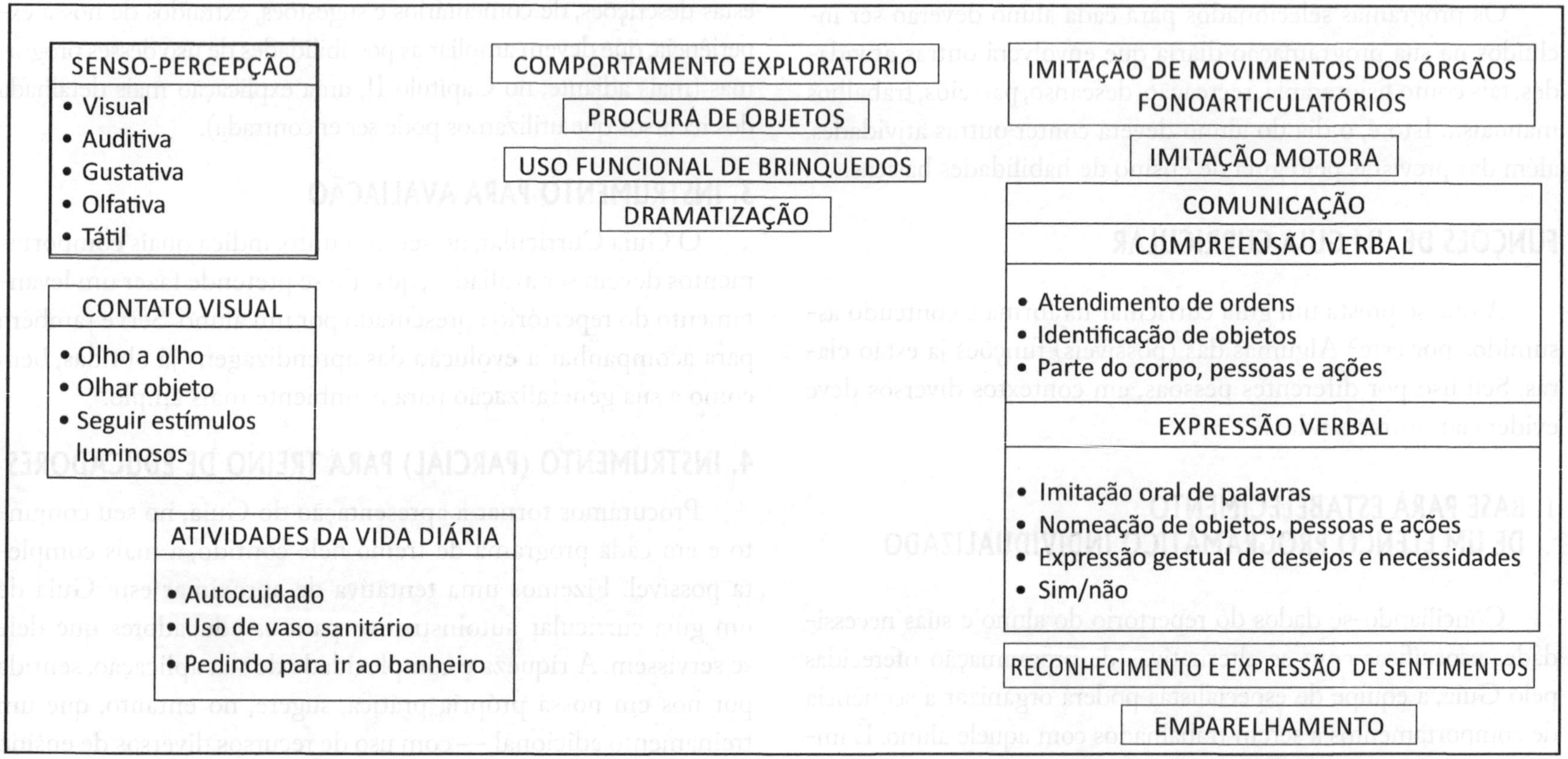
SENSO-PERCEPÇÃO
• Visual
• Auditiva
• Gustativa
• Olfativa
• Tátil
CONTATO VISUAL
• Olho a olho
• Olhar objeto
• Seguir estímulos luminosos
ATIVIDADES DA VIDA DIÁRIA
• Autocuidado
• Uso de vaso sanitário
• Pedindo para ir ao banheiro
COMPORTAMENTO EXPLORATÓRIO
PROCURA DE OBJETOS
USO FUNCIONAL DE BRINQUEDOS
DRAMATIZAÇÃO
IMITAÇÃO DE MOVIMENTOS DOS ÓRGÃOS FONOARTICULATÓRIOS
IMITAÇÃO MOTORA
COMUNICAÇÃO
COMPREENSÃO VERBAL
• Atendimento de ordens
• Identificação de objetos
• Parte do corpo, pessoas e ações
EXPRESSÃO VERBAL
• Imitação oral de palavras
• Nomeação de objetos, pessoas e ações
• Expressão gestual de desejos e necessidades
• Sim/não
RECONHECIMENTO E EXPRESSÃO DE SENTIMENTOS
EMPARELHAMENTO

Quadro 1 - *Programas de treino que compõem o Currículo de Habilidades Básicas*

Para que possamos entender estes programas dentro da área de Habilidades Básicas, podemos organizá-los em quatro grandes conjuntos com características afins. Cada um deles e a sequência em que são geralmente ensinados têm a ver com conhecimentos sobre Desenvolvimento Infantil e sobre Processo de Ensino-Aprendizagem.

O primeiro conjunto abrange os programas destacados no Quadro 2. Eles referem-se a comportamentos essenciais para a interação da criança com o mundo que a cerca, num estágio inicial de desenvolvimento e, ao mesmo tempo, representam a "base" para aprendizagens mais complexas. São comportamentos encontrados em bebês e crianças pequenas, desde bem cedo, que possibilitam momentos intensos e felizes com as coisas e pessoas do seu novo mundo. Muitos destes comportamentos não surgiram naturalmente nesta idade para as crianças especiais e acabaram por limitar suas experiências e aprendizagens. Daí precisarmos, na maioria das vezes, desenvolver habilidades deste primeiro conjunto, restaurando possibilidades de interação e de novas aprendizagens.

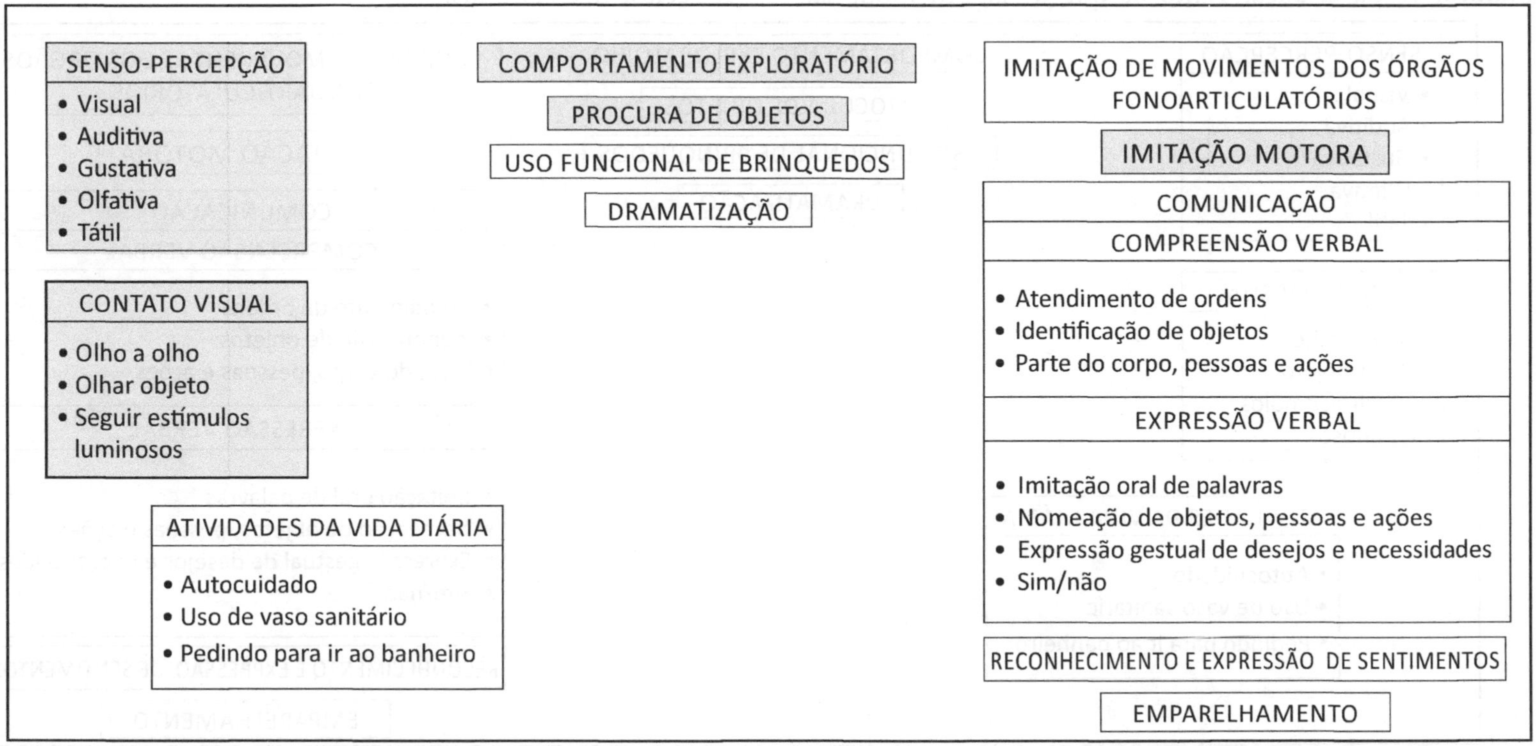
SENSO-PERCEPÇÃO
• Visual
• Auditiva
• Gustativa
• Olfativa
• Tátil
CONTATO VISUAL
• Olho a olho
• Olhar objeto
• Seguir estímulos luminosos
ATIVIDADES DA VIDA DIÁRIA
• Autocuidado
• Uso de vaso sanitário
• Pedindo para ir ao banheiro
COMPORTAMENTO EXPLORATÓRIO
PROCURA DE OBJETOS
USO FUNCIONAL DE BRINQUEDOS
DRAMATIZAÇÃO
IMITAÇÃO DE MOVIMENTOS DOS ÓRGÃOS FONOARTICULATÓRIOS
IMITAÇÃO MOTORA
COMUNICAÇÃO
COMPREENSÃO VERBAL
• Atendimento de ordens
• Identificação de objetos
• Parte do corpo, pessoas e ações
EXPRESSÃO VERBAL
• Imitação oral de palavras
• Nomeação de objetos, pessoas e ações
• Expressão gestual de desejos e necessidades
• Sim/não
RECONHECIMENTO E EXPRESSÃO DE SENTIMENTOS
EMPARELHAMENTO
Quadro 2 - *Conjunto 1 de Programas do Guia Curricular*

Estes programas iniciais estão estreitamente ligados entre si. Por exemplo, seria impossível treinar imitações motoras, sem ter instalado o contato visual num nível razoável. Teríamos muitas dificuldades de desenvolver comportamentos exploratórios, sem avanços na área de senso-percepção. Nem sempre todos estes programas serão desenvolvidos com cada criança. A escolha de quais deles adotar e, em qual sequência, depende do conhecimento do repertório da criança, de suas dificuldades e facilidades e de suas necessidades de aprendizagens futuras.

O segundo conjunto abrange os comportamentos relacionados ao comunicar-se da criança. Tanto os que de algum modo são precursores da aprendizagem da fala – Imitação Motora, Imitação de Movimentos dos Órgãos Fonoarticulatórios (OFA) — quanto os comportamentos básicos de Comunicação, ligados à Compreensão Verbal e à Expressão Verbal, inclusive a Comunicação gestual. Também faz parte deste conjunto o Programa Reconhecimento e Expressão de Sentimentos, que procura desenvolver habilidades críticas para o sucesso da criança, ao estabelecer e manter interações sociais. Acrescentamos a este conjunto o programa de Emparelhamento, que treina habilidades de reconhecimento de coisas "iguais", básicas para a formação de conceitos mais amplos.

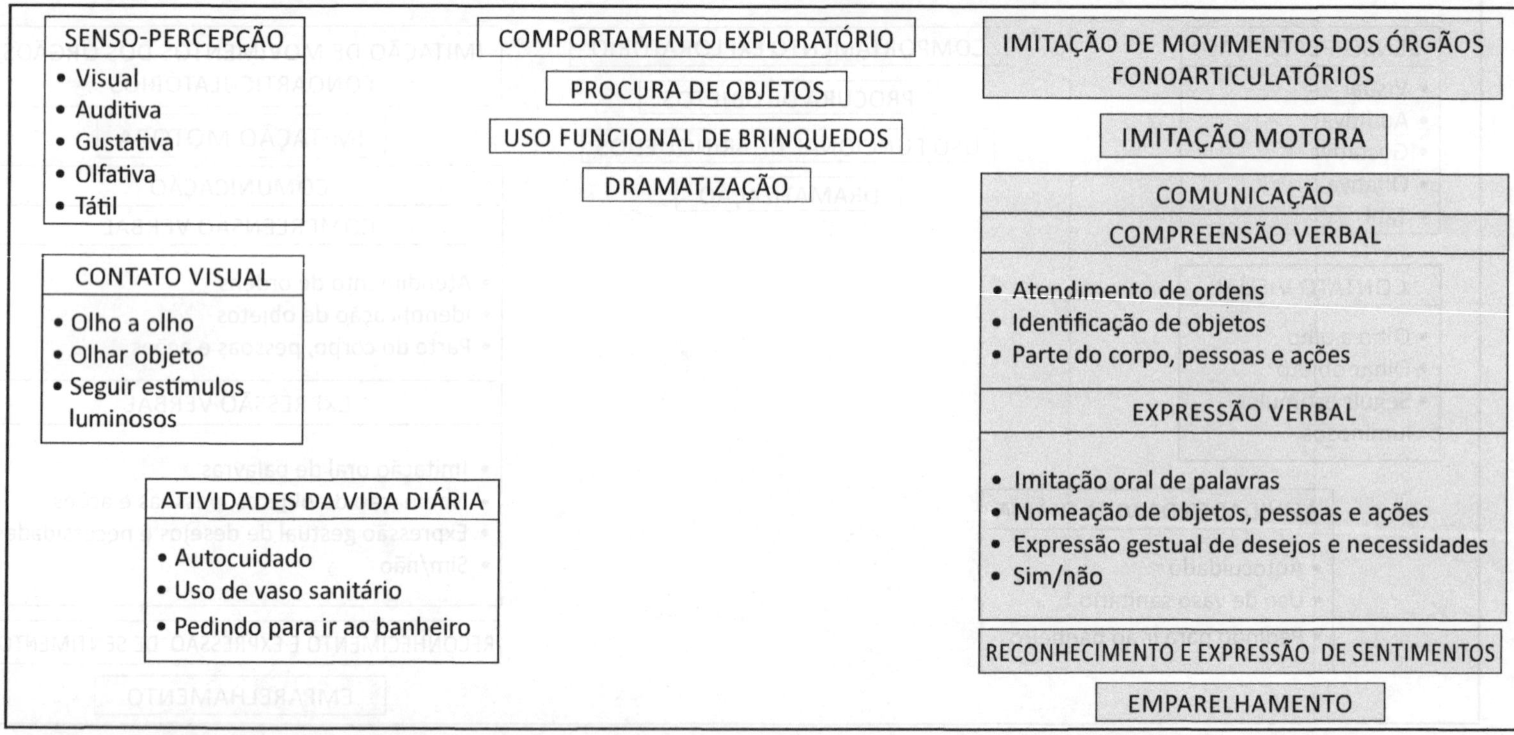
SENSO-PERCEPÇÃO
• Visual
• Auditiva
• Gustativa
• Olfativa
• Tátil
CONTATO VISUAL
• Olho a olho
• Olhar objeto
• Seguir estímulos luminosos
ATIVIDADES DA VIDA DIÁRIA
• Autocuidado
• Uso de vaso sanitário
• Pedindo para ir ao banheiro
COMPORTAMENTO EXPLORATÓRIO
PROCURA DE OBJETOS
USO FUNCIONAL DE BRINQUEDOS
DRAMATIZAÇÃO
IMITAÇÃO DE MOVIMENTOS DOS ÓRGÃOS FONOARTICULATÓRIOS
IMITAÇÃO MOTORA
COMUNICAÇÃO
COMPREENSÃO VERBAL
• Atendimento de ordens
• Identificação de objetos
• Parte do corpo, pessoas e ações
EXPRESSÃO VERBAL
• Imitação oral de palavras
• Nomeação de objetos, pessoas e ações
• Expressão gestual de desejos e necessidades
• Sim/não
RECONHECIMENTO E EXPRESSÃO DE SENTIMENTOS
EMPARELHAMENTO

Quadro 3 - *Conjunto 2 de Programas do Guia Curricular*

O terceiro conjunto abrange programas que ajudam a criança a "dominar" o mundo, dando-lhe oportunidade de aprender a usar os objetos que nele encontra e a utilizá-los de maneira funcional e/ou lúdica, possibilitando-lhe a representação de situações cotidianas. Esta representação, por muitos chamada de "jogo simbólico", colabora para o desenvolvimento das habilidades de senso-percepção e facilita e promove a interação com as pessoas e coisas do ambiente. Tanto o Programa de Uso Funcional de Brinquedos quanto o de Dramatização, tem como pré-requisito o Programa Comportamento Exploratório, incluído por esta razão também neste terceiro conjunto.

Um quarto conjunto abrange as Atividades de Vida Diária — alimentar-se, vestir-se, despir-se, tomar banho, ir ao banheiro... São comportamentos que garantem maior independência ao indivíduo e facilitam sua rotina diária na casa e na escola. Para certas crianças representam aprendizagens difíceis, mas de tal forma fundamentais, que absorvem boa parte da dedicação dos educadores que com elas trabalham.

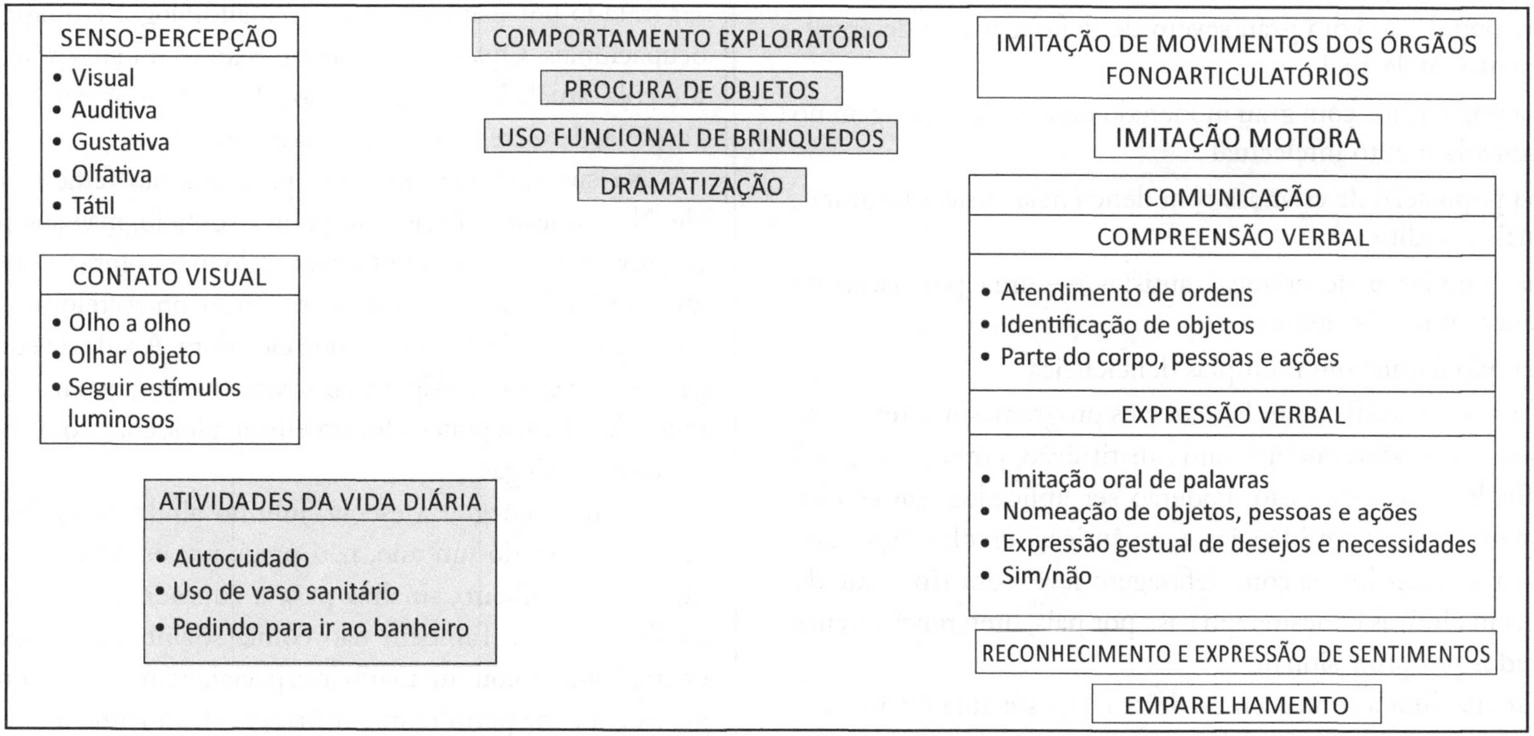
SENSO-PERCEPÇÃO
• Visual
• Auditiva
• Gustativa
• Olfativa
• Tátil
CONTATO VISUAL
• Olho a olho
• Olhar objeto
• Seguir estímulos luminosos
ATIVIDADES DA VIDA DIÁRIA
• Autocuidado
• Uso de vaso sanitário
• Pedindo para ir ao banheiro
COMPORTAMENTO EXPLORATÓRIO
PROCURA DE OBJETOS
USO FUNCIONAL DE BRINQUEDOS
DRAMATIZAÇÃO
IMITAÇÃO DE MOVIMENTOS DOS ÓRGÃOS FONOARTICULATÓRIOS
IMITAÇÃO MOTORA
COMUNICAÇÃO
COMPREENSÃO VERBAL
• Atendimento de ordens
• Identificação de objetos
• Parte do corpo, pessoas e ações
EXPRESSÃO VERBAL
• Imitação oral de palavras
• Nomeação de objetos, pessoas e ações
• Expressão gestual de desejos e necessidades
• Sim/não
RECONHECIMENTO E EXPRESSÃO DE SENTIMENTOS
EMPARELHAMENTO

Quadro 4 - *Conjunto 3 e 4 de Programas do Guia Curricular*

PARA QUEM SERVE O GUIA CURRICULAR

Embora criado a partir do trabalho desenvolvido numa instituição, para crianças, adolescentes e adultos severamente retardados e com eventuais comprometimentos múltiplos (paralisia cerebral, quadros convulsivos, deficiências auditiva e/ou visual), a aplicabilidade do Guia Curricular é muito mais ampla. Uma análise dos programas e uma retomada das perguntas iniciais de: o que, como, onde, quando e porque ensinar determinados comportamentos, possibilita ver que estas habilidades básicas são importantes para:

- uma população com grau severo de defasagem no desenvolvimento intelectual
- uma população com grau moderado ou leve de defasagem no desenvolvimento intelectual
- uma população de crianças com deficiências físicas (motoras, visuais e auditivas)
- uma população de crianças autistas — uma população de crianças normais carentes
- uma população com múltiplas deficiências

É possível verificar também que os programas não terão que ser usados necessariamente numa instituição, embora surgidos do trabalho em instituição. Poderão ser aplicados: em escolas maternais, creches, residências terapêuticas, escolas especializadas para excepcionais com defasagem leve, com síndrome de Down, em clínicas e mesmo em casa por pais, preferencialmente orientados por profissionais.

Para facilitar a compreensão desta proposta, imaginamos alguns cenários, em que esta aplicação poderia se dar:

Cenário 1

Julinho com 9 anos, frequenta uma instituição para crianças com problemas severos de desenvolvimento, em regime de semi-internato.

Quando nasceu, a festa foi grande. Era o primeiro filho e neto. O parto foi normal e ele se desenvolveu muito bem até os 2 anos, quando pegou uma meningite que deixou sequelas muito sérias. Ele, que já estava andando, parou de andar, parou de falar, mal e mal sentava. Foi levado a inúmeros médicos das mais diversas especialidades e começou logo a ser tratado por fisioterapeutas, fonoaudiólogos e terapeutas ocupacionais. Quando completou 8 anos, foi encaminhado à escola atual. Ele se acostumou bem com as rotinas: de chegada, de recreio, de almoço, de saída.

Na sua sala, ele tem uma programação feita só para ele. No começo, Julinho não parava sentado, mas aos poucos, aprendeu que tem hora para tudo: para sentar e prestar atenção à educadora e hora para correr no recreio ou para participar da aula de música que ele adora. A aula de educação física é gostosa. Alguns comportamentos, que não eram muito legais, aos poucos foram eliminados, como o de bater em outros colegas.

Quando chegou à escola, Julinho ainda usava fraldas. Agora, decorrido um ano, não precisa mais delas; quando quer ir ao banheiro, sinaliza para a educadora e vai com a auxiliar para lá. Também não comia sozinho. A terapeuta ocupacional bolou uma colher especial, com um cabo mais grosso, que lhe permite maior firmeza de movimentos, e assim, só precisa de uma pequena ajuda para colocar a comida na colher. Graças à colher e ao treino, logo mais estará comendo sozinho.

Três vezes por semana, a auxiliar leva-o para as sessões de fisioterapia. Está chegando a Páscoa e todos estão preparando um coelho e pintando-o. Com tantas atividades desenvolvidas, o tempo passou depressa. A educadora não se esquece de dar os remédios que ele deve tomar.

Às 17 h mamãe estará no portão esperando por ele.

O dia de Julinho é variado de atividades, em um ambiente cheio de amor e carinho para ele. Algumas destas atividades fazem parte de sua programação individualizada, composta pelos programas de: Habilidades de Senso-Percepção, Atendimento de Ordens, Treino de Atividades de Vida Diárias, Imitação Motora e Uso Funcional de Brinquedos. Também participa dos programas de Expressão Verbal e está iniciando o Programa de Nomeação. O restante do dia é ocupado em atividades diversas, sem que se esqueça de um período de descanso.

Cenário 2

Maria Rosa, de 3 anos, frequenta a escola maternal à tarde e pela manhã fica em casa, onde é atendida por Alaíde, educadora.

Maria Rosa também foi uma criança esperada e um bebê gostoso. O único problema eram as otites constantes, até que um dia teve meningite. As sequelas não foram tão sérias como no caso de Julinho. Ela continuou com seu desenvolvimento motor e cognitivo normal, mas a audição foi seriamente afetada. Isto a tornou chorona e irritadiça e os seus familiares tão angustiados, a ponto de procurarem uma psicóloga, por sugestão do foniatra e da fonoaudióloga. Estabeleceu-se então, um programa para Maria Rosa. Em sua casa, Alaíde vem de manhã e desenvolve atividades com ela. Comportamentos de choro e birra foram trabalhados e alguns programas de habilidades básicas foram introduzidos, primeiro por Alaíde que dava modelo para a mãe, para que esta depois trabalhasse com Maria Rosa. Sua programação individual constava de: Atendimento de Ordens, (dadas verbal e gestualmente), Identificação de Objetos e Imitação Motora. Logo mais poderá começar o programa de Imitação de Movimentos dos Órgãos Fonoarticulatórios (OFA) e de imitação Oral de Palavras. Todos estão vendo seu progresso, que é anotado e analisado regularmente, para que a programação possa estar sempre em dia. Mamãe está fazendo um diário, que discute com a psicóloga e que a ajuda a entender melhor o que se passa com Maria Rosa e a superar sua ansiedade em relação à filha. Papai também participa de todos estes processos. A escola recebe orientação, quanto ao que está sendo feito com a menina, e as atividades das quais tem condições de participar. Sua compreensão verbal melhorou muito.

Cenário 3

João Cláudio, com 27 anos, está morando numa Residência Terapêutica. De dia, ele frequenta uma oficina protegida.

João Cláudio frequentou uma escola especializada desde os 5 anos até completar 17 anos. Morava com seus pais.

Mas surgiu uma oportunidade. Um grupo de pais resolveu organizar uma residência terapêutica, onde seus filhos adultos pudessem ter seu ambiente, conviver com outros jovens, continuando a ter contato com seus familiares. Morar com um grupo, no entanto, requer algumas habilidades que, até então, não tinham sido trabalhadas. Arrumar a cama, ajudar a cuidar da casa, preparar um lanche ou jantar nunca foram exigidos antes. João Cláudio, que consegue realizar algumas atividades simples na oficina, tem um vocabulário limitado. É muito bom que tenha aprendido a imitar movimentos motores, pois assim fica mais fácil ensinar-lhe a fazer as coisas, dando modelo. No convívio, após o trabalho, a "mãe" do lar procura ampliar seus conhecimentos verbais e os programas de Comunicação lhe dão dicas que pode usar para alcançar estes objetivos.

Cenário 4

Soninha, de 12 anos, diagnosticada como autista pelos médicos, está numa escola especializada.

Na escola ela é quietinha. Obedece às ordens e à rotina da escola, mas quando pode, isola-se num canto e fica olhando suas mãos, fazendo movimentos estereotipados e balança o corpo. Ela foge do contato visual e físico com outras pessoas, não se comunica com o ambiente, embora seja capaz de repetir frases inteiras, que ouve na televisão, ou diálogos dos pais.

A rotina de atividades para Soninha visou, inicialmente, aumentar sua interação com o ambiente. Assim, os primeiros programas introduzidos foram os de: Contato Visual Olho a Olho, Contato Visual com Objetos, Seguimento Visual de Luzes, Imitação Oral de Palavras e Atividades de Vida Diária. Aos poucos, as palavras emitidas por ela adquiriram significado e Soninha começou a nomear objetos e pessoas ao seu redor. Logo mais vai ser possível ampliar sua comunicação. Com muito carinho, devagarzinho, venceu-se sua resistência ao contato físico e a maior alegria da professora é ver Soninha chegar e sentar no seu colo. Os familiares estão sendo colocados a par dos resultados obtidos e comentam com os educadores as mudanças que vêm acontecendo. Um fato interessante é que, de repente, Soninha recomeçou a desenhar (atividade que tinha deixado de realizar) e aí está outro meio dela comunicar-se com o ambiente. A psicóloga aproveita isso no seu trabalho.

Cenário 5

Clarinha, de 3 anos, é a terceira de 4 filhos. Frequenta uma creche, no período em que a mãe trabalha como empregada doméstica.

Por alguns meses, a mãe levava Clarinha ao emprego consigo, mas não dava certo. Ela é superobediente; mamãe lhe tinha dito que, se ela não obedecesse, teria que ficar sozinha em casa. Assim, quando chegou à creche, Luiza, a educadora, verificou que Clarinha tinha medo de falar, de mexer nas coisas, de brincar. Ela passou a usar de modo informal os programas do Guia Curricular de Habilidades Básicas, principalmente os de Habilidades de Senso-Percepção, Comportamento Exploratório e Uso Funcional de Brinquedos. Com isso, ela pretendia conseguir que Clarinha adquirisse mais coragem de atuar no seu ambiente, usar os brinquedos à disposição e comunicar-se com as crianças e os adultos. Aos poucos, Clarinha mostrou que tem um vocabulário adequado para sua idade, mas ela pode aprender mais. Sua expressão facial está mudando. Não parece mais um bichinho assustado. Ela corre com as colegas e dá gargalhadas sonoras.

Cenário 6

Leo, de 5 anos, frequenta uma escola especial, que atende crianças com síndrome de Down, na parte da manhã.

Foi um choque para os pais, quando souberam pelo médico do Hospital, que Leo era portador da síndrome de Down. Desde cedo ele recebeu atendimento especializado, por fisioterapeuta, terapeuta ocupacional e fonoaudióloga, e os pais receberam orientação psicológica. Ele era uma criança difícil, voluntariosa: desde manhã, quando levantava, até à noite, quando deitava, alguém tinha que estar atrás dele. Sua alimentação era um problema. Controlar a baba também foi difícil; sua boca vivia entreaberta e a roupa molhada.

Com as orientações dadas, as coisas foram ficando mais fáceis, aos poucos. Em vez de superprotegê-lo, com pena dele, os familiares começaram a impor certos limites, bem como a acreditar que Leo era capaz de aprender.

Leo começou a aceitar as regrinhas da casa. "Sim" ficou sendo "sim" e "não" ficou sendo "não". Havia hora para carinho, farra, mas também para seguir o que lhe era pedido. Os pais foram orientados a ensinar Leo a ser mais independente nas atividades de vida diária. Aprender a controlar xixi e coco foi uma das primeiras prioridades escolhidas. Na alimentação, iniciou-se o treino de uso de colher. Primeiro Leo recebia ajuda física que foi retirada aos poucos, até que se tornou capaz de comer, pelo menos parte do almoço, sozinho.

Outras atividades visavam ensinar Leo a seguir ordens simples, necessárias a uma boa convivência no dia a dia. Imitar o que os adultos e irmãos faziam também foi parte do seu aprendizado, pois muito do que fazemos, aprendemos imitando outros.

Em outras palavras, na sua própria casa, usaram-se os programas de: Atividades de Vida Diária, Atendimento de Ordens e Imitação Motora.

Na escola, dentro de sua rotina de atividades, também os programas de Habilidades de Senso-Percepção, Comportamento Exploratório e Procura de Objetos foram introduzidos, enquanto se dava continuidade ao que era feito em casa. Ter aprendido a atender, ajudou Leo a se integrar socialmente e participar das atividades do grupo. Imitando, aprendeu a usar o escorregador, a fazer ginástica, a brincar com blocos. E, quando a turma ia lavar as mãos e fazer xixi, antes do lanche, lá estava ele na fila, esperando sua vez.

Quem vê Leo hoje e quem o conheceu antes, não acredita que seja o mesmo menino. O apoio psicológico recebido pelos pais e a participação dos mesmos no grupo de pais da escola, ajudou-os a lidar melhor com suas ansiedades e conflitos e a não se sentirem isolados e sós.

PARA QUEM SERVE O GUIA CURRICULAR

Julinho, Maria Rosa, João Cláudio, Soninha, Clarinha e Leo, ou outros como eles, podem ser ensinados a desenvolver habilidades básicas, com o uso do Guia Curricular, apesar de terem idades e problemas bem diversos.

Se analisarmos cada um dos cenários que criamos, verifica-se que muda:

- *o que* é ensinado a cada um: todos têm uma programação individualizada, adaptada às suas capacidades e condições específicas;
- *como* o ensino é ministrado: alguns programas são desenvolvidos através de treino em situações mais formais, outros em situações mais informais;
- *onde* os programas são realizados: em escolas diversas, para indivíduos diferentes, em sessões de terapia ou na própria casa do aluno;
- *quando* cada programa é aplicado: em idades diferentes, de acordo com o repertório e as necessidades de cada aluno.

Ao mesmo tempo, observa-se que a programação de cada aluno insere-se numa rotina diária, rica e diversificada, que oferece — em cada caso — um número variado de atividades, algumas de cunho mais recreativo, outras terapêuticas e outras, ainda, que envolvem interação com crianças e adultos.

- *Porque* ensinar, no entanto, é comum a todas essas situações, já que acreditamos que todo indivíduo tem o direito e a capacidade de aprender, desde que lhe sejam dadas condições adequadas para isso!

OS DESAFIOS DO PREPARO DE EDUCADORES

Durante todo o tempo em que estivemos — e ainda estamos — elaborando e aperfeiçoando cada programa do elenco programático de Habilidades Básicas, pudemos conviver com os *desafios do preparo de educadores* (no nosso caso, educadores de crianças excepcionais).

Dizemos desafios porque esta é uma área em que ainda há muito a fazer, apesar do muito que já foi feito. Uma área em que precisamos descobrir, desde como conhecer e, eventualmente, mudar valores, até como ensinar a usar princípios e conhecimentos técnicos específicos.

Este Guia Curricular representa o primeiro passo de nossa contribuição para a formação de educadores. É a resposta que demos ao desafio "de que instrumentos o educador pode dispor para ensinar Habilidades Básicas a crianças excepcionais ou não?".

Encaramos cada um dos programas de treino deste Guia como um instrumento de trabalho a mais para o educador. Por mais que tenhamos procurado torná-los, na medida do possível, autossuficientes, sabemos que, para cada educador, em cada situação de aplicação, sempre faltará algo mais. São estas faltas que constituem os desafios diários a enfrentar. Cada educador, sozinho ou com sua equipe de trabalho, terá que se munir de disposição e de outros instrumentos para enfrentar esses novos desafios.

Pensando em facilitar o uso dos programas deste Guia Curricular, antecedemos os programas propriamente ditos, deste primeiro capítulo introdutório — que explica os fundamentos históricos e filosóficos de nossa proposta — e de dois outros capítulos, a seguir: Apresentação dos Programas e Apoio Técnico ao Educador.

Capítulo II

Apresentação dos programas

APRESENTAÇÃO DOS PROGRAMAS

Quando iniciamos a redação dos programas de treino com vistas à sua publicação, passamos algum tempo em busca de uma forma básica, de um "molde", que nos ajudasse a colocar todas as informações necessárias para alguém entender e guiar-se pelos programas. Com este princípio, acabamos por definir algumas características e certos itens que deveriam constar, sempre que possível, de cada programa de treino. Este "molde", adotado para a redação dos programas, foi sofrendo adaptações e modificações, a cada nova revisão que fazíamos, em função de peculiaridades de cada um, em função do grau de sistematização e pesquisa de que dispúnhamos sobre as aprendizagens e condições de ensino envolvidas no programa.

Surgiam diferenças, mas mantivemo-nos atentos ao "molde" inicial, que deu a todos os programas uma forma básica, com a qual você deve se familiarizar através do material que se segue. Nele, encontrar-se-á:

1. Apresentação dos programas formais e informais
2. O conteúdo dos programas
3. Informações à direita e à esquerda
4. Introdução aos Programas
5. Informações iniciais
   - 5.1. Comportamento-alvo
   - 5.2. Pré-requisitos
   - 5.3. Ambiente físico
   - 5.4. Material
   - 5.5. Planejamento das sessões
6. Linha de base (programas formais e informais)
7. Treino (programas formais)
   - 6/7.1. Seleção de itens
   - 6/7.2. Aquecimento
   - 6/7.3. Procedimento
   - 6/7.4. Consequenciação
   - 6/7.5. Registro
8. Manutenção e generalização
9. Variações de procedimento
10. Treino (programas informais)
    - 10.1. Recomendações gerais
    - 10.2. Objetivos
    - 10.3. Listas de atividades
    - 10.4. Descrição de atividades

1. APRESENTAÇÃO DOS PROGRAMAS FORMAIS E INFORMAIS

Como apresentar programas de treino, que se desenvolvem em situações de ensino mais formais, tendo comportamentos-alvo mais precisos? E os programas, cujos comportamentos-alvo exigem a exploração de múltiplas situações de ensino, mais informais?

Temos programas que apresentam as condições de treino -ambiente, material, número de sessões... e, em especial, o procedimento — bastante especificadas. São os programas que visam aprendizagens do tipo: manter contato visual com o educador, imitar ações motoras, procurar objetos escondidos, nomear objetos. Aprendizagens específicas, de difícil aquisição, em se tratando de crianças com déficit de aprendizagem e que exigem procedimentos de ensino detalhados e cuidadosamente aplicados. A estes chamamos *programas formais*.

Temos também programas que têm como objetivos grupos de aprendizagens mais genéricas, que abrangem um sem número de comportamentos, ocorrendo em múltiplas situações. São objetivos do tipo: que as crianças desenvolvam percepção auditiva, visual, esquema corporal ou aprendam a brincar... Nestes programas, a ênfase, em termos de aplicação, é criar, explorar, as mais variadas situações com diversos materiais, como oportunidades de ensino-aprendizagem. Estes chamamos de *programas informais*.

Tanto os programas formais como os informais apresentam características em comum. No caso dos programas formais o educador terá um instrumento de ajuda mais completo, preciso e detalhado, enquanto que — ao usar os programas informais — terá algumas sugestões e recomendações, mas terá que criar, inventar e aproveitar situações e materiais, conforme o que os alunos forem aprendendo na direção dos objetivos propostos.

CONTEÚDO DOS PROGRAMAS

PROGRAMAS FORMAIS	**PROGRAMAS INFORMAIS**
INTRODUÇÃO INFORMAÇÃO INICIAIS COMPORTAMENTO-ALVO PRÉREQUISITOS AMBIENTE FÍSICO MATERIAL PLANEJAMENTO DAS SEÇÕES Frequência Duração Número de Tentativas	
LINHA DE BASE SELEÇÃO DE ITENS AQUECIMENTO PROCEDIMENTO CONSEQUENCIAÇÃO REGISTRO **TREINO** SELEÇÃO DE ITENS AQUECIMENTO PROCEDIMENTO CONSEQUENCIAÇÃO REGISTRO REVISÃO SEMANAL LISTA DE ITENS LISTA DE MATERIAL MANUTENÇÃO E GENERALIZAÇÃO VARIAÇÕES DE PROCEDIMENTO	CONSEQUENCIAÇÃO REGISTRO AVALIAÇÃO INICIAL **TREINO** RECOMENDAÇÕES GERAIS OBJETIVOS LISTA DE ATIVIDADES DESCRIÇÃO DE ATIVIDADES MATERIAL AVALIAÇÃO AVALIAÇÃO DA GENERALIZAÇÃO
FOLHAS DE REGISTRO	

Quadro 5 - *Conteúdo dos programas do Guia Curricular.*

2. O CONTEÚDO DOS PROGRAMAS

Quais as informações necessárias para orientar a aplicação de cada programa por educadores que não tenham participado conosco da experiência que embasou este Guia?

Todos os programas propostos contêm estas informações fundamentais claramente descritas e organizadas em diferentes títulos. Cada um deles será explicado e exemplificado neste material de apresentação dos programas. O quadro a seguir contém uma lista dos itens que constam dos programas, já indicando diferenças existentes entre os formais e informais.

Todos os itens, colocados no quadro em letras maiúsculas grifadas, representam *etapas* dos programas, que aparecem sempre escritos no canto superior direito das folhas, acompanhadas do respectivo nome do programa.

Os itens colocados em letras maiúsculas, não grifadas no quadro, são subtítulos que, em geral, aparecem no corpo da descrição do programa e separados, por espaçamento, do outro subtítulo.

Sugerimos que, neste momento da leitura do material de apresentação dos programas, os leitores folheiem os programas (se é que ainda não o fizeram), tentando identificar estes itens e familiarizando-se com sua forma básica.

3. INFORMAÇÕES À ESQUERDA E À DIREITA

Como apresentar, ao mesmo tempo, informações objetivas, diretas sobre o treino indicado, e a nossa experiência, as nossas justificativas, às nossas propostas ainda não testadas em pesquisas?

Julgamos importante colocar nos programas, tanto o modo de conduzi-los, o mais objetivamente possível, quanto nossos comentários sobre o que propomos baseados em conhecimentos teóricos e em nossa experiência. Só que decidimos *sinalizar* um e outro tipo de informações, colocando numa coluna à direita em cada página as *informa*ções básicas e na coluna à esquerda, correspondendo a cada item, os *comentários* e/ou *informações complementares* que julgávamos importantes (ver exemplo ao lado).

Este jogo de utilização do espaço, a cada folha, nos possibilitou ficar à vontade para descrever e comentar, ao mesmo tempo, sem o risco de confundir os leitores. No caso dos programas formais, esse formato foi utilizado em relação a todos os itens. Já nos programas informais, o mesmo esquema foi utilizado em relação às *Informações Iniciais*, uma vez que, por suas características básicas, os itens restantes exigiam organização diferente (descrita mais adiante, nos respectivos tópicos).

Sugere-se, sempre que possível, incluir quinze palavras, para as quais o aluno não atingiu o critério, juntamente com cinco que já domina.

É evidente que o número de vocábulos por lista pode variar, a depender do repertório geral do aluno e de sua capacidade de atenção.

Para alunos com problemas de emissão, *nos programas de nomeação e na linguagem espontânea, os itens devem ser escolhidos dentre os vocábulos das listas de nomeação de objetos, alimentos, pessoas e ações.*

Para alunos com fala não-funcional, *o procedimento visa, em primeiro lugar, colocar a fala sob controle imitativo, usando-se vocábulos que o aluno emita, como primeiro passo para uma linguagem funcional.*

Para alunos com deficiência auditiva, *deve-se partir dos fonemas consonantais e vocálicos dominados por eles. O critério para a escolha a seguir é de padrão silábico consoante-vogal, de acordo com as habilidades articulatórias do aluno, estabelecendo-se uma hierarquia, para a aquisição dos fonemas.*

Em qualquer um destes casos, pode surgir a necessidade de um programa pré-requisito, de imitação de vogais e sílabas.

TREINO

SELEÇÃO DE ITENS

Os itens são selecionados de acordo com as dificuldades específicas do A., a partir dos dados da Linha de Base. O treino é iniciado com uma lista de 20 vocábulos.

AQUECIMENTO

Não há atividades específicas previstas.

PROCEDIMENTO

1. Ed. senta-se frente ao A.
2. Ed. chama o A. pelo nome

---

4. INTRODUÇÃO DOS PROGRAMAS

Qual é a relevância de um dado programa para a vida de um aluno? Como se dá o comportamento a ser ensinado, no desenvolvimento normal, e o que ocorre quando o comportamento não aparece na época esperada ou se instala de maneira insuficiente ou peculiar?

É sempre muito importante que o educador que se utiliza de um programa de treino, tal como os incluídos neste Guia, tenha clareza sobre as situações de vida real de seus alunos, que estão relacionados aos comportamentos-alvo pretendidos. Em outras palavras, é preciso que consiga identificar a *relevância de um programa para a vida* de seus alunos.

Na primeira página da Introdução aos Programas, são apresentadas três ilustrações: uma, na qual o comportamento-alvo está presente, outra, na qual ele está ausente, e uma terceira, indicando o processo de sua aquisição. Nas introduções propriamente ditas, procuramos dar noções de como se dá o desenvolvimento normal do comportamento, como é que ele ocorre, ou não, no indivíduo com atraso de desenvolvimento e de que forma a aprendizagem desta habilidade poderá beneficiá-lo. Com isso, espera-se auxiliar a equipe que atua na programação e o educador, a levarem em conta necessidades e características de sua população, na proposição de seus programas. É isto que, em última análise, propiciará um uso consciente dos programas, e não apenas a aplicação mecânica de uma prescrição, nem sempre adaptada.

Procuramos incluir também nas Introduções, informações que ajudassem a entender cada programa ou conjunto de programas, na sua relação com os demais. Isto, para que os leitores mantenham uma visão global do Currículo de Habilidades Básicas.

HABILIDADES BÁSICAS

"Eu olho para você. Você olha para mim. Eu sorrio, você sorri. Estabelece-se uma relação. E ela vai se moldar pelo que eu faço e você faz; como você me olha e eu olho para você. Eu vou crescer à medida que olho para você e aprendo uma porção de coisas..."

"Eu olho para um objeto. Eu descubro um mundo ao meu redor, cheio de estímulos e novidades. As coisas têm dimensões diversas, texturas, formas, cores. Elas estão paradas ou em movimento. Eu observo e aprendo. Eu sigo com o olhar um objeto que se move. Primeiro com a cabeça toda, aos poucos só com meus olhos. As coisas e pessoas aparecem e desaparecem na minha visão. Elas permanecem? Eu aprendo."

Olhar nos olhos de outra pessoa, olhar na direção de um objeto, seguir com os olhos um estímulo que muda de posição, são comportamentos de importância fundamental para o desenvolvimento infantil.

Olhar para faces ocorre desde cedo no desenvolvimento normal e é importante que isto ocorra, pois a face é uma rica fonte de informações sobre outra pessoa. O sorriso da mãe logo mais é correspondido por um sorriso social do bebê e, aos poucos, começa a haver um reconhecimento social mútuo e os laços afetivos são fortalecidos.

Percebe-se também uma mudança gradual nos olhares que o bebê dirige a objetos, ao longo dos primeiros meses de vida. Primeiro ele olha, sem procurar pegá-los, depois faz movimentos em direção a estes e, finalmente, os agarra e manipula.

Observa-se ainda, que o bebê começa a seguir com os olhos pessoas e coisas que se deslocam de lugar. Ora é a mãe chegando com a mamadeira, ora é um objeto que balança, vibra, aparece e desaparece de novo.

É evidente que a aprendizagem só ocorre quando o indivíduo estabelece contato com os estímulos envolvidos. Este contato só é estabelecido, quando ocorrem respostas de ver, escutar, tocar e sentir os estímulos relevantes que mostram que "eu estou prestando atenção". O contato visual é uma das respostas de atenção mais frequentes nos indivíduos com visão normal.

O contato visual encontra-se pouco desenvolvido em um grande número de crianças com defasagem ou distúrbio de desenvolvimento. Desviar o olhar, evitando o contato visual, tem sido observado em indivíduos com comportamentos autistas. Outras vezes, a falta de contato visual pode estar ligada a distúrbios motores, ficando o indivíduo em posições tais — por presença de atividades reflexas ou contraturas — que dificultam a ocorrência do olhar. Outras vezes ainda, as crianças estão engajadas em comportamentos autoestimulatórios e pouco receptivas a estimulações ambientais. Quando o contato visual não ocorre ou é infrequente, é provável que a aprendizagem que ocorra seja incidental e, consequentemente, bastante prejudicada. Assim, aumentar a quantidade e qualidade de contato visual aparece como um dos primeiros objetivos em qualquer programa educacional. A partir do momento em que isso ocorre, pode haver mudanças importantes na interação da criança com seu meio. Ela estará mais pronta a reagir a novos estímulos que, por sua vez, aumentam seu repertório geral de olhar para pessoas, sorrir, imitar, atender, explorar, apontar, ouvir, falar. Ela também

INFORMAÇÕES INICIAIS

COMPORTAMENTO-ALVO

Ao final deste programa o Aluno (A.) deve ser capaz de executar ações correspondentes a comandos verbais do tipo palavras-frases (verbos indicativos de ação) e frases curtas (verbos indicativos de ação + objeto/pessoa), dentro de um período de até 10 segundos, após a apresentação da ordem.

Este programa é subdividido de acordo com o tipo de comando verbal apresentado ao aluno e aplicado em ordem crescente de dificuldade, ou seja:

- Treino I: palavras-frases
- Treino II: frases curtas.

O treino de Atendimento de Ordens de Rotina pode ser aplicado concomitantemente ao Treino II (ver Atividades de Vida Diária - AVD's).

PRÉ-REQUISITOS

É indispensável que o A. tenha capacidade física para executar as ordens apresentadas.

AMBIENTE FÍSICO

Treino em situação formal, preparando-se o local para facilitar a execução de ordens, na sala de aula ou no pátio.

Treino informal pode ser preferível para alguns alunos, cabendo à equipe determinar a forma.

MATERIAL

- Objetos necessários à realização das ordens.
- Lista dos Itens de Treino.
- Folha de registro.
- Lápis.
- Reforçadores.

5. INFORMAÇÕES INICIAIS

Qual é o *comportamento* dos alunos, que deve ser promovido, para que eles possam lidar melhor com as situações de vida real consideradas? Que *condições anteriores* devem existir para que se possa instalar ou fortalecer esse comportamento? Com que *material* e em que tipo de ambiente deve ser conduzido o treino? Como devem ser *planejadas* as sessões de treino, para maximizar o aproveitamento pelos *alunos*?

As respostas a tais questões constituem os itens incluídos nas INFORMAÇÕES INICIAIS de cada programa. Elas visam auxiliar o educador, no sentido de dar-lhe maior clareza sobre o objetivo a que se propõe alcançar, bem como indicar providências que devem ser tomadas antes de se iniciar um programa específico.

A seguir, uma apresentação de cada item incluído nas INFORMAÇÕES INICIAIS.

5.1. COMPORTAMENTO-ALVO

Até onde se pretende chegar com o treino? O que se espera que o aluno aprenda? Como saber se o treino está atingindo seu objetivo?

O educador precisa ter bastante claro, o comportamento do aluno que estará buscando desenvolver, através do programa que vai aplicar, tanto para melhor atuar como para poder avaliar sua própria atuação.

O COMPORTAMENTO-ALVO de cada programa é *uma explicitação da(s) ação(ões) esperada(s) do aluno, das condições em que essa(s) ação(ões) deve(m) ocorrer, e do nível de perfeição, produto e/*

ou efeito da(s) ação(ões), que deve(m) ser atingido(s) ou produzido(s), de preferência na situação natural. Em outras palavras, é a definição do ponto de chegada do programa de treino, seja ele formal ou informal.

Em alguns casos, pelas próprias limitações e características dos alunos, o COMPORTAMENTO-ALVO é uma habilidade intermediária, prérequisito para a ocorrência de outros comportamentos, um passo a mais na direção de outros objetivos, sempre mais ambiciosos.

É preciso especial atenção com o COMPORTAMENTO-ALVO. Compreendê-lo bem é condição essencial para bem aplicar o programa.

INFORMAÇÕES INICIAIS

COMPORTAMENTO-ALVO

Ao terminar este treino, o Aluno (A.) deve ser capaz de remover um anteparo que encobre um determinado objeto e pegar o mesmo, sempre que a posição do objeto e a colocação do anteparo tenha sido observada pelo A., dentro de um período de até 10 segundos após a colocação do anteparo.

PRÉ-REQUISITOS

Para que esse treino seja incluído na programação do A. é necessário que ele mantenha contato e seguimento visual com objetos e que tenha comportamento exploratório. É imprescindível também que o A. não tenha impedimentos motores nos membros superiores.

AMBIENTE FÍSICO

Com as crianças menos dispersivas e mais ativas, este programa pode ser feito em situação informal, ou seja, numa situação natural, em forma de brincadeira.

Este treino pode também ser realizado em situação formal, com o A. sentado na cadeira e o objeto colocado em uma mesa à sua frente.

Quando a criança tem prejuízo motor severo, este treino pode ser realizado com o aluno em cadeira ou prancha especial ou no chão, sobre uma esteira.

MATERIAL

- Brinquedos que fazem parte do dia a dia do A.
- Objetos de uso diário da sala de aula, recreação ou cozinha.
- Anteparo (de tamanho suficiente para encobrir cada objeto): cartolina, madeira, pano, tecido transparente ou placa de acrílico transparente.

5.2. PRÉ-REQUISITOS

O que o aluno precisará já ter aprendido para acompanhar o programa? O que é considerado condição de entrada para o programa?

Se voltarmos nossa atenção para o desenvolvimento infantil, é fácil identificar infinitos exemplos de comportamentos que só podem ser desenvolvidos, na medida em que outras habilidades já existem no repertório da criança. Antes de andar, a criança deverá ser capaz de sustentar a cabeça, passar para a posição de sentada e conseguir levantar-se. Para poder atender ordens, ela deverá ouvir e compreender. Antes de falar espontaneamente o nome das coisas, ela irá imitar palavras...

Sob este item — PRÉ-REQUISITOS — serão encontradas nos programas, indicações de comportamentos que já precisam fazer parte do repertório da criança, ou condições que precisam existir, para possibilitar ou facilitar as aprendizagens previstas no programa. Conforme nossa experiência, existem pré-requisitos apontados como imprescindíveis e outros, como desejáveis.

5.3. AMBIENTE FÍSICO

Onde desenvolver o treino? Que características deve ter o local de treino para melhor se conduzir as atividades previstas?

O AMBIENTE FÍSICO em que se desenvolve o treino é sempre muito importante, na medida em que pode atuar favorecendo ou desfavorecendo sua realização e a própria aprendizagem do aluno.

Sob esse item, o educador encontrará indicações sobre o tipo de ambiente preferível para a realização da atividade de treino, bem como condições ambientais que devem ser garantidas ou

INFORMAÇÕES INICIAIS

Comportamento-alvo

Ao terminar este treino, o Aluno (A.) deve ser capaz de remover um anteparo que encobre um determinado objeto e pegar o mesmo, sempre que a posição do objeto e a colocação do anteparo tenha sido observada pelo A., dentro de um período de até 10 segundos após a colocação do anteparo.

PRÉ-REQUISITOS

Para que esse treino seja incluído na programação do A. é necessário que ele mantenha contato e seguimento visual com objetos e que tenha comportamento exploratório. É imprescindível também que o A. não tenha impedimentos motores nos membros superiores.

AMBIENTE FÍSICO

Com as crianças menos dispersivas e mais ativas, este programa pode ser feito em situação informal, ou seja, numa situação natural, em forma de brincadeira.

Este treino pode também ser realizado em situação formal, com o A. sentado na cadeira e o objeto colocado em uma mesa à sua frente.

Quando a criança tem prejuízo motor severo, este treino pode ser realizado com o aluno em cadeira ou prancha especial ou no chão, sobre uma esteira.

MATERIAL

- Brinquedos que fazem parte do dia a dia do A.
- Objetos de uso diário da sala de aula, recreação ou cozinha.
- Anteparo (de tamanho suficiente para encobrir cada objeto): cartolina, madeira, pano, tecido transparente ou placa de acrílico transparente.
- Folha de registro.
- Reforçadores (se for caso).

A escolha dos objetos deve ser feita, levando-se em conta as preferências do aluno, de modo a aumentar a chance de que ele se interesse por buscar o objeto. Além disso, quanto mais conhecido o objeto, mais provável é que o aluno o procure.

PLANEJAMENTO DAS SESSÕES

Frequência: diária, eventualmente 2 ou mais vezes.
Duração: aproximadamente 5 a 10 minutos.
Número de tentativas: 10 tentativas.

evitadas (nas informações à direita), e justificativas, esclarecimentos ou exemplos (nos comentários à esquerda).

Em geral, nos programas formais, o ambiente exigido pelo treino é uma "sala de treino", com mesa, cadeiras, de forma que o educador possa sentar-se em frente do aluno — caso o treino exigir. Outros equipamentos podem fazer parte da sala, como mesas e cadeiras especiais, "pranchas", conforme as necessidades das crianças. Sempre que necessário, deve-se recorrer à colaboração de profissionais, como fisioterapeuta, terapeuta ocupacional, para orientar a confecção ou adaptação destes equipamentos, como também quanto a posturas a serem privilegiadas, mudanças de posição, etc. O ambiente deve ser ao mesmo tempo claro e alegre.

Alguns programas exigem as próprias situações naturais como local de treino (Atividades de Vida Diária, por exemplo). E, de modo geral, os programas informais podem ser desenvolvidos tanto na classe, como em locais de recreação, música, ao ar livre. Variações de estímulos como quadros, móbiles e outros materiais de enfeite da sala adéquam-se mais ao ambiente para atividades não formais.

5.4. MATERIAL

O que providenciar de material para a aplicação do programa? Quais são os materiais indicados?

Neste item, o educador é sempre lembrado de que deve ter consigo, para o Treino e a Linha de Base, os materiais necessários para a aplicação sistemática de qualquer programa — tais como folhas de registro e reforçadores. Nos programas formais aparecem indicados, também materiais específicos de cada treino, listados ou descritos quanto às suas características indispensáveis. Nos comentários à esquerda da página, podem aparecer critérios, justificativas ou mesmo a indicação de existência de lista de sugestões, em anexo.

Nos programas informais, o item MATERIAL inclui, na maioria das vezes, sugestões variadas de materiais, brinquedos, estímulos de forma geral.

5.5. PLANEJAMENTO DAS SESSÕES

Quantas vezes por semana/dia deve-se realizar o treino? Qual a duração recomendada para cada sessão? Quantas vezes trabalhar um mesmo item de treino ou brinquedo?

Nos programas formais, é de central importância que as sessões sejam planejadas de modo a garantir um aproveitamento máximo por parte da criança, sem que isso prejudique o atendimento dos outros alunos e da programação comum do grupo.

Assim, é importante que as sessões de treino sejam realizadas de forma *sistemática*, como parte da rotina do aluno, que devem levar em conta suas condições físicas, seu repertório, sua capacidade de manter-se atento a uma determinada atividade. Desse modo, as sessões de treino poderão ser sistemáticas se ocorrerem: todos os dias, nos dias ímpares, uma vez por semana, etc.

Em geral, também, quanto mais *frequentes* forem as sessões, maior o rendimento do aluno e a experiência mostra que, com crianças de repertório limitado, pelo menos uma sessão por dia é o mínimo desejado. Muitos educadores são a favor de um número alto de sessões e de tentativas diárias, preferindo limitar a variedade de treinos, em favor de um trabalho mais intenso com alguns programas, ou mesmo com um somente.

A *duração* de cada sessão é outro aspecto extremamente importante, na medida em que é preciso compatibilizar a apresentação de um número significativo de oportunidades de aprendizagem com a capacidade de trabalho do aluno. Pode ser aconselhável iniciar o treino com sessões de menor duração (e, portanto, com número menor de tentativas) e ampliá-las gradualmente.

Frequentemente é possível ou desejável estabelecer limites para as sessões, em termos de *número de tentativas* que o aluno deve realizar em cada uma delas. O número escolhido dependerá muito das características do aluno, de sua capacidade de ficar atento e motivado, da maior ou menor riqueza do seu repertório. Se o educador verificar que o aluno tem possibilidades de realizar duas ou mais sessões consecutivas ou intercaladas, dado a rapidez e interesse demonstrados, é desejável fazê-lo. É preferível fazer várias sessões consecutivas a realizar apenas uma sessão com um número maior de tentativas. A apresentação de um número igual de tentativas por sessão é aconselhável, pois facilita a comparação do desempenho do aluno nas diversas sessões, além de facilitar o cálculo da porcentagem de acertos.

Sob o item PLANEJAMENTO DAS SESSÕES, são, pois apresentadas, em cada programa, indicações da Frequência, Duração e Número de Tentativas, recomendadas pela experiência na aplicação dos programas e dados da literatura.

Os programas informais também devem ter suas sessões planejadas. Claro que as definições prévias para os programas informais são menos específicas, mas tanto quanto nos programas formais, recomenda-se que as sessões sejam realizadas de forma sistemática.

PRÉ-REQUISITOS

É necessário que o A. tenha capacidade física para perceber as características dos objetos e situações a ele oferecidas.

Técnicos e educadores podem não ter certeza se o aluno escuta, vê ou percebe os estímulos apresentados. Assim, a utilização destes programas pode fornecer informações úteis sobre as funções sensoriais do aluno.

AMBIENTE FÍSICO

De um modo geral, as atividades programadas devem ser conduzidas em ambiente controlado e complementadas por uma estimulação ampla em situações naturais (v. RECOMENDAÇÕES GERAIS).

PLANEJAMENTO DAS SESSÕES

Frequência: sessões curtas, várias vezes ao dia são recomendáveis.

Duração: a duração é variável, de acordo com as características da atividade e do A.

Dado que não existe uma resposta correta esperada para as várias atividades propostas, não existe também um critério de aquisição fixo. As avaliações descritivas irão mostrar as decisões a serem tomadas, quanto ao programa do aluno e manutenção ou mudança de programação.

AVALIAÇÃO INICIAL

Todas as habilidades treinadas neste programa requerem uma verificação inicial do "estágio de aprendizagem" em que o A. se encontra, antes de se decidir sobre a inclusão do programa na sua rotina de atividades.

O procedimento básico de avaliação será observar o desempenho do A., em situação natural ou em situações criadas especialmente para este fim.

As solicitações deverão ser feitas, sem que se utilizem procedimentos de ajuda.

Os comportamentos que estão sendo avaliados tampouco deverão ser consequenciados, reforçando-se outros comportamentos adequados do A., intermitentemente, durante o período de observação.

O registro poderá ser feito na folha de registro prevista para o programa.

6. LINHA DE BASE

Como saber o que o aluno já sabe? De onde começar o treino? Será que o aluno já não aprendeu o que este programa pretende ensinar? A LINHA DE BASE é uma etapa na aplicação de um programa, que pode dar respostas a essas perguntas.

Nos programas formais a etapa LINHA DE BASE está detalhadamente descrita. Nos programas informais ela aparece sob o item AVALIAÇÃO INICIAL.

Os nossos programas formais preveem a etapa de LINHA DE BASE como forma de obter dados objetivos sobre o "estado" do comportamento-alvo para que o educador possa:

1) decidir se é o caso de aplicar o programa;
2) definir quais comportamentos ou aproximações do comportamento-alvo já existem e quais ainda não existem;
3) avaliar o progresso do aluno comparando dados de avaliação do TREINO com dados da LINHA DE BASE. Por exemplo, a LINHA DE BASE do Programa de Nomeação permite saber se o aluno já sabe nomear algum objeto e quais sabe. Além disso, descobre-se como ele articula as palavras às quais ele já associa algum objeto.

A LINHA DE BASE é também uma maneira de evitar partir-se de impressões subjetivas ou observações genéricas, que podem direcionar erroneamente as decisões do educador.

Nos programas informais, a LINHA DE BASE é substituída por uma AVALIAÇÃO INICIAL, menos específica. Isto ocorre, em razão destes programas terem como alvo, múltiplos objetivos, envolvendo vários comportamentos, exibidos em diversas situações. A AVALIAÇÃO INICIAL é uma verificação do "estágio de aprendizagem" em que o aluno se encontra. Ela permite decidir sobre a inclusão do programa na rotina de atividades do aluno e os aspectos que requerem maior atenção.

PROGRAMAS FORMAIS	PROGRAMAS INFORMAIS
LINHA DE BASE E TREINO	AVALIAÇÃO INICIAL E TREINO
SELEÇÃO DE ITENS	RECOMENDAÇÕES GERAIS
AQUECIMENTO	OBJETIVOS
PROCEDIMENTO	LISTA DE ATIVIDADES
	SUGESTÕES DE ATIVIDADES
REGISTRO	
CONSEQUENCIAÇÃO	

7. TREINO

Como ensinar o que se deseja que o aluno aprenda? Que cuidados tomar no decorrer do treino? Como agir para favorecer ou facilitar a aprendizagem? Como lidar com as dificuldades que surgem?...

O treino é a etapa mais importante dentro dos programas que descrevemos. A mais importante e a que exige mais orientações para o educador que aplica o programa.

Chamamos de TREINO as situações em que educador e aluno estão envolvidos num processo de ensino e aprendizagem. Educador criando condições que favoreçam aprendizagens do aluno. Aluno reagindo de algum modo a essas condições e tendo consequências, por parte do educador, a cada comportamento que apresenta.

O TREINO dos programas formais ocorre em situações de ensino-aprendizagem controladas, tendo ações do educador e do aluno detalhadamente descritas.

Já nos programas informais espera-se que o educador promova atividades de treino variadas; que o aluno esteja permanentemente sendo observado quanto às habilidades em foco; que o educador se libere de sugestões especificas que possamos ter e crie atividades o máximo possível, em função dos objetivos pretendidos e do estágio de aprendizagem e potencial de cada aluno.

Relembrando o quadro já apresentado anteriormente, destacamos novamente os itens e subitens de programas formais e informais.

LINHA DE BASE

SELEÇÃO DE ITENS

O Educador (*Ed.*) seleciona 15 itens da lista de comportamentos de treino, iniciando a Linha de Base com 5 deles e incluindo novos itens, gradativamente.

Em anexo encontra-se uma lista com sugestões de itens de treino, incluindo comportamentos fáceis para crianças com comprometimento motor severo.

Dados de anamnese e observação do aluno costumam indicar que comportamentos teriam mais chance de serem imitados.

AQUECIMENTO

Não há atividades específicas previstas.

PROCEDIMENTO

1. Ed. coloca-se em frente do A.
2. Ed. chama o A. pelo nome

Quando o A. estabelecer contato visual

3. Ed. diz: "Fulano, faça assim..."
4. Ed. apresenta o modelo do comportamento a ser imitado
5. Ed. aguarda até 10 segundos
6. Ed. registra a resposta
7. Ed. apresenta os 5 itens iniciais escolhidos, 3 vezes cada um.

Uma resposta é considerada correta se emitida dentro do periodo de dez segundos após a apresentação do modelo. As três tentativas correspondentes a um mesmo item podem ser apresentadas em sequência, ou alternadas com os outros itens em teste. Para crianças com repertório menos desenvolvido, a reapresentação consecutiva do mesmo item pode se constituir numa tarefa mais fácil; a apresentação aleatória, no entanto, pode evidenciar melhor o real repertório do aluno.

6/7.1 SELEÇÃO DE ITENS

Como escolher o conteúdo do ensino? Os itens do treino: palavras, objetos, ações do aluno, ordens do educador... são um aspecto fundamental para o sucesso do programa. A escolha precisa recair sobre o que for significativo para a vida do aluno e facilitador para sua aprendizagem do(s) comportamento(s)-alvo.

Dentre as informações previstas na LINHA DE BASE e no TREINO de cada um dos programas formais aparecem indicações sobre *quantidade e tipo* de itens que podem ou devem ser apresentados ao aluno. Os itens, conforme o programa, referem-se a materiais, ações do aluno e/ou ações do educador.

A maioria dos programas formais apresenta também, em anexo, uma relação de itens de treino. São os itens de treino selecionados através da nossa experiência, apresentados a título de sugestão para quem for aplicá-los. Outros podem e devem ser acrescidos, de acordo com as possibilidades dos alunos e os objetivos eleitos. Assim, é preciso salientar que, mais importante que a relação de itens de treino, são os critérios de escolha oferecidos. Através deles é possível adequar o "conteúdo" do treino a cada instituição e a cada aluno.

Na LINHA DE BASE, vários itens são pesquisados, de acordo com a especificidade de cada programa. No Treino, um, dois ou mais itens podem ser treinados simultaneamente.

TREINO

Sugere-se realizar o treino simultâneo de dois itens, preferivelmente da mesma categoria.

SELEÇÃO DE ITENS

Serão incluídos como itens de treino todos os objetos não superados pelo A. na Linha de Base.

Os 2 itens com maior número de acertos na Linha de Base serão treinados em primeiro lugar (caso houver).

Pode-se também intercalar dentre os objetos em treino, um objeto que a criança conheça. Desta forma é possível garantir um maior número de reforços.

AQUECIMENTO

Todos os objetos em treino são manipulados pelo Ed. e mostrados ao A., tanto na situação de treino como durante o dia, em diferentes situações. Verbaliza-se o nome dos objetos, chamando a atenção dos alunos sobre os mesmos. Pode-se também permitir a manipulação dos objetos pelo A.

6/7.2 AQUECIMENTO

Como preparar a criança para o treino? Como evitar que a criança demore a participar do treino? Como facilitar a interação educador-aluno?

Colocar uma criança numa situação de treino e passar a exigir dela respostas previamente definidas, sem lhe dar oportunidade de se adaptar às inúmeras condições impostas por essa situação, especialmente quando se trata de algo novo, pode dificultar ou até mesmo impossibilitar a aprendizagem. É, portanto, desejável que cada sessão de Linha de Base ou Treino seja precedida de atividades preparatórias que ajudem a criança a ficar à vontade na situação, de modo a se desempenhar o melhor possível dentro de suas condições.

Comentar o treino que vai se iniciar, convidar a criança, descrever as ações prévias ao treino, mostrar e permitir que o aluno manipule objetos que serão utilizados no treino, são *estratégias gerais de aquecimento.*

Pode ser desejável ainda, desenvolver alguma atividade específica de aquecimento, antes de iniciar sessões de Linha de Base ou Treino, para alguns programas formais. Nesse caso, uma descrição dessa atividade será encontrada sob o item AQUECIMENTO, bem como, à esquerda dele, eventuais justificativas e/ou exemplos concretos da nossa experiência.

A fórmula "*Não há atividades específicas previstas*" aparece naqueles programas onde isso ocorre, significando que cuidados gerais de preparação da criança para a sessão, tais como os sugeridos aqui, devem ser tomados *sempre.*

O educador deve procurar, em cada caso, identificar tanto estratégias gerais de aquecimento, para ter o aluno atento a ele e

LINHA DE BASE

PROCEDIMENTO

Com o A. em pé:
1. Ed. diz: "Fulano, sente-se."
2. Ed. aguarda até 10 segundos

Se o A. atende a ordem
3. Ed. registra a resposta na folha
4. Ed. diz: "Fulano, levante-se."
5. Ed. aguarda até 10 segundos

Se o A. atende a ordem
6. Ed. registra a resposta

Se o A. não atende a qualquer uma das ordens
7. Ed. registra a resposta
8. Ed. dá ajuda total ao A.
9. Ed. repete a sequência por 5 vezes em ambos os casos.

A ajuda é necessária para que a próxima ordem seja dada.

Caso o A. atinja o critério
- Ed. poderá aproveitar estes comportamentos na programação a ser desenvolvida

O critério sugerido é de 80% de respostas corretas.

Caso o A. não atinja o critério
- Ed. inicia o Treino.

CONSEQUENCIAÇÃO

De um modo geral, respostas corretas não são reforçadas em sessão de Linha de Base, reforçando-se outras respostas adequadas do A., intermitentemente.

ao que lhe é proposto, como também considerar necessidades específicas de certas crianças. Um aluno hipertenso, por exemplo, pode ter seu desempenho numa sessão facilitado, se o educador garantir um relaxamento prévio, eventualmente orientado pelo fisioterapeuta.

6/7.3 PROCEDIMENTO

Como conduzir a situação de aprendizagem? Como descobrir o que o aluno já sabe? De que maneira favorecer a aprendizagem? Que condições criar para que o aluno exiba o que já sabe, aprenda o que não sabe?

Como realizar a Linha de Base ou o Treino é o que o educador vai encontrar sob o item PROCEDIMENTO. Na maior parte dos programas formais de treino há um único procedimento previsto e que se encontra descrito, à direita da página, em termos de:

a) ações do educador (enumeradas de 1 a n);

b) possibilidades de respostas do aluno, por tentativas;

c) desempenho do aluno, mediante critérios estabelecidos.

Estes itens aparecem colocados em sequência e descrevem o que deve ocorrer na situação concreta, em passos encadeados. Correspondem a um roteiro a ser seguido pelo educador, quando realiza a Linha de Base ou o Treino.

Conforme já dissemos, o correspondente a PROCEDIMENTO dos programas formais, nos programas informais são as SUGESTÕES DE ATIVIDADES e RECOMENDAÇÕES GERAIS, descritas mais adiante.

Caso ocorra eliminação/evacuação, fazendo soar a campainha

12. Ed. ou Aux. diz: "Muito bem, você está fazendo xixi/coco na privada/pinico."
13. Ed. ou Aux. espera o A. terminar e reforça socialmente (e eventualmente com tangíveis)
14. Ed. ou Aux. registra o horário e a ocorrência na folha de registro
15. Ed. ou Aux. leva o A. de volta à sala de aula

Caso não ocorra eliminação nesse período

16. Ed. registra horário e a não ocorrência na folha de registro
17. Ed. leva o A. de volta à sala de aula
18. Ed. repete a tentativa após 10 minutos.

Deve ser necessário, nesse caso, alterar os horários subsequentes da tabela, em função dos intervalos previstos para a condução do aluno ao local de treino.

Quando o A. atingir o critério para uma tabela de horários (previstos)

- A equipe propõe tabela de horários com intervalos maiores entre as idas ao banheiro.

O critério sugerido é de pelo menos 95% de respostas adequadas por um mês. Os intervalos podem ser ampliados em dez minutos, a cada vez que o aluno atingir o critério por dois dias consecutivos. De duas a três horas de intervalo entre micções seria espaçamento desejável, mas o tempo é bastante individual, podendo ser menor (uma hora) ou apenas uma vez por dia.

Ações do educador

Em cada linha numerada do item PROCEDIMENTO, aparece uma única ação do educador, que pode referir-se a aspectos da apresentação de uma tentativa ou a atitude(s) a tomar diante de respostas do aluno. Há ainda, sem numeração, indicação do que fazer diante de critérios estabelecidos.

São ações do educador comumente observadas:

— mostrar ao aluno...
— dizer ao aluno...
— aguardar tempo x...
— registrar a resposta...

Respostas do aluno e desempenho diante de critérios

Em linhas não numeradas e recuadas um pouco à direita da página, em relação às ações do educador, aparecem as condições diante das quais este deve se comportar, de uma ou outra maneira previstas, a partir da resposta que o aluno apresenta a cada tentativa ou após um conjunto de tentativas.

No caso da Linha de Base, não costuma haver variação na conduta do educador, diante de diferentes respostas que o aluno possa apresentar, pelas razões expressas na descrição do item CONSEQUENCIAÇÃO (a seguir). De um modo geral, ele é orientado a registrar essas respostas e a apresentar novas tentativas, seguindo indicação feita na SELEÇÃO DE ITENS.

Critérios de desempenho

Se o aluno tem ou não em seu repertório, o comportamento-alvo do programa, é uma conclusão a que se deve chegar a partir dos resultados da Linha de Base, de modo a se optar pela inclusão ou não desse programa em sua rotina de atividades. Da mesma forma, a decisão sobre quando considerar um comportamento aprendido tem que ocorrer durante as sessões de Treino. A existência de um determinado comportamento, no repertório de uma pessoa, ou sua aprendizagem completa, contudo, não é uma questão de tudo ou nada, e sim uma questão de grau. Em quantas situações é preciso que um aluno imite comportamentos, para se concluir que sabe imitar?

Certamente não seria necessário que ele o imitasse todas as vezes, já que outras condições poderiam fazer com que não imitasse algumas vezes (distração, cansaço, falta de modelo claro, etc.). Por outro lado, se a criança nunca imita, não é difícil concluir pela ausência do comportamento, pelo menos sob as condições observadas.

O estabelecimento de critérios de desempenho torna-se então, um ponto de referência para esse tipo de conclusão. A escolha de um nível, acima do qual consideramos que o comportamento está aprendido e abaixo do qual concluímos que não está aprendido, é de certo modo, arbitrária, porém necessária para efeitos da aplicação de um programa qualquer. E tanto menos arbitrária será quanto mais baseada em experiências concretas.

No item PROCEDIMENTO, em Linha de Base e em Treino, aparece sempre a indicação para que o educador aplique o critério e decida sua ação, com base na comparação entre o desempenho do aluno e o critério previsto. À esquerda, aparece sempre indicado o critério sugerido de acordo com nossa experiência. O educador e a equipe devem sempre avaliar essa sugestão e adaptá-la às suas condições, caso necessário ou desejável, levando em conta os riscos que se corre ao reduzir ou ampliar o grau de exigência. Alterações dos critérios devem ser feitas antes da aplicação da Linha de Base e do Treino, embora os resultados obtidos possam conduzir à revisão desses critérios posteriormente.

Em termos de CRITÉRIOS, para Linha de Base e Treino, o educador encontrará normalmente, o número de tentativas (itens) que deve ser apresentado e a proporção de respostas corretas, que indicará se o Treino deve ou não ser iniciado ou concluído.

6/7.4. CONSEQUENCIAÇÃO

Como agir diante do desempenho dos alunos, na Linha de Base e no Treino? Como fortalecer ações na direção do objetivo pretendido? Como corrigir respostas incorretas? E se o aluno reage, o que fazer?

Garantir consequências (positivas) para o comportamento que se deseja instalar e/ou fortalecer, é um modo de atingir os objetivos desejados. Para efeitos de Linha de Base, contudo, a meta é obter o dado mais fiel possível acerca do que o aluno já sabe. Providenciar consequências específicas para respostas corretas e incorretas dos alunos nesta fase pode alterar, de modo indesejável, essa informação. Por isso, é preferível apenas registrar as respostas do aluno, sem querer indicar-lhe de modo explícito ou implícito se errou ou acertou.

Considerando-se, no entanto, as características da população a que se destinam os programas e o objetivo de que sua

É desejável garantir variação na combinação de objetos (exemplos e não-exemplos) em Linha de Base, para evitar associações acidentais.

Quando se tratar de objetos grandes, difíceis de locomover ou cômodos, partes de cômodos, etc., o procedimento deve ser adaptado a estas características.

Por exemplo, o aluno poderá ser solicitado a apontar, encaminhar-se para, tocar nos itens em avaliação. Nestes casos, todos os outros estímulos existentes no local são não-exemplos.

O critério sugerido para se considerar um objeto como reconhecido, é o de respostas corretas às três solicitações. Alguns erros ocasionais são admissíveis, ou seja, um (1) erro para nove tentativas, abrangendo a testagem de vários itens.

4. Ed. aguarda até 10 segundos
5. Ed. registra a resposta na folha
6. Ed. apresenta nova tentativa
7. Ed. apresenta cada objeto selecionado em Linha de Base num total de 3 vezes, em combinações diferentes.

Caso o A. atinja o critério

- Ed. retira o objeto da lista de itens de treino e o mantém na programação de Manutenção e Generalização

Caso o A. não

- Ed. inclui os objetos na lista de itens de treino.

CONSEQUENCIAÇÃO

De um modo geral, respostas corretas não são consequenciadas em sessões de Linha de Base, reforçando-se outras respostas adequadas ao A., intermitentemente.

CONSEQUENCIAÇÃO

Respostas corretas são seguidas de elogio e confirmação da resposta e, eventualmente, de outros reforços.

Respostas aproximadas são seguidas de elogio e da resposta correta, com ênfase na parte alterada ou omitida, e, se necessário, de um reforço tangível.

Respostas incorretas são seguidas de introdução de procedimento de ajuda nas tentativas subsequentes do mesmo item.

Recusas são seguidas da apresentação da resposta correta e de introdução de procedimento de ajuda nas tentativas subsequentes do mesmo item.

REGISTRO

Nível de Ajuda	Resposta Correta	Resposta Incorreta	Recusa Ñ-Resposta
Sem ajuda	S+	S-	S^0
Ajuda física total	T+	T-	T^0
Ajuda física parcial	P+	P-	P^0
Dica física	D+	D-	D^0
Dica verbal	V+	V-	V^0

(*) Anotar a forma como o A. emitiu a resposta.

aplicação se torne algo agradável para ela, é possível e desejável que o educador permaneça atento a outros comportamentos desejáveis, por parte do aluno durante a sessão, para que possa de algum modo, garantir certo nível de reforçamento. Respostas como manter-se atento, participar, posicionar-se corretamente, etc., podem e devem ser elogiadas pelo educador, mesmo durante uma sessão de Linha de Base.

Nos programas, a fórmula "*De modo geral respostas corretas não são reforçadas em Linha de Base, reforçando-se outras respostas adequadas ao A., de forma intermitente*", sob o item CONSEQUENCIAÇÃO, é uma descrição do que fazer diante de respostas corretas, incorretas, não-respostas e recusas do aluno. Em geral, o procedimento de consequenciação prevê reforçamento de respostas corretas e a utilização de *procedimento de ajuda* para respostas incorretas ou recusas. Os procedimentos de ajuda constituem aspecto de essencial importância no TREINO. Grande parte do processo de ensino-aprendizagem fica na dependência da utilização adequada e correta de procedimentos de ajuda. Eles podem garantir a ocorrência inicial de ação que, uma vez reforçada, começará a se fortalecer.

Tendo em vista a importância destes tópicos, sob os títulos "Consequenciação" e "Procedimento de ajuda", estes serão detalhados no próximo capítulo (III).

A adequação dos tipos de procedimento de ajuda a cada programa específico está recomendada nos comentários à esquerda das folhas ou sugerida na própria descrição do treino. Há casos de programa em que a utilização dos procedimentos de ajuda básicos está só indicada por se acreditar que seja fácil deduzi-los, a partir das informações fornecidas no capítulo III (em "Procedimento de ajuda").

Os programas informais também apresentam sob o item CONSEQUENCIAÇÃO, dicas sobre como proceder após a ocorrência de respostas — esperadas ou não — dos alunos. É claro que, pelas características destes programas, não se encontram indicações específicas, e sim recomendações mais genéricas cabíveis aos diferentes comportamentos-alvo.

Outra parte dos programas de treino formais, denominada VARIAÇÕES DE PROCEDIMENTO, também contém propostas mais globais de procedimentos de ajuda.

6/7.5. REGISTRO

Como avaliar se está ou não havendo progressos nos treinos? Como verificar se o critério de desempenho esperado foi atingido? Como relatar a pais e membros da equipe o que está ocorrendo?

A Linha de Base e o Treino precisam ser retratados de maneira clara e completa. Tudo o que aconteceu de relevante em relação ao comportamento-alvo precisa estar registrado. Deste modo, o próprio educador, em primeiro lugar, pode avaliar objetivamente como o aluno está progredindo (ou não), como está reagindo (ou não) aos procedimentos de ajuda utilizados... enfim, como está indo a aplicação do programa. Além disso, há em geral, discussões com a equipe e com os pais, que precisam estar orientados por dados concretos de avaliação, só possíveis a partir de um registro acurado.

Por todos estes usos, cada programa prevê como/onde deve ser feito o REGISTRO da Linha de Base e do Treino.

Há dois quadros que se repetem em quase todos os programas formais, diferentemente para registro do Treino e da

REGISTRO

O Ed. registra as respostas correspondentes, logo após cada tentativa, indicando também o nível de ajuda dado:

Nível de Ajuda	Resposta Correta	Resposta Incorreta	Recusa Ñ-Resposta
Sem ajuda	S+	S-	S^0
Ajuda física total	T+	T-	T^0
Ajuda física parcial	P+	P-	P^0
Dica física	D+	D-	D^0
Dica verbal	V+	V-	V^0

O *Ed.* deve usar a folha de registro para treinos com 2 itens. Para a Revisão Semanal, o *Ed.* pode usar a folha de Linha de Base.

Em anexo encontra-se um modelo destas folhas.

Respostas incorretas são seguidas de introdução de procedimento de ajuda nas tentativas subsequentes do mesmo item.

Recusas são seguidas da apresentação da resposta correta e de introdução de procedimento de ajuda nas tentativas subsequentes do mesmo item.

REGISTRO

Nível de Ajuda	Resposta Correta	Resposta Incorreta	Recusa Ñ-Resposta
Sem ajuda	S+	S-	S^0
Ajuda física total	T+	T-	T^0
Ajuda física parcial	P+	P-	P^0
Dica física	D+	D-	D^0
Dica verbal	V+	V-	V^0

(*) Anotar a forma como o A. emitiu a resposta.

O Ed. deve usar a folha de registro para treinos com 2 itens.

Se 3 ou mais itens forem treinados simultaneamente, deve usar a folha de registro para treinos com vários itens.

Para a Revisão Semanal o Ed. pode usar a folha de Linha de Base.

Em anexo encontra-se um modelo destas folhas.

A Revisão Semanal dos itens superados é uma maneira de verificar a manutenção de respostas adquiridas.

A apresentação dos itens superados durante o treino, em ordem e com frequência aleatória, é uma alternativa. Ela é especialmente útil quando o aluno estiver cometendo muitos erros nos novos itens, pois se cria oportunidades de reforçamento adicional por acerto nos itens superados. Nestes casos, o registro destas respostas não seria necessário, bastando uma observação na folha de registro.

Linha de Base, representando as possíveis respostas dos alunos — aquelas que podem ser previstas e categorizadas — cruzadas com os possíveis tipos de procedimentos de ajuda (no caso de registro do Treino). Estas possibilidades mais comuns foram codificadas de forma a facilitar o registro pelo educador. Evidentemente outros códigos podem ser eleitos e usados.

Diferentes Folhas de Registro são sugeridas nos programas formais e informais, que permitem anotar as respostas dos alunos, itens treinados e outras observações mais informais que complementem a visão do que ocorreu (a quais procedimentos de ajuda se teve que recorrer ou diante de que itens o aluno apresentou comportamentos disruptivos, por exemplo).

Diversas folhas de registro foram preparadas de acordo com cada programa. Algumas delas são comuns a vários deles, outras são específicas. A descrição destas folhas e o modo de usá-las encontram-se adiante, sob o título "Coleta e Análise de Dados — Folhas e Procedimentos", no Capítulo III.

Através do exame das folhas de registro, pode ser difícil visualizar se o aluno está ou não progredindo em sua aprendizagem. Para que os educadores, equipe técnica e pais vejam de que modo este processo de aprendizagem está ocorrendo, recomenda-se que os dados registrados sejam apresentados em gráficos. A forma de fazê-los também está detalhada adiante.

MANUTENÇÃO E GENERALIZAÇÃO

1. Todas as manifestações espontâneas devem ser respondidas. Caso não seja possível dar ao A. aquilo que ele solicita no momento, o Ed. deve dizer: "Você quer...? Só que agora não pode. Depois, na hora... você vai poder receber".
2. Se o A. inicia um comportamento para o qual possui o gesto pedido, o Ed. deve interromper o comportamento e perguntar: "Fulano, o que você quer?", dando ajuda se necessário.
3. Os gestos devem ser estimulados. Por exemplo, o Ed. pode dizer: "Eu vou dar um beijo no fulano. O que você quer que eu dê para você?", "Quem quer um abraço?", "Alguém quer brincar com o carrinho?".
4. Os gestos de comer e beber devem ser solicitados também nas outras refeições.

Todas estas sugestões devem ser recomendadas também aos pais.

8. MANUTENÇÃO E GENERALIZAÇÃO

E depois do treino completado? Como transformar a aprendizagem recém-adquirida em ação funcional do ambiente natural da criança? Como garantir que a aprendizagem se mantenha, não se perca num dia a dia desatento para sua existência?

Sob o item MANUTENÇÃO E GENERALIZAÇÃO dentro de cada programa, haverá dicas gerais e específicas para o educador atuar na direção de manter e generalizar o que foi adquirido no treino formal.

Basicamente duas dicas gerais se repetem nos programas:

1) o educador e o pessoal da escola deverão começar a solicitar/possibilitar o comportamento adquirido em situações variadas,
2) os pais, devidamente informados pela escola, poderão também fazer solicitações em casa.

Para a maioria dos comportamentos abrangidos pelos programas de treino formais, o seguimento destas duas dicas gerais, garantiria a manutenção e generalização desejadas. Outras dicas específicas, resultantes de dados da nossa experiência, aparecerão em certos programas, para atender a características do próprio comportamento.

Nos programas informais prevê-se a avaliação de generalização, através de algumas perguntas formuladas na folha de sugestões de atividades (além da inclusão de aspectos relativos à manutenção e generalização nas Recomendações Gerais) e/ou através da mesma forma adotada para os programas formais.

O educador deve estar constantemente alerta, para qualquer manifestação de generalização do que está sendo aprendido. Aí reside o principal indicador do sucesso real e completo do programa de treino.

VARIAÇÕES DE PROCEDIMENTO

Sempre que o Ed. observar a ocorrência espontânea do "sim" ou do "não" deve procurar oferecer um contexto, no qual estas respostas sejam funcionais. Por exemplo:

1. Se o A. emite uma resposta negativa, diante de uma tarefa ou de um alimento que é oferecido ou da aproximação de alguém, o Ed. pode:

• comentar como resposta: "Fulano, você está dizendo que NÃO quer."

• suspender a tarefa e/ou alimento, ou

• verbalizar sobre a necessidade de realizar a ação negada

No entanto, o educador deve estar atento para não instalar uma reposta de fuga ou esquiva generalizada (negativismo), aceitando negativas do aluno em todas as situações em que o NÃO for emitido.

2. Se o A. emite uma resposta positiva ou negativa, sem que seja possível identificar a que ela possa estar relacionada, o Ed. pode:

• selecionar algum estímulo ou situação que lhe permita retomar a resposta apresentada:

"Fulano, você quer mais...? Diga SIM" "Fulano, você não quer mais...? Diga NÃO"

• perguntar ao A.:

"Fulano, você está fazendo NÃO. Por quê? O que você quer?" (com crianças de maior repertório).

9. VARIAÇÕES DE PROCEDIMENTO

O que fazer quando o procedimento de treino proposto não dá certo? O que fazer se as características dos alunos não permitem a aplicação do procedimento básico? E se os procedimentos de ajuda são insuficientes?

Na prática, muitas vezes nos defrontamos com estas situações. Professores levantaram questões deste tipo, e, algumas vezes, descobrimos respostas para elas. As respostas encontradas estão descritas no item VARIAÇÕES DE PROCEDIMENTO que consta de alguns programas.

As propostas que fazemos visam atender a características especiais da população de alunos ou adequar condições de estímulo ou maneiras de facilitar aproximações do comportamento-alvo.

É claro que as "variações", utilizadas por nós, não esgotam todas as possibilidades. A criatividade de cada um e as situações concretas, que serão enfrentadas na aplicação do programa, devem sempre ampliar as alternativas.

10. TREINO (PROGRAMAS INFORMAIS)

Como dissemos, o TREINO nos Programas Informais está descrito através de itens diferentes dos adotados nos Programas Formais. Temos como "representantes" do Treino nos programas informais:

1. Recomendações Gerais;
2. Objetivos;
3. Lista de Atividades;

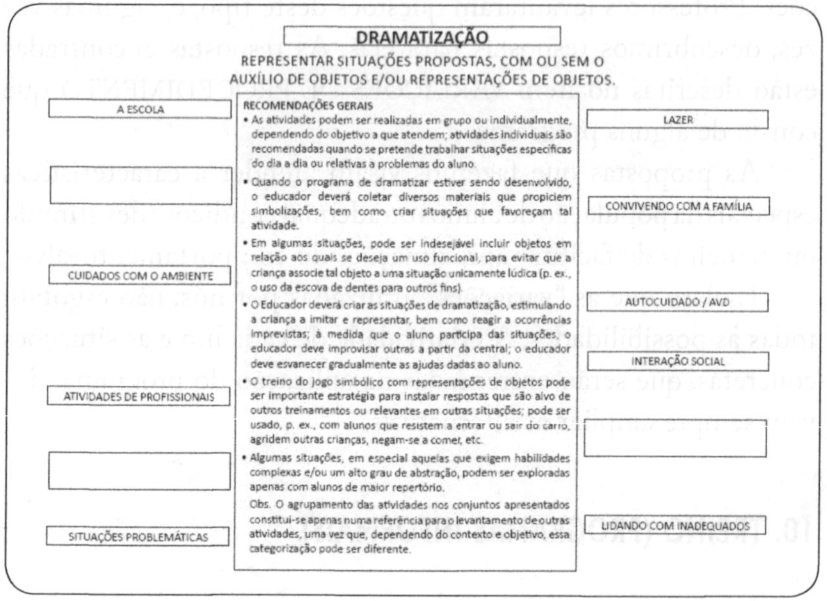

4. Sugestões de Atividades, envolvendo descrição da atividade, material e avaliação de aprendizagem;
5. Avaliação de Generalização.

10.1. RECOMENDAÇÕES GERAIS

A folha de Recomendações Gerais dos Programas Informais serve como uma espécie de guia geral de treino, pois contém, além das próprias recomendações gerais, uma lista de atividades sugeridas nos programas. Esta folha apresenta um retrato geral do que é possível fazer para se caminhar na direção do objetivo (comportamento-alvo) pretendido pelo programa, que também aparece recolocado no alto da página.

Enquanto RECOMENDAÇÕES GERAIS, procuramos colocar tudo o que nos parecia orientar melhor o educador, no sentido de explorar ao máximo as possibilidades de facilitação de aprendizagem dos alunos. São, como o próprio nome diz, recomendações, e não prescrições ou regras de conduta.

Acreditamos que a melhor maneira de apresentar as folhas de RECOMENDAÇÕES GERAIS é recomendar que elas sejam lidas...

10.2. OBJETIVOS

É especialmente importante, nos Programas Informais, que o educador se oriente pelos objetivos. Eles estão citados na parte de Informações Iniciais, voltam a aparecer na folha de RECOMENDAÇÕES GERAIS e em cada uma das folhas de DESCRIÇÃO DE ATIVIDADES SUGERIDAS.

Através da compreensão e assimilação dos objetivos, acreditamos que ficará mais fácil para o educador propor atividades novas e aproveitar ao máximo as situações informais, como

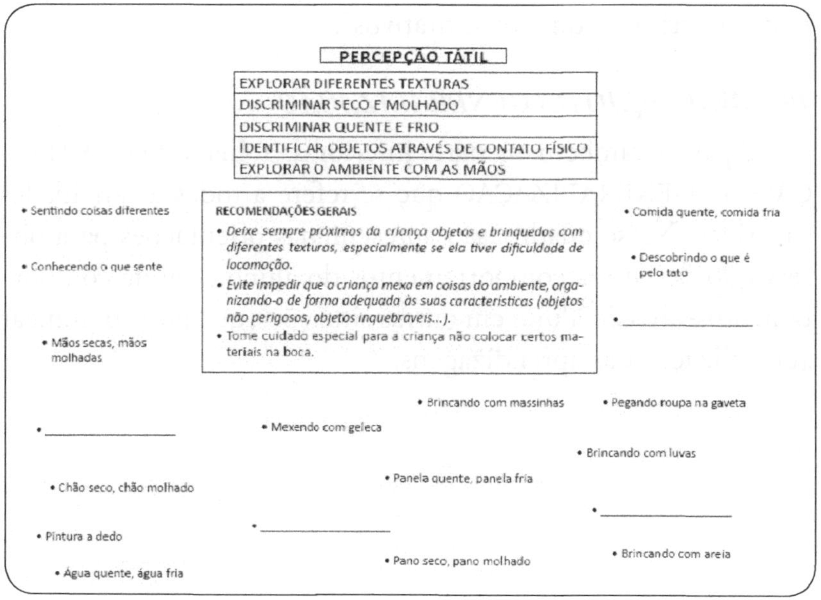

oportunidades de treino. São os OBJETIVOS, mais que as sugestões de atividades, que precisam estar sempre presentes para o educador, quando há um programa informal em foco.

10.3. LISTA DE ATIVIDADES

Para cada um dos objetivos de um programa, são apontadas atividades que contribuem para que esses sejam atingidos, a título de sugestão. Isso significa que outras atividades podem ser desenvolvidas, para esses mesmos objetivos, dependendo da criatividade do educador e de sua capacidade de adaptar as sugestões à realidade de seus alunos.

As atividades sugeridas nos programas são aquelas que, na experiência dos responsáveis por este Guia Curricular, aparecem como situações mais propícias ao desenvolvimento das aprendizagens pretendidas, mais próximas da realidade, das características das crianças com que trabalhamos e mais generalizáveis. Esperamos que a lista de atividades seja continuamente completada pelos educadores que apliquem os programas, e deixamos para isso, espaços em branco.

10.4. DESCRIÇÃO DE ATIVIDADES SUGERIDAS

As folhas de SUGESTÕES DE ATIVIDADES aparecem sempre encabeçadas pelo objetivo a que se referem as atividades descritas na página e contém quadros correspondentes a cada uma dessas atividades. Dentro de cada quadro o educador encontra o título da atividade, escolhido de modo a facilitar sua localização e fazer lembrar rapidamente de seu conteúdo, e uma descrição em termos de procedimento do educador, material e avaliação.

Mesmo em se tratando de atividades desenvolvidas em situações não formais, é importante não esquecer que os programas informais buscam o desenvolvimento de determinados comportamentos e uma avaliação de sua eficácia é indispensável. Por esta razão e pela tendência comum de se realizar apenas avaliações subjetivas do desenvolvimento do aluno, quando não se trata de um treino formal, é de extrema importância que o educador leve em conta as sugestões de Avaliação e garanta registros fidedignos sobre suas observações, ainda que eles sejam mais "descritivos" que "quantitativos".

10.5. AVALIAÇÃO DA GENERALIZAÇÃO

Aparece também, na parte inferior da folha o item AVALIAÇÃO DA GENERALIZAÇÃO que se refere a todas as atividades sugeridas. Nesse quadro, são apresentadas orientações para observação de outros comportamentos do aluno e/ou de comportamentos-alvo do aluno em outras situações, que possam indicar generalização das aprendizagens.

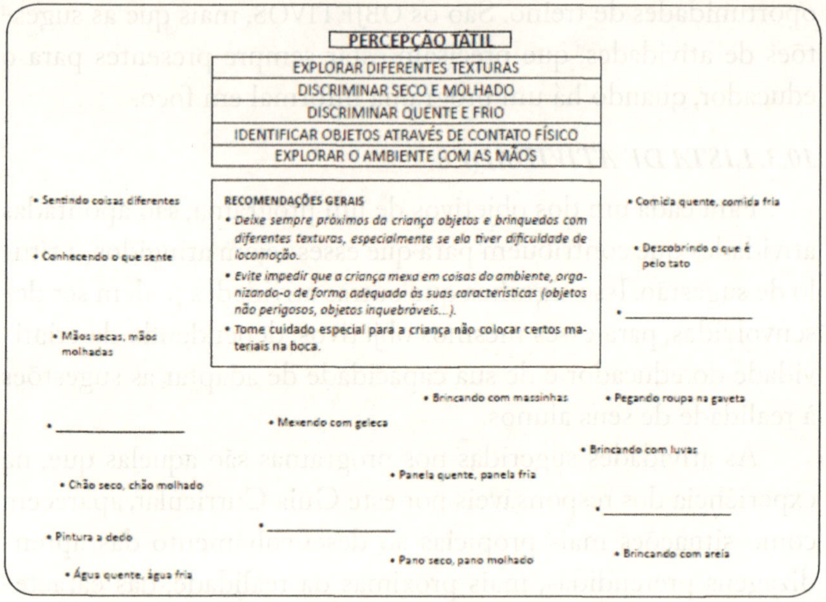

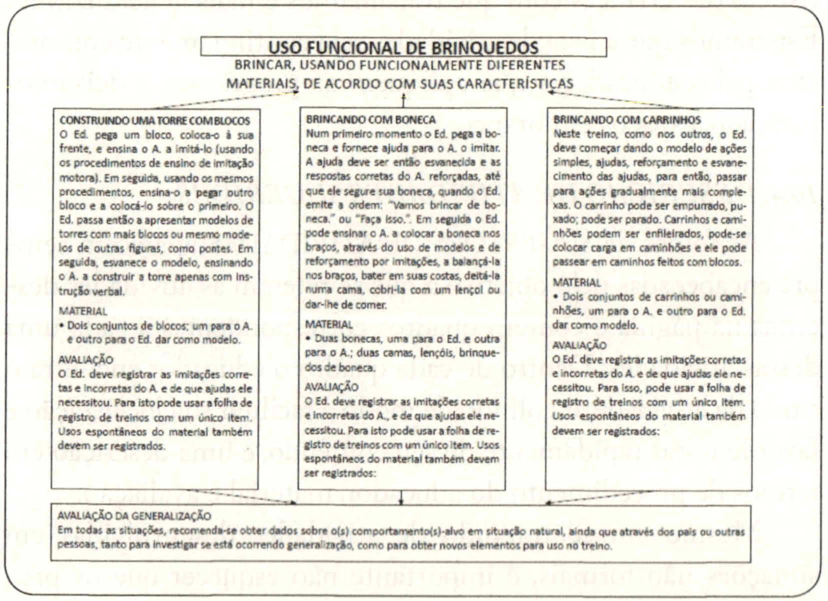

Capítulo III

Apoio técnico ao educador:
o guia curricular e a análise do comportamento

APOIO TÉCNICO

Várias foram as decisões técnicas que tivemos que tomar ao definir as características de cada programa do Guia Curricular. Tivemos que definir formas de consequenciar os comportamentos, critérios de avaliação da aquisição de habilidades em treino, tipos de procedimentos de ajuda, aspectos das folhas de registro... enfim, cada programa é o resultado de nossa experiência e dos conhecimentos técnicos de Psicologia, Pedagogia, Terapia Ocupacional, Fisioterapia, Fonoaudiologia, trazidos pelos profissionais das equipes de que participamos.

Este Guia Curricular não pretende conter informações de todas essas áreas, mesmo porque muitas delas seriam desnecessárias para a finalidade de uso prático dos programas. De outro lado, as informações são muitas e mesmo aquelas relativas à nossa área — Psicologia e mais especificamente Análise do Comportamento — são de difícil transmissão apenas em um material escrito, como este Guia Curricular.

Apesar das limitações, pretendemos oferecer neste capítulo, pelo menos algumas informações essenciais ao entendimento dos porquês de certas características dos programas e completar informações sobre os instrumentos de registro adotados nos mesmos. Assim, organizamos este capítulo em duas partes: na primeira, discutimos alguns princípios da Análise do Comportamento e na segunda, estendemos as explicações sobre Coleta e Análise de Dados.

PARTE 1: PRINCÍPIOS DA ANÁLISE DO COMPORTAMENTO

O propósito dos programas apresentados neste Guia Curricular é o de propiciar o aparecimento de comportamentos considerados desejáveis no repertório do aluno e/ou o fortalecimento de comportamentos já existentes, mas cuja frequência, intensidade e/ou duração se quer aumentar.

Assim, analisamos aqui, em especial, questões relativas à consequenciação de comportamentos, estratégias básicas de fortalecimento e enfraquecimento de respostas (reforçamento, extinção, punição) e procedimentos de facilitação para a aprendizagem de novas habilidades (procedimentos de ajuda).

A aplicação destes procedimentos, evidentemente, não é apenas útil para a aquisição das habilidades previstas nos programas. Ocorrem no dia a dia, muitos comportamentos — adequados e inadequados — em relação aos quais o educador deve atuar. Embora ultrapasse a proposta deste Guia, parece importante indicar como os princípios básicos, que serão analisados, poderão ser utilizados, tanto para instalar e fortalecer outros comportamentos desejáveis como para enfraquecer e eliminar comportamentos indesejáveis, muitas vezes incompatíveis com a situação de treino.

PRINCÍPIOS DA ANÁLISE DO COMPORTAMENTO FORTALECIMENTO DE COMPORTAMENTOS

CONCEITO DE REFORÇAMENTO

A probabilidade futura de ocorrência de uma determinada ação depende sempre de condições, antecedentes e/ou consequentes a ela.

> *Encontrar, logo de manhã, o filho sorridente é condição antecedente, que aumenta a chance da mãe dar-lhe um abraço. Se, no entanto, o filho entrar gritando no quarto da mãe, aumenta a chance dele levar um pito, que é condição consequente aos gritos.*

As ações dos indivíduos produzem por si só, efeitos no ambiente, capazes de aumentar ou diminuir a probabilidade de sua ocorrência no futuro, nas mesmas condições ou em condições semelhantes.

> *A probabilidade de uma criança voltar a apertar o botão de um rádio é maior quando este funcionou em ocasiões anteriores, do que caso isso não tenha ocorrido, por estar o aparelho quebrado.*

Além dos efeitos/produtos que uma ação produz por si só no ambiente, existem outros tipos de consequências que podem ser planejadas (ou ocorrer sem planejamento) e que podem aumentar ou reduzir sua probabilidade futura de ocorrência. Alguns estímulos, apresentados imediatamente após uma ação, podem aumentar a probabilidade de ocorrência desta ação. Estes estímulos tanto podem ser uma decorrência natural da ação, quanto uma consequência planejada.

Conseguir chegar ao lugar desejado é uma consequência que decorre naturalmente da ação de locomover-se e aumenta a chance futura desta mesma ação ocorrer. Um elogio recebido por um trabalho realizado ou permissão para ir brincar depois de ter comido todo o almoço são maneiras (planejadas) de aumentar a probabilidade de ocorrência destes eventos no futuro.

Reforçamento é o nome que se dá à apresentação de um estímulo, imediatamente após uma resposta (ação), e que tem a propriedade de aumentar a probabilidade de ocorrência dessa resposta no futuro, em termos de frequência, intensidade e/ou duração. Recebe o nome de reforçador (ou reforço), o estímulo utilizado nesse processo. Tanto o reforçador, como o reforçamento, contudo, só podem ser assim denominados, desde que se observe um aumento na ocorrência da resposta que se busca fortalecer.

Assim, elogiar uma criança, por ter ela apresentado uma resposta qualquer desejada ou mesmo dar-lhe um doce, não implica em estar necessariamente reforçando essa resposta. Pode ocorrer, por exemplo, que a criança não goste de ser elogiada em público ou de comer doces e que passe então a evitar nova apresentação da resposta.

FORTALECIMENTO DE COMPORTAMENTOS

Geralmente, reforçadores são itens ou atividades de que o aluno gosta e pelos quais está disposto a trabalhar. Nem tudo é reforçador para todas as pessoas ou para uma pessoa, todas as vezes. Por isto, é fundamental que o educador teste a preferência de seu aluno, antes de indicar algo como reforço, podendo também consultá-lo, quando o mesmo tem condições de responder. Perguntar a pais, professores ou outras pessoas que conhecem bem suas preferências, observar diretamente e listar coisas que gosta de fazer ou de consumir são formas de identificar reforçadores em potencial.

TIPOS DE REFORÇADORES

Certos *TIPOS* de estímulos têm alta chance de se tornarem reforçadores. Alguns são consequências intrínsecas, mais naturais, enquanto outras são extrínsecas, constituindo-se em recurso útil, especialmente no início de uma situação ensino-aprendizagem.

Atenção social: é a maneira mais comum de fortalecimento de respostas e também altamente desejável por sua importância na socialização e pela facilidade com que pode ser dada. Sua apresentação deve ser sincera e entusiástica, para ser eficaz. Deve-se destacar que o vínculo afetivo entre a criança e a pessoa que reforça é indispensável para que a interação atue como reforçamento. Em muitos casos, é primeiro necessário associar este tipo de estímulo a outros, primários, antes que se possa utilizá-lo como reforçador.

Atenção, aprovação ou reconhecimento, um elogio ou outras formas de interação social e física (afagos, beijos) são exemplos de reforçadores sociais.

Estímulos sensoriais: atividades que envolvem estimulação sensorial frequentemente são importantes e agradáveis para o aluno. É necessário conhecer as preferências sensoriais do aluno, para a escolha de estímulos eficazes. Os programas de Senso-Percepção e o Uso Funcional de Brinquedos fornecem indicadores relevantes para a escolha deste tipo de reforçador.

Alguns exemplos são:
Estímulos auditivos: caixa de música, tambor;
Estímulos visuais: painel de luzes coloridas, móbiles;
Estímulos olfativos: objetos perfumados;
Estímulos cinestésicos: balanço em rede, vibradores.

Atividades e jogos: podem ser usados para fortalecer comportamentos. Neste caso, a oportunidade de executá-los é apresentada logo após a ocorrência do comportamento que se deseja reforçar.

Passeios, oportunidades para brincar com uma bola ou um carrinho ou ainda conversar, podem ser usados como reforçadores para o cumprimento de uma tarefa solicitada, uma tentativa de treino correta, etc. Nos treinos verbais, uma boa consequência é a oportunidade de escutar a própria voz no gravador.

Objetos: crianças muitas vezes gostam de receber pequenos objetos ou de fazer uma coleção. Presentes maiores também são eventualmente muito reforçadores, mas, por causa de seu alto custo, nem sempre podem ser fornecidos para cada comportamento desejável. Podem, entretanto, constituir-se em bons elementos de troca, num sistema de fichas.

Fichas: podem ser fornecidas como reforçadores, pelo desempenho de comportamentos apropriados, previamente definidos, e subsequentemente trocadas por recompensas, selecionadas anteriormente. A vantagem do uso de fichas é a de que todos os comportamentos corretos podem ser seguidos de uma ficha, mas nem todos precisam ser seguidos de uma atividade ou de um objeto. A troca de fichas pelo evento escolhido pode ocorrer após a obtenção de poucas ou de muitas fichas, dependendo do repertório do aluno e de sua familiaridade com o sistema. A eficácia do sistema de fichas pode ainda ser aumentada pela retirada de fichas do aluno, devido a seu fracasso em realizar comportamentos definidos de antemão ou por apresentar condutas inadequadas, também previamente definidas (ver adiante, enfraquecimento de comportamento).

Fichas propriamente ditas, "vales", sinais, pontos, estrelas, figurinhas, moedas, bolas de gude, balões, ou quaisquer outros símbolos que permitam quantificação, podem ser utilizados desta forma.

Comestíveis: são, geralmente, reforçadores poderosos, sendo úteis quando outros não se mostram eficazes. Recomenda-se que sejam sempre dados junto com reforço social e que, gradualmente, o comestível seja substituído pelo reforço social. Evita-se deste modo, que o aluno responda corretamente apenas quando houver comida presente ou quando estiver com fome.

Comidas e bebidas de que a criança gosta (balas, chocolates, salgadinhos, refrigerantes, pedaços de frutas ou iogurtes de sabores diferentes) são usados com frequência como reforçadores.

A retirada de um estímulo aversivo é outra maneira de fortalecer um comportamento.

Estar com a roupa molhada ou suja é aversivo para algumas crianças. Trocar de roupa — isto é, a retirada do estímulo aversivo, pode ser reforçador nestes casos. Um professor que grita com seu aluno que não cumpre um pedido seu, pode conseguir com que o comportamento de obediência se fortaleça — possivelmente para evitar os gritos do professor. Só que este método não costuma ser o melhor.

Este último tipo de reforçamento ocorre diariamente no ambiente natural de todas as pessoas, mas por envolver estimulação aversiva, não se recomenda o seu uso deliberado de forma sistemática.

COMO REFORÇAR

Existem algumas regras básicas para se reforçar comportamento de forma correta. O educador deve:

- ser consistente;
- reforçar imediatamente;
- assegurar-se de que o reforço é eficaz;
- ter uma variedade de reforços;
- parear atividades reforçadoras e itens tangíveis, com elogio, abraço, reforço social.

Cada vez que Paula responde certo no treino de nomear figuras, a tia elogia e lhe dá chance de brincar um pouco com a boneca de que gosta. Se ela não responde, a tia aguarda e lhe dá nova oportunidade de responder. Neste exemplo, verifica-se que a tia reforça cada resposta certa de Paula, de modo consistente e imediatamente após sua emissão. Ela usa reforço social (elogios), junto com diversas atividades. O fato de Paula estar fazendo progresso confirma que o reforço está sendo eficaz.

Aos poucos os elogios são espaçados. Paula quase não percebe a mudança, mas no fim já está respondendo, sem esperar pela aprovação: seu comportamento passou a ser mantido pela própria atividade, pelo prazer que lhe dá o acerto, o aprender.

Toninho insiste com papai para ele comprar o carrinho novo que o amiguinho tem. Ontem ele disse "não", hoje ele disse "sim", cedendo à insistência e à birra de Toninho. Esta situação mostra papai sendo inconsistente e reforçando assim um comportamento inadequado do filho. Com isso, provavelmente ele está — sem percebê-lo — ensinando o filho a tentar conseguir o que quer, insistindo cada vez mais, ou mesmo fazendo birras, até que papai ceda.

QUANDO REFORÇAR

Pode-se reforçar o aluno de forma contínua ou intermitentemente. *Um esquema de reforçamento contínuo envolve reforçar o aluno a cada vez que ocorre um comportamento-alvo.*

A aplicação deste esquema de reforçamento é recomendada, quando uma nova habilidade está sendo ensinada, para seu fortalecimento inicial. Quando uma habilidade já foi adquirida, usa-se um esquema de reforçamento intermitente, a fim de mantê-la. *No esquema intermitente nem todas as respostas corretas são seguidas de reforço, apenas algumas.* A passagem planejada, de um esquema de reforçamento contínuo para um intermitente, deve ser sempre gradual e, desta forma, é possível desenvolver alta motivação e persistência.

Muitos pais acham que, quando os filhos obedecem, não fazem mais do que sua obrigação, mas brigam cada vez que uma ordem sua não é acatada. Depois se admiram quando não são obedecidos! Observações, como "é bom ter um filho que ajuda quando preciso" ou "que cheirinho gostoso de menino limpo", feitas com certa frequência, (ou seja, num esquema de reforçamento intermitente), ajudam a manter os comportamentos de colaborar ou de tomar banho.

Nem todo dia o mar está bom para pescaria, mas o fato do pescador fisgar peixes de vez em quando, mantém seu comportamento de pescar. Este exemplo mostra que o comportamento do pescador está sendo reforçado num esquema intermitente, por condições naturais do ambiente, não planejadas.

MODELAGEM

Modelagem é outro procedimento que pode ser usado para ajudar o aluno a adquirir uma nova habilidade. Este procedimento requer que o comportamento do aluno gradualmente se aproxime da forma desejada. Neste caso, em vez da quantidade de ajuda ser esvanecida, requer-se que o comportamento do aluno gradualmente se aproxime da forma desejada. Para isso, o reforço é dado a aproximações sucessivas do comportamento-alvo. A modelagem é um procedimento especialmente útil nos casos em que o aluno emite a resposta solicitada de forma parcial. Reforçando-se algumas vezes esta resposta parcial, passa-se a requerer a cada tentativa, uma resposta mais próxima do Comportamento-alvo, sucessivamente, até atingir o comportamento-alvo.

Por exemplo, se no Programa de Imitação Oral de Palavras o educador dá o modelo "água" e o aluno repete "água", esta resposta será inicialmente reforçada, passando-se a aceitar depois apenas maiores aproximações ao modelo.

No Programa Comportamento Exploratório qualquer aproximação de manipular brinquedos começa por ser reforçada, até que manipulações mais completas comecem a surgir.

ENCADEAMENTO

Encadeamento é mais um procedimento que permite ao educador ensinar ao aluno uma nova habilidade. É um procedimento usado quando o comportamento solicitado for complexo e o aluno não for capaz de executá-lo. *Neste caso, o comportamento complexo é subdividido em partes mais simples e cada uma destas partes é ensinada separadamente, com o auxílio de procedimentos de ajuda e/ou modelagem.*

Vários exemplos de encadeamento são fornecidos no Programa de Atividades de Vida Diária. Assim, tirar a meia ou lavar as mãos são comportamentos que se compõem de muitos elos que devem ser encadeados. Ordens complexas como "Vá até o armário, pegue a boneca e traga-a para mim.", também podem ser subdivididas. Ensina-se, primeiro, ao aluno, ir até o armário e pegar a boneca, para finalmente cumprir a ordem completa.

EVITANDO FORTALECER COMPORTAMENTOS INDESEJÁVEIS

Para algumas pessoas, atenção de qualquer tipo atua como reforçador. Assim, repreensão verbal, gritos, risos e até mesmo insultos, podem reforçar e fortalecer comportamentos indesejáveis. Este fenômeno pode ser observado em crianças negativistas, oposicionistas, desafiadoras e naqueles que, claramente, fazem algo inapropriado, como destruir um brinquedo ou mesmo agredir-se "para chamar atenção".

Além disso, se um aluno dá uma resposta correta, mas ao mesmo tempo exibe um comportamento inadequado, o que fazer? Não reforçar a resposta correta e com isto enfraquecê-la, ou correr o risco de fortalecer uma resposta indesejável?

Em outra situação "perigosa", o educador pode estar ocupado e não reforçar imediatamente a resposta desejada. Pode acontecer que, quando fornecer o reforço, o aluno já esteja se comportando de forma inadequada e será este, o comportamento fortalecido. Estas são situações que merecem atenção e cuidados especiais.

O QUE FAZER QUANDO O ESTÍMULO ESCOLHIDO NÃO ESTÁ FORTALECENDO O COMPORTAMENTO

Uma pesquisa das possíveis razões deve ser feita. O estímulo usado é eficaz? Ele está sendo fornecido imediatamente e consistentemente? Sua quantidade é suficiente? O aluno não estará recebendo este estímulo à vontade em outros momentos do dia? E o programa de ensino não está difícil ou fácil demais? De acordo com a resposta a estas perguntas, deve-se fazer mudanças correspondentes.

ENFRAQUECIMENTO DE COMPORTAMENTOS

Existem muitas ocasiões em que desejamos enfraquecer comportamentos de nossos alunos. Assim, quando crianças agridem outras, quando estão entretidas com suas estereotipias, a ponto de não participarem das atividades propostas, quando se recusam sistematicamente a cooperar, é desejável enfraquecer ou extinguir estes comportamentos.

EXTINÇÃO

Cessar completamente o reforçamento de uma resposta, cuja frequência foi anteriormente aumentada pela consequência reforçadora, causará um decréscimo em sua frequência: a este procedimento se dá o nome de extinção.

Fábio gostava de chamar a atenção da mãe atirando seus brinquedos na parede. As tentativas de eliminar este comportamento com broncas, só confirmavam que a consequência fortalecedora era mesmo a atenção obtida, apesar de ser aparentemente negativa. Disposta a enfraquecer este comportamento, retirando a atenção que o mantinha, a mãe preparou o ambiente, retirando objetos e móveis que podiam ser quebrados e guardando brinquedos mais delicados... Por uns dias, aguentou com firmeza, sem dar atenção alguma, fazendo uso do procedimento de extinção. Logo mais, Fábio começou a brincar com brinquedos, desfrutando da companhia e dos elogios da mãe, vitoriosa no seu empreendimento.

Apesar de ser uma das formas mais eficazes de enfraquecer um comportamento, a extinção nem sempre pode ser utilizada. Há casos de agressão e autoagressão, onde simplesmente não é possível ignorar o que está acontecendo, até mesmo por uma questão de integridade física. Além disso, extinção só deve ser usada quando o educador tem certeza de que não irá dar o reforçador — geralmente na forma de atenção — depois de muita insistência do aluno. Senão, estará inadvertidamente ensinando-o a insistir com o comportamento inadequado, porque eventualmente conseguirá o que quer.

Se a mãe de Fábio não tivesse guardado os brinquedos fáceis de quebrar ou se tivesse deixado seus quadros prediletos na parede, dificilmente manteria sua disposição de não dar atenção a Fábio.

TRANSFORMANDO OS "CASTIGOS" EM ALTERNATIVAS EDUCATIVAS DE AÇÃO

Além da extinção, existem outros procedimentos, que também envolvem a retirada de reforçadores ou a apresentação de consequências aversivas, e que podem ser úteis quando se deseja enfraquecer comportamentos. Estes procedimentos são comumente adotados no dia a dia por mães e educadores e são chamados corriqueiramente de "castigos". Estes podem ser um simples "não" dito em tom severo, até "surras" ou outras agressões físicas mais leves. Em geral, a eficácia da punição, isto é, se o comportamento diminui ou não, não chega a ser avaliada, representando por vezes mais uma reação ou alívio de tensão para o aplicador da punição do que, realmente, uma medida útil de controle de comportamento. Examinando com atenção os elementos que compõem os "castigos", consegue-se apontar alternativas que podem ser eficazes para enfraquecer comportamentos indesejáveis.

Vimos que um sistema de liberação de fichas (ou reforçadores desse tipo) pode ajudar a fortalecer comportamentos desejáveis. Neste sistema, pode-se definir que comportamentos indesejáveis, em geral incompatíveis com os que se deseja fortalecer, impliquem em retirada de fichas já obtidas.

Por exemplo, em jogos de cooperação, comportamentos produtivos para a atividade do grupo podem ser premiados com pontos a mais, enquanto que infrações às regras combinadas levarão à perda de pontos.

Um aluno, especialmente indisciplinado em sala de aula, pode "ganhar estrelas" no caderno, por períodos de atenção e atividade adequada, e pode "perder estrelas", a cada vez que apresenta um comportamento disruptivo, que atrapalhe a ele mesmo ou a seus colegas.

A adoção deste procedimento requer algum nível de compreensão da criança, para que o significado da perda dos reforçadores já adquiridos seja entendido como consequência do comportamento apresentado.

A simples retirada da criança de uma situação de grupo que é reforçadora para ela, após a ocorrência de um comportamento indesejado específico, é outro tipo de "castigo" que pode ser mais educativo. Basta para isto que o educador tenha o cuidado de identificar para a criança o que ela fez "de errado" e o que seria mais adequado como alternativa, colocando-a como observadora de comportamentos apropriados de outras crianças do grupo. Após algum tempo, ela pode ser readmitida no grupo. Este procedimento é chamado de *observação contingente*.

A mãe, preocupada com ensinar respeito por outras crianças, a seu filho, num playground, pode aplicar este recurso toda vez em que ele empurrar uma criança no escorregador ou tirar alguém do balanço ou correr muito depressa com o gira, gira.

Neste tipo de procedimento, a conotação de "castigo" cede lugar ao aspecto educativo que o comportamento de prestar atenção a comportamentos adequados, de forma orientada, traz embutido em sua proposta.

Outro procedimento é o "*tempo fora*", que envolve a retirada temporária de um indivíduo da situação reforçadora, após a ocorrência de comportamento inadequado. Uma forma especial de "tempo fora" é a reclusão, quando a pessoa é colocada em uma área restrita, não reforçadora, por um período de tempo definido, geralmente de alguns minutos. É comum em algumas instituições, haver um local destinado à aplicação deste procedimento, sem objetos ou móveis que possam ser utilizados perigosamente ou que possam servir como reforçadores inadvertidamente.

O uso dos procedimentos de "*observação contingente*" e, principalmente, do "*tempo fora*" deve ser cuidadosamente supervisionado, se usado, para evitar ocorrência de abusos e erros de aplicação.

Estes casos de "castigos", transformados em alternativas educativas de ação, obedecem a um mesmo princípio básico: o da retirada de reforçadores contingentes a comportamentos indesejáveis. *A maneira realizar essa retirada de reforçadores e de explorar educativamente a situação é que define a qualidade técnica e ética do uso do procedimento.*

Em todas as situações de "castigo" temos uma interação delicada, potencialmente desagradável, entre educador e criança, que precisará estar sendo compensada com o maior número possível de interações seguramente positivas. Além disso, o objetivo último a ser perseguido, nestes casos, terá que ser o de autocontrole e autodisciplina pela própria criança.

Parece importante ressaltar estas características, tendo em vista o uso de "castigos" frequentemente aplicados de forma isolada. A controvérsia em torno da questão "deve-se ou não adotar o uso de consequências aversivas para controlar comportamentos inadequados?" é grande. Julgamos necessário responder a esta questão, caso ela surja, não com regras de conduta genéricas, mas sim com uma análise da situação concreta e usando-se critérios técnicos e éticos para a tomada de decisão. Nossa experiência nos conduziu sempre para procurar alternativas a este tipo de punição. Propositalmente, deixamos de discutir aqui eventuais aplicações adequadas de punição, que a literatura nos apresenta para situações especiais. A estes estudos, deve recorrer a equipe multiprofissional quando julgar imprescindível.

EVITANDO COMPORTAMENTOS INADEQUADOS

Restrição física e prevenção de respostas são formas adicionais de se lidar com comportamentos-problema, especialmente comportamentos autoagressivos de difícil controle, por outros procedimentos. Impedir a autoagressão, através do uso de extensores que impeçam a flexão dos braços (feitos de lona, com velcro, por exemplo) ou de roupas especiais (como um capacete para a cabeça) são formas de fazer este comportamento diminuir ou de eliminá-lo, mesmo na ausência das restrições. Em alguns casos, entretanto, o indivíduo se torna tão dependente da restrição, que não permite a sua retirada. Uma forma que pode ser menos drástica é a do educador segurar com firmeza a parte do corpo que está executando o comportamento inapropriado, até que o aluno se acalme. Isto é possível no caso de crianças que não possuam grande força física, mas deve-se estar atento ao fato de que este contato físico pode ser reforçador e, neste caso, aumentar o problema.

O princípio de *evitar* a ocorrência de certos comportamentos, dificilmente suscetíveis a outros procedimentos ou especialmente perigosos, pode ser útil em situações mais corriqueiras.

> *Por exemplo, simplesmente organizar o ambiente físico de forma a desestimular comportamentos indesejáveis ou definir regras com clareza, numa brincadeira em grupo, ou distribuir atenção de forma mais*

equitativa entre os alunos ou mesmo selecionar brincadeiras menos provocativas de brigas e similares... todos constituem procedimentos que ajudam a evitar comportamentos indesejáveis.

ENFRAQUECIMENTO DE COMPORTAMENTOS PELO FORTALECIMENTO DE OUTROS, ALTERNATIVOS OU INCOMPATIVEIS (DRO), (DRA), (DRI).

Muito mais do que só eliminar comportamentos-problema, recomenda-se a substituição destes, por formas mais apropriadas de obtenção de reforçamento. Idealmente, o educador deve identificar os reforçadores que estão mantendo o comportamento inadequado do aluno. Pode se usar, então, o procedimento de reforçamento diferencial de comportamentos alternativos, ou seja, reforçam-se todos os comportamentos apresentados, menos o indesejável. (DRA). Pode-se também reforçar diferencialmente comportamentos incompatíveis com o comportamento-problema, selecionando para reforçamento um comportamento desejável, que não pode, fisicamente, ocorrer simultaneamente com aquele que se está tentando enfraquecer (DRI). O resultado, em ambos os casos, é um aumento de comportamentos adequados e um decréscimo do comportamento inadequado, motivo porque um destes procedimentos deve ser privilegiado quando estamos diante de situações que requerem intervenção.

Lídia tinha o hábito de jogar água nos olhos dos colegas dentro da piscina, causando desconfortos e propiciando até acidentes no caso dos colegas principiantes. Ao analisar o que poderia estar mantendo este comportamento, supôs-se que era a atenção social que Lídia obtinha nestas ocasiões. A professora de Educação Física, auxiliada pela psicóloga da instituição, definiu que ela teria atividades de piscina incompatíveis como jogar água por algum tempo (jogar bola com a professora, por exemplo), recebendo bastante atenção dos adultos, na forma de elogios e brincadeiras.

INSTALAÇÃO DE NOVOS COMPORTAMENTOS PROCEDIMENTOS DE AJUDA

Quando um determinado comportamento desejável não existe no repertório do aluno, pode ser — e geralmente é — necessário instalá-lo gradualmente. Será preciso promover e reforçar comportamentos que se aproximem sucessivamente, da forma como é esperado que ocorra. Para isso, o educador poderá:

- propiciar ajudas para que o aluno apresente respostas corretas, facilitando a aquisição de um comportamento novo (Procedimentos de Ajuda);
- aceitar inicialmente comportamentos parciais ou que apenas se assemelhem ao comportamento desejável, na aparência e/ou na função (Modelagem);
- dividir o comportamento em unidades menores e ensiná-las sequencialmente (Encadeamento).

Estes três procedimentos estão explicita ou implicitamente incorporados aos procedimentos de treino dos programas do Guia Curricular. Procuramos fornecer nesta próxima parte do capítulo de Apoio Técnico algumas informações básicas sobre os mesmos.

TIPOS DE AJUDAS

As ajudas de que o educador pode utilizar-se para instalar comportamentos no aluno, podem ser categorizadas em alguns tipos gerais:

- *ajudas físicas*, que envolvem contato físico entre aluno e educador, para a realização da ação;
- *dicas físicas*, quando o educador, sem entrar em contato físico com o aluno, faz gestos, movimentos sinalizadores, indicativos da resposta correta, para o aluno;
- *dicas verbais*, com as quais o educador procura guiar a resposta do aluno, através de estímulos orais.

AJUDA FÍSICA

A quantidade, intensidade e duração do contato aluno-educador, podem variar, indo de um ponto em que é total (o educador guia todo o movimento do aluno que está envolvido na resposta), até um mínimo de contato. A ajuda física pode ser então parcial, maior ou menor. Embora nem sempre seja simples quantificar as ajudas dadas, um esforço nesse sentido é necessário, tanto para facilitar a introdução (e posterior retirada) gradual das ajudas, quanto para permitir uma padronização e objetivação de procedimento.

Na organização dos tipos de ajuda propostos no Guia Curricular, são usados os seguintes níveis de ajuda física, com os respectivos códigos:

- Ajuda física total (T);
- Ajuda física parcial, com 75% de ajuda na realização da resposta (P_3);
- Ajuda física parcial, com 50% de ajuda na realização da resposta (P_2);
- Ajuda física parcial, com 25% de ajuda na realização da resposta (P_1).

Por exemplo, no Programa de Atendimento de Ordens Simples, para o comporta mento de "bater palmas", o educador poderá, em termos de ajudas:

- Pegar as mãos do aluno e colocá-las juntas, palma a palma (T);
- Pegar as mãos do aluno, colocá-las diante dele, aproximá-las uma da outra, retirando suas próprias mãos, antes que as do aluno se toquem (P_3);
- Levar as mãos do aluno até diante dele e apenas impulsionar uma na direção da outra ou nem isso (P_2);
- Tocar as mãos do aluno, de modo a guiar o início do movimento (de erguer as mãos) (P_1).

DICA FÍSICA

Diferentes tipos de Dica Física (D) podem ser utilizados:

- *dicas gestuais*, envolvendo gestos do educador relacionados à resposta. Neste caso, os gestos devem ser sempre lentos, simples, claros e consistentes de tentativa para tentativa.

Gestos como apontar ou tocar um objeto (por exemplo, a cadeira no programa de Nomeação de Objetos), ou mover uma das mãos ao longo do caminho, que um movimento deve seguir (no programa de Contato Visual III), constituem-se em dicas gestuais.

- *dicas através de modelo*, quando o educador mostra ao aluno como é o comportamento que deve desempenhar. É importante fornecer o modelo a ser imitado, junto com a instrução verbal que explica o comportamento, para que, eventualmente, a própria instrução seja suficiente.

(Observação: nos programas de Imitação, o modelo é condição necessária para o comportamento e não é, portanto, uma ajuda).

O educador pode fazer o movimento solicitado, no Programa de Atendimento de Ordens, enquanto o aluno o observa; pode pegar o objeto solicitado, no Programa de Identificação de Objetos, ou mostrar como se constrói uma torre de cubos, no Programa de Uso Funcional de Brinquedos. O uso de "role-playing" é outra forma de fornecer modelos.

- *dica visual*, com a qual se busca estimular o aparecimento da resposta correta, pelo uso de recursos adicionais de percepção visual.

Assim, no Programa de Contato Visual Olho a Olho, uma dica visual seria o uso de uma lanterna, para captar o olhar do aluno (conforme descrito nas Variações de Procedimento deste Programa). No Programa de Emparelhamento de Estímulos Visuais, uma dica visual sugerida foi a de usar a folha de papel, para delimitar o espaço no qual os objetos devem ser colocados. O papel poderia ajudá-lo a olhar para o lugar onde ele deve colocar o objeto.

- *dica auditiva*, através do uso de recursos sonoros.

Por exemplo, o educador pode estalar os dedos ou balançar um chocalho frente aos olhos do aluno, no Programa de Contato Visual Olho a Olho. O uso de um objeto sonoro, no Programa de Procura de Objetos, é outro exemplo de dica auditiva. Ou ainda, o educador pode dar uma batida na mesa ao lado do objeto a ser selecionado no Programa de Emparelhamento.

DICA VERBAL

No caso da dica verbal (V), a ajuda do educador consiste em instruções ou outras formas de estímulos orais.

No Programa de Nomeação de Objetos, dicas verbais para a resposta de nomear "copo" poderiam ser "co..." ou, então, "Você toma suco nele." ou o modelo em voz baixa. No programa de Imitação Motora, a dica verbal pode ser a própria instrução. Assim, se o aluno não abrir uma caixa, quando o educador der o modelo e pedir para este fazer o mesmo, pode dizer também: "Abra a caixa!".

Ao dar instruções verbais, deve se considerar alguns aspectos básicos:

- a atenção do aluno deve ser assegurada;
- o vocabulário deve ser adequado ao nível de compreensão do aluno;
- a estrutura da frase deve ser simples;
- as afirmações devem ser feitas pausada e claramente e com ritmo.

Como no caso das ajudas físicas, também as dicas verbais podem ser em maior ou menor quantidade, permitindo uma graduação (V_3, V_2 e V_1); as dicas verbais podem ainda variar em relação a tom de voz, intensidade, etc. O educador deverá avaliar, não apenas a necessidade dessas variações, como buscar formas de representar as gradações utilizadas.

ESCOLHENDO E HIERARQUIZANDO AJUDAS

Sempre que o programa admitir, o educador deve começar o treino, dando ajuda física total (T) ao aluno. A seguir, deve esvanecer a ajuda, passando a oferecer ajuda física parcial (P), em seguida dicas físicas (D), dicas verbais (V), para então requerer o comportamento solicitado, sem qualquer tipo de ajuda (S).

Este é um procedimento de *esvanecimento*, isto é, de retirada gradual das pistas físicas e verbais que podem ser usadas para evocar o comportamento-alvo.

O uso desta sequência de procedimentos de ajuda, iniciando-se o treino com ajuda física total, é especialmente indicado, quando o aluno não emitiu o comportamento a ser treinado durante a linha de base, e para os educadores iniciantes. A experiência mostrou que esta prática tem sido eficaz, proporcionando ao educador a segurança de uma hierarquia de passos a seguir.

Quando em linha de base, já aparecerem respostas aproximadas, o educador experiente poderá fazer um teste, para determinar qual outro nível de ajuda poderia ser usado para iniciar o treino.

A recomendação de que se inicie o treino sempre com ajuda física total baseia-se também na experiência de que o treino extra, em níveis nos quais o aluno pode se desempenhar bem, tem sido muito mais benéfico que aversivo e não tem causado efeitos colaterais.

Nos programas (ou nos itens de treino) em que vários tipos de ajuda podem ser selecionados, a resposta do aluno é que indicará o procedimento a ser adotado. O educador deve lembrar, entretanto, de que deve passar sempre de uma forma que contenha mais ajudas (ajuda física total), até uma que contenha menos (dica verbal) ou nenhuma ajuda.

Exemplificando, no programa de Imitação Motora, dicas físicas serão mais apropriadas do que dicas verbais, apesar destas últimas poderem ser empregadas. Já no programa de Nomeação as mais utilizadas serão as dicas verbais ou gestuais.

QUANDO PASSAR DE UM NÍVEL DE AJUDA PARA OUTRO

Existem duas formas básicas de esvanecer as ajudas usadas nos programas: o por nós chamado procedimento 1 (Pr_1) e o procedimento 5 (Pr_5), onde os números se referem à quantidade de acertos requerida em cada nível de ajuda, como critério para a passagem a um nível de ajuda menor.

No Pr_5, o aluno deve completar cinco tentativas consecutivas corretamente, para então haver uma diminuição da quantidade de ajuda. Assim, após cinco tentativas corretas, com ajuda física total, passará a obter ajuda física parcial. Depois de cinco tentativas corretas, com ajuda física parcial, passará ao próximo tipo de ajuda. Quando o aluno fizer cinco erros consecutivos em um dado tipo de ajuda, o educador volta para o nível anterior de ajuda, por outras cinco tentativas corretas.

Tanto no Pr_1 como no Pr_5 uma nova sessão deve ser iniciada sempre com o último nível de ajuda ao qual o aluno respondeu certo na sessão anterior.

No Pr_1, após um acerto com um tipo de ajuda, o educador passa para a próxima ajuda e após um erro, aumenta novamente a quantidade de ajuda.

O uso do Pr_1 ou do Pr_5 é um ponto muito debatido, em relação ao qual se verificam opiniões diferentes, nos vários manuais de diferentes autores. Na nossa experiência, não se pode estabelecer regras fixas quanto ao uso de um procedimento ou de outro. Para algumas crianças mostrou-se preferível o uso do Pr_1, para outras do Pr_5.

Há indicações de que, para crianças com repertório mais limitado, o Pr_5 é mais recomendado. Uma das vantagens do Pr_5 é que ele dá um maior número de chances consecutivas ao aluno de acertar e, portanto, de ser reforçado, mantendo assim a motivação de trabalhar. Em Pr_1, se o aluno estiver tendo dificuldades em um nível de ajuda, a alternância de tipo de ajuda dificultará a aprendizagem e fará com que a quantidade de tentativas reforçadas seja menor, o que pode afetar sua motivação. Pode ocorrer também, a formação de círculo vicioso T/P. Assim, quando o aluno aceita a ajuda física total do educador (T), passa-se para a ajuda física parcial (P_1). Se o aluno não emite o comportamento sugerido pela ajuda parcial, volta-se para T, onde ele é sempre reforçado por uma resposta, cujo custo é praticamente nulo. A sequência P-, T+, P-, T+, pode perpetuar-se, sem que se consiga avançar no procedimento. Neste caso, o uso do Pr_5 pode ser mais apropriado.

Entretanto, dependendo do aluno ou do Pr_1, pode fazer com que o treino caminhe mais rapidamente e desta forma tornar-se mais motivador para o educador e o aluno. O uso do Pr_5 teria como desvantagem o fato do treino tornar-se desnecessariamente mais lento. Além disto, o uso do Pr_5 pode fazer com que o aluno se fixe em um determinado nível e tenha dificuldades de passar para um nível de ajuda menor.

O educador deve usar consistentemente o Pr_1 ou o Pr_5. Se, após um tempo, os dados indicarem que o progresso está sendo muito lento ou nulo com o procedimento usado, uma mudança pode ser indicada. Entretanto, outras alternações poderão ser tentadas: mudança de reforço, mudança na forma ou no tipo de ajuda empregado. Pode-se ainda deixar de dar o reforço tangível, quando houver acerto após retrocesso para um nível de ajuda maior, mantendo-se apenas o reforço social. O educador deve se lembrar, porém, de que muitas vezes são necessárias inúmeras tentativas, até o aluno aprender, e que a persistência neste caso é sua única resposta correta.

Pesquisas para determinar em que casos cada um dos procedimentos é o mais adequado seriam de grande valia.

AS AJUDAS SÃO CUMULATIVAS

Quando o educador fornece qualquer tipo de ajuda, deve dar ao mesmo tempo a ordem verbal que o programa requer.

Quando der ajuda física, pode, além da ordem verbal, dar dicas físicas e verbais adicionais. Ao dar dicas físicas, pode sempre dar dicas verbais.

Entretanto, ao dar dicas verbais (V) não poderá dar simultaneamente dicas ou ajudas físicas (neste caso estaria dando, na realidade, dicas ou ajudas físicas — T, P ou D).

Em outras palavras, o educador deve fornecer, a cada tentativa, a ordem, o tipo de ajuda escolhido e as ajudas menores. Por exemplo, será registrado P_1 (ajuda física parcial), quando o comportamento for executado apropriadamente, depois que uma pequena ajuda física foi dada pelo educador, juntamente com dicas verbais e físicas.

Com isto, facilita-se a passagem de um nível de ajuda para o próximo.

APOIO TÉCNICO

PARTE 2: COLETA E ANÁLISE DE DADOS

Nossa experiência e os princípios de atuação em Análise do Comportamento destacam a observação e registro do processo de ensino-aprendizagem como *fundamentais* para a avaliação dos alunos e dos próprios programas de treino. Observar e registrar o ensino e a aprendizagem implica em notar e anotar dados sobre o que foi feito pelo educador, sobre as reações e o desempenho do aluno, sobre materiais e itens adotados no treino, etc.

Os dados que fomos percebendo como importantes para cada programa foram sendo sistematizados em folhas de registro, aperfeiçoadas a cada oportunidade de aplicação. Nesta segunda parte do capítulo "Apoio Técnico", apresentamos um detalhamento das características das folhas de registro, adotadas nos programas e uma sugestão sobre a construção de gráficos, para avaliar visualmente o desempenho do aluno.

TIPOS DE FOLHAS DE REGISTRO QUAIS, QUANDO, COMO USAR

Várias folhas de registro foram preparadas para se adequarem a todos os programas. Não se julgou necessário fazer uma folha para cada programa, numa tentativa de uniformizar o procedimento de registro e economizar na sua confecção. Entretanto, a diversidade de programas exigiu algumas diferenças entre elas. Assim, sugerem-se folhas de registro para:

— Linha de Base;

— Treino com *um* item por sessão;

— Treino com *dois* itens por sessão;

— Treino com *vários* itens por sessão;

— Folhas especiais.

Estas folhas estão descritas a seguir e há um exemplar de cada folha, em branco, anexo a cada programa. Para que o procedimento de utilização de cada tipo de folha fique bem claro, elaboraram-se folhas relativas a cada programa, preenchidas com dados fictícios, a título de ilustração. Estes exemplos também se encontram anexos aos programas.

Linha de Base

A folha de registro para Linha de Base prevê campos para anotações de:

1. nome do aluno;
2. classe do aluno;
3. nome do educador;
4. nome do programa a ser testado;
5. data de cada sessão de teste;
6. hora de cada sessão de teste;
7. itens de teste;
8. acertos e erros dos alunos;
9. porcentagem de acertos por item testado;
10. porcentagem de acertos total (conjunto de itens testados);
11. conclusão(ões);
12. observações;
13. códigos utilizados.

Esta folha se presta às anotações de dados de Linha de Base da maior parte dos programas formais de treino. Em geral, na Linha de Base destes programas, são apresentadas três tentativas por item.

Um grande espaço foi reservado para anotação de observações, feitas pelo educador durante a Linha de Base, que poderão guiá-lo (e à equipe) na decisão quanto à inclusão ou não do treino na rotina de atividades do aluno, aos itens a serem treinados e aos procedimentos mais indicados.

Treino com um item por sessão

Esta folha deve ser usada nos treinos de:

- Contato Visual;
- Procura de Objetos;
- Reconhecimento e Expressão de Sentimentos;
- Expressão Gestual de Desejos e Necessidades;
- Pedindo para ir ao banheiro;
- Apenas um item por sessão (sempre que se fizer esta opção).

Nesta folha há espaços reservados à identificação do aluno e do treino, do procedimento de ajuda adotado (Pr_1 ou Pr_5 — ver Procedimentos de Ajuda), à numeração das sessões, data, horário, item em treino, porcentagem de acertos por sessão, além de espaço para anotações das respostas do aluno nas tentativas de cada sessão. Há ainda lugar reservado para o registro dos códigos utilizados e de observações.

As instruções específicas de uso destas folhas encontram-se em cada programa e em cada folha de registro.

Treino com dois itens por sessão

Para os treinos que preveem a apresentação aleatória de *dois* itens numa mesma sessão, foi preparada esta folha, que já especifica a ordem de apresentação dos itens, segundo randomização previamente definida.

Assim, o educador deve apresentar ao aluno, a cada tentativa, o item cujo espaço na coluna de respostas está em branco.

Esta folha deve ser utilizada nos programas:

- Imitação Motora;
- Imitação de Movimentos Fonoarticulatórios (OFA);
- Atendimento de Ordens;
- Identificação;
- Nomeação;
- Emparelhamento (apenas na Linha de Base).

Segundo a ordem prevista, na primeira sessão, a primeira tentativa deve ser feita com o item 2, a segunda e terceira com o item 1, a quarta e quinta com o item 2 e assim por diante.

Treino com vários itens por sessão

Esta folha deve ser utilizada nos seguintes programas e etapas:

- Comportamento Exploratório.
- Senta/Levanta: Linha de Base e Treino (Apesar de serem apenas dois itens sendo treinados simultaneamente — “senta” e “levanta” — recomenda-se o uso da folha para vários itens, pois a apresentação das duas ordens não é aleatória — a ordem de levantar-se sempre sucede à ordem de sentar-se).
- Nomeação (quando o educador optar pelo treino de mais do que dois itens simultaneamente; neste caso ele deve randomizar as tentativas).
- Emparelhamento (sendo também necessária a randomização de tentativas).

Em anexo encontra-se uma tabela de números aleatórios, que permitirá ao educador garantir a apresentação aleatória dos itens de treino numa sessão.

Outra opção é o uso de crivos, que podem ser sobrepostos a esta folha de registros. Usando o crivo, o educador poderá facilmente preparar as folhas de registro antes das sessões, marcando as caselas a serem utilizadas para a resposta do aluno (por exemplo, com um ponto vermelho). O preparo prévio das folhas, com uso de crivos em carbono ou estêncil, facilita o trabalho do educador.

Folhas especiais de registro

Para os seguintes programas foram criadas folhas especiais de registro:

- Habilidades de Senso-Percepção;
- Comportamento Exploratório (Linha de Base e Fase 1);
- Imitação Oral de Palavras;
- Sim/Não (Linha de Base e Treino);
- Uso Funcional de Brinquedos;
- Dramatização;
- Uso do Vaso Sanitário (Linha de Base e Treino);
- Atividade de Vida Diária (AVD's) (Linha de Base e Treino).

O preenchimento da coluna de passos, a serem avaliados ou treinados para cada atividade, deve ser feito antes das sessões.

CUIDADOS NO USO DAS FOLHAS E ANÁLISE DOS DADOS

CÓDIGOS

Para facilitar o registro, o educador pode adotar códigos. Há códigos sugeridos em cada programa formal, para a anotação do nível de ajuda fornecido e para acertos, erros ou recusas do aluno. Outros códigos, evidentemente, podem ser criados pelo educador.

Nas folhas de registro há espaço para a descrição dos códigos usados.

OBSERVAÇÕES

Reforçadores utilizados, variações ocorridas no procedimento, aspectos do desempenho do aluno, alterações de rotina ou saúde (medicação nova, doença, educador novo, etc.) devem ser sempre anotados no espaço reservado, uma vez que se constituem em informações importantes na avaliação dos resultados de um treino.

CÁLCULO DE ACERTOS/ERROS

Ao final de cada sessão, o educador deve calcular a porcentagem de acertos do aluno, de acordo com a seguinte fórmula:

$$\frac{\text{N}^{\text{o}}\text{ de acertos}}{\text{N}^{\text{o}}\text{ de tentativas}} \text{ X } 100 = \%$$

Nos treinos com dois ou vários itens, devem ser feitos tantos cálculos quantos forem os itens treinados.

REPRESENTAÇÃO GRÁFICA DO DESEMPENHO

GRÁFICOS: FOLHAS E PROCEDIMENTOS

Através do exame das folhas de registro pode ser difícil visualizar se e quanto o aluno está progredindo em sua aprendizagem. Para que os educadores, equipe técnica e pais vejam de que modo este processo de aprendizagem está ocorrendo, recomenda-se que os dados sejam apresentados em gráficos. Os gráficos sugeridos são apresentados em anexo.

No gráfico superior, o educador deve colocar o nível de ajuda dado na última tentativa *correta* da sessão. Os códigos, para os níveis de ajuda, de fato utilizados com o aluno no treino que está sendo registrado, devem ser colocados na ordenada do gráfico (linha vertical). O gráfico prevê também uma para a anotação de ausência de respostas corretas, em qualquer nível de ajuda (0%).

No gráfico inferior o educador deve colocar a porcentagem de acertos na sessão. No caso dos treinos com dois ou mais itens, duas ou mais cores diferentes (ou traçados diferentes) devem ser usados, cada uma representando um item. Este código deve também ser anotado no espaço reservado no fim da folha.

A proposta de anotar apenas o nível atingido na última tentativa *correta* foi feita com base na nossa experiência, quanto à resistência ou eventual demora de um registro em gráfico mais completo, por parte do educador. O registro proposto facilita o trabalho deste, no final da sessão. A última resposta correta representa uma amostra das respostas corretas do aluno. Para verificar se esta amostragem é, de fato, representativa, foi feita uma comparação entre um gráfico em que todas as respostas corretas foram colocadas e um, onde apenas a última resposta correta foi anotada. Verificou-se que a tendência geral das duas curvas era a mesma, tendo o segundo gráfico a vantagem de ser mais compacto, facilitando assim a visão do processo de aprendizagem. Entretanto, queremos ressaltar que um registro de todas as respostas sempre será mais preciso.

Os dois gráficos podem ser usados simultaneamente, pois fornecem informações diferentes. Em alguns casos, o educador pode optar pelo uso de apenas um deles. Por exemplo, se a porcentagem de acertos é constante ao longo das sessões e o que muda é o nível de ajuda dado, apenas o gráfico superior deve ser preenchido.

Os gráficos devem ser mantidos num painel na parede da sala de aula. Isto permite que, tanto o educador como outros profissionais ou até mesmo pais e outros visitantes, possam acompanhar o progresso do aluno. Se progresso estiver ocorrendo, será gratificante constatá-lo. Caso contrário, rapidamente podem ser tomadas medidas necessárias para detectar e modificar o aspecto do treino que está impedindo o progresso.

UMA PALAVRA FINAL...

Os três capítulos introdutórios ao Guia Curricular propriamente dito tiveram a intenção de fornecer os referenciais básicos para o entendimento e para a aplicação dos programas. Colocamos os fundamentos históricos e filosóficos de nossa proposta no Capítulo I. Apresentamos a forma e o conteúdo dos programas, procurando esclarecer a função de cada item que aparece nos Programas Formais e Informais, no Capítulo II. E, neste Capítulo III, discutimos alguns princípios da Análise do Comportamento e aspectos específicos de Coleta e Análise de Dados da Aplicação dos Programas. O Capítulo IV apresenta o Guia Curricular, um conjunto com 18 programas para aprendizagem de habilidades fundamentais, para o desenvolvimento geral, social e cognitivo de crianças e jovens, especiais ou não.

FOLHA DE REGISTRO PARA: ☐ **LINHA DE BASE DO PROGRAMA** ______________________

☐ **REVISÃO SEMANAL**

PERÍODO: ______________ **ALUNO:** ______________________

CLASSE: __________ **EDUCADOR:** ______________

DATA HORA	ITENS DE TESTE	TENTATIVAS			% ACERTOS	OBSERVAÇÕES
		1	2	3		

CÓDIGOS USADOS: ______________________

CONCLUSÕES: ______________________

FOLHA DE REGISTRO PARA LINHA DE BASE DO PROGRAMA COMPORTAMENTO EXPLORATÓRIO

PERÍODO: ____________________

ALUNO: ____

CLASSE:__________ EDUCADOR: ________________________________

	DATA E HORA	OBJETOS OFERECIDOS	OBJETOS MANIPULADOS	O QUE A FEZ COM OS OBJETOS (MANIPULAÇÃO)	TEMPO QUE PERMANECEU C/ OBJETOS	OBSERVAÇÕES
SESSÃO 1						
SESSÃO 2						
SESSÃO 3						

CÓDIGOS USADOS: ____

CONCLUSÕES: ____

FOLHA DE REGISTRO PARA LINHA BASE DO PROGRAMA　　　　　　　　　　　　　　　　　　　　SIM / NÃO

PERÍODO　　　　　　　　　　　　　　　　　　　　　　ALUNO: _____
　　　　　　　　　　　　　　　　　　　　　　　　　　CLASSE: _____ EDUCADOR: _____

SESSÃO		1		2		3		% DE ACERTOS	OBSERVAÇÕES
DATA									
HORA									
ITENS / RESPOSTAS ESPERADAS		SIM	NÃO	SIM	NÃO	SIM	NÃO		
% DE ACERTOS	POR TIPO DE RESPOSTA							✗	
	TOTAL POR SESSÃO							✗	

OBS: o ED deve apresentar as alternativas de forma aleatória　　　　CONCLUSÕES: _____
CÓDIGOS USADOS: _____

FOLHA DE REGISTRO PARA: ☐ **LINHA DE BASE DO PROGRAMA:** **AVD:** ____________________
(ATIVIDADES DE VIDA DIÁRIA)

☐ **REVISÃO SEMANAL**

PERÍODO: ____________________

ALUNO: ____________________

CLASSE: __________ **EDUCADOR:** ____________________

DATA											OBSERVAÇÕES
HORA											
TENTATIVAS / PASSOS											

CÓDIGOS USADOS: ____________________

CONCLUSÕES: ____________________

FOLHA DE REGISTRO PARA ☐ **LINHA DE BASE DO PROGRAMA:** ☐ **TREINO** **USO DO VASO SANITÁRIO**

PERÍODO: ____________

ALUNO: ____________

CLASSE: ________ **EDUCADOR:** ____________

DATA																												OBSERVAÇÕES
CÓDIGOS / HORA	S M F	X E -	LAT	S M F	X E -	LAT	S M F	X E -	LAT	S M F	X E -	LAT	S M F	X E -	LAT	S M F	X E -	LAT	S M F	X E -	LAT	S M F	X E -	LAT	S M F	X E -	LAT	

CÓDIGOS USADOS:

Casela 1	Casela 2	Casela 3
S = calça seca M = calça molhada F = calça c/fezes	X = micção E = evacuação - = não faz	LAT. = Latência de x ou E no vaso

Sumario: Dias	1	2	3	4	5	6	7	8	9	TOTAL
Nº acidentes										
Fr. micção										
Fr. evacuação										
Lat. media										

FOLHA DE REGISTRO PARA TREINO DO PROGRAMA ______________________

(TREINO COM UM ITEM POR VEZ

PERÍODO: ______________ PROCEDIMENTO DE AJUDA: ☐ PR-I ☐ PR-5 ALUNO: ______________________

CLASSE: __________ EDUCADOR: ______________________

SESSÃO	DATA	HORA	ITEM EM TREINO	TENTATIVAS																				% ACERTOS	OBSERVAÇÕES
				1	2	3	4	5	6	7	8	9	10	11	12	13	14	15	16	17	18	19	20		

CÓDIGOS USADOS: ____

FOLHA DE REGISTRO PARA TREINO DO PROGRAMA ______________________

(TREINO SIMULTÂNEO DE DOIS ITENS)

PERÍODO: ____________ **PROCEDIMENTO DE AJUDA:** ☐ PR-I ☐ PR-5 **ALUNO:** ____________ **CLASSE:** ________ **EDUCADOR:** ____________

SESSÃO	DATA E HORA	ITENS EM TREINO	TENTATIVAS 1	2	3	4	5	6	7	8	9	10	11	12	13	14	15	16	17	18	19	20	% ACERTOS	OBSERVAÇÕES

CÓDIGOS USADOS: ____

FOLHA DE REGISTRO PARA TREINO DO PROGRAMA ______________________

(TREINO SIMULTÂNEO DE VÁRIOS ITENS)

PERÍODO: ____________ PROCEDIMENTO DE AJUDA: ☐ PR-I ALUNO: ____________

☐ PR-5 CLASSE: ________ EDUCADOR: ____________

SESSÃO	DATA	HORA	ITEM EM TREINO	TENTATIVAS																				% ACERTOS	OBSERVAÇÕES
				1	2	3	4	5	6	7	8	9	10	11	12	13	14	15	16	17	18	19	20		

CÓDIGOS USADOS: ______________________________

FOLHA DE REGISTRO PARA TREINO DO PROGRAMA: IMITAÇÃO ORAL DE PALAVRAS

PERÍODO: ______ PROCEDIMENTO DE AJUDA: ☐ PR-I ☐ PR-5 ALUNO: ______ CLASSE: ______ EDUCADOR: ______

SESSÃO																	OBSERVAÇÕES
DATA																	
HORA																	
TENTATIVAS / PASSOS	1	2	1	2	1	2	1	2	1	2	1	2	1	2	1	2	
1																	
2																	
3																	
4																	
5																	
6																	
7																	
8																	
9																	
10																	
11																	
12																	
13																	
14																	
15																	
16																	
17																	
18																	
19																	
20																	
% DE ACERTOS																	

OBS: o ED deve apresentar duas tentativas consecutivas para cada item numa mesma sessão, os itens são apresentadas em ordem aleatória a cada sessão.

CÓDIGOS USADOS: ______

FOLHA DE REGISTRO DO PROGRAMA:

- ☐ SENSO PERCEPÇÃO
- ☐ USO FUNCIONAL DE BRINQUEDOS ______________________
- ☐ DRAMATIZAÇÃO

PERÍODO: ______________________ ALUNO: ______________________

CLASSE: ____________ EDUCADOR: ______________________

DATA HORA	ATIVIDADE	MATERIAL	AVALIAÇÃO	OBSERVAÇÕES

AVALIAÇÃO: respostas às perguntas sugeridas nas atividades, ações imitadas, ordens atendidas, quantidade e tipo de ajuda requerida, comentários sobre as reações do aluno.

REPRESENTAÇÃO GRÁFICA DO DESEMPENHO EM TREINO DO PROGRAMA ______________________

PERÍODO: ______________ PROCEDIMENTO DE AJUDA: ☐ PR-I ☐ PR-5 ALUNO: ______________________

CLASSE: ________ EDUCADOR: ______________________

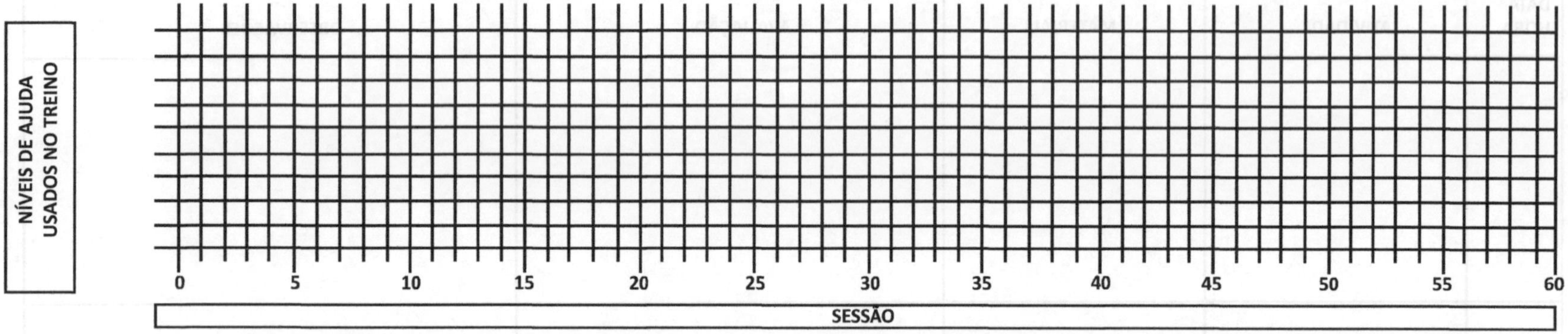

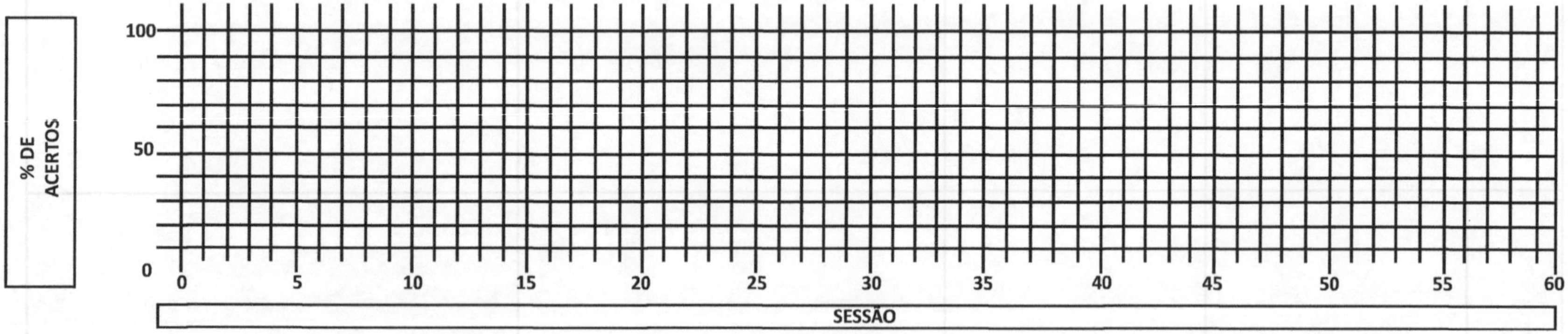

CÓDIGOS USADOS: ____

____

____

____

____

____

REPRESENTAÇÃO GRÁFICA DO DESEMPENHO EM TREINO DO PROGRAMA *Atendimento de Ordens*

PERÍODO: *Março/2016* PROCEDIMENTO DE AJUDA ☒ PR-I ☐ PR-5 ALUNO: *Carla*

CLASSE: *C* EDUCADOR: *Sérgio*

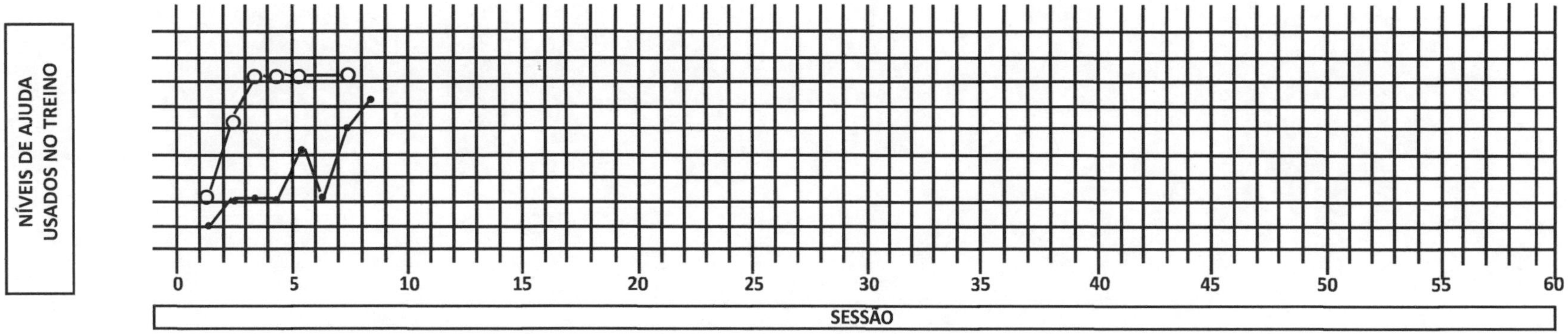

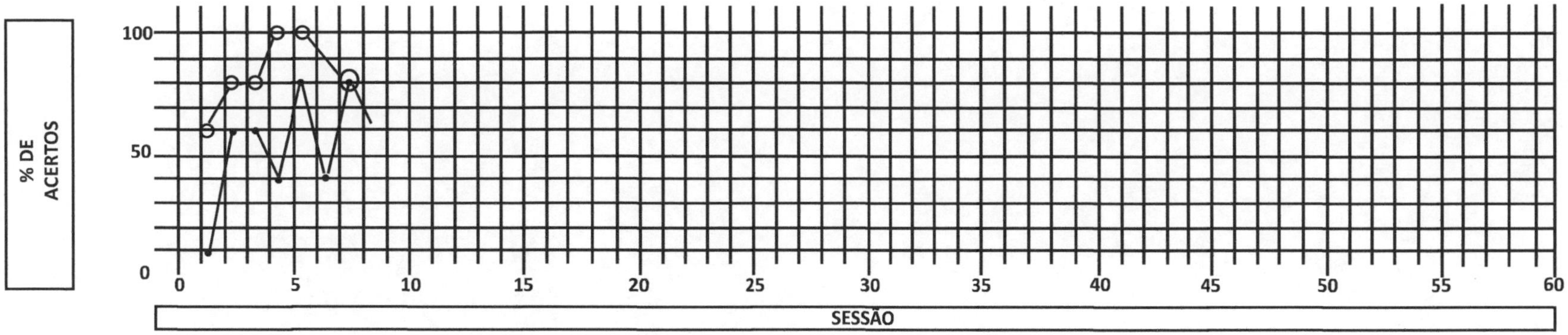

CÓDIGOS USADOS:

✶ ; item "põe"
ɘ : item
O "empurra"
; item "abre"

S: sem ajuda
V: dica verbal
D: dica física
T: ajuda física total
p1, p2, P3: ajudas parciais com 25, 50 e 75% respectivamente.

Capítulo IV

PROGRAMAS DE TREINO

Programa 1	Senso-percepção	91
Programa 2	Contato visual	121
Programa 3	Comportamento exploratório	155
Programa 4	Procura de objetos	173
Programa 5	Imitação motora	187
Comunicação	***Introdução aos programas de comunicação - Programas de 6 a 13***	
Programa 6	Atendimento de ordens	211
Programa 7	Senta / Levanta	225
Programa 8	Identificação	235
Programa 9	Imitação do movimento dos órgãos fonoarticulatórios	263
Programa 10	Imitação oral de palavras	277
Programa 11	Nomeação	293
Programa 12	Sim /Não	315
Programa 13	Expressão gestual de desejos e necessidades	329
Programa 14	Expressão e reconhecimento de sentimentos	345
Programa 15	Emparelhamento	359
Programa 16	Uso funcional de brinquedos	383
Programa 17	Dramatização	399
Programa 18	AVD - Atividades da vida diária	411

Guia curricular

Programa 1

Senso-percepção

PERCEPÇÃO VISUAL
PERCEPÇÃO AUDITIVA
PERCEPÇÃO TÁTIL
PERCEPÇÃO OLFATIVA
PERCEPÇÃO GUSTATIVA

HABILIDADES BÁSICAS

SENSO-PERCEPÇÃO

Os sentidos são o nosso meio de comunicação com o mundo. Os sons, imagens, sabores, odores, sensações táteis e as fornecidas pelo próprio corpo, são as informações de que se depende para sobreviver e viver melhor. Para poder aprender, o indivíduo utiliza seus órgãos sensoriais e a ampliação de seu contato com o mundo se dá pelo aperfeiçoamento de seus sentidos. Sabe-se hoje que o recém-nascido está dotado de sistemas sensório-motores em pleno funcionamento. Com o desenvolvimento tecnológico dos exames pré-natais, como a ultrassonografia, foi confirmada a suspeita antiga de que, já no seu ambiente protegido intrauterino, o feto está sujeito a estímulos multissensoriais e a eles responde diferenciadamente e, possivelmente, começa seu caminho de aprendizagem em relação ao mundo em que viverá logo adiante.

A capacidade do indivíduo de responder à estimulação ambiental, que é base para o seu bom desenvolvimento desde sua mais tenra infância, sublinha a importância de uma estimulação adequada, favorecedora e facilitadora do desenvolvimento. Um ambiente desprovido de estímulos adequados prejudica e pode atrasar o desenvolvimento do bebê (o que pode até ter reflexos no desenvolvimento do seu sistema nervoso central), da mesma maneira como uma superestimulação, que o organismo do bebê ainda não está preparado para elaborar, também pode ter efeito negativo.

Selecionar as atividades torna-se então um objetivo de suma importância, visto que o desenvolvimento dos sentidos depende, em grande parte, do uso que deles se faz e do quanto se aprende nessas situações.

A divisão das habilidades de senso-percepção em auditivas, visuais, táteis, gustativas, olfativas, vestibulares, cenestésicas, evidentemente é sempre um tanto arbitrária, pois muitas vezes os estímulos apresentados envolvem vários canais sensoriais. Deve-se lembrar, também, que as respostas do bebê e dos indivíduos mais velhos à estimulação sensorial não são apenas sensoriais, mas sim sensório-motoras.

Quando se estabelece uma programação, deve-se considerar que, mesmo se tratando do início do aprendizado da relação e comunicação do indivíduo com o mundo, as atividades propostas são precursoras para atividades futuras em todas as áreas. A própria alimentação do bebê, a postura em que é colocado, as condições que envolvem esta primeira situação de contato mãe-criança, são fundamentais, não apenas para provê-lo dos nutrientes essenciais para seu bom desenvolvimento físico e para o estabelecimento de vínculos afetivos, mas também para o desenvolvimento das habilidades de sentar, andar, falar.

Indivíduos com defasagem severa ou outros distúrbios de desenvolvimento têm geralmente dificuldades na utilização ampla de seus aparelhos sensoriais e, consequentemente, poucas oportunidades de uso, o que reduz ainda mais a potencialidade desses órgãos. Fecha-se, então, um círculo que muitas vezes encerra a criança num mundo muito menor do que ela precisaria ter. Para estes indivíduos, sejam eles bebês ou crianças já maiores é preciso uma programação bem planejada, da qual participem vários membros da equipe inter ou transdisciplinar, para cobrir os aspectos mais importantes e estabelecer prioridades.

Uma programação que visa à estimulação sensorial abrange conjuntos de ações por parte de um indivíduo, o educador, com a expectativa de produzir alguma reação por parte de quem as recebe, a criança. Esta reação não implica, como nos programas formais de habilidades básicas, em respostas "corretas". Qualquer resposta pode indicar que alguma mudança ocorreu e pode levar a uma aprendizagem. Assim, não se pretende apenas apresentar estímulos, independendo da reação da criança, visto que é através, e apenas através desta reação, que o desenvolvimento ocorre. É essencial, portanto, que, além de prover-se estimulação, se fique atento aos tipos de respostas que ocorrem. A falta de atenção para este aspecto importante é certamente um dos principais motivos porque estudos, quanto à eficácia de programas de estimulação, muitas vezes têm sido pouco conclusivos e, algumas vezes, até negativos.

Outro aspecto, muitas vezes negligenciado nos programas de senso-percepção, é a importância da consequenciação de uma resposta da criança aos estímulos apresentados. "Imagina-se" que o próprio estímulo tenha um valor reforçador, mas isso pode não ser suficiente. Ao se consequenciar os comportamentos que a criança exibe diante das estimulações oferecidas, estaremos favorecendo o aparecimento e fortalecimento de comportamentos básicos, como o de contato visual, comportamento exploratório, seguimento de instruções, imitação, contato social. Torna-se mais evidente então, a importância da observação das respostas das crianças. A partir das observações feitas, poderá ser verificado se existem preferências, rejeições ou canais sensoriais privilegiados pela criança. Estes dados podem ser usados para direcionar o programa. Estas informações também podem ajudar no trabalho interdisciplinar, oferecendo pistas para profissionais, como o fisioterapeuta, o terapeuta ocupacional, quanto a estímulos que podem ser usados como consequências reforçadoras para a emissão de determinadas respostas, importantes para o desenvolvimento motor da criança, por exemplo. A ideia de aliar a emissão de respostas motoras ou posturais desejáveis à apresentação contingente de estímulos preferidos, juntamente com o entusiasmo do profissional, merece ser explorada. Para isso, ele poderá inicialmente oferecer procedimentos de ajuda à criança para a realização das atividades previstas, esvanecendo-as gradualmente.

Qual a importância de um programa de habilidades básicas de senso-percepção? A funcionalidade parece óbvia para o desenvolvimento infantil. Porém, mais do que isso, ele também é funcional, no sentido de fazer pais e outros perceberem que seus filhos podem aprender e interagir com eles de uma maneira mais rica e que as crianças derivam prazer destas aquisições. O programa é o começo dentro de uma filosofia de ação que, por menor que sejam os passos, um levará a outro, possibilitando à criança atingir níveis mais altos de realização. O programa de habilidades de senso-percepção é o primeiro e, a partir dele, se desdobra todo um leque de programas, dentro de uma sequência que leva em conta o desenvolvimento e as dificuldades de cada indivíduo. Nestes outros programas, as habilidades senso-perceptivas continuarão a ser desenvolvidas, em níveis cada vez mais complexos.

O conjunto de propostas de atividades de senso-percepção procura indicar a multiplicidade de situações que podem ser criadas e aproveitadas, para facilitar o desenvolvimento de cada criança. Muito mais que um caminho a ser seguido, este programa procura apontar direções e cada sugestão nele incluída deve ser, antes de mais nada, uma fonte de novas ideias.

COMO É QUE A GENTE APRENDE...

Aprender é uma tarefa
que se precisa ensinar
passo a passo, no caminho
em que a gente vai andar.

Nós somos especiais
e podemos aprender,
é você que necessita
do meu jeito entender.

Me estimule a crescer
meus sentidos usar
para o mundo perceber.

Tudo deve me mostrar
porque tudo quero ver
meus olhos podem alcançar.
É importante eu sentir,
na pele as coisas tocar
e poder interagir.

E pelo cheiro aspirar
o mundo para mais perto
é só me proporcionar.
Me faça sentir na boca
das coisas o gosto, o sabor
se doce, salgado ou mesmo amargo for.

E o som me faz reagir,
despertando um gesto, um olhar,
me levando a sorrir.
E quando tudo eu descobrir
uma festa dentro de mim vai explodir.

Versos de Celma Cenamo, Nelson R. Salgado e Neusa de Faria Gomes.

INFORMAÇÕES INICIAS

COMPORTAMENTO-ALVO

Ao final deste programa o Aluno (A.) deverá ser capaz de reagir a estímulos disponíveis, sejam eles

1) visuais;
2) auditivos;
3) táteis, gustativos;
5) olfativos..

OBJETIVOS ESPECÍFICOS

Percepção visual:

- perceber visualmente diferentes objetos;
- manipular objetos que entrem no campo visual;
- perceber visualmente objetos em movimento;
- produzir a visão de objetos escondidos;
- explorar a imagem refletida no espelho.

Percepção auditiva:

- discriminar sons do ambiente;
- perceber ruídos produzidos por si mesmo;
- localizar fontes sonoras;
- perceber sons de diferentes intensidades, durações e ritmos.

Percepção tátil:

- explorar diferentes texturas;
- discriminar seco e molhado;
- discriminar quente e frio;
- identificar objetos através de contato físico;
- explorar o ambiente com as mãos.

Percepção gustativa:

- perceber diferentes gostos/sabores;
- diferenciar alimentos moles e duros;
- reconhecer temperatura de comestíveis.

Percepção olfativa:

- perceber diferentes odores.

PRÉ-REQUISITOS

É necessário que o A. tenha capacidade física para perceber as características dos objetos e situações a ele oferecidas.

Técnicos e educadores podem não ter certeza se o aluno escuta, vê ou percebe os estímulos apresentados. Assim, a utilização destes programas pode fornecer informações úteis sobre as funções sensoriais do aluno.

AMBIENTE FÍSICO

De um modo geral, as atividades programadas devem ser conduzidas em ambiente controlado e complementadas por uma estimulação ampla em situações naturais (v. RECOMENDAÇÕES GERAIS).

PLANEJAMENTO DAS SESSÕES

Frequência: sessões curtas, várias vezes ao dia são recomendáveis.

Duração: a duração é variável, de acordo com as características da atividade e do A.

Dado que não existe uma resposta correta esperada para as várias atividades propostas, não existe também um critério de aquisição fixo. As avaliações descritivas irão mostrar as decisões a serem tomadas, quanto ao programa do aluno e manutenção ou mudança de programação.

AVALIAÇÃO INICIAL

Todas as habilidades treinadas neste programa requerem uma verificação inicial do "estágio de aprendizagem" em que o A. se encontra, antes de se decidir sobre a inclusão do programa na sua rotina de atividades.

O procedimento básico de avaliação será observar o desempenho do A., em situação natural ou em situações criadas especialmente para este fim.

As solicitações deverão ser feitas, sem que se utilizem procedimentos de ajuda.

Os comportamentos que estão sendo avaliados tampouco deverão ser consequenciados, reforçando-se outros comportamentos adequados do A., intermitentemente, durante o período de observação.

O registro poderá ser feito na folha de registro prevista para o programa.

REGISTRO

O Ed. deve anotar, na folha de registro proposta, uma breve descrição da atividade e do material usado, respondendo em seguida às questões sugeridas no item "avaliação" de cada atividade do programa. Outras reações do A. também deverão ser registradas.

CONSEQUENCIAÇÃO

Respostas corretas: o Ed. deve observar as reações que o A. apresenta e reforçar as mudanças ocorridas, tais como modificações na postura ou atividade, contato visual, comportamentos exploratórios, seguimento de instruções, imitação, contato social, etc.

Respostas incorretas: o Ed. deve discutir com a equipe que respostas podem ser consideradas incorretas. Estas deverão ser seguidas de um procedimento para sua redução, como, por exemplo, a retirada do material ou da atenção.

Recusas/Não-respostas: se uma atividade vier a ser rejeitada pelo A. na primeira vez em que é apresentada, deverá ser reapresentada em outras ocasiões, antes de se concluir que a criança não reage ao estímulo apresentado, já que novidade e complexidade de estimulação podem ser fatores responsáveis por recusas ou ausência de resposta.

PERCEPÇÃO VISUAL

PERCEBER DIFERENTES ESTÍMULOS VISUAIS
MANIPULAR OBJETOS QUE ENTREM NO CAMPO VISUAL
PERCEBER ESTÍMULOS VISUAIS EM MOVIMENTO
PRODUZIR A VISÃO DE OBJETOS ESCONDIDOS
EXPLORAR A IMAGEM REFLETIDA NO ESPELHO

RECOMENDAÇÕES GERAIS

• Cuide para que o ambiente visual da criança seja interessante, variado e permita estimulações constantemente (móbiles, desenhos na parede, brinquedos).

• Troque periodicamente os estímulos visuais presentes para evitar que eles passem despercebidos em função de sua constância.

• Realize as atividades de estimulação visual sempre que possível, aproveitando especialmente as ocasiões em que a criança está alerta e demonstra interesse por algum estímulo.

• *Utilize como estímulos, objetos, figuras, brinquedos conhecidos pela criança e, de preferência, coloridos e atraentes.*

• *Coloque espelho à altura das crianças em alguns locais.*

- Olhando para mamãe
- Mexendo no que vê
- Soprando objetos para movimentá-los
- Vendo-se no espelho
- Tirou o pano, achou!
- Brincando em frente ao espelho
- ____________________
- Seguindo um foco de luz
- Seguindo objetos com o olhar
- Conhecendo coisas através de figuras
- Escondendo e achando
- Exploração do rosto humano
- Jogo de sombras na parede
- Acendendo e apagando luzes
- ____________________
- Alguém está chegando?
- Puxou, achou!
- Trocar de olhar entre dois objetos
- ____________________
- Descobrindo as mãos

PERCEPÇÃO VISUAL

PERCEBER DIFERENTES ESTÍMULOS VISUAIS

ACENDENDO E APAGANDO AS LUZES

Leve a criança até um interruptor comum de luz.

Mostre o movimento necessário para apagar e acender a luz.

Chame sua atenção para a consequência de cada ação.

Ajude-a, a imitar seus movimentos.

OBSERVAÇÃO

Esta atividade também pode ser realizada com um painel de luzes coloridas ligadas a diferentes interruptores.

AVALIAÇÃO

- A criança reagiu à luz acesa/luz apagada?
- Tentou mexer no interruptor?

TROCAR DE OLHAR ENTRE DOIS OBJETOS

Mostre dois objetos para a criança, um de cada vez, chamando sua atenção para cada um deles através de movimentos e pedidos.

Depois de familiarizar a criança com os objetos, deixe os dois objetos dentro do seu campo de visão e incentive-a a olhar ora para um, ora para o outro, movimentando-os alternadamente.

MATERIAL

Objetos de interesse da criança.

AVALIAÇÃO

- Houve troca de olhar de um objeto para o outro pelo menos uma vez?
- Chegou a trocar de olhar espontaneamente?

EXPLORAÇÃO DO ROSTO HUMANO

Aproxime o rosto das mãos da criança, mantendo-o no seu campo visual.

Faça movimentos faciais (sorriso, caretas) que possam ser observados pela criança. Incentive-a, a tocar em seu rosto com as mãos, ajudando-a se necessário.

AVALIAÇÃO

- A criança fixou o olhar em seu rosto?
- Reagiu aos seus movimentos faciais?
- Tentou tocar seu rosto?

CONHECENDO AS COISAS ATRAVÉS DE FIGURAS

Mostre para a criança figuras grandes de objetos que lhe sejam familiares.

Converse com a criança sobre cada uma delas, nomeando os objetos representados.

MATERIAL

Figuras grandes, representando objetos familiares.

AVALIAÇÃO

- A criança observa a figura, quando você a apresenta?
- Ela demonstra interesse por alguma em especial?
- Ela olha para a figura, quando você fala o nome do objeto representado?

AVALIAÇÃO DA GENERALIZAÇÃO

Observe o olhar da criança sempre que lembrar, dentro e fora da sala de aula, para identificar se está havendo reações a estímulos visuais de qualquer tipo (coisas, pessoas, claro, escuro).

PERCEPÇÃO VISUAL

MANIPULAR OBJETOS QUE ENTREM NO CAMPO VISUAL

MEXENDO NO QUE VÊ

Disponibilize, dentro do campo visual da criança, brinquedos que se movem: móbiles coloridos, luzes que possam ser acesas ou apagadas através de interruptores de fácil manipulação. Chame a atenção da criança para qualquer um destes estímulos e facilite sua manipulação, se necessário, através de modelo, ajuda física e/ou verbal.

MATERIAL

- Brinquedos que se movem: carrinho, bola, boneca, bichos de borracha pendurados, etc.
- Móbiles, painéis, etc.

AVALIAÇÃO

- A criança notou o estímulo?
- Espontaneamente ou só após você chamar sua atenção?
- Tentou mover o estímulo?
- Demonstrou algum objetivo com a manipulação?
- Manipulou o objeto só com sua ajuda ou sozinha?

SOPRANDO OBJETOS PARA MOVIMENTÁ-LOS

Dê para a criança brinquedos que se movimentem, quando os soprar.

Chame sua atenção para o brinquedo e demonstre como se faz para movimentá-lo. Encoraje-a, a soprar. Acentue o movimento do objeto soprando-o junto com a criança quando ela fizer as primeiras tentativas. Gradativamente diminua a intensidade de sua ajuda até que só a criança produza um movimento perceptível sozinha.

MATERIAL

- Objetos que se movam através de sopro: móbiles, língua de sogra, cata-vento.

AVALIAÇÃO

- A criança tentou soprar?
- Ela notou a mudança no objeto, produzida pelo sopro?

AVALIAÇÃO DA GENERALIZAÇÃO

Observe se a criança nota e manipula ou demonstra interesse em manipular estímulos que entram em seu campo visual, em situações variadas:

- Pessoas que entram na sala de aula.

PERCEPÇÃO VISUAL

PERCEBER ESTÍMULOS VISUAIS EM MOVIMENTO

SEGUINDO OBJETOS COM O OLHAR

Segure um objeto colorido em frente à criança, no nível de seus olhos. Chame a atenção da criança para o objeto e movimente-o em várias direções: para cima, para baixo, para a direita, para a esquerda, ande com ele pela sala mantendo-o dentro do campo visual da criança. Vá observando se a criança segue o objeto com o olhar, renovando a dica verbal usada para chamar sua atenção.

OBSERVAÇÃO

Caso a criança não responda a estímulos comuns, experimente usar algum alimento ou brinquedo de especial interesse para ela.

Esta atitude pode ser variada através do uso de brinquedos que se movimentam "sozinhos".

MATERIAL

- Objetos coloridos comuns.
- Brinquedos que se movimentam "sozinhos".

AVALIAÇÃO

- A criança seguiu o objeto com o olhar?
- Você precisou renovar a dica muitas vezes?
- Precisou usar estímulos especiais?

JOGO DE SOMBRAS NA PAREDE

Com a ajuda de um foco de luz produza sombras com diferentes formas numa parede. Chame a atenção da criança para as sombras, fazendo com que elas se movimentem, mudem de forma. Procure fazer formas de coisas ou bichos quando o nível de entusiasmo da criança permitir reconhecê-los.

AVALIAÇÃO

- A criança reagiu às sombras?
- Mostrou atenção e interesse?
- Percebeu mudanças de forma?

SEGUINDO UM FOCO DE LUZ

Numa sala em penumbra, acenda a lanterna e reflita seu foco numa parede. Chame a atenção da criança para o foco de luz e depois, movimente a lanterna devagar. Observe o olhar da criança e vá dando dicas verbais sobre os movimentos necessários para seguir o foco de luz com o olhar.

MATERIAL

- Lanterna.

AVALIAÇÃO

- A criança seguiu o foco de luz com o olhar?
- Fez os movimentos necessários para acompanhar o foco de luz?
- Por quanto tempo demonstrou interesse pela atividade?

DESCOBRINDO AS MÃOS

Ajude a criança ver suas próprias mãos. Mostre suas mãos, incentivando movimentos das mãos da criança em direção às suas. Procure brincar com as mãos da criança chamando sua atenção para a brincadeira com expressões de alegria e carinho.

Coloque luvinhas ou fitas coloridas nas mãos da criança ou outros estímulos chamativos.

MATERIAL

- Luvas, fitas coloridas, etc.

AVALIAÇÃO

- A criança demonstrou interesse por suas mãos?
- Chegou a fixar o olhar por alguns instantes?

AVALIAÇÃO DA GENERALIZAÇÃO

Use situações de vida diária, para favorecer e avaliar a generalização da habilidade de perceber visualmente objetos em movimento.

Exemplo:

- Ao trocá-la, observe se ela acompanha as roupas com o olhar.
- Ao alimentá-la, afaste a colher e observe se ela procura com o olhar.

PERCEPÇÃO VISUAL

PRODUZIR A VISÃO DE OBJETOS ESCONDIDOS

PUXOU, ACHOU!

Amarre objetos com fios. Coloque-os no chão ou fora da visão da criança, deixando os fios ao seu alcance. Mostre-lhe como fazer para ver o objeto preso a um dos fios. Encoraje a criança a puxar cada um dos fios para ver os objetos.

OBS: Esta atividade pode ser realizada também com recursos do tipo caixa-surpresa (puxando a tampa, pula o brinquedo que há dentro atado a uma mola).

MATERIAL

- Fios de barbante.
- Brinquedos.
- Caixa surpresa.

AVALIAÇÃO

- A criança puxou o fio?
- Demonstra interesse em ver o objeto escondido?
- Como reage quando consegue?

ESCONDENDO E ACHANDO

Coloque objetos em baixo de caixas, móveis. Encoraje a criança a pegá-los com as mãos ou usando algum instrumento para alcançá-los.

MATERIAL

- Brinquedos, objetos, bengala, colher comprida, rodinho.

AVALIAÇÃO

- A criança tenta pegar o objeto escondido?
- Descobre os movimentas/instrumentos necessários para alcançá-los?
- Pega-os sozinha ou pede ajuda?

TIROU O PANO, ACHOU!

Esconda seu rosto ou algum brinquedo com um pano e ajude a criança a descobri-los puxando o pano. Diga "achou" quando ela completar a ação.

MATERIAL

- Pano e brinquedos.

AVALIAÇÃO

- A criança demonstra interesse pela atividade?
- Demonstra alegria em "achar" o que estava escondido?

AVALIAÇÃO DA GENERALIZAÇÃO

Observe se a criança costuma produzir a visão de objetos escondidos.
Exemplo:

- Se ela "vai atrás" de brinquedos que interessam.
- Se ela abre armários ou gavetas para pegar algo.
- Se ela tira revestimentos para ver o que há embaixo deles.

PERCEPÇÃO VISUAL

EXPLORAR A IMAGEM REFLETIDA NO ESPELHO

VENDO-SE NO ESPELHO
Sente a criança em frente a um espelho. Estimule-a a olhar para o espelho. Converse com a criança sobre a imagem refletida no espelho. Faça-a perceber que o espelho reflete sua própria imagem falando sobre a mesma, apontando e movimentando a cabeça e partes do corpo da criança enquanto ela olha para o espelho. Estimule qualquer reação indicativa de que ela percebe a correspondência.

MATERIAL
- Espelho.

AVALIAÇÃO
- A criança fica olhando para o espelho? Como reage?
- Demonstra reconhecer-se?
- Demonstra interesse pela atividade? Por quanto tempo?

AVALIAÇÃO DA GENERALIZAÇÃO
Observe se a criança "usa" o espelho para se olhar ou ver outras imagens espontaneamente, em situações comuns.
Exemplo:
- Após vestir-se ou enquanto se veste.
- Ao pentear-se ou após ser penteada.
- Ao passar simplesmente diante de um espelho.
- Ao brincar diante de um espelho.

BRINCANDO EM FRENTE AO ESPELHO
Dê vários brinquedos para a criança segurar, enquanto ela olha para o espelho. Encoraje-a, a movimentar-se ou aos objetos em frente ao espelho.
OBS: Luz intermitente no espelho pode ajudar a manter a atenção da criança.

MATERIAL
- Espelho, brinquedos, luz intermitente.

AVALIAÇÃO
- A criança olha para o brinquedo? Como reage?
- Movimenta-se ou movimenta os brinquedos?

PERCEPÇÃO AUDITIVA

DISCRIMINAR SONS DO AMBIENTE
PERCEBER RUÍDOS PRODUZIDOS POR SI MESMO
LOCALIZAR FONTES SONORAS
PERCEBER SONS DE DIFERENTES INTENSIDADES, DURAÇÕES E RITMOS

- Buscando os sons das pessoas
- Ouvindo os sons dos brinquedos
- ____________________
- Ouvindo os sons ambientes
- Ouvindo as pessoas
- Produzindo sons, sozinho
- ____________________

RECOMENDAÇÕES GERAIS

• *Cuide para que o ambiente da criança contenha estímulos auditivos (objetos sonoros pendurados, movimentando-se com o vento, chocalhos e brinquedos sonoros disponíveis...).*
Evite, contudo, que o ambiente seja excessivamente conturbado e sonoro, pois isto pode tornar a criança irritadiça ou insensível aos diversos e constantes estímulos sonoros.

• *Fale com a criança mesmo que ela não compreenda, variando suas falas (quanto à intensidade, entonação), de forma coerente com a situação.*

• *Permita que a criança escute a si mesma, deixando-a balbuciar, gritar, falar e estimulando-a através de brincadeiras.*

• *Imite os sons produzidos pela criança. Incentive-a, a imitar sons de coisas e pessoas sempre que possível.*

• *Muitas crianças produzem barulhos gritando, batendo objetos em suas mesas ou de outras formas. Estas crianças geralmente substituem estas formas de produção sonora quando lhes é dada a oportunidade de produzir sons de maneira funcional (instrumentos, brinquedos sonoros) ou quando são estimuladas auditivamente de outras formas (música, pessoas conversando com elas).*

- De onde estão me chamando?
- ____________________
- De onde vem este som?
- ____________________
- Ouvindo sons de diferentes intensidades

- Usando o próprio corpo para produzir sons
- Brincando com objetos sonoros

PERCEPÇÃO AUDITIVA

DISCRIMINAR SONS DO AMBIENTE

OUVINDO AS PESSOAS

Converse com a criança. Incentive-a, a buscar com os olhos quem a chama ou conversa com ela. Chame a atenção da criança para as falas de outras crianças.

AVALIAÇÃO

- A criança olha para quem fala?
- Volta-se quando é chamada por alguém?
- Reage diferentemente às pessoas ou crianças que falam com ela?

BUSCANDO OS SONS DAS PESSOAS

Vende os olhos da criança ou peça para ela fechá-los e bata palmas atrás dela. Se a criança virar-se ou mostrar qualquer outra resposta para achar o som, diga "muito bem". Se ela não responder, toque suas costas e bata palmas novamente. Esta atividade pode ser variada usando-se diferentes sons em diferentes locais. Sugestões: cante, estale os dedos, bata os pés.

MATERIAL

- Lenço, sino, pauzinhos de madeira, blocos, bola, etc.

AVALIAÇÃO

- A criança percebeu o som imediatamente ou depois de você tocá-la? Como demonstrou?
- Quantos e quais sons a criança percebeu?

OUVINDO OS SONS DOS BRINQUEDOS

Dê para a criança, brinquedos, instrumentos musicais, objetos que produzam sons, e encoraje-a, a manipulá-los. Se ela necessitar, ajude-a.

MATERIAL

- Bichinhos que fazem barulho, sinos, chocalhos, instrumentos musicais, caixinha de música.

AVALIAÇÃO

- Qual o comportamento da criança frente aos objetos sonoros?
- A criança necessita da ajuda para manipular os objetos? Como ela o faz?

OUVINDO OS SONS DO AMBIENTE

Pendure na janela, na porta ou em outro lugar da sala, objetos que produzem som ao movimentar-se com o vento. Você pode também amarrar sininhos na mesa, cadeira, etc. Chame a atenção da criança para o som produzido.

MATERIAL

- Móbiles, sinos, guizos.

AVALIAÇÃO

- A criança olha na direção do som?
- Procura produzir o som ou descobrir o que o causa? Como?

O QUE FAZ ESTE SOM?

Grave fitas com sons, como o de automóveis, trens, aviões, buzinas, apitos. Diga à criança, enquanto ela ouve o som, o que os produziu. Incentive-a, a imitar estes sons. Posteriormente, peça ao aluno que identifique o som, verbalmente, apontando para figuras representativas dos sons, ou respondendo a perguntas do tipo "sim" e "não".

AVALIAÇÃO

- A criança reage aos sons?
- Ela imita os sons?
- Ela identifica os sons?

AVALIAÇÃO DA GENERALIZAÇÃO

Observe se a criança, nas atividades diárias, está mais atenta aos sons do meio ambiente. Exemplo:

- Mexe-se espontaneamente ao ouvir algum som?
- Vira-se para o lado do som?

PERCEPÇÃO AUDITIVA

PERCEBER RUÍDOS PRODUZIDOS POR SI MESMO

PRODUZINDO SONS, SOZINHO

Coloque no pulso ou no tornozelo da criança um bracelete que contenha pequenos guizos ou sininhos. Balance gentilmente o braço ou a perna da criança para que ela possa escutar o som. Encoraje-a, a mexer o pulso ou tornozelo, sozinha.

MATERIAL

- Bracelete com guizos ou sininhos que poderá ser confeccionado com elástico e dois ou três guizos.

AVALIAÇÃO

- Qual a reação da criança ao ouvir o som?
- A criança mexeu o braço ou a perna em que estava o bracelete mais do que de costume?

USANDO O PRÓPRIO CORPO PARA PRODUZIR SONS

Ajude a criança a reproduzir sons com seu próprio corpo, como bater palmas, bater os pés no chão, bater a mão na coxa, bater a mão na mesa, vocalizar, etc. Encoraje-a a produzir esses sons, sozinha.

MATERIAL

- Corpo humano.

AVALIAÇÃO

- A criança passou a produzir sons com seu próprio corpo? Como
- Criou movimentos corporais, descobrindo novos sons?

PRODUZINDO SONS

Coloque objetos pequenos dentro de um recipiente que possa ser fechado e encoraje a criança a sacudir o recipiente para escutar o som produzido.

MATERIAL

- Objetos pequenos e algum recipiente, que poderá ser caixa pequena, lata, etc.

AVALIAÇÃO

- Sacudiu o recipiente?
- A criança tentou abrir o recipiente para ver o que tinha dentro?

BRINCANDO COM OBJETOS SONOROS

Dê para a criança brinquedos que produzam sons, como chocalhos, tambor, bichinhos com assobio, marimba e encoraje-a a manipular os brinquedos para produzir sons. Alterne os objetos para que a criança experimente vários sons durante o dia.

MATERIAL

- Brinquedos que produzam sons como: chocalhos, tambor, bichinhos com assobio, marimba.

AVALIAÇÃO

- A criança manipulou os brinquedos para produzir sons?
- Demonstrou preferência por algum som?

USANDO RÁDIO E GRAVADOR

Permita que a criança ligue e desligue rádio e gravador sob sua supervisão.

AVALIAÇÃO

- A criança ligou ou desligou o rádio ou gravador?
- Procurou repetir a operação?

AVALIAÇÃO DA GENERALIZAÇÃO

Observe se a criança, nas atividades diárias, tenta produzir ruídos sonoros e os percebe.
Exemplo:

- Manipula, funcionalmente, objetos que produzem som.
- Manipula seu próprio corpo com o objetivo de produzir som.
- Explora o ambiente à procura de objetos que produzam som.

PERCEPÇÃO AUDITIVA

LOCALIZAR FONTES SONORAS

DE ONDE ESTÃO ME CHAMANDO?

Chame a atenção da criança para sons vindos de outra sala, do banheiro, da cozinha, da recreação. Quando mudá-la de ambiente, chame sua atenção para os sons desse novo ambiente.

AVALIAÇÃO

- A criança presta atenção quando você pede para que ela escute sons vindos de outros ambientes?

DE ONDE VEM ESTE SOM?

Vende os olhos da criança ou peça para ela fechá-los. Explique-lhe que você vai tocar um instrumento e ela deve lhe dizer em que lugar da sala você o fez. Toque o instrumento de maneira clara e num lugar bem definido.

MATERIAL

- Instrumentos musicais.

AVALIAÇÃO

- A criança presta atenção ao som do instrumento?
- Ela consegue, estando de olhos fechados, indicar corretamente de onde vem o som?

QUAL A ORIGEM DESTE SOM?

Faça ruídos à vista da criança dizendo o que produziu o ruído. Depois de diversas repetições, dependendo do repertório do A., peça que ele feche os olhos enquanto fizer o ruído ou este pode ser produzido atrás de um flanelógrafo (anteparo) aberto sobre a mesa. Peça então que o A. diga o que produziu o som (se ele for capaz) ou que aponte entre dois objetos qual produziu o som, ou que diga "sim" ou "não" quando você nomeia a origem do som.

SONS

Palmas, batidas de sino, pés, instrumentos de percussão, toque de campainha, ruídos de passos, de papel amassado, rasgado, água despejada de uma vasilha, tilintar de objetos caídos, chaves, moedas, livros, lápis, aparelhos elétricos, etc.

AVALIAÇÃO

- A criança presta atenção aos sons?
- Ela consegue, sem olhar, indicar o que produziu o som?

AVALIAÇÃO DA GENERALIZAÇÃO

Observe a criança durante as atividades diárias e veja se ela percebe a diferença de intensidade dos sons e a distância de onde ele é produzido.
Exemplo:

- Vira-se para a fonte sonora, por exemplo, se alguém bate na porta, chama na janela, toca o telefone, etc.

PERCEPÇÃO AUDITIVA

PERCEBER SONS DE DIFERENTES INTENSIDADES, DURAÇÃO E RITMO

OUVINDO SONS DE DIFERENTES INTENSIDADES

Fale com a criança: baixo, alto, baixo perto dela, baixo longe, alto perto, alto longe. Brinque com o rádio, aumentando e diminuindo o volume. Toque instrumentos de maneira a produzir sons de diferentes intensidades.

MATERIAL

- Voz humana, instrumentos musicais, rádio.

AVALIAÇÃO

- A criança percebe sons baixos?
- Reage diferentemente a sons altos ou baixos?
- Mostra desagrado a sons altos?

OUVINDO SONS DE DIFERENTES DURAÇÕES

Produza sons demorados e sons mais curtos, falando, cantando ou tocando música.

AVALIAÇÃO

- A criança reage diferentemente a sons longos e curtos?
- Demonstra alguma preferência?

OUVINDO SONS COM DIFERENTES RITMOS

Toque músicas, bata palmas, objetos ou instrumentos em ritmo rápido, médio e lento.

AVALIAÇÃO

- A criança reage diferentemente a ritmos rápidos, médios e lentos?
- Demonstra alguma preferência?

AVALIAÇÃO DA GENERALIZAÇÃO

Observe a criança durante as atividades diárias e veja se ela percebe diferenças de intensidade, duração e ritmos dos sons.
Exemplo:

- Põe a mão no ouvido quando um som é muito alto.
- Encosta o ouvido em algum objeto para ouvir um som muito baixo.
- Mostra preferência por algum tipo de música com as características trabalhadas (samba, música lenta, etc.).

PERCEPÇÃO TÁTIL

EXPLORAR DIFERENTES TEXTURAS
DISCRIMINAR SECO E MOLHADO
DISCRIMINAR QUENTE E FRIO
IDENTIFICAR OBJETOS ATRAVÉS DE CONTATO FÍSICO
EXPLORAR O AMBIENTE COM AS MÃOS

RECOMENDAÇÕES GERAIS

- *Deixe sempre próximos da criança objetos e brinquedos com diferentes texturas, especialmente se ela tiver dificuldade de locomoção.*
- *Evite impedir que a criança mexa em coisas do ambiente, organizando-o de forma adequada às suas características (objetos não perigosos, objetos inquebráveis...).*
- Tome cuidado especial para a criança não colocar certos materiais na boca.

- Sentindo coisas diferentes
- Conhecendo o que sente
- Mãos secas, mãos molhadas
- ____________________
- Chão seco, chão molhado
- Pintura a dedo
- Água quente, água fria
- Mexendo com geleca
- ____________________
- Brincando com massinhas
- Panela quente, panela fria
- Pano seco, pano molhado
- Comida quente, comida fria
- Descobrindo o que é pelo tato
- ____________________
- Pegando roupa na gaveta
- Brincando com luvas
- ____________________
- Brincando com areia

PERCEPÇÃO TÁTIL

EXPLORAR DIFERENTES TEXTURAS

SENTINDO COISAS DIFERENTES

Providencie uma caixa para cada um dos seguintes materiais: arroz, areia, milho de pipoca, algodão, lã, macarrão. Coloque uma caixa por vez em frente da criança e deixe-a explorar cada material com seus pés ou mãos. Se a criança não explorar o material por si, ajude-a.

MATERIAL

- Três ou mais caixas pequenas.
- Milho de pipoca (cru e frito), lã, macarrão, areia, arroz.

AVALIAÇÃO

- A criança explorou os materiais das caixas? Como?
- Ela precisou de ajuda?
- Que tipos de reações você observou?
- A criança demonstrou preferência por algum material?

CONHECENDO O QUE SENTE

Selecione vários tipos de objetos com texturas diferentes e faça com que a criança toque cada um deles. Enquanto a criança faz isso, nomeie o objeto e sua propriedade: "Isto é um (nome do objeto) e ele é (sua propriedade).". Se necessário, dê-lhe assistência colocando a mão da criança no objeto e movimentando-a ligeiramente.

MATERIAL

- Objetos lisos, como veludo, vidro.
- Objetos ásperos, como lixa, pedregulho.
- Objetos macios, como algodão, bicho de pelúcia.
- Objetos duros, como chão, mesa.
- Frios e quentes, como água, gelo.
- Use brinquedos, bolas de espuma, objetos familiares.

AVALIAÇÃO

- Como a criança reagiu ao tocar os objetos?
- Ela mostrou preferência por algum dos objetos? Quais?

AVALIAÇÃO DA GENERALIZAÇÃO

Observe se a criança passa a reagir diferentemente frente às diferentes texturas.

Exemplo:

- Recusa determinados materiais.
- Evita o contato com determinados materiais.
- Procura contato com determinados materiais.

PERCEPÇÃO TÁTIL

DISCRIMINAR QUENTE E FRIO

PANELA QUENTE, PANELA FRIA

Cubra duas panelas que estejam cheias, uma com água quente e outra com água fria. Faça com que a criança toque ou segure a panela. Então diga: "Quente, a panela está quente.", ou "Fria, a panela está fria.". Toque com as panelas (uma por vez) outras partes do corpo da criança. (Por exemplo, face, perna, braço, etc.). Lembre-se de enfatizar as palavras "quente" e "frio".

OBS: Esta atividade pode ser realizada com outros materiais.

Exemplo: xícara quente/xícara fria; água quente/água fria; comida quente/comida fria, etc.
Cuide para que a água não esteja quente demais.

AVALIAÇÃO DA GENERALIZAÇÃO

Observe se a criança passa a reagir de forma diferente diante dos estímulos frios/quentes.

Exemplo:

- Espera um alimento/líquido esfriar antes de ingerir.
- Afasta-se de objetos muito quentes ou muito gelados.
- Nota diferenças na temperatura ambiente.
- Usa, funcionalmente, as palavras "quente" e "frio".

EXPLORAR DIFERENTES TEXTURAS

MÃOS SECAS, MÃOS MOLHADAS

Colocar as mãos da criança embaixo de uma torneira de água morna; quando as mãos estiverem molhadas, esfregar uma na outra dizendo: "Sua mão está molhada.". Fazer com que a criança enxugue as mãos, ajudando-a, se for necessário; quando as mãos estiverem secas, esfregar uma na outra, dizendo: "Suas mãos estão secas.". Repetir a atividade.

OBS: Se a criança repetir as palavras "seca" ou "molhada", reforce-a.

MATERIAL

- Torneira, toalha seca.

AVALIAÇÃO

- O que a criança faz quando vê a água?
- Como reage quando as mãos entram em contato coma água?
- O que a criança faz quando vê a toalha?
- A criança demonstra gostar ou não do contato com a água?
- A criança procura evitar que se enxugue suas mãos?

OBS: Esta atividade pode ser realizada com outros materiais ou situações.

Exemplo: Chão seco, chão molhado; pano seco, pano molhado; roupa seca, roupa molhada.

AVALIAÇÃO DA GENERALIZAÇÃO

Observe se a criança passa a reagir de forma diferente quando entra em contato com estímulos secos e molhados. Exemplo:

- A própria criança diz ou mostra que se molhou (roupa, mãos, etc.).
- A própria criança percebe que o chão, mesa, roupa de outras pessoas estão secas/molhadas.

PERCEPÇÃO TÁTIL

IDENTIFICAR OBJETOS ATRAVÉS DE CONTATO FÍSICO

DESCOBRINDO O QUE É PELO TATO

Coloque pequenos objetos dentro de uma caixa ou sacola e peça para a criança tocá-los, sem olhar. Encoraje-a, a descrevê-los e dizer que objeto ela está tocando. Depois de ter superado 2 itens no treino de identificação de objetos, colocá-los em um saquinho e solicitar que o A. escolha o objeto pelo tato.

MATERIAL

- Cubos, bolinhas, bichinhos, carrinhos.
- Caixa, sacola.

AVALIAÇÃO

- A criança procurou tocar os objetos? Como?
- A criança tentou descrever os objetos?
- Fez isso corretamente?

PEGANDO ROUPA NA GAVETA

Coloque numa gaveta, diferentes tipos de roupas: blusa, meias, malha, luvas, lenço, etc. e peça para a criança pegar cada um deles sem olhar.

MATERIAL

- Gaveta, roupas diversas.

AVALIAÇÃO

- A criança tentou encontrar cada roupa pedida?
- Confundiu apenas roupas de tipo semelhante?

CABRA-CEGA

Faça a brincadeira de cabra-cega com um grupo de crianças. Uma delas é vendada e deve pegar cada uma das outras, reconhecendo-as sem olhar.

OBS: Se houver dificuldade para fazer as crianças se deslocarem, realize a brincadeira só com relação ao reconhecimento pelo tato, com as crianças paradas.

MATERIAL

- Venda para os olhos.

AVALIAÇÃO

- A criança tentou reconhecer pelo tato?
- Tocou o rosto, as roupas?
- Envolveu-se na brincadeira?

AVALIAÇÃO DA GENERALIZAÇÃO

Observe se a criança, durante as atividades do dia a dia, é capaz de reconhecer um objeto apenas através de contato físico.

Exemplo:

- Procura e acha um objeto dentro do armário de brinquedos.
- Procura e acha um objeto dentro da caixa de brinquedos.

PERCEPÇÃO TÁTIL

EXPLORAR O AMBIENTE COM AS MÃOS

BRINCANDO COM LUVAS

Coloque uma luva em uma das mãos da criança por alguns minutos, depois retire dessa mão e coloque na outra. Repita, durante o dia.

Uma variação da atividade é cortar os dedos da luva para que os dedos da criança fiquem em liberdade. Encoraje a criança a pegar objetos pequenos que estão perto dela.

MATERIAL

- Luva com separação somente para o polegar.
- Luva com 5 dedos e objetos pequenos como blocos, pinos, etc.

AVALIAÇÃO

- A criança começou a perceber a sua mão?
- A criança começou a usar mais suas mãos, quando com a luva ou sem ela?
- A criança passou a conhecer e/ou usar mais outras partes do corpo?

BRINCANDO COM AREIA

Coloque um balde contendo areia em frente da criança, dizendo: "Ponha suas mãos na areia.", e encoraje-a a explorar a areia, segurando, agitando, cavando. Deixe a criança brincar com seus brinquedos na areia. Se necessário, ajude-a, colocando suas mãos sobre as dela. Elogie-a, a cada tentativa ou realização. Dê para a criança uma pá de plástico e encoraje-a a encher uma xícara com areia.

MATERIAL

- Areia, balde, pá de plástico, xícara, brinquedos pequenos.

AVALIAÇÃO

- Por quanto tempo a criança interessou-se por esta atividade?
- A criança tentou explorar areia sozinha ou precisou de ajuda?
- A criança foi capaz de manipular a areia? Como o fez?
- Ela foi capaz de encher a xícara com a areia?

BRINCANDO COM ÁGUA

Repita a atividade, *só* que utilizando água no lugar de areia. Deixe a criança explorar a água. Mostre para ela como encher a xícara, como espremer uma esponja e como torcer um pano. Esta é uma atividade divertida para a criança, assim, não a reprima se ela fizer bagunça.

MATERIAL

- Bacia, água, pano, xícara, esponja.

AVALIAÇÃO

- A criança tentou espremer a esponja, encher a xícara e torcer o pano?
- A criança necessitou de ajuda? Como?

PINTURA A DEDO

Coloque os materiais sobre a mesa e mostre à criança como usá-los. Observe as primeiras tentativas, orientando-a. Incentive-a a produzir diferentes formas, com diferentes cores.

OBS: As tintas podem ser colocadas em pires, vasilhas separadas ou pingos no próprio papel.

MATERIAL

- Guache, papel.

AVALIAÇÃO

- A criança usou os dedos/as mãos?
- Mostrou satisfação com o que produzia?

BRINCANDO COM MASSINHA OU GELECA

Dê para a criança um pedaço grande de massinha ou geleca e diga-lhe: "Isso é massinha/geleca.". Se ela não a explorar, pegue um de seus dedos e cutuque-a com ele. Enrole a massinha ou geleca e encoraje-a a explorá-la.

MATERIAL

- Massa de modelar, geleca.

AVALIAÇÃO

- Que tipo de exploração a criança realizou?
- Por quanto tempo a criança interessou-se por essa atividade?
- Qual foi a reação da criança frente a essa atividade?

AVALIAÇÃO DA GENERALIZAÇÃO

Observe a criança em atividades de vida diária que exijam ou possibilitem o uso das mãos.

Exemplo:
- Lavar as mãos
- Tomar banho
- Alimentar-se
- Brincar.

Aspectos a observar:
- Frequência
- "Desenvoltura"
- Variedade de movimento
- Quantidade de objetos tocados
- Tipos de estímulos: objetos, pessoas, partes do corpo.

- Observe a criança com relação ao contato com outras pessoas:
- Frequência do contato
- Tipo de contato
- Reação a carinho.

PERCEPÇÃO GUSTATIVA

PERCEBER DIFERENTES GOSTOS/SABORES
DIFERENCIAR ALIMENTOS MOLES E DUROS
RECONHECER TEMPERATURA DE ALIMENTOS

RECOMENDAÇÕES GERAIS

- Aproveite as situações de refeição para treinar e avaliar a percepção gustativa das crianças.
- Prepare situações de treino com comestíveis que sejam do agrado da criança, podendo inclusive usar os próprios comestíveis como reforçadores.
- Atividades de estimulação gustativa podem ajudar a vencer ou entender recusa da criança a certos alimentos.

- Reconhecendo o sabor de certos alimentos
- O gosto de cada coisa
- ____________________
- Distinguindo alimentos pelo gosto e textura
- ____________________
- Alimentos duros, alimentos moles
- ____________________
- Alimentos quentes, alimentos frios
- ____________________

PERCEPÇÃO GUSTATIVA

PERCEBER DIFERENTES GOSTOS/SABORES

RECONHECENDO O SABOR DE CERTOS ALIMENTOS NOMEADOS

Vende ou cubra os olhos da criança com suas mãos e dê-lhe um pouco de alimento. Enquanto a criança mastiga ou engole o alimento, nomeie-o. Repita esta atividade durante o dia, usando o mesmo alimento. Vagarosamente introduza outros alimentos, nomeando-os enquanto a criança os experimenta. Um pouco de cada alimento é suficiente.

MATERIAL

- Alimentos: bolacha, doce, laranja, maçã, leite, suco, etc.

AVALIAÇÃO

- Que alimentos foram utilizados?
- Qual a reação da criança diante dos alimentos?
- A criança começou a reconhecer algum alimento que provou?

O GOSTO DE CADA COISA...

Escolha alimentos com sabores distintos e dê uma pequena porção para a criança. Enquanto ela tem o alimento em sua boca, nomeie sua propriedade (salgado, doce, etc.).

MATERIAL

- Alimentos com sabores distintos: bala, limão, suco de fruta, sal, bolacha.

AVALIAÇÃO

- Notaram-se mudanças na expressão da criança ao experimentar os vários alimentos?
- A criança demonstrou preferência por algum sabor?
- Que tipos de reações você pôde observar enquanto a criança experimentava os vários alimentos?

DISTINGUINDO ALIMENTOS PELO GOSTO E TEXTURA

Coloque um pouco de açúcar, em uma toalha de papel, em frente da criança, e deixe-a explorar o mesmo, manipulando-o e provando-o. Esfregue um pouco do açúcar na bochecha da criança. Diga "açúcar", "doce", enquanto a criança manipula e prova o açúcar. Repita esta atividade, usando farinha de mandioca.

OBS: Esta atividade pode ser realizada também com sal, açúcar cristal, chocolate em pó, chocolate granulado, cereais, etc.

MATERIAL

- Toalhas de papel, açúcar, farinha, outros.

AVALIAÇÃO

- Como a criança reagiu ao manipular e saborear as substâncias?
- A criança apresentou reações diferentes aos dois elementos?
- A criança mostrou, de alguma maneira, diferenciar entre as duas substâncias?

AVALIAÇÃO DA GENERALIZAÇÃO

Observe se a criança, quando se alimenta, identifica algum alimento específico. Exemplo:

- Na hora do lanche nomeia um alimento que já provou
- Pede um alimento.

Observe se a criança, ao alimentar-se, dá mostras de perceber os diferentes gostos.

Exemplo:

- Prefere alguns alimentos a outros
- Recusa certos alimentos
- Muda de expressão ou cospe alimentos azedos
- Procura alimentos doces.

Observe, se a criança ao alimentar-se, dá mostras de perceber, nos alimentos, as diferentes texturas e gostos. Exemplo:

- Manipula os alimentos
- Prefere ou recusa certos alimentos.

PERCEPÇÃO GUSTATIVA

DIFERENCIAR ALIMENTOS DUROS E MOLES

ALIMENTOS DUROS, ALIMENTOS MOLES
Dê para a criança uma amostra de vários alimentos que sejam moles e duros. Enquanto a criança experimenta os alimentos, nomeie as características dos mesmos, "moles" ou "duros".

MATERIAL
- Pedaços de alimentos moles e duros como: cenoura, beterraba, maçã, pêssego, gelatina, pudim, etc.

AVALIAÇÃO
- A criança indicou preferir alimentos moles ou duros?

AVALIAÇÃO DA GENERALIZAÇÃO
Observe se a criança, ao alimentar-se, diferencia alimentos, sendo eles duros e moles.
Exemplo:
- A criança recusa alimentos duros ou moles
- Mostra preferência por um deles, duro ou mole
- Procura alimentos duros e moles.
  OBS: Teste se a criança realmente diferencia alimentos duros/moles, oferecendo-lhe maçã em pedaços e maçã raspadinha.

RECONHECER TEMPERATURA DE ALIMENTOS

ALIMENTOS QUENTES, ALIMENTOS FRIOS...
Na hora da alimentação, dê para a criança, um por vez, alimentos quentes e frios. Enquanto a criança prova o alimento diga: "Quente, o leite está quente." ou "Frio, o suco está frio.". Faça a criança tocar o copo/prato, enfatizando sempre as palavras "quente" e "frio".
Varie bastante os estímulos quentes e frios (Por exemplo, leite, água, suco e frutas (frios); arroz, feijão, carne, sopa (quentes), para evitar que a criança associe estes conceitos a certos alimentos fixos.

MATERIAL
- Alimentos quentes e frios.

AVALIAÇÃO
- Como a criança reagiu frente aos alimentos quentes/frios?
- Ela mostrou preferência por algum alimento? Qual?

AVALIAÇÃO DA GENERALIZAÇÃO
Observe se na hora da alimentação, a criança passa a reagir diferentemente, frente às diferentes temperaturas dos alimentos.
Exemplo:
- Espera um alimento esfriar, antes de ingeri-lo
- Pede para esfriar ou esquentar um alimento
- Responde corretamente à pergunta de indicar alimentos quentes e frios
- Usa funcionalmente as palavras quente e frio.

PERCEPÇÃO OLFATIVA

PERCEBER DIFERENTES ODORES

RECOMENDAÇÕES GERAIS

• Use todas as oportunidades do dia a dia para chamar a atenção da criança para cheiros presentes nas coisas e ambientes.

• Faça-a notar cheiros exalados por ela mesma (quando toma banho, quando faz cocô, quando sua...) e cheiros exalados por outras crianças e adultos.

• Ofereça objetos que possuam cheiro, como sachês, papéis de carta perfumados, bonecas perfumadas (Coleção Moranguinho), etc.

- Conhecendo os cheiros das coisas
- Cheiro bom, cheiro ruim
- ____________________
- ____________________
- ____________________
- Os cheiros da rua
- ____________________
- Os cheiros dos alimentos
- ____________________
- ____________________
- Os cheiros no banho

PERCEPÇÃO OLFATIVA

PERCEBER DIFERENTES ODORES

CONHECENDO OS CHEIROS DAS COISAS

- Molhe bolas de algodão em várias soluções que tenham aromas distintos. Coloque o algodão com o aroma perto do nariz da criança e peça para ela cheirá-lo. Nomeie cada aroma para a criança, assim ela pode ligar o nome ao aroma.

MATERIAL:

- Soluções com cheiros distintos como: vinagre, perfume, limão, detergente, extrato de baunilha, de amêndoa, saquinho com material com cheiros fortes (café, canela). (Não use odores que poderão ser prejudiciais à saúde da criança, por exemplo, amônia)

OS CHEIROS NO BANHO

- Na hora do banho, faça com que a criança sinta o aroma do sabonete, do xampu, etc. Quando você for trocá-la, faça-a sentir o aroma da loção após banho, etc. Nomeie cada objeto estimulador para que a criança ligue o nome ao aroma.

MATERIAL:

- Sabonete, shampoo, creme infantil, loção após banho.

CHEIRO BOM, CHEIRO RUIM

- Ofereça à criança oportunidade de contato com cheiros considerados socialmente como bons, gostosos e outros considerados ruins, desagradáveis. Peça à criança para dizer bom/ruim, diante de cada cheiro sentido. Evite forçá-la a achar ruim ou bom o cheiro, segundo suas próprias expectativas. Deixe que ela mesma expresse o que sentiu em relação a cada cheiro.

MATERIAL:

- Perfume, álcool, cigarro, vinagre, etc.

BUSCANDO A FONTE DO CHEIRO

- Coloque perfume lugares onde a criança possa "achar pelo cheiro". (Por exemplo: Se estiver no seu próprio corpo: braços, mãos, pernas; se estiver em "coisas": travesseiro na cama, toalha do banheiro, etc.). Incentive-a a buscar o lugar que exala o cheiro do perfume usando, se necessário, o recurso da brincadeira "está quente, está frio".

MATERIAL:

- Perfume.

AVALIAÇÃO DAS ATIVIDADES

- Houve mudança na expressão da criança quando ela cheirou os vários odores?
- A criança indicou preferência por alguns dos odores?
- Qual foi a reação da criança ao sentir os vários odores?

AVALIAÇÃO DA GENERALIZAÇÃO

Observe se a criança, nas atividades diárias, procura experenciar os odores do meio ambiente.

Exemplo:

- Cheirar o alimento
- Cheirar objetos
- Cheirar a si própria
- Cheirar outras pessoas.

FOLHA DE REGISTRO DO PROGRAMA:

☒ **SENSO PERCEPÇÃO** **ÁREA** *Auditiva*
☐ **USO FUNCIONAl DE BRINQUEDOS**
☐ **DRAMATIZAÇÃO**

PERÍODO: *Setembro/2016*

ALUNO: *Adriana*

CLASSE: *B* **EDUCADOR:** *Silvana*

DATA HORA	ATIVIDADE	MATERIAL	AVALIAÇÃO	OBSERVAÇÕES
10/9 *10:00* *10:15*	*Brincando com objetos sonoros*	*Gravador e fita ("Xou da Xuxa")*	*Desligou o gravador com pequena ajuda física. Nas tentativas seguintes, desligou-o com dicas físicas.* *Precisou de mais ajuda para ligar. Colocou o dedo na tecla correta, mas a pressão que fez não era suficiente para acionar a gravador sozinho. Ajudei. Procurou repertir a operação de ligar e desligar o gravador várias vezes, tendo permanecido bastante atenta à atividade.* *Colocou a mão na boca apenas uma vez durante a atividade.*	*A música utilizada é uma das preferidas de Adriana.* *É preciso tentar construir um interruptor que exija menos força.* *Esta é uma de suas estereotipias mais frequentes.*

AVALIAÇÃO: respostas às perguntas sugeridas nas atividades, ações imitadas, ordens atendidas, quantidade e tipo de ajuda requerida, comentários sobre as reações do aluno.

Celma Cenamo e sua filha Carminha. Foto cedida por Ana Clara Cenamo.

Programa 2

Contato visual

CONTATO VISUAL I: OLHO A OLHO: INFORMAÇÕES INICIAIS

CONTATO VISUAL II: OLHAR OBJETOS

CONTATO VISUAL III: SEGUIR ESTÍMULOS LUMINOSOS

HABILIDADES BÁSICAS

> *"Eu olho para você. Você olha para mim. Eu sorrio, você sorri. Estabelece-se uma relação. E ela vai se moldar pelo que eu faço e você faz; como você me olha e eu olho para você. Eu vou crescer à medida que olho para você e aprendo uma porção de coisas..."*

> *"Eu olho para um objeto. Eu descubro um mundo ao meu redor, cheio de estímulos e novidades. As coisas têm dimensões diversas, texturas, formas, cores. Elas estão paradas ou em movimento. Eu observo e aprendo. Eu sigo com o olhar um objeto que se move. Primeiro com a cabeça toda, aos poucos só com meus olhos. As coisas e pessoas aparecem e desaparecem na minha visão. Elas permanecem? Eu aprendo."*

Olhar nos olhos de outra pessoa, olhar na direção de um objeto, seguir com os olhos um estímulo que muda de posição, são comportamentos de importância fundamental para o desenvolvimento infantil.

Olhar para faces ocorre desde cedo no desenvolvimento normal e é importante que isto ocorra, pois a face é uma rica fonte de informações sobre outra pessoa. O sorriso da mãe logo mais é correspondido por um sorriso social do bebê e, aos poucos, começa a haver um reconhecimento social mútuo e os laços afetivos são fortalecidos.

Percebe-se também uma mudança gradual nos olhares que o bebê dirige a objetos, ao longo dos primeiros meses de vida. Primeiro ele olha, sem procurar pegá-los, depois faz movimentos em direção a estes e, finalmente, os agarra e manipula.

Observa-se ainda, que o bebê começa a seguir com os olhos pessoas e coisas que se deslocam de lugar. Ora é a mãe chegando com a mamadeira, ora é um objeto que balança, vibra, aparece e desaparece de novo.

É evidente que a aprendizagem só ocorre quando o indivíduo estabelece contato com os estímulos envolvidos. Este contato só é estabelecido, quando ocorrem respostas de ver, escutar, tocar e sentir os estímulos relevantes que mostram que "eu estou prestando atenção". O contato visual é uma das respostas de atenção mais frequentes nos indivíduos com visão normal.

O contato visual encontra-se pouco desenvolvido em um grande número de crianças com defasagem ou distúrbio de desenvolvimento. Desviar o olhar, evitando o contato visual, tem sido observado em indivíduos com comportamentos autistas. Outras vezes, a falta de contato visual pode estar ligada a distúrbios motores, ficando o indivíduo em posições tais — por presença de atividades reflexas ou contraturas — que dificultam a ocorrência do olhar. Outras vezes ainda, as crianças estão engajadas em comportamentos autoestimulatórios e pouco receptivas a estimulações ambientais. Quando o contato visual não ocorre ou é infrequente, é provável que a aprendizagem que ocorra seja incidental e, consequentemente, bastante prejudicada. Assim, aumentar a quantidade e qualidade de contato visual aparece como um dos primeiros objetivos em qualquer programa educacional. A partir do momento em que isso ocorre, pode haver mudanças importantes na interação da criança com seu meio. Ela estará mais pronta a reagir a novos estímulos que, por sua vez, aumentam seu repertório geral de olhar para pessoas, sorrir, imitar, atender, explorar, apontar, ouvir, falar. Ela também passará a ser capaz de exercer maior controle sobre seu meio, na medida em que ela mesma inicia interações e evoca respostas. Em outras palavras, contato visual é fundamental para garantir maior interação e comunicação da criança com seu ambiente e é um pré-requisito para o desenvolvimento de habilidades básicas.

O início do treino de contato visual se dá no programa de desenvolvimento de habilidades de senso-percepção. Quando se verifica, porém, que a frequência e a duração do contato visual continuam baixas, a introdução de programas mais sistemáticos se toma desejável, para aumentar o contato olho a olho com pessoas, para incrementar o contato visual com o próprio corpo, com objetos e o seguimento visual. Além disso, um treino formal de contato visual permite o estabelecimento de outros comportamentos importantes, como o de permanecer sentado frente a um educador e o de atender a uma ordem, talvez a primeira, que é a de olhar ("Olhe para mim.").

Portanto, o contato visual é um pré-requisito fundamental para o desenvolvimento de novas interações e de novos desempenhos, bem como para a introdução de outros programas de habilidades básicas.

Diana brincou o dia todo. Agora mamãe a chama: "É hora de dormir.". Diana sobe no colo do papai e olha bem nos seus olhos, ao lhe dar o beijo de boa-noite. Depois, corre com o irmão para seu quarto.

Luiz tem ficado a maior parte do dia manipulando alguns brinquedos de forma estereotipada. Sua mãe quer ensinar-lhe coisas novas, mas não tem conseguido. Luiz não olha para seu rosto e nem para o rosto de outras pessoas. Ela já fez muita palhaçada para chamar sua atenção e até já chegou a forçar o rosto dele em direção ao seu. Tudo em vão.

Ruizinho entra na sala de brincar. Seu olhar não encontra o da psicóloga, que lhe sorri. Ele está distante, vago, indefinido. Quando chamado pelo nome, ele não reage. Agora, sentou no chão, pegou uma argola e a está girando. A psicóloga senta à sua frente, pega a argola que rola, dizendo: "Oba, veja o que eu tenho aqui!" e a segura na altura de seus olhos. Ruizinho levanta a cabeça e rapidamente os olhares se cruzam e perdem novamente. A argola é dada para ele, que a gira.

CONTATO VISUAL I: OLHO A OLHO
INFORMAÇÕES INICIAIS

COMPORTAMENTO-ALVO

Ao terminar o treino, o Aluno (A.) deve ser capaz de manter contato olho a olho com o Educador (Ed.), sempre que solicitado, por 5 segundos, sem ajuda física, dentro de um período de até 5 segundos após a solicitação.

O tempo estipulado pode variar de um mínimo de um segundo, até sessenta segundos. O critério a ser adotado deverá ser discutido, levando-se em consideração as condições do aluno e a duração necessária para treinos posteriores. Sugere-se adotar o tempo de cinco segundos.

No caso de crianças que não apresentam contato visual, de qualquer tipo ou duração, pode ser necessário reforçar, no início, trocas rápidas de olhar, aumentando gradualmente a exigência em termos de duração.

Para alguns alunos com defasagem mais leve, deficientes motores ou auditivos, uma duração maior pode ser desejável para a instalação posterior de outros comportamentos funcionais.

PRÉ-REQUISITOS

Para iniciar o programa é imprescindível que o A. tenha capacidade física para executar a ordem.

É desejável que o A. já tenha aprendido a atender ordens simples e a reconhecer quando seu nome é chamado, evidenciando alguma alteração motora ou verbal.

AMBIENTE FÍSICO

De preferência o Treino deve ser realizado em lugar tranquilo, numa situação "um a um", com o A. sentado diante do Ed.

O treino realizado em situação formal tem a vantagem de ensinar o aluno, concomitantemente, a ficar sentado e aguardar uma ordem do educador. Uma vez atingido o critério, o próximo programa — por exemplo, Atendimento de Ordens, Imitação Motora, Compreensão Verbal — poderá ser introduzido.

Com crianças pequenas, até quatro anos aproximadamente, a situação informal, mais lúdica (tipo brincadeira de esconde-esconde), poderá ser preferível. O aluno pode estar sentado no colo do educador ou no chão à sua frente. A situação informal também se indica no trabalho com crianças com deficiências motoras severas, onde é importante que o educador se posicione de modo a permitir a ocorrência do comportamento de "olhar".

MATERIAL

- Cronômetro (para registro da duração do "olhar").
- Folha de registro.
- Lanterna (optativo).
- Reforçadores.

O cronômetro poderá ser substituído eventualmente por contagem verbal encoberta (1001, 1002...) ou marcas feitas na folha PLANEJAMENTO DAS SESSÕES

A repetição de sessões num mesmo dia é aconselhável, porque o comportamento em jogo é fundamental para o desenvolvimento de toda programação e para que se aumentem as oportunidades de aprendizagem. Sugerimos que se inicie com duas sessões diárias, podendo-se aumentar para três ou quatro, de acordo com características do aluno e da instituição.

O aumento gradual da duração das sessões deve ser programado em função do aumento da atenção do aluno e da exigência temporal de contato visual.

O número de tentativas deverá ser adotado, levando-se em conta características e dificuldades de cada aluno, número de sessões e duração de cada sessão. De acordo com o desempenho do aluno, mais de uma sessão com dez ou mais tentativas podem ser realizadas consecutivamente.

PLANEJAMENTO DAS SESSÕES

Frequência: repetidas sessões (3 ou 4) durante o dia são desejáveis, principalmente em fase de aquisição do comportamento.

Duração: de início as sessões devem ser relativamente curtas (5 minutos), aumentando de forma gradual (para 10 minutos).

Número de tentativas: 10 tentativas por sessão é um número razoável.

LINHA DE BASE

Horário, local e a própria atitude do educador são fatores importantes para a obtenção de um resultado representativo do repertório do aluno.

AQUECIMENTO

Não há atividades específicas de aquecimento para este programa.

PROCEDIMENTO

1. Ed. senta-se à frente do A. a uma distância de até 50 cm². Ed. diz: "Fulano, olhe para mim."
3. Ed. aguarda até 5 segundos
4. Ed. registra a resposta na folha
5. Ed. apresenta a ordem 3 vezes, em cada uma das 3 sessões de Linha de Base

Neste treino, são consideradas respostas corretas o aluno olhar para os olhos do educador pelo tempo estipulado. São respostas incorretas o aluno olhar em outra direção ou manter contato por um tempo inferior ao estipulado. Neste último caso, deve-se registrar a duração do olhar. São consideradas recusas as oportunidades em que o aluno permanecer olhando na mesma direção em que estava, quando a ordem foi dada.

Caso o A. atinja o critério

- Ed. inicia Manutenção e Generalização da resposta e sugere a inclusão de programas, em que o contato visual olho a olho é pré-requisito, na rotina de atividades do A.

O critério de aquisição sugerido é de pelo menos 80% de acertos no conjunto das três sessões.

Para alunos com defasagem severa de desenvolvimento e com um repertório muito limitado, a prática tem sido de reforçar respostas corretas, socialmente, nas sessões de Linha de Base.

Em anexo encontra-se um modelo desta folha.

Caso o A. não atinja o critério

• Ed. propõe a inclusão do programa na rotina de atividades do A.

CONSEQUENCIAÇÃO

De um modo geral respostas corretas não são reforçadas em sessões de Linha de Base, reforçando-se outras respostas adequadas dos alunos, intermitentemente.

REGISTRO

Resposta correta	S+
Resposta incorreta	S-
Ausência de resposta/recusa	S^0

O Ed. Deve anotar as resposta do A. na folha de registro para Linha de Base.

TREINO

AQUECIMENTO

Não há atividades específicas previstas.

PROCEDIMENTO

1. Ed. senta-se à frente do A. a uma distância de até 50 cm.
2. Ed. diz: "Fulano, olhe para mim."
3. Ed. aguarda até 5 segundos.

Se o A. responde corretamente:

4. Ed. reforça a resposta.
5. Ed. registra a resposta na folha.
6. Ed. apresenta nova tentativa.

Dependendo do resultado em Linha de Base, determina-se a duração do "olhar" exigida, que pode ser aumentada, gradativamente, até que seja atingido o critério final determinado. Para que uma resposta seja considerada correta, de acordo com o critério aqui proposto, deve ocorrer dentro do período de cinco segundos, após ser dada a ordem. Uma resposta incorreta pode ser, por exemplo, olhar em uma outra direção.

Se o A. responde incorretamente.:

7. Ed. diz "não".
8. Ed. registra a resposta na folha.
9. Ed. apresenta nova tentativa, utilizando dicas físicas e/ou verbais, conforme procedimento de ajuda (ou variações de procedimento).

Se o A. não responde em 5 segundos:

10. Ed registra a recusa na folha.
11. Ed. apresenta nova tentativa, utilizando dicas físicas e/ou verbais, conforme procedimento de ajuda (ou variações de procedimento)..

Neste treino, pela natureza da resposta, ficaria sem sentido o uso de ajuda física total (T) para facilitar o desempenho do aluno.

Sugere-se considerar o comportamento adquirido, quando o aluno responder corretamente a 80% das tentativas em três sessões consecutivas.

Em geral, como este costuma ser um dos primeiros programas da rotina de alunos novos, sugere-se o uso de reforçamento tangível, juntamente com o social, para respostas corretas. O reforço a ser utilizado no treino deve ser previamente escolhido.

Em anexo encontra-se um modelo desta folha.

O educador deve registrar os recursos adicionais eventualmente usados e o tempo de duração da resposta. Será sempre desejável que um segundo educador ou membro da equipe observe os treinos intermitentemente, registrando as respostas, bem como fazendo observações sobre a realização do treino, para eventual discussão posterior com o educador e cálculo de fidedignidade.

Quando o A. atingir o critério

- Ed. inicia Manutenção e Generalização da resposta e sugere inclusão de programas em que o contato visual olho a olho é pré-requisito, na rotina de atividades do A.

CONSEQUENCIAÇÃO

Respostas corretas são seguidas de reforçamento.

Respostas incorretas são seguidas de um "não" e de nova tentativa, utilizando procedimento de ajuda selecionado.

Recusas ou não são seguidas de nova tentativa, utilizando o procedimento de ajuda se lecionado.

REGISTRO

Nível de Ajuda	Resposta Correta	Resposta Incorreta	Recusa Ñ-Resposta
Sem ajuda	S+	S-	S^0
Ajuda física total	T+	T-	T^0
Ajuda física parcial	P+	P-	P^0
Dica física	D+	D-	D^0
Dica verbal	V+	V-	V^0

Para realizar o registro, o Ed. deve usar a folha de registro para treinos com um item.

Os programas posteriores a este já constituem uma situação de manutenção deste comportamento.

Quando o comportamento enfraquecer em programas subsequentes, será conveniente reintroduzir o treino, por algum tempo.

Na nossa experiência, para indivíduos com defasagem severa e nível de atenção muito baixo, o uso de algumas condições adicionais, combinadas ou separadamente tem se mostrado eficiente.

MANUTENÇÃO E GENERALIZAÇÃO

1. Solicitar contato visual em outros treinos realizados com a criança (onde seja pré-requisito).
2. Aumentar o tempo requerido de contato visual.
3. Informar pessoas da escola, que lidam com a criança, para que solicitem contato visual em diferentes situações e diferentes locais.
4. Informar familiares sobre o treino em realização ou já concluído, para que o comportamento seja solicitado em casa.

VARIAÇÕES DE PROCEDIMENTO

- Uso de lanterna ou lâmpada.
  - Incidir luz sobre o Ed., à altura dos seus olhos, no momento em que a ordem é emitida.
  - Apagar a luz no momento em que o A. deixar de olhar para ela ou quando não responder.
- Mostrar reforçador
  - Apresentar reforçador para A. no momento em que Ed. dá a ordem verbal (por exemplo, um pedaço de biscoito, um papel que faz barulho, uma argola).
  - Levar o reforçador com a mão até a altura dos olhos do Ed. (frequentemente o A. passa a acompanhar o reforçador com o olhar e fará contato visual).
- Procurar captar o olhar do A. com uma brincadeira.

FOLHA DE REGISTRO PARA: ☒ **LINHA DE BASE DO PROGRAMA** Contato Visual 1
☐ **REVISÃO SEMANAL**

PERÍODO: Setembro/2016

ALUNO: Carlos

CLASSE: A EDUCADOR: Sônia

DATA E HORA	ITENS DE TESTE	TENTATIVAS 1	2	3	% ACERTOS	OBSERVAÇÕES
5/9 14:30	Olhe para mim	S°	S°	S-(1)	0	Os números entre parênteses referem-se á duração do contato visual.
6/9 15:30	Olhe para mim	S°	S+	S-	33	
9/9 14:45	Olhe para mim	S-(2)	S-	S°	0	
% TOTAL DE ACERTOS		11				

CÓDIGOS USADOS: S: sem ajuda
+: resposta correta
-: resposta incorreta
o: recusa

CONCLUSOES: Iniciar o treino

FOLHA DE REGISTRO PARA TREINO DO PROGRAMA: Contato Visual I - "Olhe para mim"

PERÍODO: Setembro/2016 PROCEDIMENTO DE AJUDA ☐ PR-I ☒ PR-5

ALUNO: Carlos

CLASSE: A EDUCADOR: Sônia

SESSÃO	DATA	HORA	ITEM EM TREINO	TENTATIVAS 1	2	3	4	5	6	7	8	9	10	11	12	13	14	15	16	17	18	19	20	% ACERTOS	OBSERVAÇÕES
1	9/9	10:00		S°	D-	D+	D+	D-	D°	D+	D+	D-	D°											40	
2	10/9	10:00		D-	D°	D+	D-	D-	D+	D-	D-	D+	D-											30	
3	10/9	15:00		D+	D+	D-	D+	D+	D-	D-	D+	D+	D+											70	6) 3" 7) 2"
4	11/9	9:00		D-	D+	D-	D+	D-	D+	D+	D+	D-	D+											60	3) 3" 5) 2" 9) 3"
5	11/9	11:00		D+	D+	D+	D+	D+	S-	S-	S°	S°	S-											50	
6	11/9	14:00		D+	D+	D+	D+	D+	S+	S-	S°	S-	S-											60	
7	11/9	16:00		D+	D+	D+	D+	D+	S+	S-	S°	S+	S+											80	

CÓDIGOS USADOS:
S: sem ajuda
D: dica física
+: resposta correta
-: resposta incorreta
o: recusa

Observações: dia 9/9: dica física usada foi uma lanterna
dia 10/9 passou-se a usar o toque de um chocalho musical, já que o Aluno, poucas vezes estava olhando para a lanterna
Foi usado reforço social e confeti (doces).

Sugestão: Sonia, vi seu registro. Acho que se poderia dar o chocalho para Carlos, como reforço, junto com o reforço social, após respostas corretas. M.

HABILIDADES BÁSICAS
CONTATO VISUAL II: OLHAR OBJETOS

Paulinho está na fase de jogar objetos no chão e ri ao ver os adultos se abaixarem para pegá-los, pondo-os de novo no seu berço. Seu olhar se dirige ao objeto no chão e depois à irmã. Que farra!

Numa caixa, ao lado da professora de Paulinho, encontram-se vários objetos que fazem parte do seu dia a dia: brinquedos, utensílios, roupas. Ela escolhe um carrinho e o coloca à frente do garoto. Mas Paulinho não olha para o carro. A professora chama: "Paulinho, olhe o carro.". Ele continua com o olhar vago e sem direção definida.

Carminha está sentada quietinha na cadeira. A professora colocou uma boneca deitada à sua frente e a chama: "Carminha, olhe a boneca". Carminha olha e, vejam só, pega a boneca pelos braços. "Quero colo.", ela ouve a boneca dizer. Carminha fica espantada e sorri.

INFORMAÇÕES INICIAIS

COMPORTAMENTO-ALVO

Ao terminar o treino, o Aluno (A.) deve ser capaz de direcionar e fixar o olhar sobre um objeto apresentado pelo Educador (Ed.), sempre que solicitado, por 5 segundos, sem ajuda física, no máximo até 5 segundos após a solicitação.

PRÉ-REQUISITOS

Além da capacidade física para executar a ordem e reconhecer quando seu nome é chamado, é desejável que o A. seja capaz de manter contato visual olho a olho e atender ordens simples, para iniciar o treino.

AMBIENTE FÍSICO

De preferência o treino deve ser realizado em lugar tranquilo, numa situação "um a um", com o A. sentado diante do Ed.

MATERIAL

- Cronômetro.
- Folha de registro, com ordem randômica de apresentação de objetos.
- Lanterna/luz (optativo).
- Objetos.
- Reforçadores.

PLANEJAMENTO DAS SESSÕES

Frequência: pelo menos 2 sessões por dia.
Duração: 5 minutos, aproximadamente.
Número de tentativas: 10 solicitações por sessão.

O número de tentativas, assim como a duração do treino, evidentemente é arbitrário e foi adotado tendo em vista a experiência com a população atendida. Em geral, nos trabalhos publicados, o número de tentativas varia de três a vinte e também, em função da duração de cada treino. Leva-se em consideração a manutenção do interesse do aluno. Assim, sessões de maior duração, conduzidas consecutivamente, podem ser preferíveis.

LINHA DE BASE

SELEÇÃO DE ITENS

O Ed. deve selecionar previamente os objetos que serão utilizados na sessão.

Recomenda-se a escolha de objetos do interesse da criança. Podem ser usados, por exemplo, carrinhos, bonecas, bichinhos de borracha, fantoches. Para crianças com repertório mais complexo, usar gravuras.

AQUECIMENTO

Não há atividades específicas previstas.

PROCEDIMENTO

1. Ed. senta-se à frente do A. a uma distância de até 50 cm.
2. Ed. segura o objeto diante de seus olhos e do A.

Com o objeto na mão e diante de seus olhos, o educador identifica mais facilmente a resposta do aluno.

3. Ed. diz: "Fulano, olhe o (a)..."
4. Ed. aguarda até 5 segundos.
5. Ed. registra a resposta.
6. Ed. dá nova tentativa.
7. Ed. apresenta a ordem 3 vezes em cada uma das 3 sessões de Linha de Base, durante 3 dias consecutivos.

A utilização de objetos variados pode aumentar o interesse do aluno.

Caso o A. atinja o critério

- Ed. inicia Manutenção e Generalização do comportamento; programas, em que o contato visual com objetos é necessário, podem ser propostos.

O critério de aquisição sugerido é de 80% de respostas corretas nas três sessões.

Caso o A. não atinja o critério

• Ed. inclui o programa na rotina de atividades do A.

CONSEQUENCIAÇÃO

De um modo geral, respostas corretas não são reforçadas em sessões de Linha de Base, reforçando-se outras respostas adequadas dos alunos, intermitentemente.

REGISTRO

Resposta correta	S+
Resposta incorreta	S-
Ausência de resposta /recusa	S^0

O Ed. deve anotar as respostas do A. na folha de registro para Linha de Base.

Em anexo encontra-se um modelo desta folha.

Olhar para o objeto, mesmo antes de iniciada ou concluída a ordem do educador é considerado como resposta correta, considerando o objetivo do programa.

É considerada resposta incorreta olhar para lugares diferentes daquele em que se encontra o objeto.

Permanecer olhando para a mesma direção em que se encontrava quando da ordem é considerado como recusa ou não-resposta.

TREINO

SELEÇÃO DE ITENS

O Ed. seleciona objetos que serão usados, antes da sessão.

AQUECIMENTO

Não há atividades específicas previstas.

PROCEDIMENTO

1. Ed. senta-se à frente do A. a uma distância de até 50 cm.
2. Ed. segura o objeto diante de seus olhos e dos olhos do A.
3. Ed. diz: "Fulano, olhe o (a)..."
4. Ed. aguarda até 5 segundos.

Se o A. responde corretamente:

5. Ed. reforça a resposta.
6. Ed. registra a resposta do A. na folha de registro.
7. Ed. apresenta nova tentativa

Se o A. responde incorretamente

8. Ed. registra a resposta na folha.
9. Ed. apresenta nova tentativa, introduzindo procedimento de ajuda

Se o A. não responde em 5 segundos:

10. Ed. registra a recusa na folha.
11. Ed. apresenta nova tentativa, introduzindo procedimento de ajuda

Quando o A, atingir o critério:

- Ed. inicia Manutenção e Generalização do comportamento e sugere a inclusão de outros programas, em que este comportamento é pré-requisito, na rotina de atividades do A.

Sugere-se, como critério de aquisição, 80% de respostas corretas sem ajuda, em três sessões consecutivas.

CONSEQUENCIAÇÃO

Respostas corretas são seguidas de elogio e, eventualmente, reforço tangível.

Respostas incorretas ou recusas são seguidas de um "não". Após 5 a 10 segundos, o Ed. apresenta nova tentativa, utilizando procedimento de ajuda.

O reforço tangível a ser utilizado deve ser sempre escolhido previamente ao treino.

REGISTRO

Nível de Ajuda	**Resposta Correta**	**Resposta Incorreta**	**Recusa Ñ-Resposta**
Sem ajuda	S+	S-	S^0
Ajuda física total	T+	T-	T^0
Ajuda física parcial	P+	P-	P^0
Dica física	D+	D-	D^0
Dica verbal	V+	V-	V^0

O Ed. deve anotar as respostas do A. na folha de registro para treinos com um item.

Em anexo encontra-se um modelo desta folha.

Treinos posteriores, tais como Comportamento Exploratório, Permanência de Objetos, Imitação, etc., já constituem uma situação de manutenção deste comportamento.

Quando o comportamento enfraquecer em programas subsequentes, será conveniente reintroduzir o treino, por mais algum tempo.

MANUTENÇÃO E GENERALIZAÇÃO

1. Solicitar contato visual em outros programas realizados com a criança, onde este seja pré-requisito.
2. Informar pessoas da escola que lidam com a criança, para que solicitem contato Visual em diferentes situações e diferentes locais.
3. Informar familiares sobre o treino em realização ou já concluído, para que o comportamento seja solicitado em casa.

VARIAÇÕES DE PROCEDIMENTO

Uso de lanterna ou lâmpada:

- Incidir luz sobre o objeto, no momento em que a ordem é dada.
- Incidir luz no local para onde o A. está olhando e conduzi-la até o objeto.
- A luz deve ser mantida acesa, enquanto o A. olhar o objeto e apagada, assim que ele deixar de olhar.

Mudança de posição do objeto:

- Aproximar o objeto do campo visual do A.

FOLHA DE REGISTRO PARA: ☒ **LINHA DE BASE DO PROGRAMA** Contato Visual II
☐ **REVISÃO SEMANAL**

PERÍODO: Setembro/2016

ALUNO: Edu

CLASSE: B EDUCADOR: Tânia

DATA HORA	ITENS DE TESTE	TENTATIVAS 1	2	3	% ACERTOS	OBSERVAÇÕES
1/9	olha a bola	S+	S+	S°	67	
2/9	olha o carrinho	S+	S+	S+	100	
3/9	olha o cachorrinho	S+	S+	S+	100	
% TOTAL DE ACERTOS					89	

CÓDIGOS USADOS: S: sem ajuda
+: resposta correta
–: resposta incorreta
o: recusa

CONCLUSÕES: Verificar comportamento Exploratório/ Generalização

FOLHA DE REGISTRO PARA TREINO DO PROGRAMA: Contato Visual II
(TREINO COM UM ITEM POR VEZ)

PERÍODO: Setembro/2016 **PROCEDIMENTO DE AJUDA:** ☐ PR-I ☒ PR-5 **ALUNO:** Edu
CLASSE: B **EDUCADOR:** Tânia

SESSÃO	DATA	HORA	ITEM EM TREINO	TENTATIVAS																				% ACERTOS	OBSERVAÇÕES
				1	2	3	4	5	6	7	8	9	10	11	12	13	14	15	16	17	18	19	20		
1	6/9	15:00		S-	P-	P+	P+	P-	P+	P+	P+	P+	D-											60	(S-: 1")
2	7/9	10:00		D+	D-	D-	D+	D+	D-	D+	D-	D-	D-											50	Objetos usados: bola,
3	8/9	15:00		D-	D+	D-	D+	D+	D-	D+	D+	D-	D-											50	cachorrinho e carrinho
4	9/9	9:00		D+	D+	D+	D+	D+	D+	V^o	V-	V-	V+											60	4- Introduzido brinquedo
																									de corda

CÓDIGOS USADOS:
S: sem ajuda
P: ajuda física parcial (virar o rosto do Aluno na direção do objeto)
D: dica física (movimentação do objeto diante do Aluno)
V: dica verbal: dizer: Olha como o carrinho faz, vrum, vrum.
+: resposta correta
-: resposta incorreta
o: recusa

HABILIDADES BÁSICAS

CONTATO VISUAL III: SEGUIR ESTÍMULOS LUMINOSOS

Passeando na rua, os olhos de Hélio acompanham tudo: as pessoas, os carros, as luzes acesas na vitrine, que se acendem e apagam num jogo de cores. Como é bonita a figura que aparece e desaparece de novo.

Linda já está olhando para sua professora, quando esta a chama e está olhando para objetos quando estes são colocados em seu campo visual. Já aprendeu, com isso, muitas coisas novas. Mas se o objeto ou pessoa saem da sua frente, ela não os segue. Com que facilidade ela se torna apática!

Uma luz se acende no canto do quadro à frente de Mané. Ela ilumina uma fazenda. É a luz sobre o portão. Agora ela se apaga e outra se acende, no jardim, perto da árvore. Mané vai girando a cabeça para a direita, ele aponta a lâmpada, que agora apaga. Agora a casa é iluminada e a cabeça de Mané vira em direção à luz.

INFORMAÇÕES INICIAIS

COMPORTAMENTO-ALVO

Ao terminar o treino o Aluno (A.) deve ser capaz de seguir com o olhar uma sequência de luzes que se acendem em ordem sequencial (1) ou alternada (2), dentro de 5 segundos após a solicitação, sem ajuda.

O número de luzes da sequência pode variar, em função do repertório do aluno e da etapa de treino. O número mínimo recomendável é de três luzes.

PRÉ-REQUISITOS

Para iniciar este programa é imprescindível que o A. tenha capacidade física para executar a ordem. É desejável que o A. já tenha aprendido a atender ordens simples e a reconhecer quando seu nome é chamado, assim como manter contato visual olho a olho e com objetos.

AMBIENTE FÍSICO

Este treino é individual e realizado em situação formal com o A. sentado diante de uma mesa e do Educador (Ed.)

Em alguns casos, quando se utilizam, por exemplo, luzes adaptadas a uma parede, é possível que outra posição do aluno facilite a atividade.

MATERIAL

- Local onde as luzes estejam colocadas e possam ser acesas ou apagadas de modo independente.
- Folhas de registro.
- Reforçadores.

Pode-se adaptar as luzes a algum tipo de "cenário", de modo a aumentar o interesse da criança pela atividade. Pode-se também colocar luzes adaptadas na parede da sala. A distância entre as luzes deve ser planejada, de modo a facilitar o desempenho da criança e a observação da resposta pelo educador. No início do treino, recomendam-se distâncias menores, aumentadas gradativamente.

PLANEJAMENTO DAS SESSÕES

Frequência: sessões diárias.
Duração: 5 minutos aproximadamente.
Número de tentativas: 5 por sessão.

CONTATO VISUAL III: SEGUIR ESTÍMULOS LUMINOSOS

LINHA DE BASE

Linha de Base 1: Luzes sequencialmente acesas, ou seja, seguindo uma mesma direção.

Os comportamentos de seguir com o olhar, luzes que se acendem sequencialmente (1) e alternadamente (2) são testados e treinados separadamente e nessa ordem. Somente quando o aluno atingir o critério em relação à primeira condição, é que o seu desempenho é observado sob a segunda condição em Linha de Base.

AQUECIMENTO

Não há atividades específicas previstas.

PROCEDIMENTO

1. Ed. senta-se à frente do A. a uma distância de até 50 cm.
2. Ed. coloca equipamento à frente do A.

Em alguns casos, dependendo do tipo de equipamento e situação, os passos 1 e 2 são substituídos por outros mais adequados à condição a ser criada para o aluno. (por exemplo, quando o equipamento está afixado na parede).

3. Ed. diz: "Fulano, olhe as luzinhas."
4. Ed. acende a primeira luz.
5. Ed. aguarda 5 segundos.
6. Ed. apaga a luz.
7. Ed. acende as luzes seguintes, usando o mesmo procedimento.
8. Ed. registra a resposta na folha.
9. Ed. apresenta a ordem 5 vezes em cada uma das 3 sessões. de Linha de Base, acendendo as luzes em ordem sequencial, sempre numa mesma ordem.

Quando o aluno segue com o olhar as luzes que vão sendo acesas, dentro do período que antecede o acender da próxima luz, sua resposta é considerada correta. Caso o aluno siga algumas luzes, mas não todas, a resposta é considerada parcial.

Caso o A. atinja o critério

- Ed. inicia Manutenção e Generalização e executa Linha de Base 2, com luzes que se acendem alternadamente.

O critério sugerido é de 80% de respostas corretas, nas quinze tentativas de Linha de Base.

Caso o A. não atinja o critério

- Ed. inclui o programa na rotina de atividades do A.

Linha de Base 2: Luzes alternadas, ou seja, em ordem aleatória

AQUECIMENTO

Não há atividades específicas previstas.

PROCEDIMENTO

1. Ed. coloca o equipamento à frente do A.
2. Ed. senta-se à frente do A. a uma distância de até 50 cm.

Conforme o equipamento usado, os passos 1 e 2 são substituídos por outros, condizentes com a condição criada para o aluno.

3. Ed. diz: "Fulano, olhe as luzinhas."
4. Ed. acende uma das luzes do circuito.
5. Ed. aguarda 5 segundos.
6. Ed. apaga a luz.
7. Ed. acende outra luz do circuito (Ed. repete o procedimento com todas as luzes).
8. Ed. registra a resposta na folha.
9. Ed. apresenta a ordem 5 vezes, em cada uma das 3 sessões de Linha de Base, acendendo as luzes em ordem alternada.

Caso o A. atinja o critério:

- Ed. inicia Manutenção e Generalização e sugere que outros programas que envolvam seguimento visual sejam incluídos na programação do A.

O critério sugerido é de 80% de respostas corretas, nas quinze tentativas de Linha de Base.

Caso o A. não atinja o critério:

- Ed. inclui o programa na rotina de atividades do A.

CONSEQUENCIAÇÃO

De um modo geral, respostas corretas não são reforçadas em Linha de Base, reforçando-se outras respostas adequadas dos alunos, intermitentemente.

REGISTRO

Resposta correta	**S+**
Resposta parcial (olhar para 1 luz)	L1
Resposta parcial (olhar para 2 luzes)	L2
Resposta incorreta	S-
Recusa / Não-resposta	S^0

O Ed. deve anotar as respostas do A. na folha de registro para Linha de Base.

Em anexo encontra-se um modelo desta folha.

TREINO

O procedimento do treino é semelhante, no caso de as luzes se acenderem sequencial ou alternadamente. As variações estão indicadas pelas expressões SEQ. e ALT.

AQUECIMENTO

Não há atividades específicas previstas.

PROCEDIMENTO

Esses passos podem ser substituídos por outros, dependendo do equipamento a ser utilizado. O importante é que o aluno esteja numa posição que facilite seu desempenho.

1. Ed. coloca o equipamento diante do A.
2. Ed. senta-se diante do A. a uma distância de até 50 cm[3]. Ed. diz: "Fulano, olhe as luzinhas."
4. Ed. acende uma luz.

SEQ.: a primeira da série.

ALT.: a indicada como primeira para a tentativa.

5. Ed. aguarda 5 segundos.
6. Ed. apaga a luz.
7. Ed. acende outra luz.

No caso do treino, em que as luzes devem ser acesas alternadamente (ALT), o educador pode preparar com antecedência, uma previsão de ordem aleatória em que as luzes serão acesas a cada tentativa.

SEQ.: a próxima da série.
ALT.: conforme indicação da sequência para a tentativa.
(Ed. repete o procedimento para cada uma das luzes da série prevista para a tentativa.)

Se o A. olha para todas as luzes da série

8. Ed. reforça a resposta.
9. Ed. registra a resposta na folha.
10. Ed. apresenta nova série.

Se o A. não olha ou desvia o olhar das luzes durante a série:

11. Ed. registra a resposta como incorreta ou recusa na folha.
12. Ed. introduz procedimento de ajuda na próxima tentativa.

Exemplos de diferentes procedimentos de ajuda para este programa:

Ajuda física: conduzir o rosto da criança na direção de cada luz que se acender.

Dica física: captar o olhar da criança com os olhos ou com objetos e procurar conduzi-los até a luz que está acesa.

Dica verbal: repetir a instrução a cada nova luz que se acenda. Dizer que há outra luz acesa, etc.

A escolha dos procedimentos será guiada por dicas que o próprio aluno oferece e pela experiência do educador, devendo ser gradualmente esvanecidas.

Inicialmente, pode ser útil consequenciar passos intermediários, ou seja, olhar para cada luz que se acende, para, aos poucos, consequenciar apenas o comportamento-alvo.

Quando o A. atingir o critério para luzes em sequência:

- Ed. inicia Linha de Base 2.
- Ed. inicia Manutenção e Generalização da habilidade e sugere a inclusão de outros programas na rotina de atividades do A.

O critério de aquisição sugerido é de 80% de respostas corretas em três sessões consecutivas.

Quando o A. atingir o critério para luzes alternadas:

- Ed. inicia Manutenção e Generalização e sugere a inclusão de outros programas na rotina de atividades do A.

CONSEQUENCIAÇÃO

Respostas corretas são seguidas de elogio e eventualmente, de reforço tangível.

Respostas incorretas ou Recusa são seguidas de um "não" e apresentação de nova tentativa, de acordo com o procedimento de ajuda adotado.

REGISTRO

Nível de Ajuda	Resposta Correta	Resposta Incorreta	Recusa Ñ-Resposta
Sem ajuda	S+	S-	S^0
Ajuda física total	T+	T-	T^0
Ajuda física parcial	P+	P-	P^0
Dica física	D+	D-	D^0
Dica verbal	V+	V-	V^0

Variações de procedimento devem ser anotadas, assim como respostas do aluno.

Ed. registra as respostas correspondentes, logo após cada tentativa, indicando também o nível de ajuda dado. Usar a folha de registro para treinos com um item.

Em anexo encontra-se um modelo desta folha.

MANUTENÇÃO E GENERALIZAÇÃO

1. Incluir esta atividade em horários livres para garantir a manutenção da resposta.
2. Usar brinquedos de corda ou outros manipulados pelo Ed. ou Aux., que requerem seguimento de olhar.
3. Orientar pais para realizarem esta atividade, na forma de brincadeira.

FOLHA DE REGISTRO PARA ☒ **LINHA DE BASE DO PROGRAMA** Contato Visual III (ordem sequencial)
☐ **REVISÃO SEMANAL**

PERÍODO: Setembro/2016

ALUNO: Adriana

CLASSE: B EDUCADOR: Tânia

DATA HORA	ITENS DE TESTE	TENTATIVAS 1	2	3	% ACERTOS	OBSERVAÇÕES
9/9 (M)	olhe as luzinhas	L_1	S^o	S-	0	
9/9 (T)	olhe as luzinhas	S^o	L_1	S+	33	
10/9 (T)	olhe as luzinhas	L_1	L_2	L_1	0	Adriana teve uma convulsão antes do almoço
% TOTAL DE ACERTOS					11	

CÓDIGOS USADOS:
S: sem ajuda
+: resposta correta
-: resposta incorreta
o: recusa
L_1: olhou uma luz
L_2: olhou duas luzes

CONCLUSÕES: Iniciar o treino.

FOLHA DE REGISTRO PARA TREINO DO PROGRAMA: Contato Visual III (Ordem sequencial)

(TREINO COM UM ITEM POR VEZ)

PERÍODO: Setembro/2016 **PROCEDIMENTO DE AJUDA:** ☐ PR-I ☒ PR-5 **ALUNO:** Adriana **CLASSE:** B **EDUCADOR:** Tânia

SESSÃO	DATA	HORA	ITEM EM TREINO	TENTATIVAS 1	2	3	4	5	6	7	8	9	10	11	12	13	14	15	16	17	18	19	20	% ACERTOS	OBSERVAÇÕES
1	12/9	16:00		S−	P−	P+	P−	P+																40	Foi usado o "quadro da
2	16/9	9:00		P+	P+	P+	P+	P+																100	fazenda" com três luzes
3	16/9	15:00		D^o	D+	D−	D+	D+																60	
4	17/9	10:00		D+	D+	D^o	D+	D+																80	

CÓDIGOS USADOS:
S: sem ajuda
P: ajuda física parcial
D: dica física
+: resposta correta
−: resposta incorreta
o: recusa

Tânia: comece sempre uma nova sessão, dando o último nível de ajuda (+) alcançado, para depois mudar. M.

Programa 3

Comportamento exploratório

HABILIDADES BÁSICAS

O ser humano se familiariza com os elementos do ambiente físico, através de ações as mais diversas. Olhar, pegar, levar à boca, examinar, manipular, tocar, esfregar, cheirar, provar o gosto ou o som que as coisas produzem, é explorar e descobrir o mundo em suas propriedades.

A existência do comportamento exploratório, através das múltiplas ações em que se pode expressar, é fundamental no estabelecimento do repertório comportamental básico da criança. É explorando os elementos do ambiente físico, que se estabelecem noções de espaço, dimensão, forma, textura, resistência dos objetos que a rodeiam. Estas noções, por sua vez, facilitarão o desenvolvimento de interações mais complexas do indivíduo com seu meio, tais como o uso de brinquedos, atividades de dramatização e ainda o comportamento de discriminar, formar conceitos e solucionar problemas. É explorando e descobrindo, também, que a criança começa a aprender a criar...

No bebê normal, destaca-se claramente a fase de desenvolvimento que vai dos primeiros meses a dois anos, como uma fase de exploração e descoberta, descobertas primeiro visuais, auditivas, proprioceptivas e motoras e, mais tarde, descobertas dos objetos que aparecem à sua frente e que, aos poucos, consegue agarrar e manipular. À medida que ele aprende a se locomover, ele vai ao encontro dos estímulos ambientais, pega, cutuca, provoca, experimenta, manipula.

Na criança com problemas severos de desenvolvimento, com ou sem limitações físicas para a conquista do espaço e dos objetos, este comportamento está ausente ou presente numa frequência muito baixa. Ao entrar numa nova escola, uma criança normal procuraria descobrir tudo que existe na mesma, nas salas, no recreio, os brinquedos que lá estão e o que se pode fazer com eles. Para a criança com problemas, torna-se necessário trazer o mundo para perto dela, ensiná-la a tocar, manipular e explorar o espaço físico onde ela se encontra e os objetos que dele fazem parte, primeiro a seu modo e mais tarde, de modo funcional. Só assim ela chegará a descobrir "como as coisas são", "o que as coisas fazem" e "como o mundo é", o que lhe permitirá ampliar seu campo de ação e seus conhecimentos.

HABILIDADES BÁSICAS

COMPORTAMENTO EXPLORATÓRIO

Larissa levanta de sua mesinha e dirige-se à prateleira com vários brinquedos. Ela escolhe a vaquinha, vira-a de cabeça para baixo, faz a vaquinha andar sobre a superfície da mesa. A professora comenta: "Como faz a vaquinha? Muuu! Olha a vaquinha andando!".

Silvinho, de 10 anos, entra na escola nova, pela primeira vez. Mamãe está conversando com uma pessoa. Ele fica sentado na cadeira quieto, ensimesmado. Levado ao pátio, ele se senta no balanço e fica lá. Não procura conhecer o novo ambiente, ver o que existe atrás daquele escorregador, mexer na areia. Seus olhos percorrem o espaço, às vezes se fixando num ou noutro objeto. Ele permanece sentado.

A professora coloca uma boneca em frente de Sandrinha e encoraja-a: "Pega o nenê, dá beijinho nele. Vamos passar a mão no bebê." Sandrinha deixa a boneca na mesa, depois de olhar rapidamente para ela. Pegando a boneca, a professora a coloca nas mãos de Sandrinha e lhe dá ajuda para mexer na boneca.

INFORMAÇÕES INICIAIS

COMPORTAMENTO-ALVO

Ao final do programa o Aluno (A.) deverá ser capaz de segurar com as mãos e manipular objetos de diferentes maneiras, quando colocados ao seu alcance, por um período de, pelo menos, 5 segundos consecutivos.

O período de cinco segundos é o tempo mínimo indicado por nossa experiência, como significativo para definir as manipulações feitas como exploratórias. Este tempo deverá ser aumentado gradativamente.

PRÉ-REQUISITOS

É necessário que o A. seja capaz de manter contato visual com objetos antes de iniciar este programa, e tenha condições motoras mínimas para manipular objetos.

Alunos com limitações motoras mais sérias exigirão uma cuidadosa programação dos tipos de objetos e manipulações adequadas à sua situação.

As decisões necessárias deverão ser tomadas pela equipe. No caso de crianças com prejuízo motor mais severo, será aplicada a variação do programa, descrita adiante.

MATERIAL

Os objetos variarão para cada A. Sugere-se a manipulação de:

- brinquedos de interesse da criança como: boneca, carrinho; bola, barco (sonoro), bichos de borracha, chocalho, guizo – objetos de uso diário da sala de aula, recreação e utensílios como toalha, guardanapo, colher, prato, copo, pente, esponja.

Quando verificada a falta de respostas no Programa de SensoPercepção ou na Fase 1 de Linha de Base, dada a baixa ou inexistente interação da criança com os objetos do seu ambiente, obtém-se melhores resultados em situação individual e formal. Deve ser lembrado, no entanto, que à medida que o educador verifica maior interação do aluno com os objetos, deve-se procurar tornar a situação mais livre.

A subdivisão da sessão em blocos de menor duração, distribuídos durante o dia, garante um número de tentativas adequado, com maior variação no programa e sem cansar a criança. Essa experiência tem indicado bons resultados. Horário, local e a própria atitude do educador são fatores importantes para a obtenção de um bom desempenho do aluno.

TIPOS DE MANIPULAÇÃO

A manipulação dos objetos poderá ser de diversas formas:

- pegar, mexer, apertar, embalar, beijar, passar a mão, passar o dedo, tocar com a mão, segurar, sacudir, levar à boca, levantar, empurrar, etc.

AMBIENTE FÍSICO

Este treino tanto pode ser feito na sala de aula, com o A. sentado na sua cadeira e o material colocado à sua frente na mesinha, como em situações informais, desde que não haja interferência de muitos outros estímulos.

PLANEJAMENTO DAS SESSÕES

Frequência: sessões diárias.

Duração: 5 a 10 minutos, cada uma das sessões.

Número de tentativas: 5 solicitações por objeto nas sessões de um dia (3 a 5 objetos por sessão).

LINHA DE BASE

FASE I

SELEÇÃO DE ITENS

O Educador (Ed.) deve utilizar, nesta fase, a maior quantidade de objetos que puder conseguir, sejam familiares ou não familiares ao A.

Nesta fase da Linha de Base, os objetivos são de:

- *observar uma possível manifestação espontânea de comportamento exploratório - identificar objetos em relação aos quais o aluno apresenta preferência.*

AQUECIMENTO

Não há atividades específicas previstas para esta fase.

PROCEDIMENTO

1. Ed. coloca o A. numa posição confortável e de modo que ele alcance objetos espalhados, com a locomoção que tem condições físicas de fazer, por 3 sessões, de 5 a 10 minutos, em dias consecutivos.

Para crianças que são capazes de andar, basta que sejam liberadas de eventuais impedimentos físicos para isso. Outras crianças podem ser colocadas no chão, permitindo-se que engatinhem ou se arrastem. Para crianças com comprometimentos mais sérios, pode ser necessário mantê-las sentadas e utilizar a mesa para a colocação dos objetos.

2. Ed. observa os comportamentos do A. de longe e sem intervir.
3. Ed. registra:

Se A. entra em contato com algum objeto (ou não), qual(is) objeto(s) pega, o que faz com o(s) objeto(s) e o tempo que permanece com cada objeto.

Nesta fase, a manipulação de objetos pode dar dicas interessantes para o educador, sendo importante não retirar os objetos bruscamente.

Caso o A. manipule 3 ou mais objetos, espontaneamente:

- Ed. inicia com A. uma programação para a qual o comportamento exploratório é pré-requisito.

Caso o A. não manipule ou entre em contato com os objetos;

- Ed. passa para a Fase 2.

CONSEQUENCIAÇÃO

O Ed. não apresenta qualquer consequência para os comportamentos do A., reforçando outros comportamentos adequados, intermitentemente.

REGISTRO

O Ed. usa a folha de registro para Linha de Base do programa de Comportamento Exploratório – Fase 1.

FASE 2

SELEÇÃO DE ITENS

Antes de iniciar a sessão, o Ed. seleciona 3 objetos, baseando-se nas observações da Fase 1.

AQUECIMENTO

Não há atividades específicas previstas para esta fase.

PROCEDIMENTO

1. Ed. coloca um dos objetos diante do A.
2. Ed. aguarda até 10 segundos.
3. Ed. registra se o A. pega ou não o objeto.

Se o A. pega o objeto e o manipula dentro dos 10 segundos:

4. Ed. registra a resposta de manipulação.
5. Ed. aguarda alguns segundos.
6. Ed. retira o objeto ou propõe a troca pelo objeto seguinte.
7. Ed. apresenta outro objeto.

Se o A. pega o objeto e não o manipula em 10 segundos ou solta o objeto neste período:

8. Ed. registra a não-resposta de manipulação.
9. Ed. pega o objeto, fala sobre ele, dá modelo de manipulação.
10. Ed. oferece o objeto ao A.

São consideradas respostas incorretas do aluno, jogar o objeto, chutar o objeto, etc., a menos que se trate de crianças com dificuldades motoras severas (ver variações de procedimento).

Se A. não pega o objeto:

11. Ed. repete a solicitação mais 2 vezes.
12. Ed. registra a resposta.
13. Ed. apresenta outro objeto..

- Ed. realiza 3 sessões de Linha de Base, apresentando, em cada uma delas, 3 tentativas.

As sessões de Linha de Base costumam ser realizadas em dias diferentes. Caso a criança permaneça na escola o dia todo, pode-se realizar duas sessões no mesmo dia.

Caso o A. atinja o critério, Ed. sugere que outros programas, dos quais o contato com objetos é prérequisito sejam incluídos na rotina de atividades do A.

Caso o A. não atinja o critério:

- Ed. inicia treino do A. conforme programa.

O critério sugerido é de oito acertos em três sessões, no total das nove tentativas em Linha de Base, sem ajuda do educador para pegar ou manipular o objeto.

Para alunos com defasagem severa de desenvolvimento e com um repertório muito limitado, nossa experiência indica ser adequado reforçar respostas corretas, socialmente, nas sessões de Linha de Base.

Em anexo encontra-se um modelo desta folha.

Neste programa devem ser registradas observações complementares sobre a atuação do aluno na situação, tais como tipo de ajuda que precisou para iniciar a manipulação, tipos de manipulações que fez, etc.

A sessão de treino pode ser subdividida em sessões de menor duração. Pode-se apresentar o mesmo objeto por cinco vezes consecutivas e, após um intervalo, procede-se à apresentação de outro objeto do mesmo modo ou ainda alternar os objetos dentro de um mesmo período.

CONSEQUENCIAÇÃO

De um modo geral, respostas corretas não são reforçadas em sessões de Linha de Base, reforçando-se outras respostas.

REGISTRO

Resposta correta	S+
Resposta incorreta	S-
Não-resposta/Recusa	S^0

O Ed. pode usar a folha de registro para treinos com vários itens.

TREINO

SELEÇÃO DE ITENS

O Ed. seleciona de 3 a 5 objetos para cada sessão de treino.

AQUECIMENTO

O Ed. apresenta os objetos ao A., aponta para eles, enquanto os pega, brinca com os mesmos e comenta suas características.

Utiliza-se, em geral, o reforçamento social. A chance de o aluno manipular o objeto por algum tempo e/ou em alguns casos, comestíveis, são outras formas de reforçamento.

São consideradas respostas incorretas do aluno, jogar o objeto, chutar o objeto, etc, a menos que se trate de crianças com dificuldades motoras sérias (ver variações de Procedimento).

PROCEDIMENTO

1. Ed. coloca um objeto na frente do A.
2. Ed. manipula o objeto de diferentes modos, comenta suas características.
3. Ed. solicita ao A. que faça manipulações diversas.

Para os 3 primeiros objetos Se o A. manipula o objeto:

4. Ed. reforça a resposta.
5. Ed. registra a resposta na folha.
6. Ed. apresenta nova tentativa.

Se o A. responde incorretamente:

7. Ed. registra a resposta na folha.
8. Ed. apresenta nova tentativa, introduzindo procedimento de ajuda.

Caso o A. recusa ou não pega o objeto:

9. Ed. registra a recusa na folha.
10. Ed. apresenta nova tentativa, introduzindo procedimento de ajuda.

Caso o A. não responda ou recuse 1 ou 2 objetos em 3 oportunidades consecutivas:

- Ed. substitui esses objetos na próxima sessão.

Caso o A. não responda ou recuse todos os objetos após ajudas dadas em 3 oportunidades consecutivas:

- Ed. suspende a sessão e apresenta 3 outros objetos na próxima sessão

Três sessões suspensas em virtude de não-resposta ou recusa do aluno implicam em discussão do assunto pela equipe.

O critério sugerido para este programa é de 80% de acertos em três sessões consecutivas.

Quando o A. atingir o critério para um dos objetos:

- Ed. seleciona outro a ser apresentado ao A.

Quando A. atingir o critério para 3 objetos:

- Ed. seleciona mais 2 objetos a serem apresentados ao A.

Quando o A. atingir o critério para 5 objetos:

- Ed. sugere a inclusão de outros programas, em que comportamento exploratório é pré-requisito na rotina de atividades do A.

Caso A. não atinja o critério para nenhum dos 3 itens:

- Ed. seleciona outros itens.

Caso A. não atinja o critério para nenhum de 5 itens apresentados:

- Ed. discute com a equipe a continuidade do programa.

CONSEQUENCIAÇÃO

Respostas corretas são seguidas de elogio e, caso desejável, de reforço tangível.

Respostas incorretas são seguidas por um "não" e nova tentativa, com procedimento de ajuda selecionado, utilizando o mesmo objeto ou um outro.

Recusas são seguidas pela apresentação de nova tentativa, com procedimento de ajuda selecionado.

REGISTRO

Nível de Ajuda	Resposta Correta	Resposta Incorreta	Recusa Ñ-Resposta
Sem ajuda	S+	S-	S^0
Ajuda física total	T+	T-	T^0
Ajuda física parcial	P+	P-	P^0
Dica física	D+	D-	D^0
Dica verbal	V+	V-	V^0

O Ed. pode usar a folha de registro para treinos com vários itens.

Em anexo encontra-se um modelo desta folha.

MANUTENÇÃO E GENERALIZAÇÃO

1. Introduzir outros programas em que o contato com objetos é pré-requisito na rotina de atividade do A.
2. Oferecer objetos ao A., em situações livres e incentivá-lo à manipulação, já concomitante ao treino.
3. Orientar outras pessoas da instituição para que também possam criar mais oportunidades de contato do A. com objetos, em situações informais.
4. Comunicar aos pais sobre o andamento e/ou a conclusão do treino e orientá-los para que o comportamento seja solicitado e favorecido em casa.

Com crianças portadoras de problemas motores, sem preensão manual, impedidas de manipular objetos e brinquedos, o próprio Comportamento-alvo precisa ser alterado, embora o objetivo do programa, de desenvolvimento de habilidades de exploração do meio, seja mantido.

Uma forma de favorecer a ocorrência das respostas é fazer adaptações de equipamento e material que se adéquem às limitações de cada aluno.

VARIAÇÕES DE PROCEDIMENTO

Alunos com prejuízo motor severo

COMPORTAMENTO-ALVO

Ao final deste programa, o A. deve ser capaz de contatar diferentes objetos colocados ao seu alcance de diferentes modos, por um período de pelo menos 5 segundos.

TIPOS DE CONTATO POSSÍVEIS

Tocar	Beijar	Esfregar o rosto
Bater com a mão	Derrubar	Etc.
Empurrar	Levar à boca	

MATERIAL

- Varalzinho: em que se penduram móbiles coloridos, chocalhos, carrinhos, papéis, etc.
- Saquinhos: contendo materiais diversos, para que a criança introduza a mão e manipule.
- Bichinhos: ou outros objetos pequenos, colocados com fita crepe na mão da criança, para que ela leve à boca, beije, esfregue no rosto.

FOLHA DE REGISTRO PARA LINHA DE BASE DO PROGRAMA: COMPORTAMENTO EXPLORATÓRIO

PERÍODO: Setembro/2016

ALUNO: Melina

CLASSE: A EDUCADOR: Odete

	DATA HORA	OBJETOS OFERECIDOS	OBJETOS MANIPULADOS	O QUE A FEZ COM OS OBJETOS (MANIPULAÇÃO)	TEMPO QUE PERMANECEU C/ OBJETOS	OBSERVAÇÕES
SESSÃO 1	6/9 9:00	bola chocalho colher guardanapo carrinho	chocalho colher	colocou na boca bateu na mesa umas 5 vezes	1 minuto 10 segundos	A maior parte do tempo permaneceu se balanceando.
SESSÃO 2	6/9 11:00	chocalho colher pianinho boneca esponja	chocalho esponja pianinho	colocou na boca colocou na boca bateu 4 dedos da mão direita sobre o teclado por 2 vezes	15 seg. 30 seg. 5 seg.	Ficou se balanceando a maior parte do tempo; emitiu vários sons.
SESSÃO 3	7/9 9:00	bola de espuma guizo pente cachorro de borracha carrinho	cachorro de borracha bola de espuma carrinho	colocou na boca segurou com as duas mãos colocou a mão sobre o carrinho	10 seg. 1m 30 seg. 5 seg.	equanto se balanceava Emitiu sons.

CONCLUSÕES: Iniciar o treino. (Atenção para lidar com as estereotipias).

FOLHA DE REGISTRO PARA: ☒ **LINHA DE BASE DO PROGRAMA** Comportamento Exploratório - Fase 2
☐ **REVISÃO SEMANAL**

PERÍODO: Setembro/2016

ALUNO: Eva

CLASSE: C EDUCADOR: Roberto

DATA HORA	ITENS DE TESTE	TENTATIVAS 1	2	3	% ACERTOS	OBSERVAÇÕES
5/9	bola de espuma	S^{o}	S^{o}	S^{o}	0	
5/9	chocalho	S^{o}	S^{o}	S+	33	
5/9	carrinho	S^{o}	S+	S^{o}	33	
6/9	bola de espuma	S+	S^{o}	S^{o}	33	
6/9	chocalho	S-	S^{o}	S+	33	atirou chocalho no chão (S-)
6/9	carrinho	S^{o}	S^{o}	S^{o}	0	
7/9	bola de espuma	S^{o}	S^{o}	S+	33	
7/9	chocalho	S^{o}	S+	S^{o}	33	
7/9	carrinho	S+	S^{o}	S^{o}	33	
% TOTAL DE ACERTOS					25	

CÓDIGOS USADOS: S: sem ajuda
+: resposta correta
-: resposta incorreta
o: recusa

CONCLUSÕES: Iniciar o treino.

FOLHA DE REGISTRO PARA TREINO DO PROGRAMA: Comportamento Exploratório

(TREINO SIMULTÂNEO DE VÁRIOS ITENS)

PERÍODO: Setembro/2016

PROCEDIMENTO DE AJUDA: ☐ PR-I ☒ PR-5

ALUNO: Margarete

CLASSE: D EDUCADOR: Dino

SESSÃO	DATA	HORA	ITEM EM TREINO	TENTATIVAS																				% ACERTOS	OBSERVAÇÕES
				1	2	3	4	5	6	7	8	9	10	11	12	13	14	15	16	17	18	19	20		
/	3/9	15:00	boneca			P+	P-				P+			P-			P+		—	—	—	—	—	60	
8	3/9	15:00	bola de espuma	T+				T+		T+					T+	T+			—	—	—	—	—	100	
/	3/9	15:00	pianinho		V°				V+			V+	V+					V+	—	—	—	—	—	80	

OBS: o ED deve sinalizar mudança de sessão, reforçando linha tracejada

CÓDIGOS USADOS: T: ajuda física total +: resposta correta
P: ajuda física parcial –: resposta incorreta
V: dica verbal O: recusa

Programa 4

Procura de objetos

HABILIDADES BÁSICAS

Durante os dois primeiros anos de vida, a criança com desenvolvimento normal "descobre" que os objetos de seu mundo mantêm uma existência permanente, isto é, existem mesmo quando ela não os vê, não os toca, não os ouve, não sente seus cheiros, nem seus gostos. Diz-se que a criança tem o conceito de objeto permanente (conceito desenvolvido por Piaget), quando ela começa a procurar por um objeto que foi coberto por um anteparo ou que foi levado embora.

A noção de permanência de objetos é considerada fundamental no desenvolvimento cognitivo: se a criança não perceber que os objetos no ambiente são separados dela, não será possível o desenvolvimento de outros conceitos, tais como os de espaço, tempo e causalidade.

A noção de permanência de objetos se desenvolve gradualmente. Uma criança muito pequena não procurará por um objeto, mesmo quando ele é escondido enquanto ela está observando: "Fora da vista, fora do pensamento.". Durante seu desenvolvimento, ela inicia algumas tentativas de reconquistar o contato com objetos que desaparecem de seu campo visual. É só mais adiante que a criança passa regularmente a procurar objetos que ela acabou de ver serem escondidos. Mas ainda não é capaz de inferir movimentos do objeto, após seu desaparecimento do campo visual. Se este for levado dentro da mão para algum esconderijo e aí depositado, a criança irá procurá-lo no lugar em que o viu pela última vez, isto é, na mão da pessoa que o escondeu. Só depois desta fase, irá finalmente buscá-lo em seu esconderijo.

Crianças mais velhas, com atraso de desenvolvimento, podem não apresentar os comportamentos indicativos de existência do conceito de objeto independente e permanente. Perdem o interesse e não procuram reconquistar objetos quando estes são retirados ou caem no chão. Seu mundo restringe-se ao que percebem e, nesse sentido, sua aprendizagem limita-se ao que podem perceber diretamente através de seus sentidos, enquanto percebem. Contudo, demonstram desenvolver esse conceito, seguindo aproximadamente as mesmas fases que no desenvolvimento normal, quando o educador se propõe a ensiná-las.

Portanto, o Programa de Procura de Objetos pretende propiciar o desenvolvimento do conceito de permanência e, com isso, contribuir para o desenvolvimento de outras habilidades cognitivas a ele relacionadas.

"Cadê a mamãe? Achou!" Essa brincadeira tão gostosa e comum que as mães fazem com seus bebês é de grande importância para a aquisição do conceito de permanência de objetos, ou seja, para que a criança aprenda que, mesmo quando ela não vê uma pessoa, um objeto, este continua a existir. Assim, Alice tira o lenço com que mamãe cobriu o rosto e dá risada. Mamãe continua no mesmo lugar.

A professora pega o carrinho e mostra para Edi, dizendo: "Olha Edi, vou esconder o carrinho aqui", colocando um anteparo por cima dele. Uma das rodas ainda aparece. Edi empurra o anteparo para o lado e, sorrindo, levanta o carro nas suas mãos. Ele continuou no mesmo lugar; não tinha desaparecido.

Brincar de esconde-esconde ou de esconder e achar objetos é uma das atividades preferidas pelas crianças pequenas e mesmo, grandes. Odila olha interessada quando a professora esconde a bola, atrás de uma almofada, mas, quando perguntada: "Onde está a bola?", olha à sua volta e não procura a bola, no lugar em que desapareceu.

INFORMAÇÕES INICIAIS

COMPORTAMENTO-ALVO

Ao terminar este treino, o Aluno (A.) deve ser capaz de remover um anteparo que encobre um determinado objeto e pegar o mesmo, sempre que a posição do objeto e a colocação do anteparo tenha sido observada pelo A., dentro de um período de até 10 segundos após a colocação do anteparo.

PRÉ-REQUISITOS

Para que esse treino seja incluído na programação do A. é necessário que ele mantenha contato e seguimento visual com objetos e que tenha comportamento exploratório. É imprescindível também que o A. não tenha impedimentos motores nos membros superiores.

AMBIENTE FÍSICO

Com as crianças menos dispersivas e mais ativas, este programa pode ser feito em situação informal, ou seja, numa situação natural, em forma de brincadeira.

Este treino pode também ser realizado em situação formal, com o A. sentado na cadeira e o objeto colocado em uma mesa à sua frente.

Quando a criança tem prejuízo motor severo, este treino pode ser realizado com o aluno em cadeira ou prancha especial ou no chão, sobre uma esteira.

MATERIAL

- Brinquedos que fazem parte do dia a dia do A.
- Objetos de uso diário da sala de aula, recreação ou cozinha.
- Anteparo (de tamanho suficiente para encobrir cada objeto): cartolina, madeira, pano, tecido transparente ou placa de acrílico transparente.

A escolha dos objetos deve ser feita, levando-se em conta as preferências do aluno, de modo a aumentar a chance de que ele se interesse por buscar o objeto. Além disso, quanto mais conhecido o objeto, mais provável é que o aluno o procure.

Podem ser usados diferentes objetos nas sessões de Linha de Base, alternados.

Com isto pode-se também observar o interesse do aluno pelo objeto escolhido naquele momento. Se o aluno não se interessar pelo objeto, este poderá ser substituído por outro.

- Folha de registro.
- Reforçadores (se for caso).

PLANEJAMENTO DAS SESSÕES

Frequência: diária, eventualmente 2 ou mais vezes.
Duração: aproximadamente 5 a 10 minutos.
Número de tentativas: 10 tentativas.

LINHA DE BASE

SELEÇÃO DE ITENS

O Educador (Ed.) seleciona objetos que serão usados, antes da sessão, de preferência familiares e do interesse do A.

AQUECIMENTO

Pode-se permitir ao A. que manipule, brevemente, o objeto a ser usado, como forma de aquecimento.

PROCEDIMENTO

1. Ed. senta-se diante do A.
2. Ed. pega o objeto que será escondido.
3. Ed. mostra o objeto ao A.
4. Ed. diz: "Fulano, veja o (a)...; vou esconder esse(a)...aqui."

Quando o A estabelecer contato visual com o objeto:

5. Ed. coloca o anteparo em frente ou por cima do objeto.
6. Ed. pede: "Fulano, pegue o (a)..."

7. Ed. aguarda até 10 segundos.
8. Ed. registra a resposta.
9. Ed. realiza 3 sessões de Linha de Base, apresentando, em cada uma delas, 3 tentativas.

Para que a resposta seja considerada correta, deve ser iniciada dentro de um período de dez segundos, após a ordem. No entanto, se deve lembrar que a resposta correta no caso é "pegar o objeto", podendo portanto ocorrer mesmo antes da ordem do educador. Resposta incorreta é aquela na qual a criança manipula o anteparo ou faz outra atividade.

Caso o A. atinja o critério:

- São propostos programas em que o comportamento de buscar objetos escondidos é pré-requisito, passando-se a Manutenção e Generalização da resposta.

Caso o A. não atinja o critério:

- Ed. propõe inclusão do programa na rotina de atividades do A.

O critério sugerido é de oito acertos no total das nove tentativas em Linha de Base.

CONSEQUENCIAÇÃO

De um modo geral, respostas corretas não são reforçadas em sessões de Linha de Base, reforçando-se outras respostas adequadas dos alunos, intermitentemente.

REGISTRO

Resposta correta	S+
Resposta incorreta	S-
Recusa / Não-resposta	S^0

O Ed. deve usar a folha de registro para Linha de Base.

Em anexo encontra-se um modelo desta folha. O educador deve anotar nesta folha, no espaço reservado às observações, quais foram os objetos utilizados e se o aluno demonstrou preferência por algum deles.

Objetos diferentes podem ser usados na mesma sessão. Com isto, pode-se também observar o interesse do aluno pelo objeto escolhido naquele momento. Se o aluno não se interessar pelo objeto, este poderá ser substituído por outro.

Uma vez que a resposta correta é "pegar o objeto", pode ocorrer mesmo antes da ordem do educador.

TREINO

SELEÇÃO DE ITENS

O Ed. seleciona, antes da sessão, os objetos que serão utilizados.

AQUECIMENTO

A manipulação do objeto a ser escondido pode ser usada como atividade de aquecimento.

PROCEDIMENTO

1. Ed. senta-se diante do A.
2. Ed. pega um dos objetos.
3. Ed. mostra o objeto ao A.
4. Ed. diz: "Fulano, veja o (a)..."
5. Ed. coloca o objeto sobre a mesa.

Quando o A. estabelecer contato visual com o objeto:

6. Ed. diz: "Vou esconder o (a)... aqui."
7. Ed. coloca o anteparo entre o A. e o objeto (ou sobre o objeto).
8. Ed. diz: "Fulano, pegue o (a)..."
9. Ed. aguarda até 10 segundos.

Se o A. responde corretamente:

10. Ed. reforça a resposta.
11. Ed. registra a resposta na folha.
12. Ed. apresenta nova tentativa ao A.

A manipulação do anteparo ou a realização de outra ação, que não a de pegar o objeto, são consideradas respostas incorretas. Caso o aluno retire o anteparo, mas não manipule o objeto que estava escondido, deve-se verificar se a resposta de procura realmente foi estabelecida ou se o que foi estabelecido, foi uma resposta de retirada de anteparos. Veja no final do programa alguns procedimentos de ajuda.

Neste programa, o critério estabelecido é de 80% de acertos em três sessões consecutivas.

Eventualmente podem não estar presentes, no repertório do aluno, os pré-requisitos necessários. Os objetos e situações escolhidas podem não favorecer a procura pelo aluno, devendo ser substituídos.

A consequência para respostas corretas deveria ser sempre o acesso ao próprio objeto usado. Se não houver brinquedos que sejam reforçadores para a criança ou com baixo valor reforçador, usar alguma variação no procedimento, que implique no uso concomitante de outros reforçadores. Poderá ser importante não permitir ao aluno a manipulação dos objetos usados no treino durante outras horas do dia, para aumentar a probabilidade de que o objeto seja reforçador.

Se o A. responde incorretamente:

13. Ed. registra a resposta na folha;
14. Ed. utiliza procedimento de ajuda, na tentativa seguinte.

Se o A. não responde:

15. Ed. registra a recusa na folha.
16. Ed. utiliza procedimento de ajuda na tentativa seguinte.

Quando o A. atingir o critério:

• Ed. inicia Manutenção e Generalização do comportamento.

Caso o A. não atinja o critério e não se verifiquem mudanças nas suas respostas:

• Ed. discute a continuidade do programa com a equipe.

CONSEQUENCIAÇÃO

Respostas corretas são seguidas de manipulação do objeto, o que constitui o reforço planejado, bem como, eventualmente, do uso de outros reforçadores, pelo menos no início do programa.

Respostas incorretas: caso o A. responda incorretamente, Ed. diz "não" e apresenta nova ordem verbal, usando procedimento de ajuda.

Em anexo encontra-se um modelo desta folha.

As sugestões de ajuda apresentadas são formas de dicas físicas. Em alguns casos pode ser necessário dar ajuda física, no sentido de direcionar fisicamente o movimento do aluno. Dicas verbais podem ser dadas na forma de repetição da ordem, encorajamento para pegar o objeto, ou dizendo que o objeto está atrás, embaixo do anteparo.

Recusas: se o A. não responde dentro do intervalo de 10 segundos, o Ed. apresenta nova ordem verbal, usando procedimento de ajuda.

REGISTRO

Nível de Ajuda	Resposta Correta	Resposta Incorreta	Recusa Ñ-Resposta
Sem ajuda	S+	S-	S^0
Ajuda física total	T+	T-	T^0
Ajuda física parcial	P+	P-	P^0
Dica física	D+	D-	D^0
Dica verbal	V+	V-	V^0

O Ed. pode usar a folha de registro para treinos com um item.

MANUTENÇÃO E GENERALIZAÇÃO

1. Fazer com a criança, brincadeiras de esconder objetos e pessoas, em situações lúdicas, recreativas.
2. Incluir a busca de objetos guardados como parte inicial de atividades rotineiras.
3. Informar aos pais sobre o comportamento aprendido e estimular seu uso em casa, através de brincadeiras.

ALGUNS PROCEDIMENTOS DE AJUDA

- Inicialmente colocar um anteparo transparente, substituindo-o depois por outros.

- Colocação de reforçadores, em especial comestíveis, debaixo do objeto ou junto dele, atrás do anteparo.
- Utilização de objetos sonoros, com maior chance de atrair a atenção do A.. O Ed. pode produzir ruído, enquanto o objeto está escondido, como uma forma de ajuda.
- Inicialmente, pode-se esconder apenas parcialmente o objeto e aumentar gradualmente a parte escondida, conforme o A. realize o comportamento sem ajuda. A passagem de um nível para outro pode ocorrer quando o A. apresentar 80% de acertos, sem ajuda.
- Outra forma de ajuda, na fase inicial de treino é colocar o anteparo ou lenço sobre o objeto quando o A. já tiver iniciado o movimento em direção a este.

VARIAÇÕES NO PROCEDIMENTO

1. O local de esconderijo pode sofrer variações do tipo:
   - ser um de vários esconderijos possíveis e diferentes entre si, que permanecem no mesmo lugar;
   - ser um de vários possíveis e diferentes entre si e que são mudados de posição na frente da criança após esconder o objeto.
2. O Ed. pode levar um objeto em sua mão, fechada, a diferentes esconderijos e depositá-los em um deles. O A., observando o percurso do Ed., procura então o objeto nestes locais.
3. O Ed. pode transportar o objeto alternadamente de um local para outro por trás de um anteparo. A resposta positiva do A. será verificada pela observação do seu olhar, antecipando o local onde o objeto deverá aparecer.
4. Brincar de esconde-esconde.

FOLHA DE REGISTRO PARA ☒ **LINHA DE BASE DO PROGRAMA** Procura de Objetos
☐ **REVISÃO SEMANAL**

PERÍODO: Setembro/2016

ALUNO: Vera

CLASSE: E **EDUCADOR:** Silvia

DATA HORA	ITENS DE TESTE	TENTATIVAS 1	2	3	% ACERTOS	OBSERVAÇÕES
5/9 (M)	trenzinho	S-	So	S+	33	criança dócil, mas passiva na situação
5/9 (T)	bola	So	So	So	0	pedir avaliação do fisioterapeuta
6/9	boneca de pano	S+	S-	So	33	
% TOTAL DE ACERTOS					22	

CÓDIGOS USADOS: S: sem ajuda
+: resposta correta
-: resposta incorreta
o: recusa

CONCLUSÕES: Iniciar o treino.

FOLHA DE REGISTRO PARA TREINO DO PROGRAMA: Procura de Objetos

(TREINO COM UM ITEM POR VEZ)

PERÍODO: Setembro/2016

PROCEDIMENTO DE AJUDA: ☒ PR-I ☐ PR-5

ALUNO: Vivian

CLASSE: E EDUCADOR: Silvia

SESSÃO	DATA	HORA	ITEM EM TREINO	1	2	3	4	5	6	7	8	9	10	11	12	13	14	15	16	17	18	19	20	% ACERTOS	OBSERVAÇÕES
1	7/9	10:00	A - B - C	D+	V-	D+	V+	S-	V+	S+	S+	S+	S+											80	Variou-se os objetos nas
2	8/9	9:00	B - D - E	S-	V-	D+	V-	D+	V+	S-	V+	S+	S+											60	sessões
																									1 - Vivi mostrou-se alegre
																									nessa sessão; reforçamento
																									social
																									2 - Vivi respondeu
																									especialmente bem com a
																									caixinha de música que era
																									tocada quando ela pegava

CÓDIGOS USADOS:

A: carrinho — S: sem ajuda
B: bola sonora — V: dica verbal
C: cachorro de plástico — D: dica física
D: boneca — +: resposta correta
E: caixinha de música — -: resposta incorreta

Programa 5

Imitação motora

É observando e reproduzindo o que observam, que as crianças aprendem grande parte dos comportamentos que as ajudam a adaptar-se no seu meio ambiente. Imitando seus pais, irmãos e amiguinhos, a criança desenvolve habilidades motoras, sociais, cognitivas e afetivas e amplia seu repertório, sem que cada nova aprendizagem exija um treino específico. A aquisição de comportamentos de autocuidado, como vestir ou despir roupas, usar objetos e brinquedos de modo funcional, demonstrar sentimentos através de expressões faciais, é facilitada quando a criança sabe usar o comportamento de outra pessoa como um modelo para si. A capacidade de imitar é ainda fundamental para o desenvolvimento da linguagem verbal ou gestual.

As crianças normais geralmente começam a imitar numa idade bastante precoce. Já aos oito meses podemos ver crianças batendo palminhas, dando beijinhos, eventualmente, até fazendo "tchau". Mais tarde, observando a mãe passando batom nos lábios, elas tentam imitar este comportamento, como também imitam o papai fazendo a barba, os irmãos maiores brincando com o carro...

Crianças com defasagem ou distúrbio de desenvolvimento, frequentemente não imitam, mesmo quando já alcançaram a idade escolar. Com isso, seu desenvolvimento em todas as áreas é prejudicado, em especial se considerarmos a dificuldade dessas crianças para adquirir novos comportamentos, através de instruções verbais. A capacidade de apresentar um comportamento semelhante — na aparência e/ou na função — ao de outra pessoa (modelo), depois de observá-lo, é, portanto, uma das habilidades primordiais no repertório básico de uma criança.

A velocidade com que crianças com problema aprendem a imitar difere bastante. Para algumas, o comportamento de imitação de uma forma generalizada pode se instalar rapidamente através de algumas atividades programadas. Para outras, pode ser necessário um tempo muito maior e um treino de uma grande quantidade de respostas imitativas específicas, antes de se obter sucesso.

Pode acontecer também que respostas imitativas façam parte do repertório de uma criança com distúrbios de desenvolvimento, ocorrendo, porém de maneira fortuita, e não adaptativa ou funcional.

As pesquisas e a experiência têm mostrado que devemos começar ensinando primeiro comportamentos simples, para depois, gradualmente apresentarmos modelos mais complexos. Assim, também no Programa de Imitação Motora, deve-se partir de comportamentos motores amplos a movimentos mais finos, avançando para imitação oral de vocalizações, sílabas, palavras. Atividades, tais como uso funcional de brinquedos e dramatização, também podem ser ensinadas através de modelos.

O Programa de Imitação busca desenvolver, portanto, uma habilidade que se constitui, por si só, num poderoso recurso de ensino, presente em muitos outros programas do Currículo de Habilidades Básicas e requisito indispensável para que nossas crianças cheguem a "aprender a aprender".

HABILIDADES BÁSICAS

IMITAÇÃO MOTORA

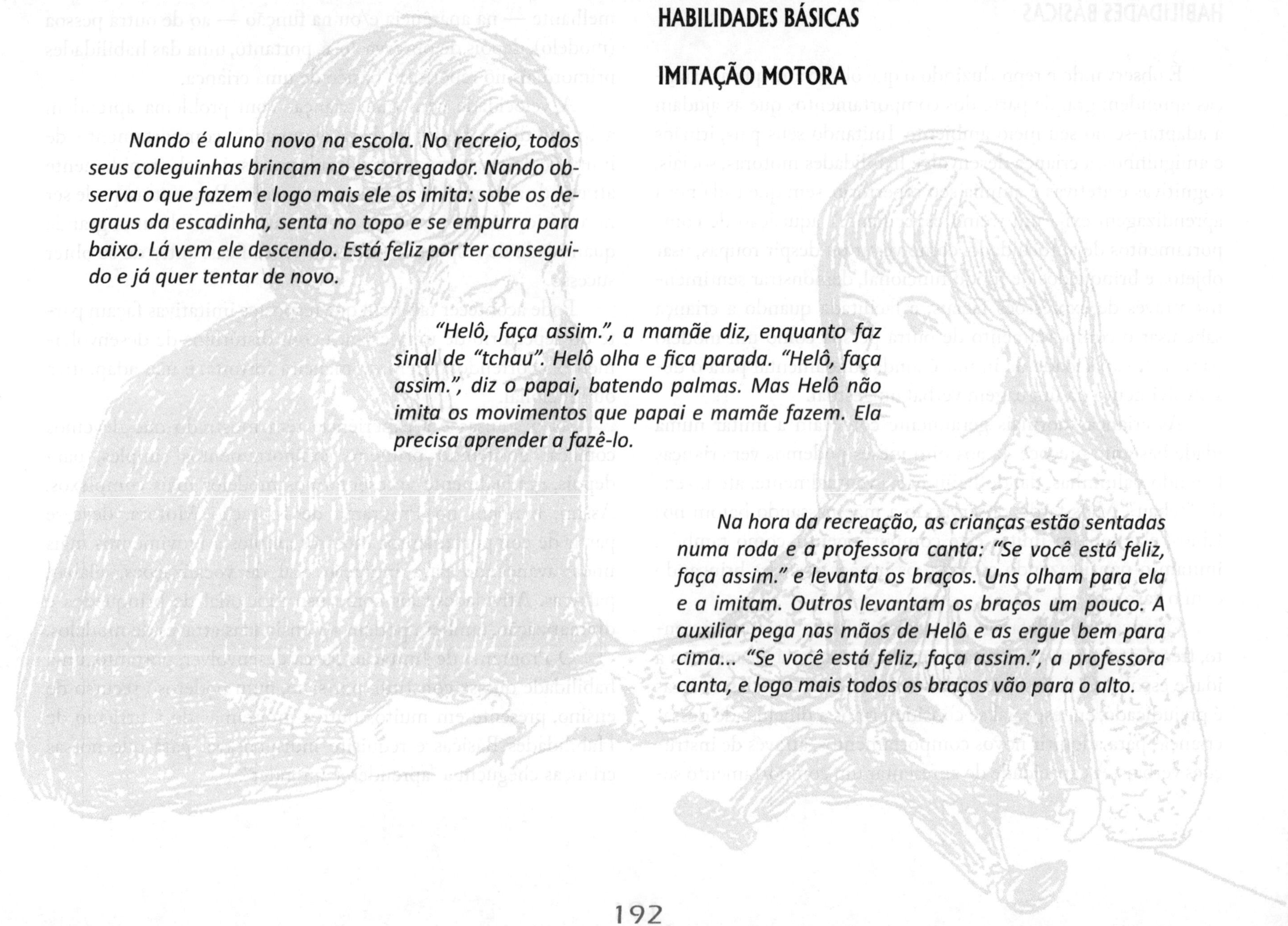

Nando é aluno novo na escola. No recreio, todos seus coleguinhas brincam no escorregador. Nando observa o que fazem e logo mais ele os imita: sobe os degraus da escadinha, senta no topo e se empurra para baixo. Lá vem ele descendo. Está feliz por ter conseguido e já quer tentar de novo.

"Helô, faça assim.", a mamãe diz, enquanto faz sinal de "tchau". Helô olha e fica parada. "Helô, faça assim.", diz o papai, batendo palmas. Mas Helô não imita os movimentos que papai e mamãe fazem. Ela precisa aprender a fazê-lo.

Na hora da recreação, as crianças estão sentadas numa roda e a professora canta: "Se você está feliz, faça assim." e levanta os braços. Uns olham para ela e a imitam. Outros levantam os braços um pouco. A auxiliar pega nas mãos de Helô e as ergue bem para cima... "Se você está feliz, faça assim.", a professora canta, e logo mais todos os braços vão para o alto.

INFORMAÇÕES INICIAIS

COMPORTAMENTO-ALVO

Ao terminar o treino, o Aluno (A.) deve ser capaz de *reproduzir comportamentos observados da forma mais parecida possível ao modelo apresentado*, dentro de um período de até 10 segundos, sempre que for solicitado.

O limite de tempo é uma condição importante para caracterizar o comportamento como imitação. Em indivíduos que resistem ao treino ou voluntariosos, pode ocorrer com certa frequência, que realizem o comportamento, decorrido um período maior ou quando não é solicitado.

PRÉ-REQUISITOS

Para iniciar o Programa de Imitação Motora é indispensável que o A. seja capaz de manter contato visual. É também indispensável que A. tenha capacidade física para realizar os comportamentos a serem treinados.

É possível realizar o programa, mesmo com alunos que apresentam limitação física acentuada, desde que sejam selecionadas respostas compatíveis com sua capacidade. Nossa experiência indica a conveniência da participação da equipe nas decisões sobre os itens a serem escolhidos.

Outra maneira de favorecer o treino de habilidades motoras seria posicionar o aluno para garantir melhor desempenho, respeitando seu desenvolvimento motor. Também se pode usar adaptações de ordem material (equipamentos como: prancha, "stand", aparelho de lona) que favoreçam suas habilidades motoras.

Algumas crianças não respondem bem a treinos formais de imitação motora. Nestes casos, procura-se introduzir a imitação diretamente em situações funcionais: por exemplo, imitar o modelo de "esfregar as mãos" em situação de AVD's ou através de canções com gestos a imitar. Para outras crianças a imitação parece ser facilitada em situação de grupo.

O número de tentativas a ser escolhido, por sessão, depende do repertório do aluno e de sua capacidade de manter atenção. Determinado antes de iniciar-se o programa, pode e deve ser mudado de acordo com o desempenho do aluno.

AMBIENTE FÍSICO

O treino é feito na sala de aula, ficando o A. sentado ou em pé, conforme os comportamentos a serem selecionados.

Outras sugestões podem ser encontradas em Variações de Procedimento.

MATERIAL

- Folha de registro.
- Reforçadores.
- Materiais diversos como caixas, cubos, chocalhos, carrinho, livro, campainha, de acordo com os itens selecionados.
- Lista de itens de treino.

PLANEJAMENTO DAS SESSÕES

Frequência: devem ser realizadas 2 ou 3 sessões diárias de treino.

Duração: sessões de aproximadamente 10 minutos cada.

Número de tentativas: 10 a 20 por sessão.

LINHA DE BASE

SELEÇÃO DE ITENS

O Educador (*Ed.*) seleciona 15 itens da lista de comportamentos de treino, iniciando a Linha de Base com 5 deles e incluindo novos itens, gradativamente.

Em anexo encontra-se uma lista com sugestões de itens de treino, incluindo comportamentos fáceis para crianças com comprometimento motor severo.

Dados de anamnese e observação do aluno costumam indicar que comportamentos teriam mais chance de serem imitados.

AQUECIMENTO

Não há atividades específicas previstas.

PROCEDIMENTO

1. Ed. coloca-se em frente do A.
2. Ed. chama o A. pelo nome.

Quando o A. estabelecer contato visual

3. Ed. diz: "Fulano, faça assim..."
4. Ed. apresenta o modelo do comportamento a ser imitado.
5. Ed. aguarda até 10 segundos.
6. Ed. registra a resposta.
7. Ed. apresenta os 5 itens iniciais escolhidos, 3 vezes cada um.

Uma resposta é considerada correta se emitida dentro do período de dez segundos após a apresentação do modelo. As três tentativas correspondentes a um mesmo item podem ser apresentadas em sequência, ou alternadas com os outros itens em teste. Para crianças com repertório menos desenvolvido, a reapresentação consecutiva do mesmo item pode se constituir numa tarefa mais fácil; a apresentação aleatória, no entanto, pode evidenciar melhor o real repertório do aluno.

O critério sugerido é de três acertos para cada item, admitindo-se um erro para cada nove tentativas, independentemente do item testado.

Em alguns casos, o aluno imita algumas respostas adequadamente, embora não chegue a atingir o critério. Se o educador suspeita que o aluno poderia ter mais sucesso com outros itens de treino, procura-se testar alguns itens adicionais, antes de se decidir pela existência ou não da resposta de imitação motora em seu repertório. Com alguma prática, o educador passa a decidir com segurança sobre a necessidade ou não de testar novos itens. Os itens não testados passarão por uma sondagem antes de serem incluídos para treino.

Para alunos com defasagem severa de desenvolvimento e com um repertório muito limitado, é recomendável reforçar respostas corretas socialmente, nas sessões de Linha de Base.

Quando o A. atinge o critério para os 3 itens testados:
- Ed. testa 3 novos itens da lista.
- Ed. procede do mesmo modo com os novos itens.

Caso o A. atinja o critério para 9 ou mais itens apresentados:
- O Programa de Imitação Motora não deve ser incluído na rotina de atividades do A. O Ed. pode sugerir a inclusão de outros programas, dos quais este é pré-requisito, nessa rotina. Caso o A. não atinja o critério para 3 ou mais itens testados.
- Ed. inclui o Programa da Imitação Motora na rotina de atividades do A., sem precisar testar todos os itens da lista em Linha de Base.

CONSEQUENCIAÇÃO

De um modo geral, respostas corretas não são reforçadas em sessões de Linha de Base, reforçando-se outras respostas adequadas do *A.*, intermitentemente.

REGISTRO

Resposta correta	S+
Resposta incorreta	S-
Recusa / Não-resposta	S^0

Em anexo encontra-se um modelo desta folha.

O Ed. deve usar a folha de registro para Linha de Base.

TREINO

Discute-se muito na literatura sobre o procedimento mais eficaz no treino de Imitação Motora: a apresentação de um comportamento por vez ou a apresentação de dois ou mais comportamentos, sequencialmente, numa mesma sessão de treino. Alguns trabalhos mostram que a apresentação simultânea de dois comportamentos de imitação facilita ao aluno discriminar o critério topográfico para produzir reforçamento. A prática tem indicado melhores resultados com a apresentação de dois ou três comportamentos, em especial se forem topograficamente bem diferenciados.

SELEÇÃO DE ITENS

O Ed. seleciona 2 itens para treino. A escolha dos itens é feita, considerando-se as características específicas de cada A. Critérios de escolha dos itens:

- Movimentos que já existem no repertório do A.
- Movimentos funcionais na vida do A.
- Movimentos fáceis do A. realizar.
- Movimentos possíveis do A. realizar e de se tornarem funcionais.

Em geral, são selecionados inicialmente, itens com maior número de acertos na Linha de Base, dentre os testados. (Ver sugestões de itens de treino ao final do programa).

Quando se está instalando o comportamento imitativo, o importante é que o aluno imite o comportamento o mais semelhante possível ao do modelo (fique sob o controle do modelo). Devem ser escolhidas respostas fáceis para aquele aluno, com alta probabilidade de emissão. Com deficientes profundos, entretanto, muitas vezes o repertório de comportamentos é tão limitado, que aumenta a importância de que os movimentos escolhidos sejam funcionais em si ou um elo para um futuro comportamento funcional. Movimentos que envolvam objetos têm se mostrado mais fáceis de ensinar para alguns alunos. Alguns educadores, entretanto, acham que o principal é a criança imitar modelos, não importando quais sejam. Na nossa experiência, parte dos alunos com deficiências severas não chegam a uma imitação generalizada, sendo necessário treinar cada novo comportamento desejado.

Para algumas crianças, itens que requerem dissociação de movimentos são muito difíceis e mesmo impossíveis de serem adquiridos, por lesão de sistema nervoso central. Por exemplo, bater uma das mãos sobre o peito. Crianças sem estas limitações podem ser levados a executar movimentos cada vez mais precisos e diferenciados (por exemplo, comunicação gestual, grafismo).

AQUECIMENTO

Não há atividades específicas previstas.

PROCEDIMENTO

1. Ed. coloca-se à frente do A.
2. Ed. chama o A. pelo nome.

Uma vez que a escolha de um período de dez segundos é arbitrária, em alguns casos a redução deste tempo para cinco ou três segundos pode ser desejável.

As condições físicas dos alunos devem ser levadas em consideração para aceitar uma resposta como correta. A apresentação dos dois itens em treino deve ser aleatória com preparo antecipado da randomização. A folha de resposta já prevê esta ordem aleatória.

O educador pode igualmente usar outras formas de indicar que a resposta está incorreta: "Não foi assim que eu fiz."; "Não está certo."; "Errado.", etc.

Este treino pode ser feito com a participação do auxiliar, que dá ajuda necessária, conforme o procedimento. O educador mantém o modelo enquanto o aluno o realiza.

Quando o educador perceber que o aluno imita um modelo de maneira incompleta ou aproximada (no início ou por limitação física), sugere-se que dê o modelo "possível", tentando aproximar a resposta do aluno do modelo dado, gradualmente.

Caso o aluno tenha muita dificuldade de adquirir o comportamento em treino, considerar o uso de modelagem, como um procedimento de ajuda.

Quando o A. estabelecer contato visual:

3. Ed. diz: "Fulano; faça assim..."
4. Ed. apresenta o modelo.
5. Ed. aguarda até 10 segundos.

Se o A. responde corretamente:

6. Ed. reforça a resposta.
7. Ed. registra a resposta na folha.
8. Ed. apresenta nova tentativa, seguindo ordem aleatória prevista.

Se o A. responde incorretamente:

9. Ed. registra a resposta na folha.
10. Ed. introduz procedimento de ajuda na próxima apresentação deste item.
11. Ed. apresenta nova tentativa, conforme sequência aleatória prevista.

Se o A. não responde:

12. Ed. registra a resposta na folha.
13. Ed. introduz procedimento de ajuda, na próxima apresentação desse item14. Ed. apresenta nova tentativa, conforme sequência aleatória prevista.

Quando o *A.* atingir o critério de aquisição para um item:

- Ed. considera o item superado.
- Ed. inicia Manutenção e Generalização do item.
- Ed. seleciona o próximo item da lista indicado pela equipe.

O critério de aquisição sugerido é de 80% de respostas corretas às solicitações feitas durante três sessões consecutivas.

Na primeira apresentação de cada novo item não se dá ajuda, como forma de sondagem.

Quando o A. atingir o critério para 5 itens novos, nas 3 primeiras sessões, o programa é considerado vencido.

CONSEQUENCIAÇÃO

Respostas corretas são seguidas de elogio e, eventualmente, de outros reforços.

Respostas incorretas são seguidas por um "não" e introdução de procedimento de ajuda nas tentativas subsequentes (do mesmo item).

Recusas são seguidas pela introdução de procedimento de ajuda, selecionado nas tentativas subsequentes daquele item.

Será sempre desejável que outras pessoas observem os treinos, intermitentemente, para cálculo de fidedignidade e discussão com o educador.

REGISTRO

O *Ed.* registra as respostas correspondentes logo após cada tentativa, indicando também o nível de ajuda dado.

Nível de Ajuda	Resposta Correta	Resposta Incorreta	Recusa Ñ-Resposta
Sem ajuda	S+	S-	S^0
Ajuda física total	T+	T-	T^0
Ajuda física parcial	P+	P-	P^0
Dica física	D+	D-	D^0
Dica verbal	V+	V-	V^0

O Ed. deve usar a folha de registro para treinos com 2 itens. Para a Revisão Semanal, o Ed. pode usar a folha de Linha de Base.

Em anexo encontra-se um modelo destas folhas.

A Revisão Semanal dos itens superados é uma maneira de verificar a manutenção de respostas adquiridas.

A apresentação dos itens superados durante o treino, em ordem e com frequência aleatórias é uma alternativa. Ela é especialmente útil quando o aluno estiver cometendo muitos erros nos novos itens, pois se criam oportunidades de reforçamento adicional por acerto nos itens superados. Nestes casos, o registro destas respostas não seria necessário, bastando uma observação na folha de registro.

REVISÃO SEMANAL

Uma vez por semana:

1. Ed. apresenta um dos itens já superados pelo A. no treino.

Se o A. responde corretamente;

2. Ed. reforça a resposta.
3. Ed. apresenta outros itens já superados pelo A. no treino.

Se o A. responde incorretamente ou não responde a algum item;

4. Ed. apresenta 2 outras tentativas para esse(s) item(ns).

Se o A. responde incorretamente ou não responde às 2 outras tentativas;

5. Ed. reinicia o treino para esse(s) itens(ns).

MANUTENÇÃO E GENERALIZAÇÃO

1. Ampliar as solicitações de imitação dentro da própria escola.
   Exemplos:
   - o mesmo comportamento imitativo pode ser solicitado por outras pessoas;
   - o mesmo comportamento, pode ser solicitado em outros locais e/ou situações; por exemplo, na recreação, aula de música e educação física;
   - o mesmo comportamento, pode ser realizado com outros materiais (movimentar um carrinho, um bichinho);
   - combinações destas variações.

2. Orientar os pais a solicitarem as imitações já treinadas e outras, sempre trocando informações sobre as aprendizagens ocorridas em casa e na escola.

ITENS DE TREINO

ITENS DE INTERAÇÃO SOCIAL

1. Acenar "tchau".
2. Fazer sinal com dedo polegar para cima ("positivo").
3. Fazer sinal com dedo polegar para baixo ("negativo").
4. Movimentar a cabeça para frente e para trás ("sim").
5. Movimentar o rosto para os lados ("não").
6. Mandar beijo com a mão.
7. Fazer "vem cá" com a mão.
8. Bater palmas.

ITENS QUE FAVORECEM CONTATO COM PARTES DO CORPO

1. Colocar as mãos sobre os joelhos.
2. Bater uma das mãos no peito.
3. Bater as duas mãos no peito.
4. Bater os pés no chão.
5. Por a mão no nariz.
6. Tampar os olhos com as mãos.
7. Cruzar os braços.

ITENS FUNCIONAIS NAS ATIVIDADES DIÁRIAS DAS CRIANÇAS

1. Esfregar as mãos (lavando-as).
2. Esfregar o braço (banho).
3. Abrir e fechar a lancheira.
4. Pegar diferentes objetos dentro de diferentes lugares (bolacha de uma lancheira).

5. Pôr diferentes objetos dentro de diferentes lugares.
6. Mudar diferentes objetos de um lugar para outro.
7. Passar a mão na cabeça (pentear).
8. Apertar uma campainha (ou um interruptor de luz).
9. Virar um objeto de ponta-cabeça (jogar pedacinhos de papel em um copo, no lixo).
10. Levantar os dois braços para cima, paralelos (pegando um objeto de interesse da criança numa prateleira).
11. Estender os braços lateralmente (pegando duas bolachas).
12. Esticar os braços para frente — horizontalmente ao chão (pegando um objeto de interesse da criança).

ITENS QUE FAVORECEM BRINCAR

1. Rolar uma bola.
2. Jogar a bola.
3. Movimentar carrinho.
4. Aproximar dois carrinhos.
5. Afastar dois carrinhos.
6. Ninar uma boneca.
7. Sacudir um chocalho.
8. Empilhar cubos.
9. Por um cubinho em um cubo maior.
10. Bater num objeto (móbile) pendurado em frente da criança.
11. Bater na mesa com as duas mãos (acompanhando uma música).
12. Bater palmas (acompanhando outra música).
13. Puxar um brinquedo de rodas.
14. Fazer um bichinho "pular".

ITENS FÁCEIS PARA CRIANÇAS COM COMPROMETIMENTO MOTOR SEVERO

1. Piscar os olhos.
2. Abrir a boca.
3. Fazer bico.
4. Franzir sobrancelha.
5. Sorrir.
6. Beijar.
7. Virar a cabeça.

FOLHA DE REGISTRO PARA ☒ **LINHA DE BASE DO PROGRAMA** Imitação Motora
☐ **REVISÃO SEMANAL**

PERÍODO: Setembro/2016

ALUNO: Mauro

CLASSE: F **EDUCADOR:** Júlia

DATA E HORA	ITENS DE TESTE	TENTATIVAS 1	2	3	% ACERTOS	OBSERVAÇÕES
3/9	bater palmas	S°	S-	S+	33	
3	mandar beijo com a mão	S-	S-	S°	0	
3	acenar "tchau"	S-	S-	S-	0	iniciou movimento mas não completou
3	cruzar os braços	S°	S-	S°	0	
3	por a mão no nariz	S+	S°	S+	66	
4/9-15:15	apertar uma campainha	S°	S+	S°	33	
4	colocar bola dentro de					
	uma caixa	S-	S-	S°	0	
4	rolar uma bola	S+	S-	S+	66	
4	aproximar dois carrinhos	S-	S-	S-	0	usou apenas um carrinho
4	afastar dois carrinhos	S+	S-	S+	66	
4-16:00	fazer "vem cá" com a					
	mão	S+	S°	S°	33	
4	bater os pés no chão	S+	S+	S+	100	incluir nas sessões de treino para aumentar chance de
						reforçamento
4	empilhar dois cubos	S-	S-	S-	0	
4	jogar uma bola	S-	S°	S+	33	
4	tampar os olhos com as					
	mãos	S-	S+	S-	33	pôs as mãos em outras partes do rosto
% TOTAL DE ACERTOS						

CÓDIGOS USADOS: S: sem ajuda
+: resposta correta
-: resposta incorreta
o: recusa

CONCLUSÕES: Iniciar o treino. Ver sugestões.

FOLHA DE REGISTRO PARA TREINO DO PROGRAMA Imitação Motora

(TREINO SIMULTÂNEO DE DOIS ITENS)

PERÍODO: Setembro/2016 PROCEDIMENTO DE AJUDA: ☒ PR-I ☐ PR-5 ALUNO: Mauro

CLASSE: F EDUCADOR: Júlia

SESSÃO	DATA HORA	ITENS EM TREINO	1	2	3	4	5	6	7	8	9	10	11	12	13	14	15	16	17	18	19	20	% ACERTOS	OBSERVAÇÕES
1	5/9	A		T+	T+			T+		T+		T+											100	Foram escolhidos inicialmente
	15:00	B	T+			T+	T+		T+		T+												100	os itens A e B, porque tiveram
2	6/9	A	D+		D+		D-		D+	D+													80	porcentagens mais altas de
	15:00	B		D-		D-		D+			D+	D+											60	acerto na linha de base e por
																								terem topografias bem diferentes.

CÓDIGOS USADOS: A: rolar uma bola B: por a mão no nariz

T: ajuda física total

D: dica física

+: resposta correta

–: resposta incorreta

FOLHA DE REGISTRO PARA ☐ **LINHA DE BASE DO PROGRAMA** Imitação Motora
☒ **REVISÃO SEMANAL**

PERÍODO: Julho/2016 ALUNO: Eliana

CLASSE: D EDUCADOR: Vilma

DATA HORA	ITENS DE TESTE	TENTATIVAS 1	2	3	% ACERTOS	OBSERVAÇÕES
19/7	bater palmas	S+				OK
19	rolar uma bola	S-	S+	S+		OK
19	acenar "tchau"	S-	S°	S-		retreinar
26/7	bater palma	S+				OK
26	rolar uma bola	S+				OK } itens superados nesta semana
26	acenar "tchau"	S+				OK
26	bater pés no chão	S-	S+	S+		OK
% TOTAL DE ACERTOS						

CÓDIGOS USADOS: S: sem ajuda
+: resposta correta
–: resposta incorreta
o: recusa

CONCLUSÕES: 19/6 – retreinar "tchau"
26/6 – continuar Manutenção e Generalização dos itens superados.

Comunicação

INTRODUÇÃO AOS PROGRAMAS DE COMUNICAÇÃO E COMPREENSÃO VERBAL

Programas de 6 a 13

HABILIDADES BÁSICAS
COMUNICAÇÃO

A importância e necessidade da comunicação entre os seres humanos é um fato reconhecido e fundamental. Ela é crucial para a interação normal do indivíduo com a sociedade e para o processo de socialização. É por meio da linguagem que se transmite grande parte das informações culturais acumuladas através dos tempos. A linguagem permite e facilita a aprendizagem de muitas tarefas, desde as mais simples até as mais complexas, a aquisição de conceitos concretos e abstratos, bem como a comunicação de pensamentos e sentimentos para outros. Permite às pessoas referirem-se a coisas, pessoas ou eventos não presentes e faz com que a criança possa ter conhecimentos e compreender um mundo muito mais amplo do que aquele que poderia explorar através de seus aparelhos sensório-motores.

A linguagem não se restringe apenas à comunicação vocal, mas abrange outros meios de comunicação, como linguagem gestual, escrita, por símbolos ou qualquer outro método convencionado. Assim, é discutível se uma pessoa ecolálica tem comando de linguagem, uma vez que apenas repete o que ouve de um modo não funcional. Já uma pessoa incapaz de falar, mas que se comunica de outras maneiras, como sinalizar ou escrever, teria linguagem.

Costuma-se distinguir entre linguagem receptiva e linguagem expressiva. Consideramos que uma criança adquiriu linguagem receptiva quando atende a estímulos auditivos e/ou outros estímulos sensoriais e aprende a atribuir significados aos mesmos. A linguagem expressiva é aquela em que o indivíduo expressa, por palavras ou outros modos convencionados, o que percebe, quer, ouve, sente, de modo que outros possam agir de acordo com o que ele comunica. Os dois aspectos, linguagem receptiva e expressiva se entrelaçam e completam constantemente, no decorrer do tempo.

Aprender a comunicar-se é um aspecto fundamental na educação de indivíduos com problemas de defasagem de desenvolvimento, sejam estes ligados ou não a comprometimentos físicos, como deficiências motoras, auditivas, lesões cerebrais. Nos casos em que há características psicóticas ou autistas, frequentemente a criança não faz esforços reais de comunicação e os contatos sociais ficam prejudicados.

Nos últimos quinze anos, pesquisas de análise do comportamento ofereceram contribuições substanciais ao desenvolvimento do ensino de habilidades de linguagem, tanto receptiva como expressiva, a crianças com problemas de desenvolvimento. Os sucessos foram impressionantes, especialmente considerando o pessimismo que caracterizava abordagens não comportamentais nas décadas precedentes.

A ênfase na programação de linguagem justifica-se, pois ela se constitui em um meio eficaz de favorecer o desenvolvimento cognitivo e social rápido e amplo. Desta forma, linguagem é vista como um conjunto de respostas pivotantes para a ocorrência de mudanças, numa grande variedade de respostas. Esta noção de resposta pivotante refere-se a situações de tratamento em que, por motivos práticos e lógicos, não é possível modificar todas as dificuldades comportamentais de um indivíduo. Uma alternativa é o estabelecimento, pelo educador, de um número limitado de comportamentos, como objetivo de intervenção, prevendo que mudanças ocorridas neste conjunto restrito venham facilitar mudanças num conjunto maior de respostas. Em outras palavras, o educador pretende estabelecer um currículo que permite o máximo de generalização de respostas.

Um repertório tão complexo, como o da linguagem, é construído sobre habilidades mais simples. Isto nos levou à elaboração de programas que favorecem a aquisição de compreensão verbal e de expressão, seja verbal, oral ou gestual. A utilização de gestos como meio de comunicação é uma alternativa quando não se verifica comunicação oral. Além disso, tem sido verificado que, muitas vezes, a introdução de comunicação gestual facilita a posterior instalação de linguagem oral.

Os programas descritos a seguir são apresentados em uma sequência que se tem provado útil. No entanto, esta pode ou mesmo deve ser alterada, de forma a atender as necessidades de cada aluno. Alguns programas podem ser dados simultaneamente, como o Programa inicial de Atendimento de Ordens e o de Identificação de Objetos ou Partes do Corpo, por exemplo. Os Programas de Compreensão Verbal, tanto de Atendimento de Ordens, como de Identificação, podem ser dados oral ou gestualmente. Os treinos em Expressão Verbal incluem alguns programas para indivíduos com capacidade de desenvolvimento de expressão verbal oral, como os de Imitação de Movimentos dos Órgãos Fonoarticulatórios, Imitação Oral de Palavras; outros são para indivíduos não orais, como o de Expressão Gestual de Desejos e Necessidades e há ainda os que podem ser dados tanto verbal como gestualmente, como os Programas de Nomeação e Sim/Não.

HABILIDADES BÁSICAS
COMPREENSÃO VERBAL

A aquisição de comportamentos apropriados, frente a estímulos verbais, é considerada uma parte importante do processo de socialização. A função da linguagem receptiva na infância também está intimamente relacionada com o que é denominado desenvolvimento cognitivo ou intelectual. Se a criança compreende o que lhe é dito, ela interagirá socialmente com adultos e com crianças, aprenderá certas rotinas, atenderá ordens de pais, educadores e adultos em geral ou de outras crianças. Estenderá sua compreensão verbal e com isso ampliará seu repertório de linguagem e terá facilidade em aprender uma variedade de tarefas propostas. Ao aprender a atender, ela também aprenderá a dar ordens, o que permitirá que controle seu meio, pedindo e indicando o que quer.

O uso de ordens verbais é uma importante forma de controle social, muito mais produtiva do que o uso de punições e restrições físicas. Em outras palavras, é preferível pedir que uma criança pare de fazer algo que não aprovamos, do que dar-lhe um castigo. E isso é possível se a criança compreende e atende nossos pedidos.

Queixas de dispersão ou falta de concentração são frequentemente feitas por pais e professores de crianças normais, que podem entender, mas não atendem a comandos verbais. Crianças com problemas de desenvolvimento, no entanto, podem não estar compreendendo o que lhes é solicitado ou então resistir em fazê-lo. Para pais, o não atendimento de ordens é fonte de irritação, de desgaste, prejudicando a interação afetiva. Tentarão as mais diversas medidas educativas, desde punições até permissividade, ou desistirão de esperar que as suas ordens sejam atendidas. Para professores, a desatenção implica em dificuldade de ensinar e para a criança, na perda da oportunidade de experiências que outras terão.

Nas suas interações com outras crianças, o fato de não entender ou de não colaborar, também implicará numa limitação de uma importante fonte de aprendizagem social. Assim se uma criança pedir para outra brincar de casinha e esta não responder, ela irá procurar uma criança mais responsiva, isolando a que não responde, nas próximas ocasiões.

Compreender o que é dito e atender ordens são pré-requisitos para a realização de inúmeras atividades e programas. Constituem os primeiros passos para os programas de adaptação do aluno à escola, programas verbais mais complexos, assim como para outros, de natureza bem diversa, como a recreação, educação física, atividades ocupacionais ou ainda pré-acadêmicas. Além disso, a maior parte dos estudos realizados até hoje indica que, no desenvolvimento normal, o repertório de compreensão é mais amplo que o de expressão e que a compreensão precede a fala. Neste sentido, um programa que ensina compreensão verbal, estaria contribuindo para o desenvolvimento da fala.

O Programa de Atendimento de Ordens — dividido em subpartes — visa a aquisição de comportamentos desde os mais simples até os mais complexos. Assim, em sua elaboração, procurou-se escolher as ordens referentes a ações básicas e rotineiras na situação de casa e escola, e que seriam, portanto, mantidas pelo ambiente. Ao mesmo tempo, as ordens deveriam ser aquelas que permitiriam maior independência da criança e um desenvolvimento mais acelerado de sua participação social.

O primeiro programa envolve ações básicas no dia a dia. O segundo programa inclui ações e pessoas ou ações e objetos, em que a ordem já é mais extensa.

Sentar e levantar também são comportamentos básicos na adaptação de uma criança à rotina e por isso receberam um programa especial. Para muitos treinos, os comportamentos de sentar e olhar para o educador são fundamentais, como pré-requisitos para a sua realização. Colocados sob o controle de um comando verbal, possibilitam o melhor aproveitamento de respostas existentes no repertório da criança, para um uso mais funcional. Possibilitam ainda a redução de hiperatividade, através do planejamento de ocasiões para sentar e levantar, ou seja, para movimentar-se.

Nos treinos posteriores, espera-se que uma instrução ao aluno seja suficiente para que este emita a resposta desejada, sem ter necessidade de passar por laboriosos procedimentos de aquisição.

Os programas de Compreensão Verbal, que envolvem a identificação de objetos, partes do corpo, pessoas e ações concretas e em gravuras, tem como propósito básico a ampliação do repertório receptivo dos alunos.

Num primeiro passo, pretende-se ensinar o aluno a reconhecer os objetos que fazem parte do seu ambiente imediato. A funcionalidade desta aquisição é óbvia, uma vez que facilitará a sua compreensão das situações mais elementares de rotina.

O reconhecimento das partes do seu próprio corpo, bem como aquelas de outras pessoas, ajuda-o a desenvolver a noção de sua identidade própria e do seu esquema corporal.

Identificar as pessoas com quem a criança convive, favorecerá seu convívio social, levando-a também a distinguir, aos poucos, diferenças entre seus papéis e as trocas afetivas resultantes.

Geralmente os programas mencionados são feitos com o uso de instruções orais verbais. No entanto, eles podem ser aplicados também através de instruções gestuais, o que pode ser muito útil para crianças com deficiência auditiva, bem como para crianças ouvintes, que ainda não falam ou que apresentam características psicóticas e autistas e que podem vir a responder mais a gestos do que a palavras.

Programa 6

Atendimento de ordens

COMPREENSÃO VERBAL
ATENDIMENTO DE ORDENS

"Fecha a porta.", pede a professora, quando André entra na sala. "Obrigada, agora corre para seu lugar.". Risonho, ele senta ao lado do colega Daniel.

"Faz tchau.", diz a mamãe para Tiago, enquanto papai está se preparando para sair. "Faz tchau.", repete ela. Mas Tiago está olhando para suas mãos e não reage.

A tia está rodeada de crianças. "Dá para a Julia.", diz ela, entregando um brinquedo para Luísa. Esta olha, à sua volta. "A Luísa está logo atrás você.", explica a tia. Julia se vira em sua direção.

Este programa é subdividido de acordo com o tipo de comando verbal apresentado ao aluno e aplicado em ordem crescente de dificuldade, ou seja:

- Treino I: palavras-frases
- Treino II: frases curtas.

O treino de Atendimento de Ordens de Rotina pode ser aplicado concomitantemente ao Treino II (ver Atividades de Vida Diária - AVD's).

Treino informal pode ser preferível para alguns alunos, cabendo à equipe determinar a forma.

INFORMAÇÕES INICIAIS

COMPORTAMENTO-ALVO

Ao final deste programa o Aluno (A.) deve ser capaz de executar ações correspondentes a comandos verbais do tipo palavras-frases (verbos indicativos de ação) e frases curtas (verbos indicativos de ação + objeto/pessoa), dentro de um período de até 10 segundos, após a apresentação da ordem.

PRÉ-REQUISITOS

É indispensável que o A. tenha capacidade física para executar as ordens apresentadas.

AMBIENTE FÍSICO

Treino em situação formal, preparando-se o local para facilitar a execução de ordens, na sala de aula ou no pátio.

MATERIAL

- Objetos necessários à realização das ordens.
- Lista dos Itens de Treino.
- Folha de registro.
- Lápis.
- Reforçadores.

O número de tentativas por sessão deve ser fixado antes do início do programa, devendo-se levar em consideração o repertório do aluno e sua capacidade de manter a atenção.

Em certos casos, o Treino II poderá ser iniciado para ações já superadas no Treino I, ainda que este continue em andamento.

Os itens de treino, selecionados para cada aluno, devem ser colocados numa lista, levando-se em conta o estágio de seu desenvolvimento e tendo-se como referência o desenvolvimento de linguagem e a realização das atividades do dia a dia. As ações escolhidas são as básicas na relação do aluno com o seu meio. Será necessário levar em conta também eventuais impedimentos físicos do aluno. Em anexo podem ser encontradas sugestões de itens para cada treino.

Neste programa é desejável que todas as ordens sejam treinadas, pois se referem a ações importantes para o dia a dia da criança.

Caso o aluno tenha algum impedimento físico (por exemplo, não possa andar), poderá aprender a executar grande parte das ações com a ajuda de bonecos (como: vem cá, sobe, desce, corre).

PLANEJAMENTO DAS SESSÕES

Frequência: sessões diárias, no mínimo 1 e, de preferência, 2 ao dia.

Duração: 5 a 10 minutos por sessão, aproximadamente.

Número de tentativas: 10 a 20 por sessão, eventualmente divididas em blocos ao longo do dia.

PROCEDIMENTO GERAL

O A. deve ser submetido ao Treino I (Palavras-Frases) e, somente depois de superadas as ordens para as quais tenha condição física, deverá passar para o Treino II (Frases Curtas).

LINHA DE BASE

SELEÇÃO DE ITENS

O Educador (Ed.) deve selecionar previamente os itens (ver lista anexa), de acordo com a capacidade física do A.

Ao se usar objetos no Treino I, estes não serão nomeados (p.ex.: "Fulano, pegue.", e não "Fulano, pegue a bola.").

Os objetos deverão ser alternados e de livre escolha do educador, pois a ênfase deve ser dada à "ação", e não ao objeto eventualmente envolvido na ação.

São permitidos dez segundos para o aluno iniciar a resposta. Caso ele inicie sua resposta antes de dez segundos, mas leve mais tempo para completá-la, sua resposta será considerada correta.

O critério sugerido é de três acertos para cada item. Alguns erros ocasionais são admissíveis, ou seja, um erro para nove tentativas, abrangendo a testagem de vários itens.

AQUECIMENTO

Não há atividades específicas previstas.

PROCEDIMENTO

1. Ed. coloca-se diante do A., numa distância de até 50 cm.
2. Ed. chama o A. pelo nome.

Quando o A. estabelecer contato visual;

3. Ed. apresenta uma ordem da lista dizendo: "Fulano,..."
4. Ed. aguarda até 10 segundos o início da ação.
5. Ed. registra a resposta do A. na folha.
6. Ed. apresenta cada item da lista 3 vezes.

Caso o A. atinja o critério para todos os itens;

- Ed. inicia Manutenção e Generalização da habilidade e propõe a inclusão de outros programas, para os quais atender ordens é pré-requisito, na rotina de atividades do A.

Caso o A. não atinja o critério para alguns ou nenhum item
• Ed. inclui o programa na rotina de atividades do A.

CONSEQUENCIAÇÃO

De um modo geral não estão previstas consequências para as respostas do A. em Linha de Base, reforçando-se outros comportamentos adequados, intermitentemente.

REGISTRO

Resposta correta	S+
Resposta incorreta	S-
Recusa/Não-resposta	S^0

O Ed. deve usar a folha de registro para Linha de Base.

Em anexo encontra-se um modelo desta folha.

TREINO

SELEÇÃO DE ITENS

O Ed. seleciona 2 ordens a serem treinadas simultaneamente, de acordo com os dados de Linha de Base.

Costuma-se iniciar o treino com a ordem que obteve maior índice de acertos em Linha de Base, dentre as que não foram superadas (caso tenha havido alguns acertos).

Ao treinar duas ou três ordens de cada vez, recomenda-se a escolha de ações, as mais distintas possíveis, para facilitar a discriminação e evitar a fixação num único comportamento, bem como a formação de encadeamentos de ações do tipo "Vem cá — Senta", "Abre — Fecha" ou "Põe — Tira".

AQUECIMENTO

Não há atividades específicas previstas.

PROCEDIMENTO

1. Ed. coloca-se diante do A. numa distância de até 50 cm.
2. Ed. chama o A. pelo nome.

Dependendo do tipo de ação que está em treino, pode ser necessária uma distância maior.

Quando o A. estabelecer contato visual:

3. Ed. apresenta uma das ordens ao A. dizendo: "Fulano,..."
4. Ed. aguarda até 10 segundos o início da resposta.

O tempo de dez segundos é uma sugestão e poderá ser diminuído, de acordo com o aluno e a situação em treino.

Se o A. responde corretamente:

5. Ed. reforça a resposta.
6. Ed. registra a resposta na folha.
7. Ed. apresenta nova tentativa ao A., seguindo a sequência aleatória prevista.

A apresentação aleatória dos itens visa evitar que o aluno aprenda a alternar as respostas, ao invés de garantir que cada resposta esteja sob o controle do estímulo específico.

Na primeira apresentação de cada novo item não se dá ajuda, como uma forma de sondagem.

Se o A. responde incorretamente:

8. Ed. corrige a resposta.
9. Ed. registra a resposta na folha.
10. Ed. introduz procedimento de ajuda na próxima apresentação deste item.
11. Ed. dá nova tentativa ao A. conforme a sequência aleatória prevista.

O educador pode indicar que a resposta está errada de diferentes maneiras. Por exemplo:

- *verbalizando o que o aluno deveria ter feito ("Errado, eu falei: dá.");*
- *verbalizando: "Não, você deveria fazer assim." (e apresenta o modelo);*
- *dizendo "não" em tom de voz normal ou categórico, a depender da maneira do aluno reagir a diferentes formas de correção.*

Se, ao corrigir a resposta incorreta, o aluno responder corretamente, o educador deve reforçá-lo.

As ajudas específicas a utilizar em cada nível dependem da ação que estiver sendo treinada. Em algumas situações, pode-se usar uma terceira pessoa como modelo. As ordens podem ser acompanhadas de gestos. É importante esvanecer aos poucos o estímulo gestual, para garantir que a resposta esteja sob o controle das instruções verbais. Para algumas crianças, contudo, esse esvanecimento não é possível. A decisão de manter a estimulação gestual deve ser da equipe.

Se o A. não responde:

12. Ed. registra a recusa na folha.
13. Ed. introduz procedimento de ajuda na próxima apresentação deste item.
14. Ed. dá nova tentativa ao A. conforme a sequência aleatória prevista.

Quando o A. atingir o critério para 1 item:

- Ed. seleciona outro item da lista.
- Ed. inicia treino com o item.

O critério sugerido é de 80% de acertos, em três sessões consecutivas.

O educador continuará a apresentar novos itens até esgotar a lista para aquele aluno.

CONSEQUENCIAÇÃO

Respostas corretas são seguidas de reforçamento tangível e/ou social.

Respostas incorretas são seguidas por correção da resposta e introdução de procedimento de ajuda, nas tentativas subsequentes daquele item.

Recusas são seguidas pela introdução de procedimento de ajuda selecionado, nas tentativas subsequentes daquele item.

REGISTRO

Nível de Ajuda	Resposta Correta	Resposta Incorreta	Recusa Ñ-Resposta
Sem ajuda	S+	S-	S^0
Ajuda física total	T+	T-	T^0
Ajuda física parcial	P+	P-	P^0
Dica física	D+	D-	D^0
Dica verbal	V+	V-	V^0

Em anexo encontra-se um modelo destas folhas.

REVISÃO SEMANAL

A Revisão Semanal dos itens superados é uma maneira de verificar a manutenção de respostas adquiridas.

A apresentação dos itens superados durante o treino, em ordem e com frequência aleatória, é uma alternativa. Esta é especialmente útil quando o aluno estiver cometendo muitos erros nos novos itens, pois se criam oportunidades de reforçamento adicional por acerto nos itens superados. Nestes casos, o registro destas respostas não seria necessário, bastando uma observação na folha de registro.

Uma vez por semana:

1. Ed. apresenta um dos itens já superados pelo A. no treino.

   Se o A. responde corretamente;

2. Ed. reforça a resposta.
3. Ed. apresenta outros itens já superados pelo A. no treino um a um.

   Se o A. responde incorretamente ou não responde a algum item:

4. Ed. apresenta 2 outras tentativas para esse(s) item(ns).

   Se o A. responde incorretamente ou não responde às 2 outras

5. Ed. reinicia o treino para esse(s) item(ns).

MANUTENÇÃO E GENERALIZAÇÃO

1. Quando um item que envolve material é superado, substitui-se o material usado (por exemplo: empurrar o carrinho, bichinho, caminhão) e o local e ambiente físico (por exemplo: no quintal, no banheiro, na mesa, no chão).
2. Sempre que um item de treino é superado, o Ed. ou Aux. e mesmo outras pessoas da escola podem e devem solicitar esse desempenho em situações informais.
3. A solicitação dos itens aprendidos, em outros ambientes ou em situações em que atendimento de ordens é pré-requisito, são maneiras comuns de garantir manutenção e generalização do repertório.
4. Deve-se informar os pais, sobre os treinos superados pelo A., sugerindo que façam solicitações em casa.

ITENS DE TREINO

I: PALAVRAS-FRASE

1. Vem (cá)
2. Senta
3. Levanta
4. Pega
5. Dá
6. Abre
7. Põe
8. Fecha
9. Joga
10. Puxa
11. Empurra
12. Anda
13. Corre
14. Pendura
15. Arruma
16. Mostra
17. Sobe
18. Desce
19. Entra
20. Sai
21. Deita

II: FRASES CURTAS

1. Dá para... (nome do Ed., Aux. ou colega)
2. Leva para... (nome do Ed., Aux. ou colega)
3. Pega... (nome do objeto: bola, cubo, argola, etc.)
4. Dá... (nome do objeto)
5. Põe... (nome do objeto)
6. Abre... (caixa, porta)
7. Fecha... (caixa, porta)
8. Pendura... (lancheira, toalha)
9. Arruma... (toalha, cadeira)
10. Vá para... (a classe, o recreio, o banheiro)
11. Dá um abraço
12. Dá um beijo
13. Faz tchau
14. Acende a luz
15. Apaga a luz
16. Toca a campainha

FOLHA DE REGISTRO PARA ☒ LINHA DE BASE DO PROGRAMA Atendimento de Ordens
☐ REVISÃO SEMANAL

PERÍODO: Março/2016

ALUNO: Carla

CLASSE: C EDUCADOR: Sérgio

DATA HORA	ITENS DE TESTE	TENTATIVAS 1	2	3	% ACERTOS	OBSERVAÇÕES
9/3	pega	S+	S+	S+	100	superado: iniciar Manutenção e Generalização
9	abre	S-	S+	S+	66	
9	fecha	S+	S+	S+	100	superado: iniciar Manutenção e Generalização
9	empurra	S°	S°	S+	33	
9	põe	S-	S+	S°	33	
9	vem (cá)	S+	S°	S-	33	
9	senta	S°	S-	S-	0	
10/3	levanta	S-	S°	S°	0	
10	dá	S-	S-	S-	0	
10	joga	S-	S°	S+	33	
10	puxa	S-	S-	S°	0	
10	anda	S°	S-	S-	0	
10	corre	S-	S°	S-	0	
10	pendura	S-	S°	S-	0	
11/3	arruma	S-	S-	S°	0	
11/3	mostra	S°	S+	S-	33	
11/3	sobe	S+	S°	S-	33	
11/3	desce	S+	S-	S°	33	
11/3	entra	S°	S-	S-	0	
11/3	sai	S-	S°	S-	0	
11/3	deita	S°	S-	S°	0	
% TOTAL DE ACERTOS					24	

CÓDIGOS USADOS: S: sem ajuda
+: resposta correta
-: resposta incorreta
o: recusa

CONCLUSÕES: Iniciar o treino com os itens "abre" e "empurra".
Apresentar "pega" e "fecha" intermitentemente.

FOLHA DE REGISTRO PARA TREINO DO PROGRAMA Atendimento de Ordens

(TREINO SIMULTÂNEO DE DOIS ITENS)

PERÍODO: Março/2016 **PROCEDIMENTO DE AJUDA:** ☒ PR-I ☐ PR-5 **ALUNO:** Carla

CLASSE: C **EDUCADOR:** Sérgio

SESSÃO	DATA HORA	ITENS EM TREINO	TENTATIVAS 1	2	3	4	5	6	7	8	9	10	11	12	13	14	15	16	17	18	19	20	% ACERTOS	OBSERVAÇÕES
1	16/3	Ab		S-	T+			P^{3}+		P^{2}-		P^{3}+											60	Os treinos foram realizados todos
		E	S-			T-	T^{0}		T+		P^{3}-												20	os dias, pela manhã e a tarde.
2	16/3	Ab	P^{2}+		P^{1}+		D^{0}		P^{1}+	D+													80	"Abre" foi superada na 4ª sessão e
		E		T+		P^{3}+		P^{2}-			P^{3}+	P^{2}-											60	eu treinei mais um dia.
3	17/3	Ab	V+		S+		S^{0}		V+	S+													80	Resolvi no período da manhã da
		E			P^{3}-		T+		P^{3}+	P_{2}-		P^{3}+											60	6ª sessão trabalhar só empurra.
4	17/3	Ab	S+	S+		S+		S+			S+												100	Neste dia Carla ficou cansada e
		E		P^{2}-	P^{3}O				T+		P^{3}+	P^{2}-											40	voltei com o item "abre".
5	18/3	Ab	S+			S+	S+	S+		S+													100	Na 8ª sessão iniciei o treino de
		E		P^{3}+	P^{2}+				P^{1}-		P^{2}+	P^{1}+											80	um novo item (põe).
6	18/3	E		D-	P^{1}+		P^{1}-		P^{3}-			T+											40	
		E	P^{1}+			D-		D-		P_{2}-	P^{3}+													
7	19/3	Ab	S-		V+	S+		S+		S+													80	
		E		P^{2}+			P_{1}+		D-		P^{1}+	D+											80	
8	19/3	Põe	S-		T+	P_{3}+		P_{2}-			P^{3}+												60	
		E		V^{0}			D+		V+	S-		V+											60	

CÓDIGOS USADOS: Ab: abre E: empurra

P^{3}: ajuda física parcial com 75% D: dica física

P^{2}: ajuda física parcial com 50% V: dica verbal

P^{1}: ajuda física parcial com 25% +: resposta correta

S: sem ajuda −: resposta incorreta

T: ajuda física total O: recusa

Sergio: gostei do trabalho, mas reveja "critérios" para considerar um item superado e também sequência de níveis de ajuda. M.

Programa 7

Senta/Levanta

ATENDIMENTO DE ORDENS

SENTA/LEVANTA

Na classe maternal, a professora diz: "Todo mundo senta agora." e lá vai a criançada, cada um para seu lugar. Marcelo fica perambulando pela sala. A professora fala novamente: "Marcelo, senta aqui.". Ela o pega pela mão e o leva para perto da cadeira. Marcelo senta. O que vai acontecer agora na aula?

Jorge, uma criança bastante hiperativa, não permanece sentado nenhum segundo em sua cadeirinha; só fica andando pela classe, o que interfere muito na rotina da sala. A professora chama: "Jorge, senta.". No entanto, Jorge continua a andar pela classe, sem atender a ordem.

Na mesinha de André, uma luzinha acende. É um sinal para André sentar. André olha para a luzinha. A professora diz: "Senta, André!". André vai para seu lugar e senta. A luz se apaga e a professora diz: "'André sentou. Muito bem!" E lhe dá o carrinho que ele gosta de manipular.

INFORMAÇÕES INICIAIS

Sentar e levantar são ordens básicas na adaptação do aluno à rotina, por isso merecendo um programa especial.

COMPORTAMENTO-ALVO

Ao terminar o treino, o Aluno (A.) deve sentar e levantar sob o comando do Educador (Ed.), dentro de um período de até 10 segundos após a apresentação deste comando.

O tempo de dez segundos é uma sugestão e poderá ser diminuído, de acordo com o aluno e situação de treino.

PRÉ-REQUISITOS

É indispensável que o A. tenha condições físicas para executar a atividade.

AMBIENTE FÍSICO

Este treino é conduzido individualmente. Pode também ser conduzido em grupo. (Veja Variações de Procedimento).

MATERIAL

- Folha de registro.
- Cadeira/banco.

PLANEJAMENTO DAS SESSÕES

Frequência: Este treinamento deve ser feito várias vezes durante o dia e em situações diferentes.

Duração: Variável, dependendo do período em que o A. permanece sentado/em pé.

Número de tentativas: 5 vezes a sequência completa (sentar/levantar) a cada oportunidade.

LINHA DE BASE

PROCEDIMENTO

Com o A. em pé:

1. Ed. diz: "Fulano, sente-se.".
2. Ed. aguarda até 10 segundos.

Se o A. atende a ordem:

3. Ed. registra a resposta na folha.
4. Ed. diz: "Fulano, levante-se."
5. Ed. aguarda até 10 segundos.

Se o A. atende a ordem:

6. Ed. registra a resposta.

Se o A. não atende a qualquer uma das ordens:

7. Ed. registra a resposta.
8. Ed. dá ajuda total ao A.
9. Ed. repete a sequência por 5 vezes em ambos os casos.

A ajuda é necessária para que a próxima ordem seja dada.

Caso o A. atinja o critério:

- Ed. poderá aproveitar estes comportamentos na programação a ser desenvolvida.

O critério sugerido é de 80% de respostas corretas.

Caso o A. não atinja o critério:

- Ed. inicia o Treino.

CONSEQUENCIAÇÃO

De um modo geral, respostas corretas não são reforçadas em sessão de Linha de Base, reforçando-se outras respostas adequadas do A., intermitentemente.

Apesar de apenas dois itens estarem sendo testados, senta e levanta, a folha de registro para treino com dois itens não deve ser usada, pois a apresentação das tentativas é sequencial e não aleatória, como prevista nesta folha de registro. Se preferir, o educador pode também adaptar a folha de registro para treinos com um item.

Em anexo encontra-se um modelo destas folhas.

REGISTRO

Resposta correta	S+
Resposta incorreta	S-
Não-recusa / Resposta	S^0

O Ed. deve usar a folha de registro para treinos com vários itens.

PROCEDIMENTO

Com o A. em pé:

1. Ed. diz: “Fulano, sente-se.”
2. Ed. aguarda até 10 segundos.

Se o A. atende a ordem:

3. Ed. reforça o A.
4. Ed. registra a resposta na folha.
5. Ed. diz: “Fulano, levante-se.”
6. Ed. aguarda até 10 segundos

Se o A. atende a segunda ordem:

7. Ed. reforça o A.
8. Ed. registra a resposta.

Se o A. não atende a primeira ordem:

9. Ed. ou Aux. repete a ordem, passando a utilizar procedimento de ajuda, até que o A. realize o comportamento.
10. Ed. registra a resposta, indicando o nível de ajuda dado.
11. Ed. dá a ordem seguinte ("Levante-se!").

Se o A. não atende a segunda ordem:

12. Ed. ou Aux. utilizam o procedimento de ajuda.
13. Ed. repete a sequência por 5 vezes consecutivas.

Quando o A. atingir o critério:

- Ed. pode adotar o comportamento instalado na realização de outras atividades.

O critério sugerido é de 80% de acertos em três sessões consecutivas.

TREINO

Caso o A. não atinja o critério:

- Ed. discute com a equipe, em busca de sugestões para lidar com aspectos específicos do caso.

CONSEQUENCIAÇÃO

- Respostas corretas são seguidas de elogio e, eventualmente, de outros reforços.
- Respostas incorretas são seguidas por reapresentação da tentativa, de acordo com o procedimento de ajuda selecionado.
- Recusas são seguidas por reapresentação da tentativa, de acordo com o procedimento de ajuda selecionado.

Com crianças hiperativas, frequentemente atividades como correr no pátio e voltar, pular, saltar e similares, tem se mostrado como consequências muito eficazes após realização das tentativas programadas. Fica possível, inclusive, diminuir gradualmente a duração destas atividades e mudar o tipo de atividades reforçadoras propostas.

Apesar de apenas dois itens (senta e levanta), estarem sendo treinados, a folha de registro para treinos com dois itens não deve ser usada, pois a apresentação das tentativas é sequencial e não aleatória, como prevista nesta folha de registro. Se preferir, o educador pode também adaptar a folha de registro para treinos com um item.

Em anexo encontram-se modelos destas folhas.

REGISTRO

Nível de Ajuda	Resposta Correta	Resposta Incorreta	Recusa Ñ-Resposta
Sem ajuda	S+	S-	S^0
Ajuda física total	T+	T-	T^0
Ajuda física parcial	P+	P-	P^0
Dica física	D+	D-	D^0
Dica verbal	V+	V-	V^0

O Ed. deve usar a folha de registro para treinos com vários itens.

MANUTENÇÃO E GENERALIZAÇÃO

A manutenção e generalização do atendimento a estas ordens deverão ser garantidas por sua ocorrência natural, na realização de atividades e treinos da programação normal do aluno.

VARIAÇÕES DE PROCEDIMENTO

O educador pode empregar uma luz que, acesa, indica oportunidade e momento para que o aluno sente e, apagada, para que se levante (ou viceversa). Pode-se utilizar ainda, luzes de cores diferentes (verde: siga; vermelho: pare) ou placas, figuras, etc. O uso de sinalizadores desse tipo pode ser conveniente, na medida em que facilita a discriminação, produz uma associação entre estímulos, um "Código" que possibilita uma transferência da resposta para outras situações. Em treinos conduzidos em grupo, nem sempre é possível garantir que a resposta de sentar-se ou levantar-se siga imediatamente a ordem dada, já que vários alunos podem requerer ajuda. O uso da sinalização garante que a resposta sempre ocorra na presença do sinal correspondente, facilitando a aquisição da resposta.

Um dos objetivos posteriores deste treino é conseguir que o aluno permaneça sentado, durante um período de tempo necessário para a realização de atividades, e usá-lo como estratégia de controle de hiperatividade. Assim, após concluído este treino, pode-se aumentar gradualmente o período de tempo em que deve permanecer sentado, garantindo-se, no entanto, que exista uma ocupação para o aluno nesse período.

Neste caso, a luz do outro sinalizador também pode ser usada, indicando os períodos em que o aluno deve permanecer sentado e os períodos em que pode se levantar e engajar-se em outras atividades.

FOLHA DE REGISTRO PARA TREINO DO PROGRAMA: Senta / Levanta

(TREINO SIMULTÂNEO DE VÁRIOS ITENS)

PERÍODO: Março/2016 PROCEDIMENTO DE AJUDA: ☐ PR-I ☒ PR-5 ALUNO: Vera

CLASSE: B EDUCADOR: Simone

SESSÃO	DATA	HORA	ITEM EM TREINO	TENTATIVAS 1	2	3	4	5	6	7	8	9	10	11	12	13	14	15	16	17	18	19	20	% ACERTOS	OBSERVAÇÕES
1	9/3			S+	S−	S+	S+	S°																60	
1	9/3			T+	T+	T+	T+	T+																100	

CÓDIGOS USADOS: S: sem ajuda
T: ajuda física total
+: resposta correta
−: resposta incorreta
o: recusa

Programa 8

Identificação

COMPREENSÃO VERBAL

IDENTIFICAÇÃO

COMPREENSÃO VERBAL

Que bom ter um filho que ajuda nas pequenas tarefas de casa. "Eli, pegue o chinelo da mamãe." O pequeno Eli olha à sua volta e, feliz, encontra os chinelos que mamãe pediu e os leva para ela. "Obrigada, você trouxe meus chinelos.".

Quando se pede algum objeto ao Serginho, ele olha em volta, mas não pega nenhum. Às vezes nem parece estar ouvindo que se fala com ele. "Acho que ele ainda não compreende que cada coisa tem seu nome. Assim, é difícil lidar com ele. Como vou fazer para ensiná-lo? Nunca se sabe o que ele quer, nem ele entende o que nós desejamos dele.".

A professora apresenta uma boneca e uma bola à sua turminha. "Pegue a boneca.", diz ela para Susi. Esta hesita. A professora guia sua mão em direção à boneca. Susi a pega e lhe dá um beijo. Na próxima tentativa talvez já não precisará mais de ajuda.

INFORMAÇÕES INICIAIS

COMPORTAMENTO-ALVO

Ao completar este programa o aluno (A.) deve ser capaz de responder à ordem verbal "*Mostre...*", diante de:

Parte 1: Objetos tridimensionais/alimentos.

Parte 2: Partes do corpo.

Parte 3: Pessoas.

Parte 4: Objetos em gravuras.

Parte 5: Pessoas em fotos ou gravuras.

Parte 6: Partes do corpo em gravuras.

Parte 7: Ações em gravuras nomeadas, num intervalo de tempo de 10 segundos.

Para indivíduos que apresentam dificuldade de "mostrar", outras formas de emissão da resposta são válidas, por exemplo, dirigir o olhar.

A identificação de ações só é treinada em gravuras, já que a compreensão das ações concretas básicas é garantida por outros programas, como o de Atendimento de Ordens.

PRÉ-REQUISITOS

Para iniciar este programa é desejável que o A. seja capaz de manter contato visual olho a olho com o educador (Ed.) e imprescindível que seja capaz de estabelecer e manter contato visual com objetos. Já deve ter aprendido também responder a ordens verbais simples, em especial do tipo "Mostrar".

Algumas crianças respondem ao treino de Compreensão Verbal, mesmo sem manter contato visual com o educador. É preciso haver bom senso para discriminar situações em que se deve manter o treino, mesmo que a condição não esteja presente.

AMBIENTE FÍSICO

Os treinos das diferentes partes do programa são, na sua maioria, realizados em situação formal. A. e Ed. estarão sentados frente a frente, diante de uma mesa, quando for o caso de expor objetos ou gravuras. Em treinos de Compreensão Verbal de Partes do Corpo e Nomes de Pessoas, já haverá necessidade de se ampliar o espaço físico de treino.

MATERIAL

- Para as Partes 1 e 4 (Objetos Tridimensionais e Objetos em Gravuras), deve-se selecionar objetos comuns ao ambiente do A.: brinquedos, utensílios usados em atividades de vida diária (AVD), peças de mobiliário, peças de roupas, alimentos, etc.
- As gravuras poderão ser retiradas de livros, revistas, materiais pedagógicos ou ser especialmente desenhadas para o treino.

Os itens específicos sugeridos para cada parte do programa estão listados em anexo.

- Para a Parte 2 (Partes do Corpo), além de se tomar como referência o corpo da A., do Ed. e o de outras pessoas, pode-se usar um boneco.
- A Parte 3 (Identificação de Pessoas) não requer material específico.
- Para a Parte 4 (Objetos em Gravuras), é importante que estas correspondam, sempre que possível, aos objetos tridimensionais superados anteriormente, na Parte 1 deste Programa.
- A Parte 5 (Identificação de Pessoas em Fotografias e Gravuras), como o próprio título sugere, exigirá a compilação de

fotos de pessoas conhecidas e gravuras de homens, mulheres, crianças, etc.

- Para a Parte 6 (Partes do Corpo em Gravuras) deve-se usar figuras do corpo humano e, eventualmente, quebra-cabeças ou brinquedos de encaixe com partes do corpo humano representadas.
- Para a Parte 7 (Identificação de Ações em Gravuras) recomenda-se a localização de gravuras com apenas uma ação representada. Figuras mais complexas podem ser utilizadas em fase de ampliação de repertório e generalização.

As gravuras para os diferentes treinos poderão ser organizadas em pastas e, eventualmente, coladas em papel-cartão para aumentar sua durabilidade.

Além do material específico, é comum a todas as 7 partes do programa a utilização de folha de registro e reforçadores.

PLANEJAMENTO DAS SESSÕES

Frequência: sessões diárias, no mínimo 1 e, de preferência, 2 ao dia.

Duração: de 5 a 10 minutos, em média.

Número de tentativas: 10 por sessão.

PROCEDIMENTO GERAL

O A. deve ser treinado em cada uma das categorias de estímulo (objetos tridimensionais, partes do corpo, pessoas, objetos em gravura, partes do corpo em gravuras e ações em gravuras), separadamente.

A experiência mostra que é mais fácil identificar objetos tridimensionais do que gravuras. Estas ou as fotos de pessoas, por sua vez, são mais fáceis de identificar do que ações. Nem todos os alunos devem passar por cada um dos programas propostos. A avaliação inicial vai ajudar a indicar a parte a ser eleita.

PARTE 1: OBJETOS TRIDIMENSIONAIS NOMEADOS
LINHA DE BASE

SELEÇÃO DE ITENS

O Ed. deve selecionar objetos comuns no ambiente da criança, considerando possibilidades em várias categorias, apresentando pelo menos 4 objetos de cada categoria.

- brinquedos
- utensílios de AVD
- peças de roupa
- peças de mobiliário, enfeites
- alimentos

Há, ao final do programa, uma lista de materiais e itens sugeridos e que foram escolhidos de acordo com dois critérios:

- *o desenvolvimento da linguagem normal*
- *a aquisição de um repertório verbal mínimo para um deficiente grave relacionar-se com o meio ambiente e ser capaz de indicar algumas de suas necessidades.*

AQUECIMENTO

O Ed. deverá nomear e manipular os objetos a serem testados.

PROCEDIMENTO

1. Ed. apresenta ao A. 2 objetos: um a ser testado (exemplo) e um segundo, não selecionado para Linha de Base (não-exemplo).
2. Ed. chama o A. pelo nome.

   Quando o A. estabelecer contato visual:
3. Ed. diz: "Fulano, mostra...", nomeando o objeto que está em teste.

É desejável garantir variação na combinação de objetos (exemplos e não-exemplos) em Linha de Base, para evitar associações acidentais.

Quando se tratar de objetos grandes, difíceis de locomover ou cômodos, partes de cômodos, etc., o procedimento deve ser adaptado a estas características.

Por exemplo, o aluno poderá ser solicitado a apontar, encaminhar-se para, tocar nos itens em avaliação. Nestes casos, todos os outros estímulos existentes no local são não-exemplos.

O critério sugerido para se considerar um objeto como reconhecido, é o de respostas corretas às três solicitações. Alguns erros ocasionais são admissíveis, ou seja, um (1) erro para nove tentativas, abrangendo a testagem de vários itens.

4. Ed. aguarda até 10 segundos.
5. Ed. registra a resposta na folha.
6. Ed. apresenta nova tentativa.
7. Ed. apresenta cada objeto selecionado em Linha de Base num total de 3 vezes, em combinações diferentes.

Caso o A. atinja o critério:

- Ed. retira o objeto da lista de itens de treino e o mantém na programação de Manutenção e Generalização.

Caso o A. não:

- Ed. inclui os objetos na lista de itens de treino.

CONSEQUENCIAÇÃO

De um modo geral, respostas corretas não são consequenciadas em sessões de Linha de Base, reforçando-se outras respostas adequadas ao A., intermitentemente.

REGISTRO

Resposta correta	S+
Resposta incorreta	S-
Recusa/Não-resposta	S^0

O Ed. deve usar a folha de registro para Linha de Base.

Em anexo, encontra-se um modelo desta folha.

TREINO

Sugere-se realizar o treino simultâneo de dois itens, preferivelmente da mesma categoria.

SELEÇÃO DE ITENS

Serão incluídos como itens de treino todos os objetos não superados pelo A. na Linha de Base.

Os 2 itens com maior número de acertos na Linha de Base serão treinados em primeiro lugar (caso houver).

Pode-se também intercalar dentre os objetos em treino, um objeto que a criança conheça. Desta forma é possível garantir um maior número de reforços.

AQUECIMENTO

Todos os objetos em treino são manipulados pelo Ed. e mostrados ao A., tanto na situação de treino como durante o dia, em diferentes situações. Verbaliza-se o nome dos objetos, chamando a atenção dos alunos sobre os mesmos. Pode-se também permitir a manipulação dos objetos pelo A.

PROCEDIMENTO

1. Ed. coloca-se à frente do A.
2. Ed. apresenta 2 objetos ao A. (item em treino e não-exemplo).
3. Ed. chama o A. pelo nome

Os objetos não-exemplos devem ser variados, para evitar que ocorram associações acidentais. Pelo mesmo motivo, a posição dos objetos frente ao aluno também deve ser sempre mudada.

Quando o A. estabelecer contato visual:

4. Ed. diz "Fulano, mostra..." nomeando o item em treino.
5. Ed. aguarda até 10 segundos.

Se o A. responde corretamente:

6. Ed. reforça a resposta.
7. Ed. registra a resposta na folha.
8. Ed. apresenta nova tentativa, conforme ordem aleatória prevista.

Na primeira apresentação de cada novo item não se dá ajuda, como uma forma de sondagem.

A apresentação aleatória dos itens visa evitar que o aluno aprenda a alternar as respostas, garantindo assim, que cada resposta esteja sob o controle do estímulo específico.

Se o A. responde incorretamente:

9. Ed. corrige a resposta.
10. Ed. registra a resposta na folha.
11. Ed. introduz procedimento de ajuda para as tentativas subsequentes desse item.
12. Ed. dá nova tentativa conforme a sequência aleatória prevista.

O educador pode indicar que a resposta está errada de diferentes maneiras. Por exemplo:

- *verbalizando e modelando o que o aluno deveria ter feito ("Esta é a faca.", mostrando a faca ao aluno);*

Se o A. não responde em 10 segundos

13. Ed. registra a recusa na folha
14. Ed. introduz procedimento de ajuda para as tentativas subsequentes desse item
15. Ed. dá nova tentativa, conforme a sequência aleatória prevista.

O critério sugerido é de 80% de atendimento correto às solicitações feitas em três sessões consecutivas.

Uma vez que o aluno atinge o critério para cinco novos itens, nas primeiras três sessões de treino, pode-se iniciar um novo programa. Concomitantemente, é desejável continuar com o programa de Identificação de Objetos, com os itens não treinados.

Quando o A. atingir o critério para o item:

- Ed. escolhe novo item da lista.
- Ed. inicia treino com o item.

CONSEQUENCIAÇÃO

Respostas corretas são seguidas de elogio e, eventualmente de reforço tangível.

Respostas incorretas são seguidas por um "não" e introdução de procedimento de ajuda nas tentativas subsequentes daquele item.

Recusas ou não respostas são seguidas de novas solicitações de acordo com o procedimento de correção adotado e introdução de procedimento de ajuda nas tentativas subsequentes desse item.

REGISTRO

Nível de Ajuda	Resposta Correta	Resposta Incorreta	Recusa Ñ-Resposta
Sem ajuda	S+	S-	S^0
Ajuda física total	T+	T-	T^0
Ajuda física parcial	P+	P-	P^0
Dica física	D+	D-	D^0
Dica verbal	V+	V-	V^0

O *Ed.* deve usar a folha de registro para treinos com 2 itens.

A Revisão Semanal dos itens superados é uma maneira de verificar a manutenção de respostas adquiridas.

A apresentação dos itens superados durante o treino, em ordem e com frequência aleatória, é uma alternativa. Ela é especialmente útil quando o aluno estiver cometendo muitos erros nos novos itens, pois se cria oportunidades de reforçamento adicional por acerto nos itens superados. Nestes casos, o registro destas respostas não seria necessário, bastando uma observação na folha de registro.

Para a Revisão Semanal, o *Ed.* pode usar a folha de Linha de Base.

Em anexo encontra-se um modelo destas folhas.

REVISÃO SEMANAL

Uma vez por semana:

1. Ed. apresenta um dos itens já superados pelo A. no treino.

Se A. responde corretamente:

2. Ed. reforça a resposta.
3. Ed. apresenta outros itens já superados pelo A. no treino, um a um.

Se A. responde incorretamente ou não responde a algum item:

4. Ed. apresenta 2 outras tentativas para esse(s) item(ns).

Se A. responde incorretamente ou não responde às 2 outras

5. Ed. reinicia o treino para esse(s) item(ns).

MANUTENÇÃO E GENERALIZAÇÃO

1. Solicitar o reconhecimento de objetos aprendidos, em situações informais e brincadeiras de forma geral.

2. Informar aos pais quais itens foram aprendidos e incentivá-los a solicitar o reconhecimento desses objetos pela criança.
3. Incluir itens aprendidos em outros programas de treino (Exemplo: Sim/Não, Comportamento Exploratório, Uso Funcional de Brinquedos).

PARTE 2: PARTES DO CORPO NOMEADAS
LINHA DE BASE

SELEÇÃO DE ITENS

O Ed. deve selecionar, para uso na Linha de Base, todas as partes do corpo mencionadas com maior frequência em conversas ou em atividades realizadas. Alguns exemplos: mão, pé, boca, cabelos, barriga, olhos, orelha, nariz, braço, perna.

Ao final do programa há uma lista mais completa de itens.

AQUECIMENTO

O Ed. nomeia e mostra partes do corpo ao A.

PROCEDIMENTO

1. Ed. coloca-se à frente do A.
2. Ed. chama o A. pelo nome.

Quando o A. estabelecer contato visual:

3. Ed. diz: "Mostra..." nomeando uma parte do corpo.
4. Ed. aguarda até 10 segundos.
5. Ed. registra a resposta na folha.
6. Ed. apresenta cada item da lista por 3 vezes, numa mesma sessão ou em sessões diferentes.

Caso a criança tenha alguma dificuldade especial em mostrar partes do corpo, em si mesma, pode se realizar esta Linha de Base com a identificação de partes do corpo do educador ou de um boneco.

O critério sugerido é de três acertos por item, admitindo-se alguns erros ocasionais, isto é, um erro para nove tentativas, independentemente do item testado.

Em anexo encontra-se um modelo desta folha.

Caso o A. atinja o critério:

- Ed. retira a parte do corpo da lista de itens de treino e o mantém na programação de Manutenção e Generalização.

Caso o A. não atinja o critério:

- Ed. inclui a parte do corpo na lista de itens de treino.

CONSEQUENCIAÇÃO

De um modo geral, respostas corretas não são consequenciadas em sessões de Linha de Base, reforçando-se outras respostas adequadas do A., intermitentemente.

REGISTRO

Resposta Correta	S+
Resposta incorreta	S-
Recusa/Não-resposta	S^0

O Ed. deve usar a folha de registro para Linha de Base.

TREINO

SELEÇÃO DE ITENS

Serão incluídas como itens de treino, todas as partes do corpo não superadas pelo A. na Linha de Base. Os 2 itens com maior número de acertos na Linha de Base serão treinados em primeiro lugar, caso existam.

Na nossa experiência, costuma-se iniciar todas as sessões de treino com o item "mão", passando-se em seguida para os demais itens, por ser uma parte do corpo muito solicitada em diferentes situações funcionais. Escolhe-se também, em geral, partes distais, e não o rosto, quando o aluno é impreciso nos seus movimentos, dificultando ao educador verificar o acerto ou não da resposta.

Neste treino pode-se utilizar o corpo da própria criança como referência. Caso o aluno tenha alguma dificuldade em mostrar partes do corpo em si mesmo, poderá indicá-las, no corpo do educador ou de um boneco. Sempre que possível, num próximo passo, deve-se tentar fazer com que o aluno identifique partes do seu próprio corpo. Desta maneira, se estará trabalhando também a noção do próprio esquema corporal.

Na primeira apresentação de um novo item não se dá ajuda, como uma forma de sondagem.

A apresentação aleatória dos itens visa evitar que o aluno aprenda a alternar as respostas, garantindo que a resposta esteja sob o controle do estímulo específico.

AQUECIMENTO

Antes de iniciar o Treino, o Ed. nomeia e mostra as partes do corpo, de diferentes maneiras, em diferentes situações.

PROCEDIMENTO

1. Ed. coloca-se à frente do A.
2. Ed. chama o A. pelo nome.

Quando o A. estabelecer contato visual:

3. Ed. diz: "Fulano, mostra..." nomeando o item em treino.
4. Ed. aguarda até 10 segundos.

Se A. responde corretamente:

5. Ed. reforça a resposta.
6. Ed. registra a resposta na folha.
7. Ed. apresenta nova tentativa, segundo sequência aleatória prevista.

O educador pode indicar que a resposta está errada de diferentes maneiras. Por exemplo:

- *verbalizando e modelando o que o aluno deveria ter feito ("Esta é a boca.", mostrando a boca ao aluno);*

O critério sugerido é de 80% de atendimento correto às solicitações feitas em três sessões consecutivas.

Se A. responde incorretamente:

8. Ed. corrige a resposta.
9. Ed. registra a resposta na folha.
10. Ed. introduz procedimento de ajuda para as tentativas subsequentes desse item.

Se o A. não responde em 10 segundos:

11. Ed. registra a recusa na folha.
12. Ed. introduz procedimento de ajuda para as tentativas subsequentes desse item.
13. Ed. dá nova tentativa, conforme sequência aleatória prevista.

Quando o A. atingir o critério de aquisição para um item:

- Ed. escolhe novo item da lista.
- Ed. inicia treino com o item.

CONSEQUENCIAÇÃO

Respostas corretas são seguidas de elogio e, eventualmente de outros reforços.

Respostas incorretas são seguidas por um "não" e introdução de procedimento de ajuda nas tentativas subsequentes daquele item.

Recusas são seguidas pela introdução de procedimento de ajuda selecionado, nas tentativas subsequentes daquele item.

Em anexo encontra-se um modelo destas folhas.

A Revisão Semanal dos itens superados é uma maneira de verificar a manutenção de respostas adquiridas.

A apresentação dos itens superados durante o treino, em ordem e com frequência aleatória, é uma alternativa. Ela é especialmente útil quando o aluno estiver cometendo muitos erros nos novos itens, pois se criam oportunidades de reforçamento adicional por acerto nos itens superados. Nestes casos, o registro destas respostas não seria necessário, bastando uma observação na folha de registro.

REGISTRO

Nível de Ajuda	**Resposta Correta**	**Resposta Incorreta**	**Recusa Ñ-Resposta**
Sem ajuda	S+	S-	S^0
Ajuda física total	T+	T-	T^0
Ajuda física parcial	P+	P-	P^0
Dica física	D+	D-	D^0
Dica verbal	V+	V-	V^0

O *Ed.* deve usar a folha de registro para treinos com 2 itens.

Para a Revisão Semanal, o *Ed.* pode usar a folha de Linha de Base.

REVISÃO SEMANAL

Uma vez por semana:

1. Ed. apresenta um dos itens já superados pelo A. no treino.

Se A. responde corretamente:

2. Ed. reforça a resposta.
3. Ed. apresenta outros itens já superados pelo A. no treino, um a um.

Se A. responde incorretamente ou não responde a algum item:

4. Ed. apresenta 2 outras tentativas para esse(s) item(ns).

Se A. responde incorretamente ou não responde às 2 outras:

5. Ed. reinicia o treino para esse(s) item(ns).

MANUTENÇÃO E GENERALIZAÇÃO

1. Solicitar o reconhecimento de objetos aprendidos, em situações informais e brincadeiras de forma geral.
2. Informar aos pais quais dos itens foram aprendidos e incentivá-los a solicitar o reconhecimento dessas partes do corpo pela criança.
3. Incluir itens aprendidos em outros programas de treino (Ex.: Sim/Não, Comportamento Exploratório, Uso Funcional de Brinquedos).

AMPLIAÇÃO DE REPERTÓRIO

1. Ampliação da identificação de partes do corpo:

Ed. pode solicitar que o A. aponte partes do corpo de outras pessoas, concretamente ou em figuras, de bonecos, de outras crianças; o Ed. pode brincar de montar quebra-cabeças ou brinquedos de encaixe contendo as diferentes partes do corpo.

2. Familiarização com a noção de possessivo:

Ed. pode pedir "Mostre seus... (olhos)."; "Mostre meu...(nariz)."; "Mostre a... (boca) do seu boneco."; etc.

3. Treino de identificação de partes do rosto:

Ed. pode adotar o mesmo procedimento básico deste programa, utilizando-se inicialmente de um desenho e passando depois, para identificação de partes do rosto frente a um espelho.

PARTE 3: PESSOAS

O Programa de Identificação de Pessoas apresenta as mesmas etapas e procedimentos que o de Identificação de Objetos:

— Linha de Base.

— Treino.

— Manutenção e Generalização.

Altera-se, tão somente, o estímulo e a pergunta apresentada ao aluno a cada tentativa, que passa a ser:

"Mostre o (a)...", (nome da pessoa)

sendo que deve haver pelo menos mais uma pessoa presente, além da pessoa nomeada.

Sugere-se que o educador utilize o Programa de treino de Identificação de Objetos para se orientar durante a realização deste Treino, fazendo *as mudanças necessárias.*

PARTE 4: OBJETOS ENCONTRADOS EM GRAVURAS

O Programa de Identificação de Objetos Encontrados em Gravuras segue as mesmas etapas e procedimentos do treino de Identificação de Objetos Tridimensionais:

- Linha de Base.
- Treino
- Manutenção e Generalização.

Altera-se, tão somente, o estímulo apresentado ao aluno a cada tentativa. A pergunta continua a mesma:

"Mostre o(a)..." (gravura do item em teste ou treino)

Para garantir a generalização, deve-se apresentar o mesmo objeto em gravuras diferentes, quanto a tamanho, cor, ângulo e mesmo, forma.

Sugere-se que o educador utilize o Programa de treino de Identificação de Objetos Tridimensionais para se orientar durante a realização deste Treino, fazendo as mudanças necessárias.

Este programa deveria ser continuado, para ampliar o repertório de Compreensão Verbal do aluno, podendo ser realizado concomitantemente à(s) parte(s) 5 e/ou 6 e 7 do programa de Identificação.

Sugere-se que o educador utilize o Programa de treino de Identificação de Objetos em Gravuras para se orientar durante a realização deste Treino, fazendo as mudanças necessárias.

Sugere-se que o educador utilize o Programa de treino de Identificação de Partes do Corpo para se orientar durante a realização deste Treino, fazendo as mudanças necessárias.

PARTE 5: PESSOAS EM FOTOGRAFIAS OU GRAVURAS

O Programa de Identificação de Pessoas em Fotografias ou Gravuras apresenta as mesmas etapas e procedimentos do Programa de Identificação de Objetos em Gravuras:

- Linha de Base.
- Treino.
- Manutenção e Generalização.

Altera-se, tão somente, o estímulo e a pergunta apresentada ao aluno a cada tentativa, que passa a ser:

"Mostre a fotografia do(a)... "(nome da pessoa); ou

"Mostre o(a)..." (homem, mulher, menino, menina, bebê, etc.).

PARTE 6: PARTES DO CORPO EM GRAVURAS

O programa de Identificação de Partes do Corpo em Gravuras apresenta as mesmas etapas e procedimentos que o de Identificação de Partes do Corpo:

- Linha de Base.
- Treino.
- Manutenção e Generalização.

Altera-se, tão somente, o estímulo apresentado ao aluno, a cada tentativa, que passa a ser a gravura de uma pessoa. A pergunta continua sendo a mesma:

"Mostre-me o(a)... do(a) menino(a), moço(a).".

Para garantir a generalização é interessante variar, depois de atingido o critério, as gravuras apresentadas.

PARTE 7: AÇÕES EM GRAVURAS

O Programa de Identificação de Ações em Gravuras apresenta as mesmas etapas e procedimentos do Programa de Identificação de Objetos em Gravuras:

- Linha de Base.
- Treino.
- Manutenção e Generalização.

Altera-se, tão somente, a pergunta apresentada ao aluno a cada tentativa, que passa a ser:

"Mostre a pessoa que está..." (comendo, correndo, nadando, etc.), ou

"Quem está..." (comendo, correndo, nadando, etc.)

Este Programa deverá ser apresentado posteriormente ao de Identificação de Objetos em Figuras, já que identificar ações costuma ser mais difícil que identificar objetos e pessoas.

Sugere-se que o educador utilize o Programa de treino de Identificação de Objetos em Gravuras para se orientar durante a realização deste Treino, fazendo as mudanças necessárias.

AMPLIAÇÃO DE REPERTÓRIO

- Considerando que a lista de itens apresentada a título de sugestão, abrange, tão somente, as palavras mais usadas para o aprendizado da comunicação, é importante continuar sempre a incentivar a ampliação do repertório do A.
- Para isso, sugere-se solicitar ao A. a identificação de objetos, pessoas, parte do corpo e ações, já adquirida, em situações, as mais diversas e funcionais.
- Deve-se também continuar os treinos, ampliando a lista com vocábulos novos e que se refiram a itens do seu ambiente.

IDENTIFICAÇÃO
OBJETOS, PESSOAS, PARTES DO CORPO E AÇÕES
SUGESTÕES DE ITENS PARA TREINAMENTO

MÓVEIS		
Bola	Cubo	
Carro	Nenê	
Argola	Pino	
Caminhão	Boneca	

PEÇAS DE VESTUÁRIO	
Blusa	Casaco
Calça	Vestido
Sapatos	Avental
Meia	

OBJETOS		
Televisão	Livro	
Abajur	Lápis	
Telefone	Dinheiro	
Computador	Anel	
Tapete	Casa	
	Caixa	

ALIMENTOS		
Pão	Feijão	
Salada	Chá	
Carne	Morango	
Óleo	Bolo	
Torta	Café	
Alho	Salada de frutas	
Ovo	Sorvete	
Banana	Frango	
Pudim	Salsinha	
Maçã	Macarrão	
Arroz	Água	
Leite	Yogurte	
Suci	Comida	
Biscoito		

CÔMODOS	
Quarto	Cozinha
Banheiro	Sala
Recreio	Classe

PARTES DA SALA	
Porta	Luz
Janela	Chão

NECESSIDADES FISIOLÓGICAS	
Xixí	Cocô

UTENSÍLIOS		
Fogão	Xícara	
Geladeira	Guardanapo	
Panela	Toalha	
Copo	Lancheira	
Prato	Pente	
Colher	Escova (de dente)	
Garfo	Pasta de dente	
Sabonete	Faca	
Sacola		

NEGAÇÃO E AFIRMAÇÃO	
Sim	Não

IDENTIFICAÇÃO
OBJETOS, PESSOAS, PARTES DO CORPO E AÇÕES
SUGESTÕES DE ITENS PARA TREINAMENTO

PARTES DO CORPO	
Mão	Nariz
Perna	Barriga
Boca	Olho
Pé	Peito
Cabelo	Orelha
Dente	Órgão Sexual
Braço	Joelho
Cotovelo	Calcanhar
Ombro	Pescoço
Unha	Dedo

MÓVEIS	
Cadeira	Mesa
Cama	Banco
Armário	

MÓVEIS		
Mamãe	Vovô, Vovó	
Papai	Irmão, Irmã	
Tia	(nome)	
Nenê	Colega (nome)	

AÇÕES	
Comer	Vestir
Beber	Sentar
Brincar	Levantar
Dormir	Andar
Pular	Parar
Falar	Fazer xixi
Riri	Fazer cocô
Chorar	Acordar

ANIMAIS	
Cavalo	Pássaro
Elefante	Girafa
Leão	

PLANTAS	
Flor	Árvore
Grama	Terra

CONCEITO DE POSIÇÃO	
Dentro	Fora
Embaixo	Em cima
Perto	Longe

OBSERVAÇÕES: Evidentemente estas listas não esgotam os vocábulos que podem e/ou devem ser ensinados/fazer parte do repertório do aluno. O interesse deste e as suas próprias manifestações são sempre levados em conta, além dos aspectos já selecionados. Os vocábulos que fazem parte de outros programas, como Atendimento de Ordens, também são incluídos.

FOLHA DE REGISTRO PARA ☒ **LINHA DE BASE DO PROGRAMA** *Identificação de objetos tridimensionais*

☐ **REVISÃO SEMANAL**

PERÍODO: *Abril/2016*

ALUNO: *Ivani*

CLASSE: *E* **EDUCADOR:** *Jorge*

DATA E HORA	ITENS DE TESTE		TENTATIVAS 1	2	3	% ACERTOS	OBSERVAÇÕES
	BRINQUEDOS	*bola*	*S+*	*S+*	*S°*	*66*	
		boneca	*S-*	*S°*	*S+*	*33*	
		carrinho	*S+*	*S+*	*S+*	*100%*	
		cubos	*S-*	*S-*	*S-*	*0*	
	UTENSÍLIOS	*escova dente*	*S+*	*S°*	*S-*	*33*	
	de AVD	*pente*	*S-*	*S-*	*S+*	*33*	
		toalha	*S+*	*S+*	*S+*	*100%*	
		sabonete	*S-*	*S-*	*S+*	*33*	
	PEÇAS DE	*meias*	*S+*	*S-*	*S°*	*33*	
	ROUPA	*sapatos*	*S-*	*S-*	*S-*	*0*	
		blusa	*S-*	*S+*	*S-*	*33*	
		calça	*S+*	*S+*	*S-*	*66*	
	MOBILIÁRIO	*cadeira*	*S-*	*S°*	*S°*	*0*	
		mesa	*S+*	*S°*	*S°*	*33*	
		armário	*S+*	*S+*	*S-*	*66*	
		lâmpada	*S-*	*S-*	*S+*	*33*	
	ALIMENTOS	*banana*	*S-*	*S-*	*S-*	*0*	
		maçã	*S-*	*S+*	*S-*	*33*	
		yogurte	*S+*	*S+*	*S+*	*100%*	
		ovo	*S°*	*S-*	*S-*	*0*	
% TOTAL DE ACERTOS						*40*	

CÓDIGOS USADOS:
S: sem ajuda
+: resposta correta
–: resposta incorreta
o: recusa

CONCLUSÕES:
1) Iniciar o treino, com itens da lista testada.
2) Iniciar Manutenção e Generalização com carrinho, toalha e sobremesa.

FOLHA DE REGISTRO PARA TREINO DO PROGRAMA: Identificação de objetos tridimensionais nomeados

(TREINO SIMULTÂNEO DE DOIS ITENS)

PERÍODO: Agosto/2016 PROCEDIMENTO DE AJUDA: ☒ PR-I ☐ PR-5 ALUNO: Regina

CLASSE: C EDUCADOR: Júlio

SESSÃO	DATA HORA	ITENS EM TREINO	1	2	3	4	5	6	7	8	9	10	11	12	13	14	15	16	17	18	19	20	% ACERTOS	OBSERVAÇÕES
1	10/8	sabonete		S-	T+			P+		D+		P+											80	Foram usados objetos variados
	9:15	pente	S+			S+	S+		S+		S-												80	como não-exemplos.

CÓDIGOS USADOS:
S: sem ajuda
T: ajuda física total
P: ajuda física parcial
D: dica física
+: resposta correta
-: resposta incorreta

FOLHA DE REGISTRO PARA ☐ **LINHA DE BASE DO PROGRAMA** *Identificação de objetos tridimensionais nomeados*
☒ **REVISÃO SEMANAL**

PERÍODO: *Maio/2016*

ALUNO: *Júlio*

CLASSE: *E* EDUCADOR: *Gilce*

DATA HORA	ITENS DE TESTE	TENTATIVAS 1	2	3	% ACERTOS	OBSERVAÇÕES
8/5	*bola*	*S+*				*OK*
8	*carrinho*	*S−*	*S+*	*S+*		*OK*
15/5	*bola*	*S+*				*OK*
15	*carrinho*	*S+*				*OK*
15	*pente*	*S−*	*S+*	*S+*		*OK*
						O item pasta de dente treinado nesta semana não havia
						sido superado.
% TOTAL DE ACERTOS						

CÓDIGOS USADOS: *S: sem ajuda*
+: resposta correta
−: resposta incorreta

CONCLUSÕES:

COMUNICAÇÃO

EXPRESSÃO VERBAL

Expressar-se verbalmente é um dos aspectos da comunicação. A linguagem expressiva é adquirida paralelamente à linguagem receptiva, no desenvolvimento normal. A partir dos primeiros balbucios do bebê e das respostas daqueles com quem convive, vão emergir sons e combinações de sons semelhantes aos produzidos pelas pessoas com quem interage. As primeiras palavras emitidas, em geral, referem-se a objetos, pessoas ou ações ligadas às vivências mais imediatas da criança. Inicialmente serão, na maioria das vezes, aproximações do modelo do adulto; aos poucos, quantidade, qualidade e complexidade de expressão vão se modificando e aperfeiçoando.

À medida que a criança adquire a capacidade de se expressar através de palavras ou de certas formas convencionadas, poderá prescindir de outros recursos de chamar a atenção das pessoas sobre si, como fazê-las olhar para um objeto que deseja, chorando ou gritando. Um repertório expressivo, mesmo rudimentar, é portanto muito adaptativo para a criança, diminuindo situações de tensão, quando seus pais ou outros adultos não a compreendem.

Quando há atraso no desenvolvimento da habilidade de expressão verbal e/ou quando também não existem formas alternativas de comunicação, torna-se necessário o ensino desta habilidade, através de programações específicas. Antes disso, porém, é preciso verificar se a criança tem um repertório imitativo, seja ao nível motor, ao nível de imitação de movimentos dos órgãos fonoarticulatórios, de imitação de vocalizações ou de palavras.

Aprender a nomear objetos, pessoas e ações, a negar e afirmar e a expressar seus desejos e necessidades são objetivos importantes por sua funcionalidade.

Por este motivo foram elaborados programas, visando cada uma destas habilidades. Sua inclusão no elenco de programas de cada aluno depende do repertório específico do mesmo, ocorrendo o mesmo com relação à sequência adotada.

O Programa de Imitação de Movimentos dos Órgãos Fonoarticulatórios visa preparar a criança para a imitação vocal de palavras e melhorar a qualidade de emissão, o que será então conseguido através do Programa de Imitação Oral de Palavras.

O Programa de Nomeação, dividido em seis partes, propõe-se a ensinar ao aluno a identificar, nomeando objetos, pessoas ou ações.

O Programa de afirmação e negação "Sim/Não" é fundamental, não apenas porque permite à criança expressar desejos e necessidades, mas também por ser um caminho para a aquisição de comportamentos mais complexos.

Quando o aluno não tem possibilidades de expressão oral ou quando a aquisição desta é difícil e demorada, o ensino de expressão através de gestos se toma uma alternativa importante.

Programa 9

Imitação de movimento dos órgãos fonoarticulatórios

HABILIDADES BÁSICAS
IMITAÇÃO DE MOVIMENTOS DOS ÓRGÃOS FONOARTICULATÓRIOS

A fala é um ato motor complexo, que requer uma coordenação precisa do sistema respiratório, de fonação e de articuladores da fala (língua, lábios, palato mole), mediada pelo sistema nervoso central. As habilidades necessárias ao desenvolvimento da fala iniciam-se nos primeiros minutos de vida. Na criança normal, à medida que ela cresce e que amadurecem as funções e os órgãos necessários à fala, suas emissões — inicialmente de padrão silábico simples (vogal ou consoante-vogal) e repetitivo — vão se aperfeiçoando, até se tornarem semelhantes às do padrão adulto do seu meio ambiente.

Crianças com problemas de desenvolvimento apresentam frequentemente distúrbios, logo após seu nascimento. Ao serem observados padrões anormais de respiração e/ou alimentação, já nos primeiros dias de vida ou em fases posteriores, quando a criança já ingere alimentos semissólidos, dever-se-ia iniciar um programa de intervenção, que facilitasse a aquisição de padrões normais de sucção, deglutição e mastigação. Esta intervenção é importante por si mesma, como também para prevenir (ou atenuar) possíveis efeitos do desenvolvimento anormal destes aspectos da pré-fala, sobre a fala. Este é o motivo, aliás, porque a intervenção de fonoaudiólogos deve dar-se o mais cedo possível na vida de um bebê com problemas em órgãos envolvidos na aquisição da comunicação oral.

É comum também, nos indivíduos com problemas de desenvolvimento, que a fala se apresente de forma alterada, com omissões, reduções, substituições e inversões fonêmicas, a ponto de tornar suas emissões muitas vezes incompreensíveis (podendo haver ou não lesões orgânicas, que prejudiquem a emissão correta ou mesmo, que a impossibilitem).

O Programa de Imitação de Movimentos dos Órgãos Fonoarticulatórios (daqui por diante chamados O.F.A.), visa desenvolver comportamentos imitativos motores destes órgãos, que virão a facilitar a posterior instalação da fala ou melhorar emissões verbais já existentes. Visa também ajudar a corrigir posturas ou movimentos inadequados, como protusão de língua, respiração deficiente ou inadequada, controle de baba, entre outros.

HABILIDADES BÁSICAS
IMITAÇÃO DE MOVIMENTOS DOS ÓRGÃOS FONOARTICULATÓRIOS

Nilo está brincando com seu carrinho. "Como faz o carrinho?, pergunta a mamãe." Brr, brr, brr..." faz ela, enquanto o carro sobe e desce ladeiras, dando modelo para Nilo. "Brr, brr, brr..." repete este. Ele está começando a se expressar verbalmente.

A vela está acesa para Soninha soprar e apagá-la. Mas o sopro não sai. Como é difícil fazer o ar sair! A fono mostra para ela como fazer, mas Soninha apenas movimenta os lábios.

Raul já sabe imitar muitas coisas. Faz "tchau", repete os movimentos que a professora faz na aula de música. Pede o que quer, através de gestos. Mas ainda não consegue imitar as palavrinhas que se fala para ele. "Faça como eu.", diz a fono. "Assim", fazendo sair o som de "F". Ela ajuda Raul a imitá-la, dando-lhe o modelo e ajuda física.

INFORMAÇÕES INICIAIS

O tempo de, cinco segundos indicado é arbitrário, podendo ser alterado de acordo com a situação e as condições do aluno.

COMPORTAMENTO-ALVO

Ao final do treino o Aluno (A.) deve ser capaz de realizar movimentos dos órgãos fonoarticulatórios (O.F.A.), dentro de um período de 5 segundos após a apresentação de um modelo e solicitação para tal.

PRÉ-REQUISITOS

É indispensável que o A. mantenha contato visual, tenha capacidade física para executar o comportamento e não apresente comportamentos inadequados para a situação de treino. É desejável também que tenha alguma forma de expressão verbal, oral ou gestual.

MATERIAL

- Folha de registro.
- Reforçadores.
- Folha com a lista de itens de treino.

AMBIENTE FÍSICO

O treino deve ser conduzido em local livre de estímulos supérfluos e da entrada de pessoas estranhas, com o Educador (Ed.) sentado frente ao A.

O termo Educador (Ed.) poderá referir-se a qualquer um dos profissionais que estiverem realizando o programa.

O número de tentativas e a frequência das sessões sugeridas podem ser alternados, de acordo com as características do aluno e com sua programação geral. As tentativas podem também ser distribuídas em blocos ao longo do dia.

Eventualmente o educador testará apenas itens cujo treino se mostrou como importante durante a realização de outros programas, uma vez que a finalidade deste programa é a de facilitar a aquisição de fala do aluno ou melhorar as emissões já existentes.

PLANEJAMENTO DAS SESSÕES

Frequência: devem ser realizadas de 1a 2 sessões de treino por dia.

Número de tentativas: 10 tentativas por sessão.

Duração: aproximadamente 10 minutos.

LINHA DE BASE

SELEÇÃO DE ITENS

Inicialmente o Ed. seleciona 8 itens da lista de comportamentos imitativos de movimentos dos órgãos fonoarticulatórios (O.F.A.), apresentando novos itens, caso o A. responda corretamente.

AQUECIMENTO

Não há atividades específicas de aquecimento.

PROCEDIMENTO

1. Ed. coloca-se em frente do A.
2. Ed. chama o A. pelo nome.

   Quando o A. estabelecer contato visual:

3. Ed. diz ao A.: "Fulano, faça assim."
4. Ed. apresenta o movimento ao A. por 3 segundos.
5. Ed. aguarda até 10 segundos.
6. Ed. registra a resposta na folha.
7. Ed. apresenta nova tentativa.

Cada item costuma ser apresentado por três vezes ao aluno, durante a Linha de Base.

O critério sugerido é de três acertos para cada item, admitindo-se três erros no conjunto dos oito itens. Com a prática, o educador poderá decidir após apresentação destes primeiros oito itens, se o aluno deve realizar o treino de Imitação de Movimentos dos Órgãos Fonoarticulatórios ou se este não é necessário. Algumas vezes, o aluno poderá fracassar em certos itens, mas apresentar um repertório imitativo adequado na maioria dos itens propostos. Nestes casos, haverá necessidade de treinar apenas os itens faltantes.

A decisão da realização do treino será sempre tomada em conjunto com a fonoaudióloga e o treino, realizado com sua supervisão.

Em anexo encontra-se um modelo desta folha.

Caso o A. atinja o critério para um item:
- Ed. considera o item superado e apresenta o próximo item, até esgotar a lista.

Caso o A. não atinja o critério para mais de 3 itens:
- Ed. propõe a inclusão do Programa de Imitação dos Movimentos de O.F.A. na rotina de atividades do A., sem precisar esgotar todos os itens da lista, na Linha de Base.

CONSEQUENCIAÇÃO

De um modo geral, respostas corretas não são reforçadas em sessões de Linha de Base, reforçando-se outras repostas adequadas dos alunos, intermitentemente.

REGISTRO

Resposta correta	S+
Resposta incorreta	S-
Não-resposta/recusa	S^0

O Ed. deve usar a folha de registro para Linha de Base.

A apresentação dos dois itens em treino deve ser aleatória, com preparo antecipado da randomização. A folha de registro já prevê esta sequência.

Explicações sobre a utilidade deste programa poderão ser dadas a alunos com um nível de compreensão adequado, favorecendo sua colaboração.

A apresentação deste treino de modo informal, mais como uma brincadeira, também poderá ser cogitada para alguns alunos. Uma vez que certas manobras podem ser difíceis ou desagradáveis ao aluno, um bom contato entre o educador e o aluno é essencial, antes de treinar os movimentos.

A realização dos movimentos, com ou sem som, dependerá das condições individuais do aluno. Em alguns casos poderá facilitar, em outros, dificultar, a realização do movimento.

TREINO

SELEÇÃO DE ITENS

O Ed. seleciona 2 itens da lista de comportamentos imitativos de movimentos de O.F.A. O treino deve ser iniciado a partir daqueles movimentos mais fáceis e mais visíveis para o A. e que permitam, mais facilmente, dar dicas e ajudas.

AQUECIMENTO

Não há atividades específicas previstas.

PROCEDIMENTO

1. Ed. coloca-se à frente do A.
2. Ed. chama o A. pelo nome.

   Quando o A. estabelecer contato visual:
3. Ed. diz ao A.: "Fulano, faça assim."
4. Ed. apresenta o movimento ao A. por 3 segundos.
5. Ed. aguarda até 5 segundos.

   Se o A. responde corretamente:
6. Ed. reforça a resposta.
7. Ed. registra a resposta na folha.

Caso seja desejável, libera também outros reforçadores.

O educador pode igualmente usar outras formas de indicar que a resposta está incorreta: "Errado, eu fiz assim."; "Não, vamos fazer de novo."; etc.

Os procedimentos de ajuda para a instalação de imitação de movimentos de O.F.A. podem ser de níveis e tipos muito diversos. Para alguns alunos, a apresentação do modelo pelo fonoaudiólogo/educador pode ser suficiente. Para outros, poderá ser necessário acrescentar instrução verbal (dependendo do seu nível de compreensão). Para outros ainda, será necessário usar dicas físicas ou mesmo ajuda física. A graduação destas dicas dependerá das dificuldades do aluno.

Para os casos mais difíceis, existem procedimentos de ajuda já elaborados com a colaboração de fonoaudiólogos. O educador deve lembrar-se de esvanecer a ajuda gradualmente, até que o aluno realize o comportamento independentemente.

Em anexo encontram-se exemplos de ajudas para alguns dos itens de treino indicados neste programa. Outros procedimentos devem ser elaborados, de caso para caso, com orientação da fonoaudióloga.

8. Ed. apresenta nova tentativa, conforme sequência aleatória prevista.

   Se o A. responde incorretamente:
9. Ed. registra a resposta na folha.
10. Ed. utiliza procedimento de ajuda na próxima tentativa daquele item.

   Se o A. não responde em 5 segundos:
11. Ed. registra a recusa na folha.
12. Ed. utiliza procedimento de ajuda na próxima tentativa daquele item.

Quando o A. atingir o critério de aquisição para um item:
- Ed. considera o item superado.
- Ed. inclui o item no programa de Manutenção e Generalização.
- Ed. seleciona o próximo item da lista, indicado pela equipe.

O critério de aquisição sugerido é de 90% de respostas corretas às solicitações feitas, durante três sessões consecutivas.

A primeira apresentação de um novo item é feita sempre sem ajuda, como uma forma de sondagem.

Em anexo encontra-se um modelo destas folhas.

CONSEQUENCIAÇÃO

Respostas corretas são seguidas de elogio e, eventualmente, de outros reforços.

Respostas incorretas são seguidas por introdução de procedimento de ajuda nas tentativas subsequentes (do mesmo item).

Recusas são seguidas pela introdução de procedimento de ajuda selecionado, nas tentativas subsequentes daquele item.

REGISTRO

O Ed. registra as respostas correspondentes, logo após cada tentativa, indicando também o nível de ajuda dado:

Nível de Ajuda	Resposta Correta	Resposta Incorreta	Recusa Ñ-Resposta
Sem ajuda	S+	S-	S^0
Ajuda física total	T+	T-	T^0
Ajuda física parcial	P+	P-	P^0
Dica física	D+	D-	D^0
Dica verbal	V+	V-	V^0

O *Ed.* deve usar a folha de registro para treinos com 2 itens.

Para a Revisão Semanal, o *Ed.* pode usar a folha de Linha de Base.

A Revisão Semanal dos itens superados é uma maneira de verificar a manutenção de respostas adquiridas. A apresentação dos itens superados durante o treino, em ordem e com frequência aleatórias, é uma alternativa. Ela é especialmente útil, quando o aluno estiver cometendo muitos erros nos novos itens, pois se cria oportunidades de reforçamento adicional por acerto nos itens superados. Nestes casos, o registro destas respostas não seria necessário, bastando uma observação na folha de registro.

REVISÃO SEMANAL

Uma vez por semana:

1. Ed. apresenta um dos itens já superados pelo A. no treino Se o A. responde corretamente.
2. Ed. reforça a resposta.
3. Ed. registra a resposta na folha.
4. Ed. apresenta outros itens já superados pelo A., no treino, um a um.

Se o A. responde incorretamente ou não responde a algum item

5. Ed. apresenta 2 outras tentativas para esse(s) item(ns)
6. Ed. reinicia o treino para esse(s) item(ns).

MANUTENÇÃO E GENERALIZAÇÃO

- A Manutenção e Generalização dos comportamentos aprendidos neste treino serão basicamente asseguradas através do Programa de Imitação Oral de Palavras e/ou Nomeação, que se seguem a ele.
- Exercícios respiratórios podem ser importantes também, após atividades cansativas ou para melhorar a respiração.
- Alguns itens podem ser propostos como brincadeiras ou em horários de "espera". Por exemplo: "Como faz o carrinho: Brr...", "Como faz o cavalinho: cl, cl, cl..." ou em momentos de inquietação: "Quero ver todo mundo sorrindo: hi...", etc.

ITENS DE TREINO

1. Respiração profunda (inspiração e expiração).
2. Respiração profunda com retenção do ar por 3 segundos.
3. Sopro forte.
4. Vibração da corda vocal; som do "M" (sonorização).
5. Inflar bochechas.
6. Mover língua para os lados da boca.
7. Abrir e fechar a boca.
8. Língua para cima e para baixo tocando os lábios.
9. Língua em posição para o som de "L"; sugar a língua no palato.
10. Estalar a língua, fazendo "CI, CI".
11. Boca aberta para o som de "A", com a língua assentada.
12. Bico em posição de "U".
13. Sorriso em posição do "I".
14. Boca em posição de "O".
15. Boca em posição de "E".
16. Unir os lábios, como para "P", sem som.
17. Vibrar os lábios, fazendo "Brr".
18. Abrir e fechar a boca, tocando lábios com pressão (movimento de "B").
19. Dentes superiores sobre lábio inferior, como para o som do "F".
20. Vibrar a língua (La, La).

PROCEDIMENTOS DE AJUDA

Uma vez que este Programa requer procedimentos bastante específicos, orientados pela fonoaudióloga, apresenta-se uma descrição mais detalhada dos Procedimentos de Ajuda. Estes são descritos na sequência de ajuda maior para ajuda menor. Às vezes, esta se constitui em ajuda física total (T); para outros itens esta nem é possível de ser dada, apresentando-se níveis de ajuda física parcial (P).

Juntamente com esta, podem ser dadas dicas físicas e/ou verbais (D e/ou V). Seguem alguns exemplos:

- Respiração profunda (inspiração e expiração) (1)

  — Soprar fortemente o rosto do A. Dar modelo, para inspiração.

  — Soprar levemente o rosto do A. (para expiração oral).

- Boca aberta para o som de "A", com língua assentada (11)

  — Com o polegar e o indicador no queixo, abaixá-lo.

  — Tocar o queixo, no sentido do movimento.

- Sorriso em posição de "I" (13)

  — Com os dedos indicadores nos cantos dos lábios, esticá-los em direção às orelhas.

  — Tocar os cantos dos lábios com os indicadores para fora.

- Dentes superiores sobre o lábio inferior, como para o som de "F" (19)

  — Com os dedos polegar e médio (sobre o queixo e abaixo deste, abrir os maxilares e fechá-los dando um movimento de levar para cima do lábio inferior introduzindo-o entre os dentes).

  — Mesmo tipo de movimento, porém mais rápido e leve.

- Vibrar lábios em "Brr" (17)

  — Com uma das mãos, manter os maxilares fechados; com a outra correr os dedos nos lábios no sentido do superior para o inferior.

  — Correr os dedos levemente nos lábios na direção superior para o inferior.

- Estalar a língua ("Cl, Cl")

  — Dedo polegar embaixo do queixo e o indicador sobre este, fazer pressão com o polegar para que a língua grude no céu da boca.

  — Toque leve embaixo do queixo.

FOLHA DE REGISTRO PARA: ☒ **LINHA DE BASE DO PROGRAMA** *Imitação de OFA*

☐ **REVISÃO SEMANAL**

PERÍODO: *Julho/2016*

ALUNO: *Vitor*

CLASSE: *D* **EDUCADOR:** *Silvia*

DATA HORA	ITENS DE TESTE	TENTATIVAS 1	2	3	% ACERTOS	OBSERVAÇÕES
1/7	sopra forte	S+	S+	S-	66	
1	inflar bochechas	S-	S+	S+	66	
1	abrir e fechar boca	S-	S+	S-	33	
1	som do A	S-	S-	S-	0	
2/7	bico do U	S-	S+	S°	33	
2	sorriso do I	S+	S-	S+	66	
2	posição do O	S+	S+	S+	100	
2	posição do E	S-	S°	S-	0	
% TOTAL DE ACERTOS					46	

CÓDIGOS USADOS: *S: sem ajuda*
+: resposta correta
-: resposta incorreta

CONCLUSÕES: *Iniciar o treino. Ver orientação da fonoaudiologa.*

Programa 10

Imitação oral de palavras

HABILIDADES BÁSICAS

Da mesma forma que o Programa de Imitação Motora, o de Imitação Oral de Palavras é um programa que introduz um repertório de apoio que permite a aprendizagem de verbalizações cada vez mais complexas. Especificamente, ele é um pré-requisito fundamental para o Programa de Nomeação. Desta forma, quando um aluno for iniciar a aprendizagem de nomeação, é necessário verificar se já é capaz de emitir palavras de maneira inteligível. Caso contrário, será necessário que ele passe por este Programa. Uma vez que a criança adquira um repertório imitativo verbal, este fornece os fundamentos sobre os quais ela aprenderá mais rapidamente um extenso repertório de nomeação e comunicação.

O Programa de Imitação Oral de Palavras pode também ser usado quando o aluno já nomeia objetos ou mesmo estrutura frases, mas com articulação ou sintaxe incorretas. A imitação, neste caso, servirá para corrigir estas formas inadequadas de expressão. Em alguns casos, pode ser interessante usar, na aplicação do Programa, também alguns itens de treino do Programa de Imitação de Movimentos dos Órgãos Fonoarticulatórios, quando é desejável facilitar a aquisição de movimentos e posturas mais corretas dos mesmos.

Crianças psicóticas e autistas, que apresentem linguagem não-funcional, também podem beneficiar-se de treino imitativo oral, visando a instalação posterior de fala funcional, através de técnicas específicas de modificação de comportamento e de procedimento de ajuda.

Deficientes auditivos, de diferentes graus de severidade, igualmente se beneficiam com o programa de imitação oral, podendo melhorar significativamente sua fala. O Programa tem sido usado também, para esta população, acoplado a um programa de alfabetização, envolvendo leitura e escrita, partindo de vogais, sílabas e palavras.

HABILIDADES BÁSICAS

IMITAÇÃO ORAL DE PALAVRAS

Julinha repete tudo que se fala para ela. "Parece um papagaio.", diz a mãe. "Diga papai.", pede o pai. "Papai", diz ela. "Diga Totó.", "Diga pato.". Julinha imita: "Pato". "E como faz o pato?" "Qua, Quá!" Rindo, ela repete: "'Quá, quá!"

A tia diz: "Olhe aqui a boneca. Diga boneca". César olha para a tia e depois para a boneca, aponta com a mão e diz: "La-la". "Boneca", repete a tia. César ri, mas não repete.

Fabinho, que até os 5 anos não falava nada, está agora começando a emitir uma porção de palavrinhas. Às vezes é preciso adivinhar o que ele diz; outras vezes sua emissão é mais clara. A fono treina com ele: "Fabinho, diga banana." Fabinho repete: "Nana". A fono diz: "Ba", ele repete: "Ba". "Agora, ba... na...na". E lá sai: "Ba.na.na." Que lindo!

INFORMAÇÕES INICIAIS

COMPORTAMENTO-ALVO

Ao terminar o treino o Aluno (A.) deve ser capaz de repetir palavras que sigam a ordem verbal: "Fala...", de forma compreensível, e num intervalo de no máximo 5 segundos entre ordem verbal e resposta imitativa.

O limite de tempo é uma condição importante para caracterizar o comportamento como imitação. Em indivíduos que resistem ao treinamento ou voluntariosos, pode ocorrer, com certa frequência, que realizem o comportamento, decorrido um tempo maior ou quando não são solicitados.

PRÉ-REQUISITOS

É necessário que o A. tenha capacidade física de ouvir e articular sons e que já tenha algumas emissões espontâneas.

Quando o aluno só emitir alguns fonemas, um programa de imitação de vogais e sílabas, semelhante ao do Programa de imitação Oral de Palavras, pode ser desejável, como pré-requisito. Neste caso, considerando-se as necessidades especificas do aluno, a fonoaudióloga deve preparar o programa.

AMBIENTE FÍSICO

O treino pode ser conduzido em situação formal e/ou informal, de preferência num ambiente em que não existam muitos estímulos concorrentes, com o Educador (Ed.) sentado frente ao A.

O termo Educador (Ed.) poderá referir-se a qualquer um dos profissionais que estiverem realizando o programa (fonoaudiólogo, psicólogo, professor).

MATERIAL

- Folhas, com listas de palavras.
- Folha de registro.
- Gravador.
- Reforçadores.

As listas de palavras deverão ser alteradas logo que o aluno atingir critério para uma delas.

O uso do gravador é conveniente, pois permite à fonoaudióloga analisar a produção do aluno, caso a testagem seja feita pelo educador ou psicólogo, e uma anotação mais exata.

PLANEJAMENTO DAS SESSÕES

Frequência: deve-se realizar 1 a 2 sessões de treino diárias, sempre que possível. No entanto, quanto maior for a frequência diária dos treinos, mais rápida será a aquisição do comportamento desejado.

Duração: aproximadamente 15 minutos.

Número de tentativas: 2 tentativas por item, 10 a 20 itens por sessão.

O número de itens por sessão pode e deve variar, de acordo com as características do aluno, para menos ou para mais.

LINHA DE BASE

FASE 1:

Esta fase, de preferência, deve ser executada pela fonoaudióloga, que deve também orientar a seleção dos itens para a Fase 2 ou mesmo, realizá-la.

Caso se verificar, na Fase 1 da Linha de Base, necessidade de instalar fonemas ou sílabas, como pré-requisitos, o educador poderá testar também este repertório do aluno — com uma lista especial — na Fase 2 da Linha de Base (ver Programa de Imitação de Vogais ou Sílabas).

PROCEDIMENTO

1. Ed. coloca o A. em situação agradável, com objetos e figuras ao seu alcance, interagindo com ele.
2. Ed. observa as verbalizações/vocalizações espontâneas do A., a fim de fazer um levantamento de seu repertório fonêmico e léxico.
3. Ed. registra as verbalizações/vocalizações emitidas pelo A.

CONSEQUENCIAÇÃO

O Ed. não consequenciará diretamente as verbalizações/vocalizações do A., mas reforçará comportamentos de interação, procurando tornar a situação a mais propiciadora possível, para obter o máximo de dados sobre as emissões do A.

REGISTRO

O Ed. registrará as emissões do A. numa folha em branco, anotando também dados de identificação e eventuais observações.

FASE 2:

SELEÇÃO DE ITENS

A lista de itens apresentados ao A. deve ser elaborada com base nos dados levantados na FASE 1 e de acordo com suas dificuldades específicas.

A Fase 2 da Linha de Base pode ser realizada em uma ou mais sessões, dependendo do aluno a ser testado. O educador deve estar atento para sinais de cansaço ou irriquietação do aluno, para aumentar eventualmente o número de sessões de Linha de Base e diminuir as solicitações por sessão.

O critério proposto, segundo nossa experiência, é de 90 a 100% de respostas corretas.

O grau de precisão, para o educador considerar as emissões corretas, deve ser previamente definido, a depender do repertório geral do aluno e dos objetivos fixados. Assim, a exigência pode variar, desde a emissão reconhecível da palavra até a sua articulação perfeita.

AQUECIMENTO

Não há atividade específica prevista.

PROCEDIMENTO

1. Ed. coloca-se frente ao A.
2. Ed. chama o A. pelo nome.

Quando o A. estabelecer contato visual:

3. Ed. diz: "Fulano, fala..." (nome do item).
4. Ed. Aguarda até 5 segundos.

Qualquer que seja a resposta do A. (correta, aproximada, incorreta ou recusa):

5. Ed. registra a resposta.
6. Ed. apresenta cada item 3 vezes, testando até o máximo de 20 itens por vez.

Caso o A. atinja o critério para algum item:

• Ed. inclui o item no Programa de Nomeação ou na fase de Manutenção e Generalização.

Caso o A. não atinja e critério para mais de 3 itens:

• Ed. discutirá com a equipe sobre a conveniência de incluir o Programa na rotina de atividades do A.

Com a prática, o educador poderá decidir após apresentação de dez a quinze itens, se o aluno deve realizar o treino de Imitação Oral de Palavras ou se necessita de um treino pré-requisito, como o de Imitação Oral de Vogais e Sílabas ou de Imitação de Movimentos de Órgãos Fonoarticulatórios (OFA). Também pode ser desejável treinar apenas algumas dificuldades específicas de emissão, que aparecem na avaliação.

CONSEQUENCIAÇÃO

De modo geral, respostas corretas não são reforçadas em sessões de Linha de Base, reforçando-se outras respostas adequadas do aluno, intermitentemente.

REGISTRO

Resposta correta	S+
Resposta aproximada	Ap (anotar a forma como foi emitida)
Resposta incorreta	S-
Recusa/ Não-resposta	S^0

O Ed. registrará as respostas do A. na folha de registro para Linha de Base.

Em anexo encontra-se um modelo desta folha.

TREINO

SELEÇÃO DE ITENS

Os itens são selecionados de acordo com as dificuldades específicas do A., a partir dos dados da Linha de Base. O treino é iniciado com uma lista de 20 vocábulos.

Sugere-se, sempre que possível, incluir quinze palavras, para as quais o aluno não atingiu o critério, juntamente com cinco que já domina.

É evidente que o número de vocábulos por lista pode variar, a depender do repertório geral do aluno e de sua capacidade de atenção.

Para alunos com problemas de emissão, *nos programas de nomeação e na linguagem espontânea, os itens devem ser escolhidos dentre os vocábulos das listas de nomeação de objetos, alimentos, pessoas e ações.*

Para alunos com fala não-funcional, *o procedimento visa, em primeiro lugar, colocar a fala sob controle imitativo, usando-se vocábulos que o aluno emita, como primeiro passo para uma linguagem funcional.*

Para alunos com deficiência auditiva, *deve-se partir dos fonemas consonantais e vocálicos dominados por eles. O critério para a escolha a seguir é de padrão silábico consoante-vogal, de acordo com as habilidades articulatórias do aluno, estabelecendo-se uma hierarquia, para a aquisição dos fonemas.*

Em qualquer um destes casos, pode surgir a necessidade de um programa pré-requisito, de imitação de vogais e sílabas.

Em alguns casos, a apresentação simultânea do objeto ou da figura correspondente, pode ser um recurso útil.

A primeira apresentação é sempre considerada como sondagem e não recebe procedimento de ajuda.

AQUECIMENTO

Não há atividades específicas previstas.

PROCEDIMENTO

1. Ed. senta-se frente ao A.
2. Ed. chama o A. pelo nome.

Quando o A. estabelecer contato visual:

3. Ed. diz: "Fulano, fale..." (vocábulo).
4. Ed. aguarda até 5 segundos.

Se o A. responde corretamente:

5. Ed. elogia e confirma a resposta

Eventualmente o educador apresenta também outro tipo de reforço.

6. Ed. registra a resposta.
7. Ed. apresenta nova tentativa, que pode ser o mesmo vocábulo ou um dos outros, em ordem randômica.

Se o A. apresenta resposta aproximada:

8. Ed. elogia e confirma a resposta, enfatizando o modelo adequado.
9. Ed. registra a resposta, anotando a forma como foi emitida.
10. Ed. apresenta nova tentativa, que pode ser o mesmo vocábulo ou um dos outros, em ordem randômica, usando procedimento de ajuda.

Os procedimentos de ajuda podem ser táteis, modelos verbais, sílaba a sílaba, rítmicos, bem como outras dicas físicas e verbais.

Deverão ser retiradas gradualmente.

Se o A. responde incorretamente:

11. Ed. corrige a resposta e dá o modelo correto.
12. Ed. registra a resposta.
13. Ed. apresenta nova tentativa, que pode ser o mesmo vocábulo ou um dos outros, em ordem randômica, usando procedimento de ajuda.

Se o A. não responde em 5 segundos:

14. Ed. apresenta a resposta correta.

Para este programa, que tem sido usado com frequência em trabalhos clínicos, o critério adotado tem sido de 90% de respostas corretas para toda a lista, em três sessões consecutivas.

Conforme o caso, poderá ser escolhido um programa de imitação de palavras mais compridas e mais complexas foneticamente, de imitação de frases com número de sílabas crescente, de nomeação ou ampliação de vocabulário.

Peças que irão compor um pequeno jogo (por exemplo, quebra-cabeça — Lego), têm sido úteis com crianças com comprometimento leve, recebendo o aluno as peças, uma de cada vez, para completar o jogo após "n" sessões. Ouvir a sua voz gravada também é, muitas vezes, reforçador para o aluno. A elaboração do gráfico de acertos, junto com o educador, também tem dado bons resultados.

15. Ed. registra a recusa na folha.
16. Ed. apresenta nova tentativa, usando ajudas necessárias e esvanecendo-as gradualmente. Após acerto com ajuda, a próxima tentativa poderá ser o mesmo item ou outro em ordem randômica.

Caso o A. atinja o critério para um item, este continuará a ser apresentado até o A. alcançar critério para a lista completa. Quando isto ocorrer:

- Ed. introduz nova lista, com as mesmas ou outras dificuldades.
- Ed. discute com a equipe outros possíveis programas.

Caso o A. não atinja o critério para um item em 5 sessões:

- Ed. estuda com a equipe o desempenho do A. e eventuais mudanças de itens.

Às vezes há necessidade de voltar para o treino silábico, com os fonemas não conseguidos nas *palavras.*

CONSEQUENCIAÇÃO

Respostas corretas são seguidas de elogio e confirmação da resposta e, eventualmente, de um reforço tangível ou atividades reforçadoras.

Respostas aproximadas são seguidas de elogio e da palavra correta, com ênfase na parte alterada ou omitida e, eventualmente, de outros reforços.

Respostas incorretas são seguidas de correção, (dando-se o modelo correto) e de nova tentativa, usando procedimento de ajuda.

Recusas são seguidas da apresentação da resposta correta e de nova tentativa, usando procedimento de ajuda.

REGISTRO

O Ed. registra as respostas correspondentes logo após cada tentativa, indicando também o nível de ajuda dado.

Nível de Ajuda	**Resposta Correta**	**Resposta Incorreta**	**Recusa Ñ-Resposta**
Sem ajuda	S+	S-	S^0
Resposta aproximada	Ap(*)		
Dica verbal	F+	F-	F^0
Dica física	V+	V-	V^0

(*) Anotar a forma como o A. emitiu a resposta.

O Ed. deve usar a folha de registro para o Programa de Imitação Oral de Palavras.

De acordo com os objetivos específicos do treino, pode ser desejável registrar o acerto ou erro de emissão, para cada sílaba das palavras da lista. Nestes casos, sugere-se o uso dos sinais(+) ou (-).

Exemplo: Palavra "bola": emissão: "bola"; registro + +

Palavra "bola": emissão: "boa"; registro + -

Um modelo desta folha encontra-se em anexo.

MANUTENÇÃO E GENERALIZAÇÃO

1. Uma vez superada uma lista de vocábulos em Treino, estes deverão ser solicitados em situações informais pelo Ed. ou Aux.
2. Os vocábulos devem ser também introduzidos em outros programas, como no Programa de Imitação de Frases, bem como no Programa de Nomeação.
3. Na situação de recreação e em brincadeiras, os vocábulos podem ser solicitados, informando-se à equipe sobre as novas aquisições.
4. O uso dos vocábulos em musiquinhas, que os contenham ou feitas para esse fim, permite sua fixação em uma situação gostosa.
5. Os pais devem ser informados das novas aquisições, para que estas se generalizem também para a situação de casa.

FOLHA DE REGISTRO PARA ☒ **LINHA DE BASE DO PROGRAMA** Imitação Oral de Palavras - Fase 2
☐ **REVISÃO SEMANAL**

PERÍODO: Junho/2016

ALUNO: Ari

CLASSE: G EDUCADOR: Sérgio

DATA HORA	ITENS DE TESTE	TENTATIVAS 1	2	3	% ACERTOS	OBSERVAÇÕES
6/6	bola	S+	S-	S+	66	
6	casa	S-	Ap	Ap	0	"asa" / "asa"
6	dado	S+	S+	S-	66	
6	gato	Ap	Ap	Ap	0	"ato" / "ato" / "ato"
6	Jane	S-	S-	S-	0	
6	luz	S+	Ap	S-	33	"lu"
6	mesa	S+	S+	S+	100	
6	nariz	Ap	S°	Ap	0	"a-iz" / "a-iz"
6	pano	Ap	S-	S-	0	"pa-o"
7/6	roupa	Ap	S-	S°	0	"opa"
7	sala	S+	Ap	S+	66	"xala"
7	tomate	S-	S-	Ap	0	"to-a-e"
7	vela	S-	S+	S+	66	
7	xícara	S-	S-	Ap	0	"xi-a"
7	zíper	S-	Ap	Ap	0	"ipe" / "ipe"
7	sapato	S+	S-	S+	66	
7	yogurte	S+	S+	S+	100	
7	malha	Ap	S-	S-	0	"maia"
7	banheiro	S-	S-	S-	0	
7	faca	S-	S-	Ap	0	"fata"
% TOTAL DE ACERTOS					28	

CÓDIGOS USADOS:
S: sem ajuda
+: resposta correta
-: resposta incorreta
O: recusa
Ap: resposta aproximada

CONCLUSÕES: Iniciar o treino. Ver orientação da fono para escolha dos vocábulos.

FOLHA DE REGISTRO PARA TREINO DO PROGRAMA — IMITAÇÃO ORAL DE PALAVRAS

PERÍODO: *Março/2016* PROCEDIMENTO DE AJUDA ☒ PR-I ☐ PR-5 ALUNO: *Gino*

CLASSE: *H* EDUCADOR: *Roberto*

SESSÃO	5																OBSERVAÇÕES
DATA	24/3																
HORA	15:00																
PALAVRAS / TENTATIVAS	1	2	1	2	1	2	1	2	1	2	1	2	1	2	1	2	
1 *bola*	S+	S+															*Dificuldade com "r" anterior e*
2 *casa*	V+	V-															*posterior. "Nh" e "lh" ainda difíceis.*
3 *dado*	S+	S+															*(Ass. Fono)*
4 *faca*	D-	D-															
5 *gato*	V+	V+															
6 *jarra*	V-	V+															
7 *luz*	D+	D+															
8 *mesa*	S-	S+															
9 *nariz*	V-	Naiz															
10 *pano*	S+	S+															
11 *roupa*	opa	opa															
12 *sala*	S+	S-															
13 *tomate*	S+	S+															
14 *vela*	S-	S+															
15 *xícara*	D-	D°															
16 *zíper*	V+	V-															
17 *sapato*	V+	V+															
18 *yogurte*	S+	S+															
19 *malha*	D-	D-															
20 *banheiro*	D-	D-															
% DE ACERTOS	55																

OBS: o ED deve apresentar duas tentativas consecutivas para cada item, numa mesmo sessão: os itens são apresentadas em ordem aleatória a cada sessão.

CÓDIGOS USADOS: *S: sem ajuda* *+: resposta correta*

V: dica verbal *-: resposta incorreta*

D: dica física *O: recusa*

Programa 11

Nomeação

EXPRESSÃO VERBAL

NOMEAÇÃO

A criança, que adquiriu um repertório rudimentar de fala, é capaz de obter facilmente objetos e eventos desejados. Ela não precisa mais utilizar-se de recursos, como choramingar, gestos ou vocalizações não específicas. Falando: "Mamã", "leite", "boneca", "água", "olha", "dá", ela consegue a atenção da mãe, os objetos ou eventos mencionados. Tendo aprendido certo número de palavras e verificado que estas têm um efeito no ambiente, aprenderá com muito mais facilidade, novas palavras que usará, não apenas para obter algo, como para identificar, nomeando, mostrando-se alerta aos estímulos ambientais.

A criança normal, na fase de aquisição da fala, evidencia prazer em descobrir o nome das coisas. Suas perguntas: "O que é isso?" ou "Como chama?", chegam até, com alguma frequência, a cansar seus educadores, embora saibam que assim ela amplia seus conhecimentos. Uma vez que a criança já sabe nomear, poderá construir frases simples como "Quero bala.", "Mamã passeá.", "Bolo gotoso.", "Dá aga Naná.", aumentando cada vez mais suas possibilidades de comunicação.

Quando existem distúrbios neste processo de aquisição, há necessidade de se ensinar os indivíduos a aprender o nome de objetos, pessoas, partes do corpo e ações, de maneira muito mais sistemática. A aquisição se dá lentamente, faltando, muitas vezes inclusive, a curiosidade de descobrir novos nomes, o que então precisa ser incentivado ou mesmo ensinado.

O conjunto de programas de Nomeação é composto de oito partes. Nem sempre todos os programas devem ser aplicados, dependendo a escolha do repertório do aluno.

A primeira parte do programa refere-se à nomeação de objetos, que fornece as bases para que o aluno peça os objetos que deseja e amplie seu vocabulário, possibilitando-lhe referir-se aos elementos circundantes.

A segunda parte visa ensinar a nomeação de pessoas, o que é importante para favorecer a interação social. Permite que a criança chame outra pessoa pelo nome, refira-se a ela ou pergunte por ela.

A nomeação de partes do corpo é a terceira parte, favorecendo o conhecimento do próprio corpo da criança e do corpo de outros.

A nomeação de ações constitui a quarta parte. A partir desta aquisição, suas frases podem tornar-se cada vez mais longas e complexas.

As mesmas nomeações — objetos, pessoas, partes do corpo e ações — são ensinadas a seguir, em figuras bidimensionais (partes 5, 6, 7 e 8), o que facilita o contato da criança com estímulos mais variados do que aqueles concretos tridimensionais, com os quais interage diretamente e amplia seu conhecimento do mundo.

EXPRESSÃO VERBAL

NOMEAÇÃO

"O que é isso?" pergunta a professora, mostrando uma bola. "Bola.", responde o Pedrinho. "E isso, o que é?" "Gato.". "E como faz o gato?" "Miau.". Pedrinho já sabe o nome de muitos objetos, bichos e de pessoas de casa e da escola. E adora aprender nomes novos. "O que é isso?", pergunta ele, apontando para o barquinho de brinquedo. Muitas vezes outros professores animam-se ao ouvir o "papo" e aproximam-se de Pedrinho para conversar com ele também.

Nina já está com 4 anos e ainda não fala. Quando sua mãe pergunta alguma coisa, ela não responde ou utiliza-se de gestos, como apontar para o que quer. Compreende muita coisa que lhe é dita, mostra partes do corpo, quando a mãe pergunta, e identifica objetos em gravuras. Quando brinca, tem também falado algumas sílabas, embora não associe as sílabas a nenhum objeto em particular. Tem tido birras frequentes, quando não consegue o que quer.

Bia está aumentando seu vocabulário a cada dia. Começou com nomes de objetos, pessoas e ações. Agora ela está olhando uma gravura com a professora. "O que os meninos estão fazendo?" pergunta esta. E ajuda a responder: "Co..." "...mendo." continua Bia. "O que eles estão comendo? La.." "...ranja.", diz Bia, feliz.

INFORMAÇÕES INICIAIS

COMPORTAMENTO-ALVO

Ao completar este programa o aluno (A.) deve ser capaz de responder a perguntas do tipo:

Parte 1: "O que é isso?", diante de objetos tridimensionais familiares;

Parte 2: "Quem é esse(a)?", diante de pessoas familiares;

Parte 3: "O que é isso?", diante de partes do corpo apontadas;

Parte 4: "O que... está(ão) fazendo?", diante de ações concretas;

Parte 5: "O que é isso?", diante de gravuras de objetos;

Parte 6: "Quem é este(a)?", diante de fotos de pessoas familiares;

Parte 7: "O que é isso?", diante de gravuras de partes do corpo;

Parte 8: "O que... está(ão) fazendo?", diante de gravuras com figuras em ação; num intervalo de no máximo 10 segundos entre pergunta e início de resposta.

De um modo geral, a experiência demonstra que o uso de estímulos concretos tridimensionais é uma condição que facilita o desempenho, em relação a estímulos representados em figuras. Assim, inicialmente, costuma-se submeter o aluno a treinos de nomeação de objetos, pessoas, partes do corpo e ações concretas e presentes e, apenas numa fase posterior, utilizam-se figuras. Com alunos de maior repertório, pode-se, gradualmente, introduzir figuras no decorrer do próprio treino com estímulos tridimensionais.

PRÉ-REQUISITOS

Para iniciar este programa é necessário que o A. tenha capacidade física de ouvir sons e de pronunciar palavras, mesmo que não com articulação perfeita.

AMBIENTE FÍSICO

O treino pode ser conduzido em situações formais e/ou informais, de preferência num ambiente em que não haja interferência de muitos outros estímulos.

MATERIAL

- Folha de registro, com previsão aleatória da apresentação dos itens.
- Objetos/Figuras/Fotos com os quais o A. já esteja familiarizado, utilizados para treinos.
- Reforçadores.

PLANEJAMENTO DAS SESSÕES

Frequência: devem ser realizadas 2 ou 3 sessões diárias de treino.

Duração: aproximadamente 5 minutos cada sessão.

Número de tentativas: 10 ou mais tentativas por sessão.

O número de tentativas deverá ser adotado, levando em conta características e dificuldades de cada aluno, número de sessões e duração de cada sessão.

De acordo com o desempenho do aluno, mais de uma sessão com dez tentativas pode ser realizada consecutivamente.

PARTE 1: OBJETOS TRIDIMENSIONAIS

LINHA DE BASE

É importante usar como referencial o repertório verbal ao aluno; assim, antes de optar pela realização deste programa, deve-se analisar os dados existentes e/ou colher novos dados, tanto no que se refere à sua compreensão quanto à expressão verbal, oral e gestual. Devem ser considerados também, eventuais problemas fonoarticulatórios do aluno.

Encontra-se, no final, uma lista de itens, baseada na nossa experiência.

SELEÇÃO DE ITENS

Devem ser selecionados itens familiares e/ou comuns na vida do A., devem ser testados, em Linha de Base, no mínimo 10 objetos, podendo este número ser ampliado, caso o Educador (Ed.) e/ou a equipe considere necessário.

AQUECIMENTO

Não há atividades específicas previstas.

PROCEDIMENTO

1. Ed. chama o A. pelo nome.

   Quando o A. estabelecer contato visual:

2. Ed. apresenta um objeto para o A.
3. Ed. pergunta: "Fulano, o que é isso?"
4. Ed. aguarda até 10 segundos.

Qualquer que seja a resposta do A. (correta, aproximada, incorreta, recusa):

5. Ed. registra a resposta.
6. Ed. apresenta o item seguinte da lista, até que cada um seja apresentado 3 vezes.

No caso de emissão oral, são consideradas corretas respostas aproximadas ("ca" ou "cao" para "carro"; "bo" para "bola", etc.) dependendo da capacidade do aluno e da possibilidade de compreensão das pessoas que convivem com ele.

Se o aluno apresentar, pelo menos, dez respostas corretas em Linha de Base, é interessante aumentar a pesquisa, até completar a lista proposta. O educador experiente conseguirá discriminar se o aluno necessita apenas ampliar o repertório de Nomeação, se há necessidade de iniciar o treino de Nomeação, se o aluno deve ser indicado para um programa de Imitação Oral de Palavras ou ainda, se não está pronto para nenhum destes programas.

O critério proposto para este programa é de 80% de respostas corretas para a lista completa.

Caso o A. atinja o critério:

- Ed. considera o item superado.
- Ed. inclui o item no treino posterior de nomeação de objetos em figuras.
- Ed. apresenta o próximo item de treino.

O critério sugerido é de três respostas corretas para cada item, admitindo-se alguns erros ocasionais, isto é, um erro para cada nove tentativas, independentemente do item testado.

Caso o A. não atinja o critério para, pelo menos, 10 itens:

- Ed. discute o resultado com a equipe.

Caso A. atingir o critério:

- Ed. inicia novo programa.

CONSEQUENCIAÇÃO

De um modo geral, não estão previstas consequências para as respostas do A. em Linha de Base, reforçando-se outras respostas adequadas, intermitentemente.

REGISTRO

Resposta correta	S+
Resposta aproximada	Ap
Resposta incorreta	S-
Recusa/Ñ-resposta	S^0

(Anotar a forma como o A. emitiu)

O Ed. deve usar a folha de registro para Linha de Base.

Em anexo encontra-se um modelo desta folha.

PARTE 1: OBJETOS TRIDIMENSIONAIS
TREINO

SELEÇÃO DE ITENS

São incluídos neste treino aqueles itens que tiverem sido superados pelo A. no programa de Imitação Oral e/ou não superados em Linha de Base. O treino é iniciado com os 2 primeiros estímulos em relação aos quais o A. não atingiu o critério na Linha de Base.

Sugere-se o treinamento de dois ou três itens de cada vez.

AQUECIMENTO

Não há atividades específicas previstas.

PROCEDIMENTO

1. Ed. chama o A. pelo nome.

Quando o A. estabelecer contato visual:

2. Ed. apresenta um dos objetos ao A.
3. Ed. pergunta: "Fulano, o que é isso?"
4. Ed. aguarda até 10 segundos.

O tempo de espera de dez segundos, para o início da resposta do aluno, pode e deve ser diminuído, quando o educador perceber que é longo demais para aquele aluno ou que dá margem a comportamentos inadequados.

A apresentação aleatória dos itens visa evitar que o aluno aprenda a alternar as respostas, ao invés de garantir que cada resposta esteja sob o controle do estimulo específico.

Em algumas situações, a reapresentação do mesmo objeto, após um erro e correção, pode gerar uma cadeia erro-correção-acerto indesejável e de difícil quebra. Em outros casos, a possibilidade de que o aluno emita a resposta correta após uma correção é eficaz no estabelecimento dessa resposta. Esse aspecto constitui-se, no entanto, em fonte de investigações mais conclusivas.

Se o A. responde corretamente:

5. Ed. elogia e confirma a resposta.
6. Ed. registra a resposta na folha.
7. Ed. apresenta nova tentativa, conforme ordem randômica prevista.

Se o A. apresenta resposta aproximada:

8. Ed. elogia e apresenta resposta correta, enfatizando o modelo adequado.
9. Ed. registra a resposta na folha, indicando código e emissão por extenso.
10. Ed. apresenta nova tentativa, seguindo ordem aleatória prevista.

Se o A. responde incorretamente:

11. Ed. registra a resposta na folha.
12. Ed. introduz procedimento de ajuda na próxima apresentação deste item.
13. Ed. dá nova tentativa ao A., conforme sequência aleatória prevista.

Se o A. não responde em 10 segundos:

14. Ed. apresenta a resposta correta.
15. Ed. registra a recusa na folha.
16. Ed. introduz procedimento de ajuda na próxima apresentação deste item.
17. Ed. dá nova tentativa ao A., conforme a sequência aleatória prevista.

Pode ocorrer de o aluno repetir a resposta do educador antes da nova tentativa, devendo ser reforçado, nesse caso. O educador deve também registrar a ocorrência.

Na primeira apresentação de cada novo item não se dá ajuda, como uma forma de sondagem.

Quando o A. atingir o critério para um item:

- Ed. inclui novo item de treino.

O critério sugerido é de 80% de respostas corretas ou aproximadas consecutivas, em três sessões consecutivas.

Caso o A. não atinja o critério para um item:

- Ed. discute com a equipe a continuidade do treino deste item ou a introdução de outro.

Quando o A. atingir o critério para pelo menos 10 itens:

- Ed. discute com a equipe a continuidade do treino ou mudança de programa.

Com algumas crianças, a continuidade pode significar a suspensão do treino formal e o início de uma programação voltada para a ampliação de repertório, com a introdução de pequenas frases (por exemplo nome + ação), do programa Sim/Não, do treino de Nomeação de Pessoas ou mesmo de Figuras.

CONSEQUENCIAÇÃO

Respostas corretas são seguidas de elogio e confirmação da resposta e, eventualmente, de outros reforços.

Respostas aproximadas são seguidas de elogio e da resposta correta, com ênfase na parte alterada ou omitida, e, se necessário, de um reforço tangível.

Respostas incorretas são seguidas de introdução de procedimento de ajuda nas tentativas subsequentes do mesmo item.

Recusas são seguidas da apresentação da resposta correta e de introdução de procedimento de ajuda nas tentativas subsequentes do mesmo item.

REGISTRO

Nível de Ajuda	Resposta Correta	Resposta Incorreta	Recusa Ñ-Resposta
Sem ajuda	S+	S-	S⁰
Ajuda física total	T+	T-	T⁰
Ajuda física parcial	P+	P-	P⁰
Dica física	D+	D-	D⁰
Dica verbal	V+	V-	V⁰

(*) Anotar a forma como o A. emitiu a resposta.

O Ed. deve usar a folha de registro para treinos com 2 itens.

Se 3 ou mais itens forem treinados simultaneamente, deve usar a folha de registro para treinos com vários itens.

Para a Revisão Semanal o Ed. pode usar a folha de Linha de Base.

Em anexo encontra-se um modelo destas folhas.

A Revisão Semanal dos itens superados é uma maneira de verificar a manutenção de respostas adquiridas.

A apresentação dos itens superados durante o treino, em ordem e com frequência aleatória, é uma alternativa. Ela é especialmente útil quando o aluno estiver cometendo muitos erros nos novos itens, pois se cria oportunidades de reforçamento adicional por acerto nos itens superados. Nestes casos, o registro destas respostas não seria necessário, bastando uma observação na folha de registro.

REVISÃO SEMANAL

Uma vez por semana:

1. Ed. apresenta um dos itens já superados pelo A. no treino.

Se A. responde corretamente:

2. Ed. reforça a resposta.
3. Ed. apresenta outros itens já superados pelo A. no treino.

Se A. responde incorretamente ou não responde a algum item

4. Ed. apresenta 2 outras tentativas para esse(s) item(ns).

Se A. responde incorretamente ou não responde às 2 outras

5. Ed. reinicia o treino para esse(s) item(ns).

PARTE 1:OBJETOS TRIDIMENSIONAIS MANUTENÇÃO E GENERALIZAÇÃO

1. Solicitar reconhecimento dos itens aprendidos, em situações informais e brincadeiras de forma geral.
2. Informar aos pais quais dos itens foram aprendidos e incentivá-los a solicitar o reconhecimento desses objetos pela criança.
3. Informar as pessoas da escola e da casa sobre palavras, cuja articulação ainda não esteja clara, mas cuja emissão já represente avanços de expressão verbal.

PARTE 2: PESSOAS

O Programa de Nomeação de Pessoas segue as mesmas etapas e procedimentos do programa de Nomeação de Objetos:

- Linha de Base.
- Treino.
- Manutenção e Generalização.

Sugere-se que o educador utilize o programa de treino de nomeação de Objetos para se orientar durante a realização deste Treino, fazendo as mudanças necessárias.

Sugere-se que o educador utilize o programa de treino de nomeação de Objetos para se orientar durante a realização deste Treino, fazendo as mudanças necessárias.

Altera-se, tão somente, o estímulo e a pergunta apresentada ao aluno a cada tentativa, que passa a ser:

- "Fulano, quem é esse(a)?" ou
- "Fulano, quem é essa pessoa?"
- "Fulano, eu sou a...(tia, nome)?"

Esta pergunta deve ser feita mostrando pessoas presentes: outras crianças, outros professores, (tio, tia), o próprio aluno no espelho, o educador que conduz o procedimento.

PARTE 3: PARTES DO CORPO

O Programa de Nomeação de Partes do Corpo segue as mesmas etapas e procedimentos do programa de Nomeação de Objetos:

- Linha de Base.
- Treino.
- Manutenção e Generalização.

O educador pode aproveitar situações funcionais como a de despir ou vestir o aluno ou a hora do banho, para realizar o treino.

Altera-se, tão somente, o estímulo e a pergunta apresentada ao aluno a cada tentativa, que passa a ser:

- "Fulano, o que é isso?" (parte do corpo) ou
- "Fulano, como chama isso?"

Esta pergunta deve ser feita, apontando partes do corpo do próprio aluno, de outra pessoa presente ou, eventualmente, de um boneco.

PARTE 4: AÇÕES

O Programa de Nomeação de Ações segue as mesmas etapas e procedimento do programa de Nomeação de Objetos.

- Linha de Base.
- Treino.
- Manutenção e Generalização.

Altera-se tão somente, o estímulo e a pergunta apresentada ao aluno a cada tentativa, que passa a ser:

- "Fulano, o que... está(ão) fazendo?"

Esta pergunta deve ser feita, mostrando ações de pessoas presentes que sejam visíveis e que estejam sendo ou possam ser rapidamente observadas pelo aluno.

Sugere-se que o educador utilize o programa de treino de nomeação de Objetos para se orientar durante a realização deste Treino, fazendo as mudanças necessárias.

PARTES 5, 6, 7, 8: OBJETOS, PESSOAS, PARTES DO CORPO E AÇÕES EM FIGURAS

A Nomeação de Objetos e Pessoas em figuras é mais fácil do que a Nomeação de Partes do Corpo ou de Ações em figuras, seguindo-se, por este motivo, a sequência proposta.

Os Programas de Nomeação de Estímulos em Figuras apresenta as mesmas fases do programa de Nomeação de Estímulos Tridimensionais:

- Linha de Base.
- Treino.
- Manutenção e Generalização.

Na medida em que o aluno apresenta progresso, podem ser utilizadas gravuras mais complexas, contendo pequenas cenas, solicitando-se ao aluno um repertório mais extenso.

Sugere-se que o educador utilize o Programa de Nomeação de Estímulos Tridimensionais para se orientar durante a realização deste Treino, fazendo as mudanças necessárias.

As perguntas apresentadas ao aluno, nos 4 casos, são as seguintes:

Parte 5: "O que é isso?" (figuras de objetos)
Parte 6: "O que é isso?" (figuras ou fotos de pessoas)
Parte 7: "O que é isso?" (figuras com partes do corpo)
Parte 8: "O que... está(ão) fazendo?" (gravuras em cenas)

Os itens em treino, embora semelhantes, requerem cuidados especiais no caso de figuras que devem ser:

- boas ilustrações dos estímulos em teste ou treino.
- ilustrações que contenham, pelo menos inicialmente, apenas o item em treino (para as partes 5 e 6), figuras grandes e simples (para a parte 7 e 8).

No caso do Programa de Nomeação de Objetos em Figuras, uma vez atingido o critério, o educador inicia Ampliação de Repertório.

MANUTENÇÃO E GENERALIZAÇÃO

1. Solicitar reconhecimento de objetos, pessoas, partes do corpo e ações em figuras, livros, quadros, em situações informais e brincadeiras de forma geral.
2. Informar aos pais quais dos itens foram aprendidos e incentivá-los a solicitar o reconhecimento desses objetos, pessoas, partes do corpo e de ações, pela criança.
3. Informar as pessoas da escola e de casa sobre palavras, cuja articulação ainda não esteja correta, mas que já representam avanços de expressão verbal.

AMPLIAÇÃO DE REPERTÓRIO

- Em todos os ambientes, aos quais o Ed. pode levar o A. (por exemplo, no recreio, na sala de música ou na cozinha), o Ed. pode solicitar nomeação de objetos, pessoas, partes do corpo e ações, aproveitando sempre que possível, situações funcionais.
- O Ed. e o A., ao folhearem revistas e livros, podem nomear objetos conhecidos e novos em gravuras.
- A partir da aquisição de um repertório de ações e nomes, pode-se ensinar a produção de pequenas frases e criar situações em que o A., na presença de objetos de que gosta, deverá expressar desejos e necessidades, através de "sim" ou "não" ou de perguntas como: "Você quer...?", "O que você quer?" ou poderá descrever eventos, comentar, dialogar com pessoas do seu ambiente.

NOMEAÇÃO

OBJETOS, PESSOAS, PARTES DO CORPO E AÇÕES

SUGESTÕES DE ÍTENS PARA TREINAMENTO

BRINQUEDOS		
Bola	Cubo	
Carro	Nenê	
Argola	Pino	
Caminhão	Boneca	

ALIMENTOS		
Pão	Feijão	
Salada	Chá	
Carne	Morango	
Óleo	Bolo	
Torta	Café	
Alho	Salada de frutas	
Ovo	Sorvete	
Banana	Frango	
Pudim	Salsinha	
Maçã	Macarrão	
Arroz	Água	
Leite	Yogurte	
Suco	Comida	
Biscoito		

PEÇAS DE VESTUÁRIO	
Blusa	Casaco
Calça	Vestido
Sapatos	Avental
Meia	

CÔMODOS	
Quarto	Cozinha
Banheiro	Sala
Recreio	Classe

PARTES DA SALA	
Porta	Luz
Janela	Chão

NECESSIDADES FISIOLÓGICAS	
Xixí	Cocô

OBJETOS		
Televisão	Livro	
Abajur	Lápis	
Telefone	Dinheiro	
Computador	Anel	
Tapete	Casa	
	Caixa	

UTENSÍLIOS		
Fogão	Xícara	
Geladeira	Guardanapo	
Panela	Toalha	
Copo	Lancheira	
Prato	Pente	
Colher	Escova (de dente)	
Garfo	Pasta de dente	
Sabonete	Faca	
Sacola		

NEGAÇÃO E AFIRMAÇÃO	
Sim	Não

NOMEAÇÃO

OBJETOS, PESSOAS, PARTES DO CORPO E AÇÕES

SUGESTÕES DE ÍTENS PARA TREINAMENTO

PARTES DO CORPO	
Mão	Nariz
Perna	Barriga
Boca	Olho
Pé	Peito
Cabelo	Orelha
Dente	Órgão Sexual
Braço	Joelho
Cotovelo	Calcanhar
Ombro	Pescoço
Unha	Dedo

MÓVEIS	
Cadeira	Mesa
Cama	Banco
Armário	

PESSOAS		
Mamãe	Vovô, Vovó	
Papai	Irmão, Irmã	
Tia	(nome)	
Nenê	Colega (nome)	

AÇÕES	
Comer	Vestir
Beber	Sentar
Brincar	Levantar
Dormir	Andar
Pular	Parar
Falar	Fazer xixi
Rir	Fazer cocô
Chorar	Acordar

ANIMAIS	
Cavalo	Pássaro
Elefante	Girafa
Leão	

PLANTAS	
Flor	Árvore
Grama	Terra

CONCEITO DE POSIÇÃO	
Dentro	Fora
Embaixo	Em cima
Perto	Longe

OBSERVAÇÕES: Evidentemente estas listas não esgotam os vocábulos que podem e/ou devem ser ensinados/fazer parte do repertório do aluno. O interesse deste e as suas próprias manifestações são sempre levados em conta, além dos aspectos já selecionados. Os vocábulos que fazem parte de outros programas, como Atendimento de Ordens, também são incluídos.

FOLHA DE REGISTRO PARA: ☒ **LINHA DE BASE DO PROGRAMA** Nomeação de Objetos

☐ **REVISÃO SEMANAL**

PERÍODO: Agosto/2016

ALUNO: Maria

CLASSE: F **EDUCADOR:** Ana

DATA HORA	ITENS DE TESTE	TENTATIVAS 1	2	3	% ACERTOS	OBSERVAÇÕES
3/8	carro	Ap	Ap	S-	0	"cao" / "cao" (66%)
3	cubo	S-	S-	S-	0	
3	pente	Ap	S-	S^0	0	"en" (33%)
3	copo	Ap	Ap	S-	0	"po" / "opo" (66%)
3	meia	S+	S^0	S-	33	
4/8	blusa	S-	Ap	S-	0	"usa" (33%)
4	luz	S-	S-	Ap	0	"us" (33%)
4	mesa	S+	S^0	S-	33	
4	ovo	S-	S+	S^0	33	
4	yogurte	Ap	Ap	Ap	0	"one" / "one" / "none" (100%)
% TOTAL DE ACERTOS					10	

CÓDIGOS USADOS:
S: sem ajuda
+: resposta correta
–: resposta incorreta
O: recusa
Ap: resposta aproximada
%: porcentagem para aproximações

CONCLUSÕES: Iniciar o treino e também o de Imitação Oral de Palavras, uma vez que, considerando-se as aproximações positivas, Maria alcança 33% de acertos! (Discutir com fono).

FOLHA DE REGISTRO PARA TREINO DO PROGRAMA Nomeação de Objetos

(TREINO SIMULTÂNEO DE DOIS ITENS)

PERÍODO: Abril/2016

PROCEDIMENTO DE AJUDA: ☒ PR-I ☐ PR-5

ALUNO: Dulceneia

CLASSE: C EDUCADOR: Judith

SESSÃO	DATA HORA	ITENS EM TREINO	TENTATIVAS 1	2	3	4	5	6	7	8	9	10	11	12	13	14	15	16	17	18	19	20	% ACERTOS	OBSERVAÇÕES
1	14/4	mesa		V^{1}+	S−			V^{1}+		V^{2}−		V^{1}+											60	
	14:00	luz	V^{3}−			V^{1}+	S−		V^{1}+		S+												60	

CÓDIGOS USADOS:
V^{1}: modelo verbal
V^{2}: dizer a primeira sílaba
V^{3}: dar o modelo em voz baixa
S: sem ajuda
+: resposta correta
−: resposta incorreta

Programa 12

Sim/Não

EXPRESSÃO VERBAL

SIM/NÃO

Os conceitos de "sim" e "não" expressos vocal ou gestualmente são dos primeiros que as crianças pequenas adquirem, quando seu desenvolvimento é normal. As respostas de "sim" e "não" permitem uma forma curta e econômica de comunicação, aplicável a uma grande variedade de situações.

No entanto, as crianças com problemas de desenvolvimento, frequentemente, têm dificuldade em aprender estes conceitos, da mesma maneira como têm dificuldade em adquirir outros, necessitando de instruções e treino especial para tanto.

O Programa Sim/Não propõe-se a ensinar o aluno a identificar objetos e, mais tarde, pessoas e ações, quando questionado sobre estes. O Programa de Expressão Gestual de Desejos e Necessidades também é uma forma de ensinar o uso de "sim" e "não", embora com propósitos diferentes, ou seja, o de possibilitar ao aluno manifestar desejos e necessidades básicas. Uma vez vencido o Programa Sim/Não, as respostas de afirmação e negação podem ser usadas para o desenvolvimento de comportamentos mais complexos, desde a formação de outros conceitos, até mesmo a aprendizagem de leitura Esta utilização da afirmação e negação tem se mostrado especialmente eficaz para indivíduos, com prejuízos físicos tais, que impeçam uma verbalização ou emissão gestual mais diversificada.

O uso do "sim" e "não", portanto, permite maior participação do indivíduo das informações do seu meio social, bem como melhor comunicação, uma vez criadas condições para tanto, por parte dos que com ele convivem.

EXPRESSÃO VERBAL

SIM/NÃO

Mamãe está introduzindo alimentos sólidos no cardápio de Fafá. Ela já pode comer o que a família está comendo. No seu prato ainda resta um pouco de cenoura picada e frango. Mamãe tenta dar a próxima colherada, mas Fafá fecha a boca e, energicamente, faz "não" com a cabeça. "Você não quer mais?", pergunta mamãe. "Não", sinaliza a cabeça de Fafá. "E a banana, você quer?" Agora muda o gesto de Fafá. Sua cabecinha faz "sim" e ela já abre a boca, antecipando o que vem.

A professora está ensinando Zico a identificar figuras. "Isso é um cachorro?", pergunta ela, mostrando a figura de um cachorro. Zico, que ainda não consegue falar, sorri. Seus pais acham que seu sorriso significa "sim". A próxima figura é de um gato. *"Isso é um cachorro?", pergunta de novo a professora. Novamente Zico sorri. Ele é uma criança gostosa e risonha, mas ainda precisa aprender a usar de forma mais consistente os conceitos de "sim" e "não" para identificar objetos e figuras e poder expressar desejos.*

"Isso é uma bola?", pergunta a professora, ao segurar uma bola. "Sim.", diz Vivi. "E esse é um carro?" pergunta a professora, agora segurando um sapato. Vivi fica em dúvida, mas acaba dizendo "Não.". Ela está adquirindo conceitos importantes de afirmação e negação. Em casa, quando não quer algo, agora se manifesta, dizendo "não", tendo deixado de fazer birras, provavelmente causadas, porque não conseguia explicar o que gostava ou não gostava.

INFORMAÇÕES INICIAIS

COMPORTAMENTO-ALVO

Ao final deste treino, o Aluno (A.) deve ser capaz de expressar oral ou gestualmente SIM e NÃO, de maneira funcional, quando questionado sobre objetos, dentro de um período de 10 segundos entre a pergunta e a resposta.

Considerando que as respostas SIM e, principalmente NÃO, aparecem bastante precocemente em crianças normais e especiais, embora nem sempre sejam usadas funcionalmente, pode ser necessário e desejável realizar, simultaneamente ao treino, uma Variação de Procedimento, capaz de colocar estas respostas sob um controle adequado e funcional.

PRÉ-REQUISITOS

É indispensável que o A. possa manter contato visual e identificar objetos; é necessário que existam também, respostas orais e/ou gestuais que possam expressar o "Sim" e o "Não", em seu repertório.

Para algumas crianças, pode ser necessário instalar especificamente tais respostas. Para tanto, movimentos de cabeça ou outros movimentos possíveis devem ser incluídos entre os itens de treino em Imitação Motora, Atendimento de Ordens e Comunicação Gestual.

AMBIENTE FÍSICO

O treino é feito em sala de aula, com o A. e Educador (Ed.), sentados frente a frente.

MATERIAL

- Objetos e gravuras conhecidos do A.
- Folha de registro.
- Reforçadores.

O educador deve ter bem claro que, neste treino, o objetivo é desenvolver o uso dos conceitos de afirmação e negação, e não o de identificação de objetos; por esta razão, devem ser incluídos, como objetos-alvo, apenas objetos familiares ao aluno. O número total de dez pode ser reduzido, no caso de alunos que não chegaram a superar tantos itens no treino de Identificação de Objetos ou que ainda não completaram este Programa.

PLANEJAMENTO DAS SESSÕES

Frequência: 2 vezes ao dia.

Duração: variável.

Número de tentativas: 10 tentativas em cada sessão.

LINHA DE BASE

SELEÇÃO DE ITENS

Devem ser testados 5 objetos familiares ao A.

AQUECIMENTO

O Ed. pode mostrar os objetos ao A., nomeá-los, pedir ao A. que os identifique e permitir que os manipule.

PROCEDIMENTO GERAL

O Ed. deve apresentar, em cada sessão, os 5 objetos por 2 vezes, sendo que, em uma delas, a resposta correta será "SIM" e na outra, "NÃO". As 10 tentativas devem ser apresentadas aleatoriamente ao A. Devem ser conduzidas 3 sessões de Linha de Base.

PROCEDIMENTO A CADA TENTATIVA

1. Ed. chama o A. pelo nome.

Quando o A. estabelecer contato visual:

2. Ed. apresenta o objeto ao A.
3. Ed. pergunta: "Isto é um(a)...?" ou "Esse(a) é um(a)...?"
4. Ed. aguarda até 10 segundos.

Se o A. responde corretamente:

5. Ed. confirma a resposta ("Certo, isto é..." ou "Errado, isso não é..."), conforme o caso.
6. Ed. registra a resposta na folha.
7. Ed. apresenta outra tentativa.

É importante evitar o uso do "sim" e "não", na confirmação, usando palavras como "certo", "boa", correto,, a fim de evitar confusão de termos.

Se o A. não responde ou responde incorretamente:

8. Ed. registra a resposta na folha.
9. Ed. apresenta nova tentativa, em sequência aleatória.

Caso o A. atinja o critério:

- Ed. considera os conceitos como adquiridos e passa a usá-los em outros programas para os quais são pré-requisitos.

O critério sugerido é de 80% de acertos nas três sessões de Linha de Base.

A análise do tipo de erro (resposta incorreta ou recusa) é importante para as decisões a tomar.

Caso o A. não atinja o critério:

- Ed. inicia o treino com o A.

CONSEQUENCIAÇÃO

Respostas corretas são confirmadas pelo Ed. que deve também reforçar outras respostas adequadas do A., intermitentemente.

Respostas incorretas ou recusas não são consequenciadas em Linha de Base.

REGISTRO

Resposta correta	S+
Resposta incorreta	S-
Recusa/Não resposta	S^0

Em anexo encontra-se um modelo desta folha.

Os não-exemplos deveriam ser mudados de sessão para sessão, para garantir que a resposta de negação não se associe a objetos específicos.

O Ed. deve usar a folha de registro para Linha de Base do Programa Sim/Não.

TREINO

SELEÇÃO DE ITENS

O Ed. deve selecionar inicialmente, dentre os objetos listados para a Linha de Base, um objeto (exemplo) para treino do "sim" e pelo menos 5 objetos (não-exemplos) para o treino do "não". O número total de objetos a serem treinados é definido a partir do desempenho do A.

AQUECIMENTO

O Ed. pode, antes de iniciar o treino, mostrar o(s) objeto(s) ao A., nomeálo(s), pedir que o(s) identifique, permitir que o(s) manipule.

PROCEDIMENTO GERAL

a. O Ed. deve apresentar 10 tentativas a cada sessão.

b. As 10 tentativas de treino para um objeto devem ser organizadas da seguinte maneira:

- 5 tentativas: "Isto é um(a)___________ (nome do objeto -exemplo)?"
- 5 tentativas: "Isto é um(a) ___________ (nome de outros objetos familiares ao A. (não-exemplo)?"

c. As tentativas devem ser apresentadas ao A. de maneira aleatória.

d. Quando o A. atingir o critério para um objeto, este poderá ser incluído como não-exemplo no treino de outro objeto.

EXEMPLO:

Tentativas para o objeto BOLA, em treino:

1. Isto é uma bola?	*(resposta esperada — SIM)*
2. Isto é um carro?	*(resposta esperada — NÃO)*
3. Isto é um sapato?	*(resposta esperada — NÃO)*
4. Isto é uma bola?	*(resposta esperada — SIM)*
5. Isto é um cachorro?	*(resposta esperada — NÃO)*
6. Isto é uma bola?	*(resposta esperada — SIM)*
7. Isto é uma bola?	*(resposta esperada — SIM)*
8. Isto é uma boneca?	*(resposta esperada — NÃO)*
9. Isto é uma colher?	*(resposta esperada — NÃO)*
10. Isto é uma bola?	*(resposta esperada — SIM)*

PROCEDIMENTO A CADA TENTATIVA

1. Ed. chama o A. pelo nome.

   Quando o A. estabelecer contato visual:

2. Ed. apresenta o objeto ao A.
3. Ed. pergunta ao A. "Fulano, isto é um(a)...?"
4. Ed. aguarda até 10 segundos.

   Se o A. responde corretamente:

5. Ed. confirma e elogia a resposta: "Certo! Boa! Isto é um(a)..."
   Eventualmente o educador apresenta também reforço tangível.
6. Ed. registra a resposta na folha.
7. Ed. apresenta nova tentativa, conforme a sequência aleatória prevista.

   Se o A. responde incorretamente:

8. Ed. registra a resposta na folha.
9. Ed. introduz procedimento de ajuda nas tentativas subsequentes para o item.
10. Ed. apresenta nova tentativa, conforme a sequência aleatória prevista.

A ajuda pode ser um modelo verbal que será esvanecido, um gesto de "positivo" ou "negativo". No caso de respostas gestuais, os níveis de ajuda utilizados para treinos de Imitação Motora e Atendimento de Ordens podem ser úteis.

• Ed. inclui outro item no treino

Se o A. não responde em 10 segundos:

11. Ed. registra a recusa na folha;
12. Ed. introduz procedimento de ajuda na próxima apresentação deste item;
13. Ed. dá nova tentativa ao A., conforme a sequência aleatória prevista.

Caso o A. inicie uma sequência de "acerto com ajuda" "erro sem ajuda":

• Ed. deve discutir com a equipe a continuidade do treino ou a forma de ajuda e seu esvanecimento;

Quando A. atingir o critério para algum item:

• Ed. considera o item superado;

O critério é de 80% de acertos em três sessões consecutivas.

Caso o A. não atinja o critério para um item:

• Ed. discute com a equipe a continuidade do treino ou a manutenção do item em treino.

Quando o A. atingir de imediato o critério estabelecido, em 3 sessões de treino, para 3 novos objetos introduzidos.

• Ed. considera os conceitos como adquiridos e passa a usá-los em outros programas para os quais são pré-requisitos.

CONSEQUENCIAÇÃO

Respostas corretas são seguidas de "Certo/Boa, isto é um(a)..." e eventualmente de reforços tangíveis.

Respostas incorretas são seguidas de introdução de procedimento de ajuda nas tentativas subsequentes do mesmo item.

Recusas ou não-respostas são seguidas pela introdução de procedimento de ajuda selecionado, nas tentativas subsequentes daquele item.

REGISTRO

Nível de Ajuda	Resposta Correta	Resposta Incorreta	Recusa Ñ-Resposta
Sem ajuda	S+	S-	S^0
Ajuda física total	T+	T-	T^0
Ajuda física parcial	P+	P-	P^0
Dica física	D+	D-	D^0
Dica verbal	V+	V-	V^0

O Ed. deve usar a folha de registro de treino do programa SIM/NÃO. Pode optar também pela folha de registro de 2 itens.

Em anexo encontra-se um modelo destas folhas.

MANUTENÇÃO E GENERALIZAÇÃO

1. Uma vez superado este treino, os conceitos adquiridos de "Sim" e "Não" são incluídos em outros programas, em que estes são pré-requisitos.
2. Devem-se aproveitar as oportunidades naturais para pedir aos alunos manifestarem desejos, necessidades, preferências, usando os conceitos. (Pode ser necessário um treino formal de expressão de desejos e necessidades, no caso da generalização não ocorrer. Para isso o Programa de Expressão de Desejos e Necessidades pode ser incluído na rotina de atividades do A.).

No entanto, o educador deve estar atento para não instalar uma resposta de fuga ou esquiva generalizada (negativismo), aceitando negativas do aluno em todas as situações em que o NÃO for emitido.

3. Podem ser introduzidos não-exemplos de objetos não familiares ao A.
4. Os pais devem ser orientados no sentido de também prover ocasiões para a manutenção e generalização das respostas adquiridas.

VARIAÇÕES DE PROCEDIMENTO

Sempre que o Ed. observar a ocorrência espontânea do "sim" ou do "não" deve procurar oferecer um contexto, no qual estas respostas sejam funcionais. Por exemplo:

1. Se o A. emite uma resposta negativa, diante de uma tarefa ou de um alimento que é oferecido ou da aproximação de alguém, o Ed. pode:

• comentar como resposta: "Fulano, você está dizendo que NÃO quer."

• suspender a tarefa e/ou alimento, ou

• verbalizar sobre a necessidade de realizar a ação negada.

2. Se o A. emite uma resposta positiva ou negativa, sem que seja possível identificar a que ela possa estar relacionada, o Ed. pode:

• selecionar algum estímulo ou situação que lhe permita retomar a resposta apresentada:

"Fulano, você quer mais...? Diga SIM" "Fulano, você não quer mais...? Diga NÃO"

• perguntar ao A.:

"Fulano, você está fazendo NÃO. Por quê? O que você quer?" (com crianças de maior repertório).

FOLHA DE REGISTRO PARA LINHA BASE DO PROGRAMA SIM / NÃO

PERÍODO *Set 2016*

ALUNO: *Beto*

CLASSE: *B* EDUCADOR: *Leo*

SESSÃO		1		2		3		% DE ACERTOS	OBSERVAÇÕES
DATA		*4/9*		*5/9*		*6/9*			
HORA		*14:00*		*14:10*		*14:00*			
ITENS / RESPOSTAS ESPERADAS		SIM	NÃO	SIM	NÃO	SIM	NÃO		
bola		*S+*	*S-*	*S+*	*S-*	*S+*	*S⁰*	*50*	
blusa		*S+*	*S-*	*S+*	*S-*	*S+*	*S-*	*50*	
nariz		*S+*	*S-*	*S+*	*S⁰*	*S+*	*S-*	*50*	
água		*S+*	*S-*	*S+*	*S-*	*S+*	*S⁰*	*50*	
relógio		*S+*	*S-*	*S-*	*S-*	*S+*	*0*	*33*	
% DE ACERTOS	POR TIPO DE RESPOSTA	*100*	*0*	*80*	*0*	*100*	*0*		
	TOTAL POR SESSÃO	*50*		*40*		*50*			

OBS: o ED deve apresentar as alternativas de forma aleatória

CÓDIGOS USADOS: *S: sem ajuda*

+: resposta correta

-: resposta incorreta

0: recusa

CONCLUSÕES: *Observei que o Beto quase sempre responde "sim" à pergunta: "isto é um... ?" o que faz com que acerta em 50% das oportunidades. Seus erros diante do "não" indicam que não tem o conceito. INICIAR O TREINO.*

FOLHA DE REGISTRO PARA TREINO DO PROGRAMA

Sim / Não

(TREINO SIMULTÂNEO DE DOIS ITENS)

PERÍODO: Abril/2016 PROCEDIMENTO DE AJUDA: ☐ PR-I ☒ PR-5 ALUNO: Ciro

CLASSE: D EDUCADOR: Gilberto

SESSÃO	DATA HORA	ITENS EM TREINO	TENTATIVAS 1	2	3	4	5	6	7	8	9	10	11	12	13	14	15	16	17	18	19	20	% ACERTOS	OBSERVAÇÕES
1	7/4	sim		S-	D-			D+		D+		D+											60	Objeto em treino: relógio.
	15:00	não	S-			D-	D+		D-		D+												40	Não-exemplos: objetos variados.

CÓDIGOS USADOS: S: sem ajuda
D: dica física
+: resposta correta
–: resposta incorreta

Programa 13

Expressão gestual de desejos e necessidades

EXPRESSÃO VERBAL

EXPRESSÃO GESTUAL DE DESEJOS E NECESSIDADES

Vitor adora estar no meio dos familiares e de outras crianças. Ele comunica, através de gestos, o que quer ou precisa. Tem um gesto para "comer", outro para "beber", um para "quero fazer xixi" e outros mais. Aos poucos, seu vocabulário vai se ampliando. Agora mesmo ele aprendeu a "pedir beijo" e recebe um bem estalado da mamãe.

Choros e birras são comportamentos frequentes de Oscar. A família fica à sua volta, tentando adivinhar o que ele quer, se ele tem uma dor, porque está tão agitado. Fica mesmo difícil, porque Oscar não se expressa vocalizando, nem indica com gestos o que sente. É preciso achar um caminho para que possa fazê-lo.

No começo do treino Lulu fazia grande confusão entre a expressão gestual de "comer" e "beber". O primeiro consiste de um movimento de braço em direção à boca e o segundo de um movimento de levantar e abaixar o braço. Lulu aprendeu-os, imitando o modelo da professora, que escolheu estes movimentos, depois de feita uma análise dos movimentos que era capaz de realizar. "Comer" pode significar "isto é comida" "quero comer", "está na hora do lanche". A professora, que convive com ela durante o dia, saberá entender o que ela está aprendendo a comunicar. Que vitória para Lulu!

Faz parte deste programa, a instalação e transferência para situação natural dos itens: comer, beber, quero/dá; vem cá, dá um beijo/abraço. Outros itens podem ser acrescentados, dependendo do repertório do aluno. O treino do pedido de ir ao banheiro (xixi, cocô), está descrito num programa de treino específico, no conjunto relativo a Atividades de Vida Diária (AVD's).

INFORMAÇÕES INICIAIS

COMPORTAMENTO-ALVO

Ao final do treino, o Aluno (A.) deve ser capaz de expressar desejos e necessidades, de modo a se fazer entender pelo interlocutor e obter o efeito correspondente, sempre que possível, diante de:

a) situação relacionada a uma necessidade (por exemplo, horário do lanche) e/ou
b) estímulo correspondente a um desejo ou necessidade (por exemplo, brinquedo, alimentos) e/ou
c) pergunta do interlocutor (por exemplo, "Você quer ir ao banheiro?", "O que você quer?", "Você quer comer?") através do uso de gestos previamente convencionados.

PRÉ-REQUISITOS

É necessário que o A. tenha aprendido a imitar e a seguir instruções e que seja capaz de realizar gestos simples.

AMBIENTE FÍSICO

A primeira fase do treino, de instalação da resposta, é feita numa situação formal, em sala de aula. A situação formal pode ser escolhida também no treino do pedido "dá" (objetos); "vem cá", "dá um abraço", "dá um beijo"; da afirmação "sim" e da negação "não".

É importante que os objetos e alimentos sejam variados, para que o gesto não venha a ser associado a um único objeto ou alimento, em vez da ação que representa.

Sugere-se a realização do treino de "comer" e "beber" inicialmente na situação de lanche.

Não se recomenda o treino no horário do almoço numa instituição, pois seria difícil justificar não dar a comida se o aluno se recusar a pedi-la ou se ele expressar o desejo de não comer. No horário do lanche existe uma variedade de alimentos ou bebidas que podem ser oferecidos. Se o aluno recusar um tipo de alimento, outro pode ser oferecido e o almoço já terá garantido os nutrientes básicos.

Numa segunda fase do treino, visando o uso funcional dos gestos, o treino será conduzido na situação relacionada a uma necessidade (como horário do lanche, horário da eliminação, etc.).

MATERIAL

- Alimentos variados de preferência do A. (comer).
- Líquidos variados, de preferência do A. (beber).
- Objetos variados, de preferência do A. (quero, sim/não) de acordo com o item em treino.
- Folhas de registro.
- Reforçadores.

PLANEJAMENTO DAS SESSÕES

Frequência: os treinos em situação formal devem ser realizados 2 vezes ao dia. Os treinos dos pedidos de "comer" e "beber", em situações funcionais, devem ser realizados em horários em que o A. possa estar com fome, com sede, etc.

Duração: variável.

Número de tentativas: nos treinos em situação formal, pelo menos 10 tentativas por sessão. Nos treinos em situação funcional, o número de tentativas depende das oportunidades que se apresentam ou podem ser criadas.

Exemplos de gestos possíveis:

Comer: apontar a boca aberta, bater na boca com os dedos. Dá: estender a mão, abrir e fechar a mão.

1ª FASE: INSTALAÇÃO DA RESPOSTA

LINHA DE BASE

SELEÇÃO DE ITENS

Todos os itens da lista devem ser testados: comer, beber, dá, quero, vem cá, dá um abraço, dá um beijo.

SELEÇÃO DE GESTOS

Alguns critérios para sua seleção:

O Educador (Ed.) deve verificar se já existe uma resposta gestual para o comportamento a treinar e se esta pode ser aproveitada. Para isso, é importante que seja clara e que não seja usada para uma variedade de significados diferentes;

Gestos convencionais são de mais fácil compreensão, mesmo para interlocutores não familiarizados;

Gestos, que sejam facilmente discrimináveis um do outro, facilitam a aprendizagem.

PROCEDIMENTO

1. Ed. chama o A. pelo nome.

   Quando o A. estabelecer contato visual:

2. Ed. mostra o estímulo ao A. (para os itens comer, beber e dá/quero).
3. Ed. diz: "Fulano, faz... (comer, beber, dá/quero, vem cá)." ou "Fulano, pede... (um abraço, um beijo)."
4. Ed. dá o modelo.
5. Ed. aguarda até 10 segundos.
6. Ed. registra a resposta na folha.
7. Ed. apresenta nova tentativa, até que cada uma das ordens seja apresentada por 3 vezes.

O critério sugerido é de 100% de respostas corretas paro cada item, admitindo-se um erro ocasional em algum item. Neste momento, o comportamento pode estar sob o controle do modelo, da ordem verbal ou do estímulo, de dois ou todos estes componentes. Um resultado positivo nesta Linha de Base, portanto, não indicará que o aluno expresse um desejo ou necessidade. Para isso é necessária a segunda fase do treino.

Caso o A. atinja o critério:

- Ed. passa para a 2ª fase do programa (no caso de comer e beber) ou passa a solicitar a resposta em situações funcionais (para outros itens).

Caso o A. não atinja o critério:

- Ed. inicia o treino.

CONSEQUENCIAÇÃO

De um modo geral, respostas corretas não são reforçadas em sessões de Linha de Base, reforçando-se outras respostas adequadas ao A., intermitentemente. No caso específico deste programa o evento ou objeto solicitado deve ser liberado.

REGISTRO

Resposta correta	S+
Resposta incorreta	S-
Recusa/Não-resposta	S^0

O Ed. deve usar a folha de registro para Linha de Base.

Em anexo encontra-se um modelo desta folha.

Respostas aproximadas podem ser inicialmente aceitas. O treino é feito com um único item de cada vez.

O educador pode indicar que a resposta está errada de diferentes maneiras. Por exemplo:

- verbalizando e dando o modelo do que o aluno deveria ter feito ("Eu falei beber." — dando o modelo).

- verbalizando: "Você deveria fazer assim." (apresenta o modelo).

Se ao corrigir a resposta incorreta, o aluno responder corretamente, o educador deve reforçá-lo. O procedimento de ajuda pode envolver a retirada gradual do modelo, para que o aluno emita a resposta, apenas à ordem do educador e na presença do estímulo.

1ª FASE: INSTALAÇÃO DA RESPOSTA

TREINO

PROCEDIMENTO

Os itens comer, beber, quero/dá envolvem o uso de objetos (comida, bebida, brinquedo, etc.).

1. Ed. chama o A. pelo nome.

Quando o A. estabelecer contato visual:

2. Ed. mostra o estímulo ao A. antes de dar a ordem.
3. Ed. diz: "Fulano, faz... (comer, beber, dá,...).", "Fulano, pede (um abraço, beijo)."
4. Ed. dá o modelo.
5. Ed. aguarda até 5 segundos.

Se o A. responde corretamente:

6. Ed. elogia.
7. Ed. dá estímulo ou parte dele ao A. (o objeto pedido, pequenas porções do alimento, pequenos goles do líquido, o abraço, o beijo, a aproximação).
8. Ed. registra a resposta na folha.
9. Ed. apresenta nova tentativa com o mesmo estímulo.

Se o A. responde incorretamente:

10. Ed. corrige a resposta.
11. Ed. registra a resposta na folha.
12. Ed. introduz procedimento de ajuda na próxima apresentação do item.
13. Ed. dá nova tentativa ao A.

Se o A. não responde em 5 segundos:

14. Ed. registra a recusa na folha.
15. Ed. introduz procedimento de ajuda na próxima apresentação do item.

Quando o A. atingir o critério:

- Ed. passa para a 2ª fase do treino (no caso de comer ou beber) ou passa a solicitar a resposta em situações funcionais para os outros itens (vem cá, dá um abraço, dá um beijo, dá/quero).
- Ed. inicia o treino de um novo item.

O critério sugerido é de, pelo menos, 80% de respostas corretas em três sessões consecutivas.

CONSEQUENCIAÇÃO

Respostas corretas são seguidas de elogio e do objeto ou ação solicitada.

Respostas incorretas são seguidas por correção e introdução de procedimento de ajuda nas tentativas subsequentes do item.

Recusas são seguidas de apresentação de nova tentativa e introdução de procedimento de ajuda nas tentativas subsequentes do item.

Em anexo encontra-se um modelo desta folha.

A hora do lanche pode ser sinalizada por rotinas regulares, tais como: limpar a mesa e colocar a toalha na mesa, que deve ocorrer antes do treino.

REGISTRO

Nível de Ajuda	Resposta Correta	Resposta Incorreta	Recusa Ñ-Resposta
Sem ajuda	S+	S-	S^0
Ajuda física total	T+	T-	T^0
Ajuda física parcial	P+	P-	P^0
Dica física	D+	D-	D^0
Dica verbal	V+	V-	V^0

O Ed. deve usar a folha de registro para treinos com um item.

2ª FASE: TRANSFERÊNCIA DE RESPOSTAS PARA SITUAÇÃO FUNCIONAL (PARA OS ITENS COMER/BEBER) TREINO

Nesta 2ª fase não é necessário coletar dados de Linha de Base, pois o procedimento adotado seria o mesmo que em Treino, já que a consequência natural do gesto (comida/bebida) não poderia deixar de ser dada.

SITUAÇÃO DE TREINO

No horário do lanche.

PROCEDIMENTO

(Ed. mantém lanche fora do campo visual do A.)

1. Ed. chama o A. pelo nome.

Quando o A. estabelecer contato visual:

2. Ed. diz: “É hora do lanche. O que você quer?”
3. Ed. aguarda até 5 segundos.

Uma vez que o aluno adquiriu os dois gestos na primeira fase, as solicitações na segunda fase se referirão a "comer" e "beber", de acordo com a situação.

O educador pode indicar que a resposta está errada de diferentes maneiras. Por exemplo*:*

- *verbalizando e dando o modelo do que o aluno deveria ter feito ("Eu falei comer." - dando o modelo).*
- *verbalizando: "Você deveria fazer assim." (apresenta o modelo).*

Se o A. responde corretamente:

4. Ed. elogia.
5. Ed. dá a comida ou bebida ao A.
6. Ed. registra a resposta na folha.

Se o A. não emite resposta:

7. Ed. mostra o estímulo ao A. (comida ou bebida).
8. Ed. dá o modelo10. Ed. aguarda até 5 segundos.

Se o A. emite a resposta frente aos estímulos dados:

11. Ed. elogia.
12. Ed. dá a comida ou bebida ao A.
13. Ed. registra a resposta na folha.

Se o A. responde incorretamente.

14. Ed. corrige a resposta.
15. Ed. registra a resposta na folha.
16. Ed. apresenta nova tentativa, utilizando procedimento de ajuda selecionado.

Se o A. não emite a resposta:

17. Ed. registra a recusa na folha.
18. Ed. utiliza procedimento de ajuda.
19. Ed. reinicia a 1ª fase do treino após 2 sessões em que o A. não responde.

Se o A. indica que não quer comer/beber o alimento disponível:

20. Ed. apresenta até mais 2 alternativas de comida ou bebida.

Se o A. recusa a comida/bebida novamente:

21. Ed. retira o lanche.

Quando o A. atingir o critério:

O critério sugerido é 80% de respostas corretas em dez dias consecutivos.

A recusa refere-se à resposta, gestual em treino, não se tratando aqui de recusa do lanche. A recusa do lanche pode ser considerada, para fins deste treino, como a ausência de oportunidades de apresentação da tentativa.

Em anexo encontra-se um modelo desta folha.

- Ed. continua solicitando a resposta na situação do lanche e inicia generalização.

CONSEQUENCIAÇÃO

Respostas corretas são seguias de elogio e da comida ou bebida.

Respostas incorretas são seguidas de correção e introdução de procedimento de ajuda nas tentativas subsequentes.

Recusas são seguidas de apresentação de nova tentativa e introdução de procedimento de ajuda nas tentativas subsequentes.

Se ocorrerem respostas incorretas ou recusas em 2 lanches consecutivos, mesmo com os procedimentos de ajuda, o Treino durante o lanche é interrompido, e é reiniciada a 1ª fase.

REGISTRO

Nível de Ajuda	Resposta Correta	Resposta Incorreta	Recusa Ñ-Resposta
Sem ajuda	S+	S-	S^0
Ajuda física total	T+	T-	T^0
Ajuda física parcial	P+	P-	P^0
Dica física	D+	D-	D^0
Dica verbal	V+	V-	V^0
Não quis comer/beber	N+	N-(*)	N^0

(*)N+: gesto adequado

N-: jogar comida, birra, etc.

O Ed. deve usar a folha de registro para treinos com um item.

MANUTENÇÃO E GENERALIZAÇÃO

1. Todas as manifestações espontâneas devem ser respondidas. Caso não seja possível dar ao A. aquilo que ele solicita no momento, o Ed. deve dizer: "Você quer...? Só que agora não pode. Depois, na hora... você vai poder receber".
2. Se o A. inicia um comportamento para o qual possui o gesto pedido, o Ed. deve interromper o comportamento e perguntar: "Fulano, o que você quer?", dando ajuda se necessário.
3. Os gestos devem ser estimulados. Por exemplo, o Ed. pode dizer: "Eu vou dar um beijo no fulano. O que você quer que eu dê para você?", "Quem quer um abraço?", "Alguém quer brincar com o carrinho?".
4. Os gestos de comer e beber devem ser solicitados também nas outras refeições.

Todas estas sugestões devem ser recomendadas também aos pais.

FOLHA DE REGISTRO PARA ☒ **LINHA DE BASE DO PROGRAMA** *Expressão gestual de desejos e necessidades*

☐ **REVISÃO SEMANAL**

PERÍODO: *Maio/2016*

ALUNO: *Silvana*

CLASSE: *H* **EDUCADOR:** *Luiz*

DATA E HORA	ITENS DE TESTE	TENTATIVAS 1	2	3	% ACERTOS	OBSERVAÇÕES
11/5	comer	S–	S–	S+	33	
11	beber	S°	S–	S–	0	
11	dá	S–	S+	S°	33	
11	quero	S–	S+	S+	66	
12/5	vem cá	S–	S+	S°	33	
12	dá um abraço	S°	S–	S+	33	
12	dá um beijo	S+	S°	S–	33	
% TOTAL DE ACERTOS					33	

CÓDIGOS USADOS: *S: sem ajuda*
+: resposta correta
–: resposta incorreta
O: recusa

CONCLUSÕES: *Iniciar o treino. Ver gestos com a fono.*

FOLHA DE REGISTRO PARA TREINO DO PROGRAMA: *Expressão gestual de desejos e necessidades*

(TREINO COM UM ITEM POR VEZ)

PERÍODO: *Maio/2016*

PROCEDIMENTO DE AJUDA: ☒ PR-I ☐ PR-5

ALUNO: *Judith*

CLASSE: *F* EDUCADOR: *Lea*

SESSÃO	DATA	HORA	ITEM EM TREINO	TENTATIVAS																				% ACERTOS	OBSERVAÇÕES
				1	2	3	4	5	6	7	8	9	10	11	12	13	14	15	16	17	18	19	20		
1	4/5	14:00	comer	S-	T+	P+	D-	P+	D+	V-	D+	V-	D+											60	Foi usado o yogurte de
																									morango, uma de suas
																									comidas prediletas.

CÓDIGOS USADOS:

S: sem ajuda
T: ajuda física total
P: ajuda física parcial
D: dica física
V: dica verbal

+: resposta correta
-: resposta incorreta

"Comer": levar mão direita à boca

Programa 14

Expressão e reconhecimento de sentimentos

EXPRESSÃO E RECONHECIMENTO DE SENTIMENTOS

O estabelecimento das relações afetivas, entre a criança e os seus, é sem dúvida de importância básica, sendo que as primeiras interações vão, em grande parte, direcionar a sua evolução. Elas contribuem para dar às crianças o aconchego, calor e segurança, fundamentais para seu bom desenvolvimento sócio-emocional. Estudos e pesquisas recentes têm mostrado que há efeitos recíprocos, ou seja, não existe apenas o efeito dos pais e de outros educadores sobre o bebê, mas este, por suas diferentes características, influi nas relações que se formam.

Desde cedo, a criança aprende a reconhecer os estados afetivos das pessoas que a cercam; se a mãe está alegre ou triste ou se ficou brava com alguma traquinagem que ela fez. Isto ocorre independentemente de outras variáveis que influem no relacionamento, como diferenças culturais, na expressão de sentimentos, diferenças pessoais ou dos meios de expressão faciais, corporais ou verbais. Gradualmente, a criança torna-se mais capaz de perceber, no outro, manifestações mais sutis de sentimentos, ao mesmo tempo em que suas próprias manifestações vão mudando e amadurecendo.

Na criança atípica, com problemas de desenvolvimento, o estabelecimento de relações afetivas está frequentemente prejudicado. O trauma de ter um filho com problemas, contrariando todas as expectativas, planos e fantasias dos pais, é difícil de ser superado e requer tempo, ajuda e apoio. Problemas frequentes do nenê, como choro forte, dificuldades de alimentação ou distúrbios de sono, podem deixar os pais exaustos e sem disponibilidade de darem ao seu bebê o afeto que ele requer. Outras vezes, a falta de interação do próprio nenê dificulta a criação dos laços afetivos. Ele pode fugir à troca de olhares, encolher-se ao ser tocado, parecer "não ver" o outro. Tudo isso machuca, é doído e é talvez um dos aspectos mais difíceis, embora importantes, a ser trabalhado. O que acontece nesta fase inicial terá efeito sobre todo o futuro contato da criança com o seu mundo. Mesmo quando problemas de desenvolvimento surgem em idade posterior, como sequela de uma doença ou de um desastre, pode haver uma mudança no relacionamento. Outras vezes, ao contrário de rejeição, existem atitudes superprotetoras e o desenvolvimento da criança poderá ser prejudicado por estas, interferindo na aquisição da maior autonomia possível.

A criança com problemas de desenvolvimento pode ter dificuldades em reconhecer estados afetivos nos outros e expressar o que ela sente. Isto é mais comum quando existem comprometimentos neurológicos e motores mais sérios, que reduzem a mobilidade e expressão facial e corporal. Estas dificuldades afetam não só o desenvolvimento da autonomia, como o de relações sociais. Por sua vez, quando a interação e o contato afetivo estão prejudicados, isto dificulta também a pais e educadores ensinarem novas habilidades às crianças.

Um programa que visa ensinar estas crianças inicialmente a reconhecer sentimentos básicos, através das expressões faciais de outros, abre uma nova janela para a troca afetiva. Num segundo passo, poderá ser desenvolvido um programa de nomeação de sentimentos, assim como de imitação de expressões faciais e depois disso, pode-se esperar que o reconhecimento e a expressão de sentimentos colaborem para seu desenvolvimento geral, habilitando a criança tanto a expressar como a reconhecer sentimentos.

HABILIDADES BÁSICAS
EXPRESSÃO E RECONHECIMENTO DE SENTIMENTOS
EXPRESSÕES FACIAIS

Guilherme, sentado ao lado do irmão Mário, está montando uma torre bem alta. Mário, rápido, passa a mão e a derruba. Ao olhar para a cara de Gui, Mário viu na hora, que ele ficou muito bravo.

"É tão difícil saber como a Babi se sente. O rosto dela não mostra suas emoções. Às vezes penso que ela não está nem aí; outras vezes acho que é porque não sabe expressar-se. Isso me aflige tanto", diz a mãe.

Luiza faz anos hoje. Também na escola recebeu presente e agora todos cantam "Parabéns", enquanto as velinhas do bolo estão acesas. A professora pergunta a Babi: "Como será que Luiza está se sentindo?" Babi faz sinal de não saber. "Ela está alegre, porque hoje é seu aniversário.", explica a professora e mostra a Babi uma série de figuras com rostos alegres. Babi aprende a reconhecer a "cara alegre".

INFORMAÇÕES INICIAIS

COMPORTAMENTO-ALVO

Ao final dos treinos, o Aluno (A.) deve ser capaz de indicar a expressão facial correspondente a um sentimento nomeado, dentre as alternativas disponíveis, frente a cartelas/ fotografias, no máximo até 10 segundos após a apresentação das cartelas e das instruções.

PRÉ-REQUISITOS

É indispensável, para este treino, que o A. mantenha contato visual com o Educador (Ed.) e com objetos.

AMBIENTE FÍSICO

Este treino deve ser conduzido de preferência na sala de aula.

MATERIAL

- Cartelas, cada uma com o desenho do rosto de uma criança, representando expressões como: alegre, triste, bravo.
- Reforçadores.
- Folha de registro.
- Arquivos digitais.
- Monitor de TV, smartphone e tablet

PLANEJAMENTO DAS SESSÕES

Frequência: pelo menos 1 sessão diária.
Duração: de 5 a 10 minutos.
Número de tentativas: 10 tentativas por sessão.

Exemplos de figuras com expressões diversas.

O critério sugerido é de três respostas corretas (100%). No conjunto das três expressões testadas (alegre, triste e brava), aceita-se a ocorrência de um erro.

LINHA DE BASE

SELEÇÃO DE ITENS

São selecionadas, inicialmente, 3 cartelas, correspondentes às expressões: alegre, triste e brava. Outros sentimentos podem ser incluídos posteriormente, de acordo com o repertório do A.

AQUECIMENTO

Antes de iniciar o treino, o Ed. deve contar estórias que deem contexto e destaquem as expressões que serão testadas, dramatizar, mostrar expressões de pessoas, nomeando-as e falando sobre situações em que são cabíveis. Pode-se solicitar ao A. que faça as expressões nomeadas, para verificar se é capaz de realizá-las.

PROCEDIMENTO

1. Ed. coloca 2 a 3 cartelas diante do A.
2. Ed. diz: "Fulano, olhe (ou aponte) para a cara..." (alegre, triste ou brava).
3. Ed. aguarda até 10 segundos.

Qualquer que seja o desempenho do A:

4. Ed. registra a resposta.
5. Ed. apresenta nova combinação, até que cada expressão tenha sido solicitada por 3 vezes, em diferentes combinações.

Se o A. atingir o critério para algum item:

- Ed. considera o item superado.
- Ed. pode iniciar o Treino de Expressão de Sentimentos ou de Imitação de Expressão Facial, conforme sugestões na Ampliação de Repertório.

Se o A. não atingir o critério para algum item:

- Ed. inicia o treino.

CONSEQUENCIAÇÃO

De um modo geral, respostas corretas não são reforçadas em Linha de Base, reforçando-se outras respostas adequadas do A., de forma intermitente.

REGISTRO

Resposta correta	S+
Resposta incorreta	S-
Recusa/Não-resposta	S^0

O Ed. deve usar a folha de registro para Linha de Base.

Em anexo encontra-se um modelo desta folha.

TREINO

SELEÇÃO DE ITENS

São colocados em treino os itens em relação aos quais o A. não atingiu o critério na Linha de Base, um de cada vez.

Sugere-se iniciar o Treino pela expressão alegre, por ser aquela que mais facilita interação.

AQUECIMENTO

Antes de iniciar o treino, o Ed. deve contar estórias que deem contexto e destaquem as expressões que serão treinadas, dramatizar, mostrar expressões de pessoas, nomeando-as e falando sobre situações em que são cabíveis.

PROCEDIMENTO

1. Ed. apresenta ao A. 2 cartelas, com 2 expressões diferentes.
2. Ed. diz: "Fulano, olhe para (ou aponte) a cara..." (alegre, triste ou brava).
3. Ed. aguarda até 10 segundos.

Em alguns casos, pode ser desejável iniciar com uma expressão em treino e uma cartela em branco, para reduzir a probabilidade de erro por parte do aluno ou, ainda, ampliar as características relevantes da expressão que está em treino. A esse respeito, ver Variações de Procedimento, ao final do Programa.

Se o A. responde corretamente:

4. Ed. elogia e confirma a resposta.
5. Ed. registra a resposta na folha.
6. Ed. apresenta nova tentativa.

Eventualmente o educador usará reforços tangíveis.

Se o A. responde incorretamente:

7. Ed. corrige a resposta.
8. Ed. registra a resposta na folha.
9. Ed. introduz procedimento de ajuda na próxima tentativa.

O educador pode indicar que a resposta está incorreta, de diferentes maneiras. Por exemplo*: "Eu disse 'cara triste." (apontando a cartela correspondente); "Você deveria, fazer assim." (apontando a cartela nomeada).*

Enquanto ajuda, o educador pode aproximar a cartela do rosto do aluno, dar dicas físicas, etc. O critério principal nesse caso é observar e levar em conta as reações do aluno às ajudas apresentadas.

Se o A. não responde em 10 segundos:

10. Ed. registra a recusa na folha.
11. Ed. apresenta nova tentativa introduzindo procedimento de ajuda.

Quando o A. atingir o critério para algum item:

- Ed. inclui novo item para treino.

O critério sugerido é de pelo menos 80% de respostas corretas em três sessões consecutivas.

- Ed. pode incluir o item superado no Programa de Imitação de Expressões e/ou no de Nomeação de Sentimentos.
- Ed. inicia a Manutenção e Generalização com o item superado.

Caso o A. não atinja o critério para algum item:

- Ed. discute a continuidade do treino com a equipe.

CONSEQUENCIAÇÃO

Respostas corretas são seguidas de elogio e, eventualmente, de outros reforços.

Respostas incorretas são seguidas por introdução de procedimento de ajuda nas tentativas subsequentes.

Recusas são seguidas da introdução do procedimento de ajuda selecionado, nas tentativas subsequentes daquele item.

REGISTRO

Nível de Ajuda	**Resposta Correta**	**Resposta Incorreta**	**Recusa Ñ-Resposta**
Sem ajuda	S+	S-	S^0
Ajuda física total	T+	T-	T^0
Ajuda física parcial	P+	P-	P^0
Dica física	D+	D-	D^0
Dica verbal	V+	V-	V^0

O Ed. deve usar a folha de registro para treinos com um item.

Em anexo encontra-se um modelo desta folha.

MANUTENÇÃO E GENERALIZAÇÃO

1. Solicitar ao A. que indique as expressões de sentimentos, apresentando as cartelas em outras situações durante o dia.
2. Diante de uma situação em que o A. demonstra estar alegre, triste, ou bravo, fazê-lo identificar a cartela correspondente, nomeando o sentimento demonstrado.
3. Solicitar ao A. identificar as expressões de sentimento nas pessoas que estão em contato com ele.
4. Utilizar os nomes dos sentimentos do Ed. pelo A., nas diferentes situações em que se apresentem em função de comportamentos do A.

VARIAÇÕES DE PROCEDIMENTO

Para alguns A. com repertório mais pobre, pode ser necessário utilizar um procedimento de discriminação sem erro, com introdução e esvanecimento de ajuda.

É preciso destacar que, por vezes, a utilização de ajudas desse tipo gera um comportamento do aluno, controlado pelos aspectos irrelevantes introduzidos (como tamanho, por exemplo) de difícil alteração posterior. Deve-se, portanto, variar os aspectos irrelevantes introduzidos.

Exemplo:
1. Iniciar o treino com uma só cartela e introduzir gradualmente uma segunda, e/ou
2. Utilizar uma cartela vazia, ao invés de uma segunda cartela com expressão alternativa, e/ou
3. Acentuar características relevantes do estímulo que está em treino e/ou reduzir o da cartela alternativa.

AMPLIAÇÃO DE REPERTÓRIO

Uma vez superado este programa e à medida que o A. ampliar seu repertório geral, será importante também ampliar o reconhecimento e a expressão de sentimentos em situações do dia a dia ou em situações fictícias (dramatizações, ouvindo estórias.). Pode-se pedir ao A. que aponte uma expressão facial/ sentimento mencionado, que a nomeie ou que a imite. Pode-se usar também, para esta atividade, jogos conhecidos e músicas.

O A. que não expressa sentimentos em situações do dia a dia, nem reconhece expressões de outras pessoas, com as quais interage, pode estar tendo dificuldades em imitar expressões faciais e em nomeá-las, já que a imitação e a nomeação podem ser pré-requisitos para o seu uso mais generalizado. Pode também ter dificuldades no entendimento de estórias contadas.

Caso o A., após ter passado pelo treino de Reconhecimento de Expressões Faciais, não apresente imitação das expressões faciais e/ou não apresente nomeação (oral ou gestual) destas expressões, recomenda-se que estas sejam treinadas. Para isso, o Programa de Imitação Motora e/ou o Programa de Nomeação deve ser seguido.

Os Programas de Imitação de Expressões Faciais e o de Nomeação de Expressões Faciais são, em geral, realizados após vencidos os Programas de Habilidades Básicas.

EXPRESSÃO DE SENTIMENTOS

No treino de Imitação, o Ed. diz: "Ela ficou assim." (por exemplo: sorri), dizendo a seguir: "Faça como eu.", oferecendo o modelo novamente. Procedimento de ajuda e modelagem da resposta facial serão usados quando necessários.

Tanto no treino de Nomeação quanto no de Imitação, sugere-se que o modelo ou a cartela sejam apresentados dentro de um contexto, como, por exemplo, o de uma estória curta (por exemplo: "Suzana fez anos e ganhou um lindo presente.").

No treino de Nomeação, o Ed. mostra a cartela correspondente à expressão (por exemplo, "alegre") e diz: "Ela ficou assim. Como ela se sentiu?", usando procedimento de ajuda necessário para a emissão da resposta ("alegre, triste, bravo").

FOLHA DE REGISTRO PARA: ☒ **LINHA DE BASE DO PROGRAMA** Reconhecendo Expressões Faciais
☐ **REVISÃO SEMANAL**

PERÍODO: Junho/2016

ALUNO: Jane

CLASSE: F EDUCADOR: Ana

DATA HORA	ITENS DE TESTE	TENTATIVAS 1	2	3	% ACERTOS	OBSERVAÇÕES
3/6	Alegre	S-	S+	S+	66	
3	Triste	S+	S+	S+	100	hesitou um pouco antes de responder
3	Brava	S-	S-	S°	0	
% TOTAL DE ACERTOS					55	

CÓDIGOS USADOS: S: sem ajuda
+: resposta correta
-: resposta incorreta
O: recusa

CONCLUSÕES: Iniciar o treino de "alegre".

FOLHA DE REGISTRO PARA TREINO DO PROGRAMA: *Reconhecimento de expressões faciais*

(TREINO COM UM ITEM POR VEZ)

PERÍODO: *Agosto/2016* **PROCEDIMENTO DE AJUDA:** ☒ PR-I ☐ PR-5 **ALUNO:** *Luiza* **CLASSE:** *G* **EDUCADOR:** *Rogério*

SESSÃO	DATA	HORA	ITEM EM TREINO	TENTATIVAS																				% ACERTOS	OBSERVAÇÕES
				1	2	3	4	5	6	7	8	9	10	11	12	13	14	15	16	17	18	19	20		
1	10/8	16:00	alegre	T+	P+	D+	V-	D+	V+	S-	V+	S+	S+											80	cartelas alegre/triste

CÓDIGOS USADOS: *S: sem ajuda* *+: resposta correta*
T: ajuda física total *-: resposta incorreta*
P: ajuda física parcial
D: dica física
V: dica verbal

Programa 15

Emparelhamento

EMPARELHAMENTO

Identificar similaridades e diferenças entre objetos é uma das habilidades fundamentais de aprendizagem que uma criança deve adquirir, antes de realizar habilidades mais complexas. Se uma pessoa não for capaz de verificar semelhanças, será necessário que aprenda uma nova habilidade a cada novo objeto ou situação que se lhe apresente. Por outro lado, se não for capaz de verificar diferenças, poderá comportar-se de formas que lhe serviram em outras situações, mas não na atual.

Existem vários níveis de complexidade nos conceitos de igualdade e diferença, sendo sua aquisição, gradual. Inicialmente a criança aprende que dois objetos com características idênticas (por exemplo, duas colheres, de tamanho, cor e forma iguais) são iguais, para depois estender este conceito para objetos que tenham algumas características relevantes em comum e outras diferentes (por exemplo, duas colheres, com forma e tamanho igual, mas de cores diferentes ou dois carrinhos com tamanho igual, mas de cores e formas diferentes). Aos poucos as diferenças vão se acentuando, mantendo-se apenas alguma característica semelhante.

As noções de semelhança e diferença são básicas na formação de conceitos. Para que uma pessoa forme um conceito, ela deve diferenciar eventos que não fazem parte do conceito e encontrar semelhanças entre os eventos que são exemplos do conceito. O nível intelectual de uma pessoa é, em grande parte, determinado pela rapidez e grau de complexidade dos conceitos que ela é capaz de formar. (A maior parte dos testes não-verbais e muito dos testes verbais e de inteligência, envolvem a formação de conceitos).

Indivíduos com defasagem de desenvolvimento têm, em geral, grande dificuldade em adquirir os conceitos de igualdade e desigualdade, a começar do emparelhamento de objetos com as mesmas características. Por isso requerem procedimentos bem planejados, para que cheguem a esta aprendizagem. O Programa de Emparelhamento de objetos constitui-se num dos primeiros passos na direção desejada. Ele possibilitará seu uso em atividades bem funcionais, como separação de roupas e outros materiais semelhantes ou diferentes, arrumação de pratos e talheres na mesa, arrumação de brinquedos e muitas outras. Uma vez vencido este programa, o procedimento poderá ser adaptado para a aprendizagem de conceitos mais complexos, numa sequência estruturada.

HABILIDADES BÁSICAS

EMPARELHAMENTO

Mamãe está pondo a mesa para o jantar. Ela pede: "Ricardo, por favor, pegue um copo igual a este.". Ao voltar, ele o entrega para a mãe: "É igual.".

Mamãe está ajudando Paulo a se vestir. Ela segura uma meia branca em suas mãos. Outras estão na gaveta. "Paulinho, pegue a igual.", ela pede. Paulinho olha à sua volta e pega a blusa. A meia ficou na gaveta.

Celia, a professora de Camila, senta-se à mesa com ela. Celia lhe dá um cubo e põe um cubo e uma caixa na mesa: "Coloque com o igual.", ela diz. Ela guia sua mão em direção ao cubo. "Joia, você achou o igual.", ela comenta, quando os dois cubos estão juntos. "Vai dar para a gente construir uma torre, olhe!"

INFORMAÇÕES INICIAIS

COMPORTAMENTO-ALVO

Ao terminar o treino o aluno (A.) deve ser capaz de parear:

A. objetos tridimensionais idênticos (Parte 1).

B. figuras gráficas idênticas (Parte 2).

C. objetos tridimensionais com figuras gráficas (Parte 3). iguais dentre um conjunto de alternativas oferecido, que inclua pelo menos um estímulo igual e um diferente do modelo, em no máximo 10 segundos após a instrução e a apresentação do material.

PRÉ-REQUISITOS

Para, iniciar este treino, é indispensável que o A. mantenha contato visual com objetos e que tenha aprendido a responder a ordens verbais simples, do tipo: "Segure, pegue, mostre".

Inúmeras são as respostas motoras que podem ser selecionadas e aproveitadas no treino de emparelhamento. Para crianças que não conseguem manipular objetos, a indicação pode se dar apontando, empurrando ou mesmo olhando na direção do objeto. Eventualmente, pode ser necessário criar equipamento especial, para permitir a emissão de uma resposta de escolha compatível com o repertório motor do aluno.

AMBIENTE FÍSICO

Este treino deve ser feito, pelo menos em sua primeira parte, individualmente, com o A. e Educador (Ed.) sentados frente a frente. É importante também garantir, o mais possível, a inexistência de estímulos competitivos e interferências.

Figuras de revista devem ser recortadas com cuidado para serem iguais e coladas em cartolina ou madeira, resistentes à manipulação pelo aluno.

Devem-se remover as margens das figuras, porque o aluno pode prestar atenção a estas e não à figura propriamente dita. Figuras com diferentes orientações (vertical ou horizontal) não deveriam ser usadas, até que o aluno já saiba emparelhar figuras. Quando isto acontecer, podem-se reintroduzir outros fatores de distração (margens, formas e tamanhos diferentes) já que o aluno deve ter aprendido a prestar atenção aos fatores relevantes neste momento.

Enquanto o aluno estiver atento à tarefa, várias sessões consecutivas são preferíveis, para aumentar as oportunidades de aprendizagem.

MATERIAL

- Objetos comuns no ambiente do A.; de preferência devem ser incluídos objetos que, em situação natural, são iguais e costumam estar pareados (meias, luvas, sapatos, etc.).
- objetos que, sendo iguais, encaixam-se (peças de brinquedos para montar), bem como objetos avulsos.
- figuras de objetos comuns no ambiente do A., sendo necessário 2 figuras idênticas para cada objeto.
- folha de registro.
- comestíveis ou outro reforçador tangível, se necessário.

PLANEJAMENTO DAS SESSÕES

Frequência: sessões diárias.
Duração: 5 a 10 minutos em média.
Número de tentativas: 10 por sessão.

PARTE 1: OBJETOS TRIDIMENSIONAIS IDÊNTICOS

LINHA DE BASE

SELEÇÃO DE ITENS

O Ed. deve escolher 2 pares de objetos familiares ao A., (X e Y) com formas e características simples e que sejam bem diversos entre si.

Exemplo:
2 copos de plástico idênticos (X) e
2 meias idênticas (Y)
ou
2 colheres idênticas (X) e
2 tênis idênticos (Y).

AQUECIMENTO

O Ed. pode apresentar os objetos ao A., antes de iniciar as tentativas, enfatizando as relações de igualdade e de diferença e permitindo ao A. manipular os objetos.

O educador pode, por exemplo, ter o estímulo-modelo e o de comparação igualmente ligados por um barbante e requerer uma resposta de suspender o barbante.

Deve, além disso, requerer contato visual com cada um dos objetos colocados na mesa.

PROCEDIMENTO

1. Ed. coloca um objeto de cada par (X e Y) sobre a mesa, equidistantes do A. em posições aleatórias direita, esquerda.
2. Ed. segura o outro objeto de um dos pares em frente ao A.

(X' ou Y' segundo série aleatória prevista na folha de registro).

É importante que se evite dar dicas inadvertidamente (e muitas vezes confusas) ao aluno. Para isto deve-se garantir que a distância dos objetos seja a mesma em relação ao aluno, isto é, um não deve estar mais próximo que o outro.

Deve-se dar também o objeto ao aluno, sempre com a mesma mão, para evitar que ele se fixe nesta dica.

Deve-se colocar o objeto bem na frente do aluno, para evitar que um ligeiro deslocamento para a esquerda ou para a direita funcione como dica.

Outras posições corporais e expressões faciais devem ser evitadas, pela mesma razão. O educador não deve também olhar para o objeto correto, até o aluno emitir sua resposta. Se o aluno estiver inseguro com relação à resposta correta, ele pode procurar este tipo de dicas para obter informação adicional.

Se o A. não estabelecer contato visual com o objeto.
3. Ed. diz: "Fulano, olha aqui."

Quando o A. estabelecer contato visual com o objeto.
4. Ed. dá o objeto para o A. (X' ou Y').
5. Ed. diz: "Fulano, põe o igual com o igual."
6. Ed. registra a resposta na folha.

A resposta correta é a de colocar o objeto em cima ou ao lado do objeto correspondente na mesa, em dez segundos. Outras respostas também poderiam ser eleitas como corretas, conforme indicado nas sugestões de respostas de observação e escolha.

7. Ed. muda a posição dos objetos na mesa (ou não), aleatoriamente de forma que o objeto X algumas vezes esteja à direita do A. e outras vezes à sua esquerda
8. Ed. apresenta cada um dos objetos (X ou Y), de acordo com randomização previamente preparada, 3 vezes em cada uma das 3 sessões de Linha de Base.

O critério sugerido é de 90% de respostas corretas nas três sessões de Linha de Base.

Caso o A. atinja o critério:

- Ed. introduz mais alguns objetos, de forma que vários objetos (de 3 a 5) sejam colocados na mesa, dos quais apenas 1 é igual ao modelo dado.

Caso o A. não atinja o critério:

- Ed. inicia o treino com o Passo 1.

CONSEQUENCIAÇÃO

De um modo geral, respostas corretas não são consequenciadas em sessões de Linha de Base, reforçando-se outras respostas adequadas do A., intermitentemente.

REGISTRO

Resposta correta	S+
Resposta incorreta	S-
Recusa/Não-resposta	S^0

O Ed. deve usar a folha de registro de treino com 2 itens.

Em anexo encontra-se um modelo desta folha.

EMPARELHAMENTO PARTE 1: OBJETOS TRIDIMENSIONAIS IDÊNTICOS

TREINO

A aquisição gradual do comportamento de emparelhar objetos tridimensionais idênticos se faz, neste programa, através de uma série de etapas consecutivas, conforme mostra o quadro abaixo:

Através destas etapas, aumenta-se gradualmente o nível de complexidade da situação apresentada ao aluno. A análise permanente dos dados de desempenho do aluno é indispensável neste programa, para facilitar uma identificação precoce de tendências indesejáveis de respostas.

Códigos usados: (r) ordem randômica de apresentação dos estímulos-modelo:

(f) posições fixas dos estímulos de escolha

(alt) posições alternadas aleatoriamente dos estímulos de escolha.

Convém ressaltar que nas etapas 3 e 4, com a introdução de estímulo novo, os outros estímulos (tanto modelo como de escolha) podem ser qualquer um ou mais dos estímulos já treinados.

ETAPA		OBJETO(S)	
Etapa	Fase	Estimulo(s)-modelo	Estímulo(s) de Escolha
1. Um par		X'	X
2. Dois pares	a	Y'	X e Y (f)
	b	X' ou Y'	X e Y (f)
	c	X' ou Y'	X e Y (alt)
3. Três pares	a	Z'	Z e X (f)
	b	Z' ou X' (r)	Z e X (f)
	c	Z' ou X' (r)	Z e X (alt)
	d	Z' X' ou Y'	(r) Z X e Y (f)
	e	Z' X' ou Y'	(r) Z X e Y (alt)
3. quatro ou mais pares	a	T'	T e X (f)
	b	T' ou X' (r)	T e X (f)
	c	T' ou X' (r)	T e X (alt)
	d	T' X' ou Y'	(r) T X e Y (f)
	e	T' X' ou Y'	(r) T X e Y (alt)
	f	T' X' Y' ou Z'	(r) T X Y e Z (f)
	g	T' X' Y' ou Z'	(r) T X Y e Z (alt)

Etapa 1: Primeiro Par

SELEÇÃO DE ITENS

Exemplo: dois copos plásticos idênticos.

O Ed. deve escolher 1 par de objetos familiares ao A., com formas e características simples.

AQUECIMENTO

O Ed. pode apresentar os 2 objetos ao A. antes de iniciar as tentativas, enfatizando a relação e permitindo que o A. manipule os objetos.

PROCEDIMENTO

1. Ed. coloca um dos objetos (X) na mesa, diretamente na frente do A.
2. Ed. segura o outro objeto idêntico (X') em frente do A.

   Se o A. não estabelece contato visual com X':
3. Ed. diz: "Fulano, olhe aqui."

   Quando o A. estabelecer contato visual com X':
4. Ed. dá X' para o A.
5. Ed. diz: "Fulano, põe o igual com o igual."

O educador poderia também dizer:

"Fulano, ache o igual." ou

"Fulano, ponha com o igual."

Se o A. responde corretamente em 10 segundos

6. Ed. reforça o A. socialmente e, eventualmente com um reforçador tangível.
7. Ed. registra a resposta na folha.
8. Ed. apresenta nova tentativa.

Colocar X' em cima ou do lado de X em até dez segundos são consideradas respostas corretas.

Uma ajuda possível (dica física visual) é a de colocar X sobre uma folha de papel e reforçar o aluno por colocar X' na mesma área. O papel ajuda-o a olhar para o lugar onde deve colocar o objeto e a definir a resposta correta. A posição do papel pode ser variada, para garantir que o aluno olhe para o objeto modelo (X) e para o local onde deve colocar seu objeto (X').

O critério sugerido é de 80% de acertos em duas sessões consecutivas.

Se o primeiro par for de copos, o segundo par não deveria ser de xícaras. Se o primeiro par for de meias, o segundo par não deveria ser de sapatos.

Se o A. responde incorretamente:

9. Ed. Registra resposta na folha.
10. Ed. apresenta nova tentativa, introduzindo procedimento de ajuda.

Se o A. não responde em 10 segundos:

11. Ed. registra a recusa na folha.
12. Ed. apresenta nova tentativa, introduzindo procedimento de ajuda.

Quando o A. atingir o critério:

- Ed. Inicia Etapa 2.

Etapa 2: Emparelhamento do Segundo Par

SELEÇÃO DE ITENS

O segundo par de objetos deve ser o mais diverso possível do primeiro.

AQUECIMENTO

O Ed. pode apresentar os 2 novos objetos idênticos ao A., antes de iniciar as tentativas, enfatizando esta relação e permitindo que o A. manipule os objetos. Deve, além disto, requerer contato visual com cada um dos objetos colocados na mesa.

PROCEDIMENTO (Fase 2a)

1. Ed. coloca os objetos X e Y na mesa, de forma que estes fiquem equidistantes do A.
2. Ed. segura o objeto idêntico do segundo par (Y') em frente do A.

Os objetos de escolha são mantidos em suas posições iniciais durante toda essa etapa, de modo que o A. possa utilizar a posição como dica adicional da resposta correta.

Se o A. não estabelece contato visual com Y':

3. Ed. diz: "Fulano, olha aqui."

Quando o A. estabelecer contato visual com Y':

4. Ed. dá Y' para o A.
5. Ed. diz: "Fulano, põe o igual com o igual."

O educador poderia também dizer:
"Fulano, ache o igual." ou
"Fulano, ponha com o igual."

Se o A. responde corretamente:

6. Ed. reforça o A. socialmente e, eventualmente com um reforço tangível.
7. Ed. registra a resposta na folha.
8. Ed. apresenta nova tentativa, mantendo os objetos de escolha em suas posições.

Não se recomenda permitir ao aluno corrigir-se, colocando o objeto no lugar correto, após tê-lo colocado no lugar errado, pelo menos nas fases iniciais do treino. Com isto pretende-se evitar que o aluno mude sua resposta sempre que estiver errada, sem realmente olhar para os objetos. Autocorreção pode ser essencial em fases mais avançadas do treino. Deve-se observar o desempenho do aluno, para decidir quando se tornaa apropriado o uso da autocorreção.

Se A. responde incorretamente:

9. Ed. retira Y' do A.
10. Ed. registra a resposta na folha.
11. Ed. apresenta nova tentativa usando procedimento de ajuda e mantendo os objetos de escolha em suas posições.

Se o A. não responde em 10 segundos

A razão para deixar os objetos X e Y na mesma posição é a de permitir que o aluno use a posição dos objetos como uma dica. Se esta ajuda for desnecessária, pode-se alterar aleatoriamente a posição dos objetos na mesa, passando para a Fase 2c.

Se a dica da posição não for suficiente para ajudar o aluno na sua resposta, pode-se colocar apenas o objeto Y na mesa e gradualmente, aproximar o objeto X, até ele assumir sua posição ao lado ao objeto Y, ou dar outras dicas.

O critério sugerido é de 80% de acertos em duas sessões consecutivas.

Durante a Fase 2b, os objetos X e Y, para escolha do aluno, devem permanecer nas posições direita-esquerda em que foram colocadas na primeira tentativa. A cada tentativa são alternados os modelos, seguindo ordem aleatória prevista.

12. Ed. retira Y' do A.
13. Ed. registra a recusa na folha.
14. Ed. apresenta nova tentativa, usando procedimento de ajuda e mantendo os objetos de escolha em suas posições.

Quando o A. atingir o critério

• Ed. inicia a Fase 2b.

PROCEDIMENTO (Fase 2b)

Sugere-se que, antes do início da Etapa 2b, o educador apresente algumas tentativas da Etapa 1, já que se passou algum tempo desde que ela foi completada. De maneira geral é aconselhável que a sessão seja iniciada com algumas tentativas da anterior, antes de se iniciar uma nova Etapa.

1. Ed. coloca os objetos X e Y na mesa, de forma que estes fiquem equidistantes do A.
2. Ed. segura o objeto X' ou Y' em frente do A., segundo ordem aleatória prevista.

O educador poderia também dizer:
"Fulano, ache o igual."
ou
"Fulano, ponha com o igual."

Se o A. não estabelecer contato visual com o objeto

3. Ed. diz: "Fulano, olha aqui."

Quando o A. estabelecer contato visual com o objeto:

4. Ed. dá o objeto para o A. (X' ou Y').
5. Ed. diz: "Fulano, põe o igual com o igual."

Se o A. responde corretamente:

6. Ed. reforça o A. socialmente e, eventualmente, com um reforço tangível.
7. Ed. registra a resposta na folha.
8. Ed. apresenta nova tentativa de X ou de Y, segundo previsão aleatória.

Se o A. responde incorretamente:

9. Ed. retira o objeto do A.
10. Ed. registra a resposta na folha.
11. Ed. introduz procedimento de ajuda na próxima apresentação deste item.
12. Ed. dá nova tentativa ao A., seguindo a sequência aleatória prevista.

Se o A. não responde em 10 segundos:

13. Ed. retira o objeto do A.
14. Ed. registra a recusa na folha.
15. Ed. introduz procedimento de ajuda na próxima apresentação deste item.
16. Ed. dá nova tentativa ao A., conforme a sequência aleatória prevista.

O critério sugerido é de 80% de acertos em duas sessões consecutivas.

Nesta etapa, os objetos de escolha devem ter sua posição direitaesquerda definidas, a cada tentativa, a partir de uma série aleatória previamente preparada.

Os objetos X' e Y' devem estar, cada um, aproximadamente o mesmo número de vezes à direita e à esquerda do aluno, de modo que a posição não mais represente dica da resposta esperada.

Quando o A. atingir o critério:

- Ed. inicia a Fase 2c.

PROCEDIMENTO (Fase 2c)

1. Ed. coloca os objetos X e Y na mesa, de forma que estes fiquem equidistantes do A.
2. Ed. segura o objeto-modelo em frente do A. (X' ou Y'), segundo ordem aleatória prevista.

Se o A. não estabelecer contato visual com o objeto:

3. Ed. diz: "Fulano, olha aqui."

Quando o A. estabelecer contato visual com o objeto:

4. Ed. dá o objeto (X' ou Y') para o A.
5. Ed. diz: "Fulano, põe o igual com o igual."

Se o A. responde corretamente:

6. Ed. reforça o A. socialmente e, eventualmente, com um reforço tangível.
7. Ed. registra a resposta na folha.
8. Ed. muda a posição dos objetos da mesa (ou não) aleatoriamente, de forma que o objeto X algumas vezes esteja à direita do A. e outras vezes à sua esquerda.
9. Ed. apresenta nova tentativa de X ou Y, conforme ordem aleatória prevista.

Se o A. responde incorretamente:

10. Ed. diz: "Não."
11. Ed. retira o objeto do A.
12. Ed. registra a resposta na folha.
13. Ed. introduz procedimento de ajuda na próxima apresentação deste item.
14. Ed. dá nova tentativa ao A., seguindo a sequência aleatória prevista.

Se o A. não responde em 10 segundos:

15. Ed. retira o objeto do A.
16. Ed. registra a recusa na folha.
17. Ed. introduz procedimento de ajuda na próxima apresentação deste item.
18. Ed. dá nova tentativa ao A., conforme a sequência aleatória prevista.

Quando o A. atingir o critério:

- Ed. inicia a Etapa 3.

O critério sugerido é de 80% de acertos em duas sessões consecutivas.

Etapa 3: Emparelhamento de Três Pares

SELEÇÃO DE ITENS

O novo par de objetos (Z) deve ter características diferentes dos objetos X e Y.

Exemplo: Dois cubos, caso X seja um copo e Y um sapato.

PROCEDIMENTO

1. Ed. Coloca o objeto Z' e o objeto X' ou Y' na mesa.
2. Ed. Repete o procedimento da Etapa 2, agora com novo par, seguindo portanto as fases 3a, 3b e 3c.

O critério sugerido é de 80% de acertos em duas sessões consecutivas.

Quando o número de objetos treinados ultrapassar quatro ou cinco, o educador poderá preferir não reintroduzir todos os objetos já treinados. Quatro ou cinco objetos na mesa são um número apropriado.

Quando o A. atingir o critério:

3. Ed. Realiza as fases 3d (estímulos de escolha em posições fixas e estímulos-modelo apresentados em ordem randômica) e 3e (estímulos de escolha em posições alternadas e estímulos-modelo apresentados em ordem randômica), usando agora os três objetos.

Quando o A. Atingir o critério:

- Ed. Inicia a Etapa 4.

Etapa 4: Emparelhamento de Quatro ou Mais Pares

1. Ed. introduz um quarto par de objetos (T), da mesma forma como introduziu o par de objetos Z, isto é, repete o procedimento das Etapas 2 e 3 com o objeto T e um dos outros objetos, para o qual o A. atingiu o critério, seguindo os passos 4a, 4b, 4c, 4d, 4e, 4f e 4g, conforme indicado no quadro.

Quando o A. atingir o critério para a Etapa 4:

- Ed. introduz novo objeto.
- Ed. reproduz o procedimento com outros objetos.

Quando o A. tiver aprendido a parear 12 pares de objetos:

- Ed. suspende o treino formal de emparelhamento de objetos simples.
- Ed. inicia o Programa de Emparelhamento de Figuras Gráficas.

PARTE 1: OBJETOS TRIDIMENSIONAIS IDÊNTICOS TREINO

VARIAÇÕES DE PROCEDIMENTO

1. Com crianças de melhor repertório ou numa fase posterior do treino, podem ser usados objetos ou figuras que, ao invés de idênticos em todos os aspectos, o sejam em relação a um ou a alguns. Assim, o Programa de Emparelhamento de Estímulos Visuais pode ser adaptado para o treino de Emparelhamento de cores, tamanhos, formas e outros conceitos.

Alguns exemplos, entre muitos que poderiam ser sugeridos são:

- *copo azul (X), copo verde (X'), caneta (Y'), relógio (Z'), (conceito de forma)*
- *bola azul (X), bola verde (X'), bola vermelha (Y'), bola amarela (Z'), (conceito de cor)*

2. O uso de encaixes pode se constituir numa atividade preparatória para o treino de emparelhamento num plano gráfico (encaixes de animais, meios de transporte, formas geométricas, etc.)
3. Jogos como dominó, loto, "Lince" e outros que requeiram emparelha- mento podem ser introduzidos com alunos de repertório mais complexo.

CONSEQUENCIAÇÃO (Para todas as Etapas)

Respostas corretas são seguidas de elogios e, eventualmente, de outros reforços.

Respostas incorretas são seguidas da retirada do objeto das mãos do A. e de nova tentativa, usando procedimento de ajuda.

Recusas são seguidas da apresentação da resposta correta e de nova tentativa, usando procedimento de ajuda.

Em anexo encontra-se modelo desta folha.

REGISTRO (Para todas as Etapas)

Nível de Ajuda	Resposta Correta	Resposta Incorreta	Recusa Ñ-Resposta
Sem ajuda	S+	S-	S^0
Ajuda física total	T+	T-	T^0
Ajuda física parcial	P+	P-	P^0
Dica física	D+	D-	D^0
Dica verbal	V+	V-	V^0

O Ed. deve usar a folha de registro para treinos com vários itens, preparando a randomização antes de iniciar o Treino.

PARTE 2: FIGURAS GRÁFICAS IDÊNTICAS LINHA DE BASE E TREINO

SELEÇÃO DE ITENS

O Ed. deve selecionar 12 figuras correspondentes aos objetos utilizados na Parte 1 do Programa de Emparelhamento de Estímulos Visuais.

PROCEDIMENTO

O Procedimento de Linha de Base e Treino a ser usado é o mesmo que o da Parte 1 do Programa. O A. deverá ser solicitado a colocar a figura que está segurando sobre a figura igual sobre a mesa.

PARTE 3: OBJETOS TRIDIMENSIONAIS COM FIGURAS GRÁFICAS CORRESPONDENTES LINHA DE BASE E TREINO

SELEÇÃO DE ITENS

O Ed. deve selecionar 12 objetos e figuras correspondentes.

PROCEDIMENTO

O procedimento de Linha de Base e Treino a ser usado é o mesmo da Parte 1 do Programa. Difere apenas nos seguintes itens de procedimento:

1. Ed. coloca as figuras gráficas na mesa.
2. Ed. dá ao A. um dos objetos tridimensionais correspondentes
3. Ed. diz: "Coloque o... (objeto) em cima do... (objeto)." (Por exemplo: "Coloque o sapato sobre o sapato.").

MANUTENÇÃO E GENERALIZAÇÃO

1. Introdução de outros problemas em que o emparelhamento é pré-requisito nas rotinas de atividades do A.
2. Uso do emparelhamento em situações funcionais no dia a dia, por exemplo, em situações onde o A. deve achar a meia igual, a colher igual, o bloco igual.
3. Solicitações de emparelhamento em situações de brincadeira, quando o A. deve achar objetos iguais aos que outro A. ou o Ed. lhe mostram. Pode-se usar várias formas de jogos de loto, jogos de memória e dominós para emparelhar.
4. Comunicações sobre a conclusão dos treinos aos pais e orientação para que solicitem e favoreçam o comportamento em casa.

VARIAÇÕES DE PROCEDIMENTO

É importante que o A. tenha alguma resposta de observação do modelo e uma resposta de escolha, mas as respostas específicas podem variar de aluno para aluno, de acordo com suas características motoras, visuais e de preferências que ele demonstre. O tipo de material usado também poderá sugerir o tipo de resposta mais adequada.

O uso de encaixes, por exemplo, já define o tipo de resposta de escolha esperado.

Assim, o Ed. poderia:

- pedir ao A. para segurar o modelo e, em seguida, pedir para ele pegar, com a outra mão, o objeto igual que está na mesa;
- segurar o modelo em frente aos olhos do A. e pedir que este lhe dê o igual;
- deixar o modelo e os objetos de escolha na mesa e solicitar ao A. que trace uma linha com o dedo entre o modelo e o igual;
- e, caso haja algum impedimento físico, pedir ao A. que olhe para o igual. (Neste caso, deve-se garantir que a distância entre os objetos seja suficientemente grande, para permitir ao Ed. detectar a resposta.).

FOLHA DE REGISTRO PARA TREINO DO PROGRAMA: *Emparelhamento*

(TREINO COM UM ITEM POR VEZ)

PERÍODO: *Março-Abril/2016* PROCEDIMENTO DE AJUDA: ☒ PR-I ☐ PR-5 ALUNO: *Rita* CLASSE: *E* EDUCADOR: *Mário*

SESSÃO	DATA	HORA	ITEM EM TREINO	TENTATIVAS																				% ACERTOS	OBSERVAÇÕES
				1	2	3	4	5	6	7	8	9	10	11	12	13	14	15	16	17	18	19	20		
1	7/3	9:00	(X) copo	S-	T+	P+	D-	P+	D+	V-	D-	P+	D-											50	Etapa 1
7	21/3	10:00	(X) copo	*	S-	T+	*	*	P-	*	T+	*	T+											60	
			(Y) colher	S-	*	*	T+	P+	*	D-	*	P+	*											60	Etapa 2
18	26/4	9:05	(X) copo	P+	*	*	D+	*	*	*	V-	*	*	D+	*	*	V-	*						60	
			(Y) colher	*	T+	*	*	P-	*	T+	*	*	P+	*	*	*	*	D-						60	
			(Z) meia	*	*	D+	*	*	V-	*	*	D+	*	*	V+	S+	*	*						80	Etapa 3 - Fase 3e

CÓDIGOS USADOS:
S: sem ajuda *+: resposta correta*
T: ajuda física total *-: resposta incorreta*
P: ajuda física parcial **: randomização*
D: dica física
V: dica verbal

FOLHA DE REGISTRO PARA TREINO DO PROGRAMA *Emparelhamento - Linha de Base*

(TREINO COM VÁRIOS ITENS)

PERÍODO: *Outubro/2016*

ALUNO: *Sandra*

CLASSE: *G* **EDUCADOR:** *Jorge*

SESSÃO	DATA	HORA	ITENS EM TREINO	1	2	3	4	5	6	7	8	9	10	11	12	13	14	15	16	17	18	19	20	% ACERTOS	OBSERVAÇÕES
1	3/10	15:10	(X) copo		S^{O}	S-			S^{O}																Conclui-se que o treino de Emparelhamento será iniciado com Sandra a partir dos dados obtidos em Linha de Base.
			(Y) colher	S^{O}			S+	S-																10	
2	4/10	15:15	(X) copo	S^{O}		S^{O}		S-																	
			(Y) colher		S-		S^{O}		S-															0	
3	5/10	15:00	(X) copo	S+		S-		S^{O}																	
			(Y) colher			S+		S^{O}																20	

CÓDIGOS USADOS: *S: sem ajuda*
+: resposta correta
-: resposta incorreta
O: recusa
■: randomização

Programa 16

Uso funcional de brinquedos

HABILIDADES BÁSICAS

USO FUNCIONAL DE BRINQUEDOS

Brincar é uma atividade dominante no desenvolvimento normal da criança, ocupando grande parte do seu tempo. O que chamamos de brincar se inicia cedo e continua ocorrendo durante toda a infância e mesmo depois. Entretanto, o tipo de brincadeira muda com o desenvolvimento da criança e muda também de acordo com as circunstâncias. Assim, no início, a criança entra em contato com os objetos de seu ambiente físico, aprendendo a explorá-los. Depois passa a usar funcionalmente os objetos e brinquedos. Por sua vez, o uso funcional de objetos e brinquedos precede a habilidade de usar estes para atividades que envolvem dramatização e jogo imaginativo mais complexos.

Uma criança pode brincar sozinha ou com outras, de forma paralela ou cooperativa; pode brincar sentada, usando principalmente as mãos, ou em pé, desenvolvendo habilidades motoras amplas; pode dialogar; pode usar criatividade; pode solucionar problemas. Sua brincadeira pode ser espontânea, iniciada por ela própria ou dirigida pelo adulto; ambas são importantes. A primeira permite o desenvolvimento da criatividade e independência; a segunda permite ao adulto fornecer as oportunidades, equipamentos, experiências e encorajamentos apropriados às habilidades e interesses da criança.

Brincar tem, então, funções diferentes: além de divertir, permite o desenvolvimento físico, o desenvolvimento cognitivo, o desenvolvimento social e emocional.

É comum observar que crianças com defasagem ou com distúrbios no desenvolvimento não brincam, mesmo quando possuem vários brinquedos à sua disposição. São capazes de permanecer por muitas horas sentadas, sem se engajar em nenhuma atividade. Ou então, manipulam brinquedos de maneira não funcional e repetitiva, sem estabelecer contato com as pessoas e sem encontrar novas formas de interagir com o ambiente.

Um programa de uso funcional de brinquedos pretende conseguir que a criança emita um maior número de comportamentos frente a determinados objetos, que use o material recreativo de forma adequada e que não fique parada por muito tempo ou se autoestimulando.

Assim, a aplicação do programa de Uso Funcional de Brinquedos pode ser também uma estratégia importante para o suprimento de necessidades de estimulação sensorial, frequentemente evidenciadas por estereotipias que, em alguns casos, chegam a produzir lesões no indivíduo. Cabe ao educador observar os comportamentos autoestimulatórios de seus alunos, para identificar que tipo de estimulação eles podem estar buscando e então promover brincadeiras que supram estes estímulos.

Considerando a dificuldade das crianças com defasagem de desenvolvimento de aprender — como fazem as crianças normais — por observação e imitação, torna-se necessário ensiná-las a realizar cada atividade. Seu desenvolvimento é lento e há necessidade de se prover passos adequados para que este ocorra.

Algumas crianças passam a se interessar mais por certos objetos, quando os manipulam corretamente. Desta forma poderão passar a brincar, não apenas quando solicitadas e reforçadas pelo educador, mas também de forma espontânea e independente.

Objetivos múltiplos frequentemente estão ligados a atividades específicas de brincar e a escolha adequada de brinquedos pode e deve favorecer funções cognitivas e motoras importantes. Por isso deverá ser feita através de planejamento em equipe, inter ou transdisciplinar, para maximizar o aproveitamento e para evitar o uso de materiais que, por mais atraentes que sejam, são contraindicados para indivíduos portadores de determinados problemas físicos ou neurológicos.

Para que haja generalização, torna-se importante apresentar as várias atividades em situações diversas e de maneiras diferentes. Assim, o brincar não deve ser estimulado apenas na situação específica do treino, mas deve permear, sempre que compatíveis, outros programas e atividades. Através do brincar, ter-se-á não somente mais garantias de manter comportamentos adquiridos pelo aluno nos programas formais de treino, como a oportunidade de ajudá-lo a usar funcional e ludicamente novos conhecimentos e conceitos.

HABILIDADES BÁSICAS

USO FUNCIONAL DE BRINQUEDOS

A mãe de Juca entrou em seu quarto e viu que ele estava ocupado empilhando blocos. Sorriu ao ver a cena, conversou um pouco com ele e pode voltar à cozinha, onde estava preparando o jantar da família. Depois de algum tempo, Juca chamou-a, para mostrar o castelo que fez.

José fica longos períodos de tempo sentado, sem fazer nada. Uma variedade de brinquedos está ao seu alcance. Papai pega um e outro e tenta fazer José interagir com os mesmos. Experimentou vários, aqueles que fazem barulho, que se movimentam. Ele acaba desanimando: "Não sei mais o que comprar para interessar José por brinquedos e não ficar tão parado. Parece que nada o atrai.".

Mariângela ganhou de presente um palhacinho, formado de argolas para encaixar num pino central. Sua mãe sentou-se ao seu lado e pediu para ela tirar a cabeça do palhaço. Como ela não o fez, sua mãe ajudou-a, guiando sua mão. Pediu então para a filha tirar a primeira argola. Mariângela mexeu na argola, mas depois tirou a mão. Novamente sua mãe segurou sua mão, para ajudá-la a remover a argola. Após várias tentativas, Mariângela já estava retirando todas as argolas do palhacinho.

USO FUNCIONAL DE BRINQUEDOS
INFORMAÇÕES INICIAIS

COMPORTAMENTO-ALVO

Ao final do Programa o Aluno (A.) deve ser capaz de brincar, utilizando funcionalmente materiais especificamente destinados a esse fim (brinquedos) e/ou improvisados (sucatas, por exemplo), de acordo com suas características, sempre que criadas as oportunidades para isso.

PRÉ-REQUISITOS

O A. deve apresentar comportamento exploratório, isto é, deve manipular objetos que estejam ao seu alcance. Deve manter contato visual com objetos, apresentar imitação motora e atender ordens simples.

AMBIENTE FÍSICO

O treino pode ser desenvolvido na sala de aula, no pátio ou em qualquer lugar que favoreça a atenção e interesse do A. Um treino formal, onde o Educador (Ed.) e o A. estão sentados frente a frente numa mesa, pode ser necessário nos casos em que a atenção não é obtida em situação informal.

Dependendo do local e da criança, alguns cuidados devem ser tomados: o lugar deve ter o chão limpo, para que a criança tenha liberdade de se mover em segurança e livremente. Tudo o que pode ser quebrado, derrubado, engolido, puxado, deve ser removido do aposento. Tomadas elétricas devem ser cobertas e fios elétricos colocados fora do alcance, de forma que a criança não possa puxá-los ou mastigá-los.

Outros critérios de organização são possíveis e devem gerar conjuntos diferentes, não excludentes, uma vez que um mesmo brinquedo tem inúmeras características. O objetivo de compor agrupamentos de materiais é auxiliar a localização das sugestões em função dos objetivos definidos para o aluno, bem como a lembrança de novos materiais. Recomenda-se a produção de novos conjuntos, de modo a compor um arquivo de consultas com várias entradas possíveis. Assim, podem ser melhor caracterizados objetivos específicos de terapeutas ocupacionais, fonoaudiólogos, fisioterapeutas, educadores, etc. Outros parâmetros para organização, além dos sugeridos podem ser:

- *Tipo de situação em que o material pode/deve ser usado (piscina, areia, pátio, sala);*
- *Tipo de material usado na confecção (madeira, vidro, plástico, etc);*
- *Tipo de movimento envolvido (extensão, abdução, rotação, etc);*
- *Segmentos do corpo envolvidos na brincadeira;*
- *Velocidade exigida;*
- *Tônus exigido;*
- *Linguagem exigida;*
- *Conceitos envolvidos (cor, tamanho, posição, igualdade, etc).*

MATERIAL

O material que pode ser utilizado neste programa é praticamente ilimitado. Tanto brinquedos comercializados quanto material de sucata, transformado em brinquedo ou mesmo objetos cujo uso convencional é outro, podem ser usados pelas crianças para brincar. Um mesmo brinquedo pode atender também a diferentes objetivos, se usado em várias situações e de maneiras diversas. Sugestões de brinquedos foram agrupadas segundo critérios de desenvolvimento de habilidades, conforme se observa nas páginas de Recomendações Gerais.

Além das sessões programadas, o educador deve oferecer brinquedos que o aluno já saiba manipular de maneira funcional, sempre que a criança não esteja participando de alguma outra atividade. Desta forma, o educador estará incentivando desenvolvimento do brincar independente. É recomendável, nestes casos, o interagir com a criança intermitentemente, para que o comportamento de brincar se mantenha, ou seja, para que o aluno não perca o interesse.

PLANEJAMENTO DAS SESSÕES

Frequência: sessões diárias, no mínimo 1 e de preferência 2 ao dia.

Duração: aproximadamente 15 minutos por sessão.

AVALIAÇÃO INICIAL

Todas as habilidades treinadas neste programa requerem uma verificação inicial do "estágio de aprendizagem" em que o A. se encontra, antes de se decidir sobre a inclusão do programa na sua rotina de atividades.

O procedimento básico de avaliação será observar o desempenho do A. em situação natural ou em situações criadas especialmente para este fim.

As solicitações deverão ser feitas, sem que se utilizem procedimentos de ajuda.

Os comportamentos que estão sendo avaliados tampouco deverão ser consequenciados, reforçando-se outros comportamentos adequados do A. intermitentemente, durante o período de observação.

O registro poderá ser feito na folha de registro prevista para o programa.

CONSEQUENCIAÇÃO

Respostas corretas: no início do treino o Ed. deve reforçar todas as respostas de brincar do A. Deve-se elogiá-lo, brincar junto e oferecer reforçadores tangíveis. Quando o A. já estiver brincando, o Ed. deve passar a reforçá-lo intermitentemente, de acordo com as sugestões fornecidas para Manutenção e Generalização.

Respostas incorretas devem ser seguidas da retirada do objeto. Entretanto, muitas crianças derrubam e atiram coisas, quando estão aprendendo a soltar objetos ou como forma de chamar a atenção. Nestes casos, o Ed. pode amarrar os brinquedos à mesa da criança com fios de barbantes curtos, pois assim o próprio A. poderá reavê-los.

Recusas/Não-respostas: um brinquedo pode ser rejeitado pela criança na primeira vez em que é apresentado. Ele deverá ser oferecido mais vezes e o seu uso deve ser treinado, antes de se concluir que a criança não gosta dele. Novidade e complexidade do material podem afetar o nível de envolvimento da criança. Um brinquedo rejeitado pode ser oferecido algumas semanas mais tarde, já que a aprendizagem de brincar com outros brinquedos pode fazer com que a criança passe a gostar (de novos brinquedos) e mesmo daqueles que antes rejeitou.

REGISTRO

O Ed. deve registrar as imitações corretas e incorretas do A. e as ajudas de que necessitou. Deve também registrar as formas de manipulações espontâneas dos diferentes brinquedos oferecidos. Para isso, pode usar a folha de registro de treino de Uso Funcional de Brinquedos e Dramatização.

Em anexo encontra-se um modelo desta folha (modelo 1), assim como da folha alternativa (treino com um item por vez — modelo 2).

MANUTENÇÃO E GENERALIZAÇÃO

1. Para que o A. brinque sozinho, depois de ter aprendido a brincar na presença do Ed., este deve retirar gradualmente sua presença, até que o A. passe períodos de, pelo menos, 10 minutos brincando sozinho. Assim, embora sentado frente ao A., o Ed. passará a evitar dar instruções ou modelos e reforçar o A. por brincar, depois de um curto período de tempo. Em seguida aumentará este período, antes de elogiá-lo por seu desempenho. O próximo passo consistirá em afastar-se da mesa, primeiro também por pouco tempo e, a seguir, por um período mais longo.

   O Ed. não deve esquecer, entretanto, de reforçar intermitentemente as brincadeiras do A., mesmo que esteja entretido.

   O Ed. deve fornecer vários objetos para brincar, acrescentando sempre aqueles cujo manuseio foi adquirido.

2. O uso de brinquedos deve ser estimulado também na presença de outras pessoas e em diferentes situações e ambientes.

3. Os pais devem ser orientados para incentivar o uso de brinquedos em casa, oferecendo material e oportunidades adequadas neste sentido.

4. Sugestões dadas nas RECOMENDAÇÕES GERAIS e que visam também manutenção e generalização, devem ser sempre lembradas, como: oferecimento de brinquedos com características similares aos já treinados; o oferecimento de brinquedos em situações livres, variação de material e uso de material agradável e chamativo.

USO FUNCIONAL DE BRINQUEDOS

BRINCAR, USANDO FUNCIONALMENTE DIFERENTES MATERIAIS, DE ACORDO COM SUAS CARACTERÍSTICAS

COORDENAÇÃO MANUAL

ESTIMULAÇÃO SENSORIAL

DISCRIMINAÇÃO AUDITIVA, RITMO E EDUCAÇÃO MUSICAL

COORDENAÇÃO VISO-MOTORA

DESENVOLVIMENTO DO ESQUEMA CORPORAL

DESENVOLVIMENTO INICIAL DO CONCEITO DE IGUALDADE, NA FORMA DE EMPARELHAMENTO

COORDENAÇÃO DE MOVIMENTOS AMPLOS

RECOMENDAÇÕES GERAIS

- As atividades desenvolvidas neste programa são brincadeiras. Brincadeiras que devem por um lado entreter, satisfazer as crianças e por outro, ajudá-las a desenvolver as diferentes áreas de habilidades, como coordenação manual, discriminação auditiva, formação de conceitos. Para escolher as melhores brincadeiras para cada criança é preciso considerar vários critérios: interesse da criança, sua possibilidade de realizar a brincadeira, orientações da equipe, tipo de interação entre crianças, possibilitado pela brincadeira, tipo de materiais/brinquedos disponíveis.
- O terapeuta ocupacional e o fisioterapeuta da equipe devem necessariamente participar da elaboração dos programas individuais de Uso Funcional de Brinquedos, para orientar quanto às características e aos problemas físicos dos alunos, sequência e tipo de material a ser oferecido, impedimentos, prioridades ou restrições, tendo em vista objetivos específicos de sua área.
- Quando o objetivo do Ed. for o de desenvolver interação social entre as crianças, um recurso que ele pode usar é o de dar um número de brinquedos menor que o número de alunos ou que exija mais de uma pessoa para ser usado, criando desta forma oportunidades de interação.
- Para crianças impossibilitadas de se locomover de forma independente e com dificuldade de preensão e, mesmo para outras, pode-se construir um varalzinho sobre a sua mesa ou cadeira, onde podem ser pendurados dois ou três brinquedos.
- Outra possibilidade é a de colocar os brinquedos dentro de uma caixa grande de plástico, plexiglass ou forrada de branco, sobre a mesa do A. Os lados da caixa podem ir sendo retirados gradualmente, à medida que o A. coordena melhor seus movimentos.
- Em especial, para A. com pouca ou nenhuma locomoção, a apresentação de dois ou três brinquedos simultaneamente, ao invés de um, pode propiciar um aumento do nível de brincadeira independente.
- Além das sessões programadas, o Ed. deve oferecer brinquedos que o A. já saiba manipular de maneira funcional, sempre que não esteja participando de outras atividades. Desta forma o Ed. estaria incentivando o desenvolvimento do brincar independente.
- Para estimular o interesse do A., um brinquedo já treinado pode ser oferecido dentro de uma caixa contendo também outros brinquedos.
- Mudar um brinquedo já treinado, por outros de características similares, é também um meio de evitar que o A. perca o interesse.
- Principalmente no caso de brincadeiras com sucatas, o Ed. estimula a criatividade do A., solicitando e aproveitando usos espontâneos do material, desde que garantida a característica de atividade lúdica.
- Se a criança gostar muito de algum brinquedo, este poderá ser usado como reforçador para outras atividades.
- Algumas crianças, apesar de grandes deficiências comportamentais, podem apresentar brincadeiras bastante elaboradas, como a montagem de quebra-cabeças e outros jogos complexos. A fim de detectar estas habilidades especiais, é necessário criar oportunidades para tanto.

USO FUNCIONAL DE BRINQUEDOS

BRINCAR, USANDO FUNCIONALMENTE DIFERENTES MATERIAIS, DE ACORDO COM SUAS CARACTERÍSTICAS

Coordenação Manual

- Abrir e fechar: maleta com diferentes fechos, casa de chaves.
- Abotoar e amarrar: quadro ou cubo com botões de pressão, botões com casa, ganchos, fitas, cordões, zíper.
- Alinhavar: placas perfuradas e fios formando diferentes figuras.
- Amassar: massa de modelagem.
- Bater: bater pinos de diferentes formas.
- Empilhar: cubos de diferentes tamanhos e materiais, cones, discos, argolas.
- Encaixar: caixa com recortes geométricos para depositar por cima e retirar por baixo; tábua recortada contendo formas simples geométricas; hastes onde devem ser encaixadas peças como argolas; correntes; placa perfurada e pinos.
- Enfiar: tampas de pasta de dentes em cores diferentes e uma garrafa plástica onde as tampas poderão ser colocadas; contas e cordões de diferentes tamanhos, materiais e cores (inicialmente contas maiores e, com o desenvolvimento da habilidade de enfiar, menores).
- Montar: quebra-cabeças de diversos graus de dificuldade.
- Rosquear: vários brinquedos que envolvem enroscar e desenroscar.
- Empurrar e puxar: carrinhos, aviões, helicópteros.

Desenvolvimento do Esquema Corporal

- espelho, quebra-cabeça de figura humana, bonecas, figuras em livros.

Coordenação Viso-Motora

- boliche, dardos com ventosas de plástico e alvo, sacos de feijão e cesto para alvo, vazado de linhas, peças de madeira de bichos ou outros desenhos bidimensionais para serem contornados.

Desenvolvimento Inicial do Conceito de Igualdade, na Forma de Emparelhamento

- diversas formas de jogos de loto, inicialmente com representações bem diferenciadas na forma e na cor.
- jogos de memória utilizados para emparelhar dominós.

Coordenação de Movimentos Amplos

- bolas de diferentes tamanhos e materiais (que podem ser usados para arremesso com a mão, com o pé, recebimento, rebatimento ou ainda de outras formas);
- corda, triciclos com e sem pedais, escorregador, gangorra, aparelhos para escalar, túnel para rastejar, gira-gira.

Discriminação Auditiva, Ritmo e Educação Musical

- discos, fitas, rádio, instrumentos simples de ritmo, tambor, sinos, triângulos, tamborins, guizos de pulso, xilofone pequeno, piano de brinquedo.

Estimulação Sensorial

- Estimulação visual: lanternas, prismas, caleidoscópio, luzes, brinquedos de corda, móbiles. (Este tipo de estimulação pode ser especialmente apropriado para os indivíduos que fixam seus olhares em luzes, em objetos que giram ou que movimentam dedos e mão em frente aos seus olhos, repetitivamente).
- Estimulação auditiva: chocalhos, instrumentos musicais, rádio, caixa de música, brinquedos sonoros. (Este tipo de estimulação pode ser especialmente apropriado para os indivíduos que vocalizam ou cantam de forma estereotipada, que produzem ruídos com a língua, batem em móveis, etc).
- Estimulação tátil: bichos de pelúcia, tecidos, boneca, água, areia, argila, geleca. (Este tipo de estimulação pode ser especialmente apropriado para os indivíduos que se acariciam, se beliscam ou que colocam suas mãos na boca).
- Estimulação vestibular e propioceptiva: cavalinho de pau, cadeira de balanço, rede, carrinho, brinquedos de play-ground, pranchas de equilíbrio. (Este tipo de estimulação pode ser especialmente apropriado para os indivíduos que balanceiam seus corpos ou rodopiam, que assumem posições estranhas, que andam de calcanhar ou mantém a cabeça para um lado).

USO FUNCIONAL DE BRINQUEDOS

BRINCAR, USANDO FUNCIONALMENTE DIFERENTES MATERIAIS, DE ACORDO COM SUAS CARACTERÍSTICAS

CONSTRUINDO UMA TORRE COM BLOCOS

O Ed. pega um bloco, coloca-o à sua frente, e ensina o A. a imitá-lo (usando os procedimentos de ensino de imitação motora). Em seguida, usando os mesmos procedimentos, ensina-o a pegar outro bloco e a colocá-lo sobre o primeiro. O Ed. passa então a apresentar modelos de torres com mais blocos ou mesmo modelos de outras figuras, como pontes. Em seguida, esvanece o modelo, ensinando o A. a construir a torre apenas com instrução verbal.

MATERIAL

- Dois conjuntos de blocos; um para o A. e outro para o Ed. dar como modelo.

AVALIAÇÃO

O Ed. deve registrar as imitações corretas e incorretas do A. e de que ajudas ele necessitou. Para isto pode usar a folha de registro de treinos com um único item. Usos espontâneos do material também devem ser registrados.

BRINCANDO COM BONECA

Num primeiro momento o Ed. pega a boneca e fornece ajuda para o A. o imitar. A ajuda deve ser então esvanecida e as respostas corretas do A. reforçadas, até que ele segure sua boneca, quando o Ed. emite a ordem: "Vamos brincar de boneca." ou "Faça isso.". Em seguida o Ed. pode ensinar o A. a colocar a boneca nos braços, através do uso de modelos e de reforçamento por imitações, a balançá-la nos braços, bater em suas costas, deitá-la numa cama, cobri-la com um lençol ou dar-lhe de comer.

MATERIAL

- Duas bonecas, uma para o Ed. e outra para o A.; duas camas, lençóis, brinquedos de boneca.

AVALIAÇÃO

O Ed. deve registrar as imitações corretas e incorretas do A., e de que ajudas ele necessitou. Para isto pode usar a folha de registro de treinos com um único item. Usos espontâneos do material também devem ser registrados:

BRINCANDO COM CARRINHOS

Neste treino, como nos outros, o Ed. deve começar dando o modelo de ações simples, ajudas, reforçamento e esvanecimento das ajudas, para então, passar para ações gradualmente mais complexas. O carrinho pode ser empurrado, puxado; pode ser parado. Carrinhos e caminhões podem ser enfileirados, pode-se colocar carga em caminhões e ele pode passear em caminhos feitos com blocos.

MATERIAL

- Dois conjuntos de carrinhos ou caminhões, um para o A. e outro para o Ed. dar como modelo.

AVALIAÇÃO

O Ed. deve registrar as imitações corretas e incorretas do A. e de que ajudas ele necessitou. Para isso, pode usar a folha de registro de treinos com um único item. Usos espontâneos do material também devem ser registrados:

AVALIAÇÃO DA GENERALIZAÇÃO

Em todas as situações, recomenda-se obter dados sobre o(s) comportamento(s)-alvo em situação natural, ainda que através dos pais ou outras pessoas, tanto para investigar se está ocorrendo generalização, como para obter novos elementos para uso no treino.

MODELO 1

FOLHA DE REGISTRO DO PROGRAMA:

- ☐ **SENSO PERCEPÇÃO:** **ÁREA** ______________
- ☒ **USO FUNCIONAL DE BRINQUEDOS**
- ☐ **DRAMATIZAÇÃO**

PERÍODO: *Março/2016* **ALUNO:** *Silvio*

CLASSE: *D* **EDUCADOR:** *Vera*

DATA E HORA	ATIVIDADE	MATERIAL	AVALIAÇÃO	OBSERVAÇÕES
12/3 15:00 15:15	*encaixar*	*argolas e uma haste com base (2 conjuntos)*	*Após ter dado o modelo de encaixe, Silvio precisou de ajuda física total em 5 tentativas. Na 6ª ele iniciou o movimento mas teve dificuldade de encaixar. Ajudei. Necessitou de menor quantidade de ajuda para retirar as argolas da haste.*	

AVALIACÃO: respostas às perguntas sugeridas nas atividades, acões imitadas, ordens atendidas, quantidade e tipo de ajuda requerida, comentários sobre as reações do aluno.

FOLHA DE REGISTRO PARA TREINO DO PROGRAMA: Uso funcional de brinquedo

(TREINO COM UM ITEM POR VEZ)

PERÍODO: Março/2016

☐ PR-I ALUNO: Silvio

☒ PR-5 CLASSE: D EDUCADOR: Vera

SESSÃO	DATA	HORA	ITEM EM TREINO	TENTATIVAS																				% ACERTOS	OBSERVAÇÕES
				1	2	3	4	5	6	7	8	9	10	11	12	13	14	15	16	17	18	19	20		
1	12/3	15:00	encaixar	T+	T+	T+	T+	T+	P+	P+	P+	P+	P+											100	material usado: argola
2	12	15:05	retirar	P+	P+	P+	D+	D+	D+	D+	D+	V+	V+											100	e haste com base (dois
																									conjuntos).
																									Na sessão 1 levou argolas à
																									boca por 3 vezes.

CÓDIGOS USADOS: T: ajuda física total

P: ajuda física parcial

D: dica física

+: resposta correta

Programa 17

Dramatização

Brincar "fazendo-de-conta", quando a criança finge que é um bicho ou outra pessoa, reflete muitas vezes imaginação e os interesses da criança e é uma forma de expressão de sentimentos mais livres de restrições sociais. Em brincadeiras, a criança pode fazer com que as coisas tenham o resultado que deseja. Ela pode criar situações que representem todas as suas necessidades e a ajudam a desenvolver os seus papéis e compreender os papéis dos outros. Ela pode representar seus medos, suas dificuldades, o que pode até mesmo ajudá-la a superá-los.

Um melhor desempenho da criança nas atividades que costuma realizar é outro resultado observado, quando a criança brinca de forma imaginativa. Por exemplo, dando banho na boneca, a criança pode aprender melhor a tomar seu próprio banho.

A dramatização tem também uma função importante na criação de uma linguagem não oral, expressa através do jogo simbólico.

Por outro lado, o jogo simbólico fornece muitas oportunidades para o desenvolvimento da linguagem oral, tanto no nível de compreensão como de expressão. Nem sempre as atividades diárias permitem tantas ocasiões de expressão quanto a brincadeira.

Enquanto brinca, a criança decide o que vai fazer em seguida, aceita ou rejeita sugestões. Suas formas de interação social se desenvolvem. Quando são inapropriadas, dão informações importantes ao adulto sobre aquilo que ela precisa aprender. Na criança normal, este comportamento começa a ser observado a partir do terceiro ano de vida e é ocasião de muitas interações gostosas.

A criança com problemas de desenvolvimento nem sempre sabe brincar de "faz-de-conta" e precisa ser ensinada a fazê-lo, necessitando de constante encorajamento, ao contrário da maioria das crianças consideradas normais. Desta forma, ela não consegue usar plenamente riqueza de experiências e de atuação que o jogo simbólico oferece, desenvolvendo habilidades importantes.

Por este motivo, um programa de dramatização é fundamental no currículo do aluno deficiente, pois pode contribuir muito para seu desenvolvimento em todas as áreas, seja social, emocional, cognitiva, verbal e motora.

HABILIDADES BÁSICAS

DRAMATIZAÇÃO

"Eu sou papai e você é minha filhinha", diz Carlos para Laís, pegando duas bonecas. "Vamos levá-las para almoçar?", sugere Laís. "Vamos, mas primeiro elas precisam lavar as mãos.", responde Carlos. "É mesmo. Vamos então." *Como dois adultos, lá estão eles, por sua vez, ensinando às bonecas, as rotinas de limpeza.*

"Vamos pôr a boneca para dormir.", diz a mamãe. "Olha, como ela está cansada.". Kika segura a boneca, mas não entra na brincadeira. A mãe tenta interessá-la, mas acaba desistindo.

Entrar no carro, ao sair da escola, cada vez é um drama para a mãe de Teca. Como vencer estas crises de birra? Na escola, a professora montou o cenário, com brinquedos. As crianças se despedem das professoras e vão embora com suas mães, no jogo do faz-de-conta. Teca fica olhando. Ninguém faz birra, até que vão contentes, depois de um dia de aula. As mães as abraçam. Quem sabe, logo mais, também a sua mãe poderá relatar progressos na vida real?

INFORMAÇÕES INICIAIS

COMPORTAMENTO-ALVO

Ao concluir este programa o Aluno (A.) deve ser capaz de representar situações propostas com ou sem o auxílio de objetos e/ou representações de objetos.

PRÉ-REQUISITOS

Para ser incluído neste programa, é necessário que o A. saiba imitar e atender ordens e utilizar os objetos envolvidos na situação.

AMBIENTE FÍSICO

As dramatizações poderão ocorrer nos locais que o Educador (Ed.) julgar mais apropriados, tendo em vista as características da atividade e do A.

MATERIAL

O material que pode ser usado neste programa é praticamente ilimitado. Algumas sugestões de objetos/Brinquedos específicos a cada atividade são:

- Brinquedos que imitem atividades adultas como: bonecas, casas de bonecas, equipamentos de bonecas, telefone, caixa-registradora, trens, caminhões, aviões, dinheiro de brinquedo, casa de brinquedo desmontável, jogos para médicos e enfermeiras, animais de zoológico e da fazenda, equipamento de serviço doméstico, ferramentas de jardinagem, ferramentas de carpinteiro.
- Fantoches.
- Planos de fazendas, com animais.
- Coleção de chapéus, roupas para representar diferentes papéis.
- Folha de registro.
- Reforçadores.

Cuidados especiais devem ser tomados com alguns alunos que ainda levam objetos à boca, evitando dar peças que podem ser perigosas (ferir, ser engolidas, etc).

Ver nas Recomendações Gerais outras sugestões.

Pode ficar difícil para o educador fazer estes registros diariamente, a depender de sua disponibilidade de tempo. No entanto, um registro regular deve ser mantido (cada segundo dia, uma vez por semana...).

PLANEJAMENTO DAS SESSÕES

Frequência: sessões diárias, no mínimo 1 e de preferência 2 ao dia.

Duração e Número de tentativas: variável, de acordo com as características da atividade e do A.

AVALIAÇÃO INICIAL

Todas as habilidades treinadas neste programa requerem uma verificação inicial do "estágio de aprendizagem" em que o aluno se encontra, antes de se decidir sobre a inclusão do programa na sua rotina de atividades. O procedimento básico de avaliação será observar o desempenho do A. em situação natural ou em situações criadas especialmente para este fim. As solicitações deverão ser feitas, sem que se utilizem procedimentos de ajuda. Os comportamentos que estão sendo avaliados tampouco deverão ser consequenciados, reforçando-se outros comportamentos adequados do A., intermitentemente, durante o período de observação. O registro poderá ser feito na folha de registro prevista para o programa.

REGISTRO

Como forma de avaliar o desempenho do A., o Ed. deve fazer, a cada situação dramatizada, uma descrição, ainda que breve, das ações imitadas, ordens atendidas e reações do A. na situação, sua interação com os objetos, etc. Anotações sobre o comportamento do A. em situação natural são desejáveis. As ajudas dadas ao A. devem ser também registradas.

Em anexo encontra-se uma sugestão de folha de registro que indica alguns desses aspectos e se adéqua a todas as atividades sugeridas.

CONSEQUENCIAÇÃO

O Ed. deve ficar atento para consequenciar as atividades realizadas e desejáveis, pontuando comportamentos adequados, comentando, elogiando e, em algumas situações, apresentando reforçadores tangíveis nas situações dramatizadas. Comportamentos podem ser seguidos de dicas ou modelos alternativos de atuação. O Ed. também poderá dramatizar possíveis consequências negativas de certos comportamentos ou solicitar ao A. que as dramatize.

A realização da atividade em si deve ser descrita e comentada para o A. pelo Ed. (por exemplo: "Eu estou vendo que você está levando o cachorro para passear."). Caso o A. não participe ou realize as atividades propostas, o Ed. deve utilizar-se dos procedimentos indicados para a situação (dando procedimento de ajuda, retirada, extinção, mudança de atividade, etc.).

MANUTENÇÃO E GENERALIZAÇÃO

1. Uma vez vencido o programa em relação a algumas das atividades propostas, muitas situações de interação podem ser aproveitadas para manter, generalizar e ampliar as atividades de dramatizar do A., no dia a dia. Isto pode ser feito com relação a situações de brincadeira, acontecimentos agradáveis ou desagradáveis, situações dolorosas, etc.
2. O dramatizar, brincando sozinho, com material de bonecos, jogos como Playmobil, Lego, animais, blocos e outros, deve ser incentivado.
3. Representar "cenas" com "gestos", para o A. adivinhar o que se quer transmitir, é um recurso que pode ser usado.
4. Deve-se comunicar aos pais as atividades desenvolvidas, sugerindo realizá-las também em casa, variando-as e ampliando-as. A participação de diferentes membros da família, especialmente de irmãos, pode ser sugerida.

DRAMATIZAÇÃO

REPRESENTAR SITUAÇÕES PROPOSTAS, COM OU SEM O AUXÍLIO DE OBJETOS E/OU REPRESENTAÇÕES DE OBJETOS.

A ESCOLA

CUIDADOS COM O AMBIENTE

ATIVIDADES DE PROFISSIONAIS

SITUAÇÕES PROBLEMÁTICAS

RECOMENDAÇÕES GERAIS

- As atividades podem ser realizadas em grupo ou individualmente, dependendo do objetivo a que atendem; atividades individuais são recomendadas quando se pretende trabalhar situações específicas do dia a dia ou relativas a problemas do aluno.
- Quando o programa de dramatizar estiver sendo desenvolvido, o educador deverá coletar diversos materiais que propiciem simbolizações, bem como criar situações que favoreçam tal atividade.
- Em algumas situações, pode ser indesejável incluir objetos em relação aos quais se deseja um uso funcional, para evitar que a criança associe tal objeto a uma situação unicamente lúdica (p. ex., o uso da escova de dentes para outros fins).
- O Educador deverá criar as situações de dramatização, estimulando a criança a imitar e representar, bem como reagir a ocorrências imprevistas; à medida que o aluno participa das situações, o educador deve improvisar outras a partir da central; o educador deve esvanecer gradualmente as ajudas dadas ao aluno.
- O treino do jogo simbólico com representações de objetos pode ser importante estratégia para instalar respostas que são alvo de outros treinamentos ou relevantes em outras situações; pode ser usado, p. ex., com alunos que resistem a entrar ou sair do carro, agridem outras crianças, negam-se a comer, etc.
- Algumas situações, em especial aquelas que exigem habilidades complexas e/ou um alto grau de abstração, podem ser exploradas apenas com alunos de maior repertório.

Obs. O agrupamento das atividades nos conjuntos apresentados constitui-se apenas numa referência para o levantamento de outras atividades, uma vez que, dependendo do contexto e objetivo, essa categorização pode ser diferente.

LAZER

CONVIVENDO COM A FAMÍLIA

AUTOCUIDADO / AVD

INTERAÇÃO SOCIAL

LIDANDO COM INADEQUADOS

DRAMATIZAÇÃO

SUGESTÕES DE ATIVIDADES

A escola
- Ir para a escola
- Chegar à escola
- Voltar para casa
- Brincar no recreio
- Ir às terapias
- Brincar de escolinha
- Reconhecer locais da escola

Cuidados com o ambiente
- Limpar cômodo
- Arrumar mesa
- Lavar roupa
- Lavar louça
- Fazer comida
- Brincar de casinha

Atividades de profissionais
- Cuidar de carros: Lavar o carro, pôr gasolina, consertar
- Brincar de médico
- Brincar de pedreiro
- Brincar de bombeiro
- Brincar de fazendeiro: arando a terra, plantando, regando

Situações Problemáticas
- Brigas entre irmãos
- Presenciar brigas entre os pais
- O bebê vai nascer
- Separação dos pais
- Tomar remédio
- Ir ao dentista
- Ir ao médico

Lazer
- Levar a boneca para passear
- Levar a boneca a um piquenique
- Levar a boneca a uma festa
- Levar a boneca para fazer compras
- Levar a boneca à lanchonete
- Fazer a boneca brincar na água
- Fazer a boneca nadar
- Passear de carro com a boneca
- Fazer um passeio com a família
- Usar o cavalinho de pau: upa, upa!

Convivendo com a família
- Recebendo visitas
- Brincando com os irmãos
- Almoçando em família
- Ajudando a mamãe
- É hora de dormir

Interação social
- Conversando com visitas (cumprimentando, conversando, fazendo suco, servindo, etc.)
- Interagindo com adultos: Brincando com adultos, conversando com adultos
- Interagindo com outras crianças: brincando com crianças,conversando com crianças
- Visitando avós/tios
- Vamos telefonar?

Auto-Cuidado / AVD
- Vamos fazer a boneca dormir? Pôr a boneca na cama. Cobrir a boneca
- Vamos pentear a boneca?
- Vamos levar a boneca fazer xixi?
- Vamos dar banho na boneca?
- Vamos fazer a boneca se maquiar?
- Vamos fazer a boneca comer?
- Vamos fazer a boneca escovar os dentes?

Lidando com inadequados
- Cuidando do jardim (para não arrancar flores)
- Cuidando de bichos (para não maltratá-los)
- Agradando colegas (para não agredi-los)
- Fazer cocô e xixi no banheiro (e não nas calças)
- Almoçando em família, (e não "bagunçando" nas refeições)

DRAMATIZAÇÃO

REPRESENTAR SITUAÇÕES PROPOSTAS, COM OU SEM O AUXÍLIO DE OBJETOS E/OU REPRESENTAÇÕES DE OBJETOS.

BRINCAR COM O CARRINHO

Com um carrinho, o Ed. sugere situações, tais como puxar o carrinho, passear com o carrinho, guardá-lo na garagem, levá-lo ao posto (pôr gasolina), subir rampas, desviar obstáculos.

MATERIAL

- Carrinho.
- Garagem.• Posto.
- Caixas ou outros brinquedos que possam servir de obstáculos.

AVALIAÇÃO

O Ed. deve descrever o desempenho do A., o nível de ajuda que o A. necessita, etc.

RECONHECENDO LOCAIS

A boneca passeia pela casa e pela escola. Com auxílio de maquetes (de uma casa, da escola, etc.), e de bonecas, o Ed. pode estimular o A. para que ele coloque os bonecos nos locais, de acordo com condições propostas. Por exemplo: A bonequinha quer fazer xixi, vamos levá-la ao banheiro. O Ed. pode ainda fazer com que as bonecas representem pessoas da família do A.

MATERIAL

- Protótipo de casas, miniaturas, etc.

AVALIAÇÃO

O Ed. deve descrever o desempenho e a participação do A. na atividade.

A BONECA VAI COMER

Com o auxílio de uma boneca, o Ed. sugere situações ligadas à alimentação, como servir a comida no prato, encher a colher, leva-la à boca, utilizar o guardanapo.

MATERIAL

- Boneca.
- Panelinha.
- Prato.
- Colher.
- Guardanapo, etc.

AVALIAÇÃO

O Ed. deve descrever o desempenho do A., seu grau de participação na atividade, etc.

LEVAR A BONECA PARA PASSEAR

Com o auxílio de uma boneca, o Ed. sugere situações ligadas ao passeio tais como pentear os cabelos, trocar a roupa, colocá-la no carrinho ou levá-la no colo e sair para passear (ou dar uma volta na rua, no pátio ou no parque).

MATERIAL

- Boneca e, eventualmente,
- Carrinho de boneca.

AVALIAÇÃO

O Ed. deve descrever o desempenho do A., seu grau de participação na atividade, etc.

AVALIAÇÃO DA GENERALIZAÇÃO

Em todas as situações, recomenda-se obter dados sobre o(s) comportamento(s)-alvo em situação natural, ainda que através dos pais ou outras pessoas, tanto para investigar se está ocorrendo generalização, como para obter novos elementos para uso no treino.

DRAMATIZAÇÃO

REPRESENTAR SITUAÇÕES PROPOSTAS, COM OU SEM O AUXÍLIO DE OBJETOS E/OU REPRESENTAÇÕES DE OBJETOS.

CAVALO DE PAU: UPA, UPA!
O Ed., com auxílio de um cavalo de pau, estimula a dramatização, sugerindo ações e situações imprevistas e ajudando o A., segundo suas necessidades.

MATERIAL
- Cavalo de pau.
- Vasilha para água e comida.
- Carroça.
- Obstáculo para pular.

AVALIAÇÃO
O Ed. deve descrever o desempenho do A. na situação, explicitando a situação proposta, improvisações e reações observadas.

BRINCANDO NO RECREIO
O Ed., com o auxílio de bonecas e, em alguns casos, mesmo sem elas, pode compor um ambiente semelhante à situação de recreio, fazendo com que o A. vivencie através da boneca, situações que ele próprio vivencia na recreação (gangorra, balanço, jogar bola, etc.)

MATERIAL
- Bonecos, brinquedos de parque infantil em tamanho natural ou miniatura, etc.

AVALIAÇÃO
Uma boa descrição do desempenho do A. deve ser feita, bem como das ajudas que necessitou. O desempenho do A. na situação natural pode ser usado como parâmetro de avaliação.

A BONECA VAI DORMIR
Com o auxílio de uma boneca, o Ed. sugere situações de rotina ligadas ao adormecer, tais como arrumar a cama, cobrir a boneca, etc. O Ed. pode também fazer com que o A. se prepare, ele próprio, para deitar e dormir, com ou sem a boneca.

MATERIAL
- Boneca.
- Cama (ou tapete, travesseiro, etc.).
- Pedaço de pano, cobertor, etc.

AVALIAÇÃO
O Ed. deve descrever o desempenho do A., seu grau de participação na atividade, etc.

A BONECA VAI AO BANHO
Com o auxílio de uma boneca, o Ed, sugere situações ligadas ao banho, tais como tirar a roupa, entrar na água, passar sabonete, enxaguar, etc, O Ed. pode também fazer com que o A. se prepare, ele próprio, para tomar banho, com ou sem a boneca.

MATERIAL
- Boneca.
- Banheira.
- Sabonete.
- Esponja
- Toalha.

AVALIAÇÃO
O Ed. deve descrever o desempenho do A., seu grau de participação na atividade, etc.

AVALIAÇÃO DA GENERALIZAÇÃO
Em todas as situações, recomenda-se obter dados sobre o(s) comportamento(s)-alvo em situação natural, ainda que através dos pais ou outras pessoas, tanto para investigar se está ocorrendo generalização, como para obter novos elementos para uso no treino.

FOLHA DE REGISTRO DO PROGRAMA:

☐ **SENSO PERCEPÇÃO: ÁREA** ______
☐ **USO FUNCIONAL DE BRINQUEDOS**
☒ **DRAMATIZAÇÃO**

PERÍODO: Agosto/2016

ALUNO: Ina

CLASSE: G **EDUCADOR:** Liliane

DATA HORA	ATIVIDADE	MATERIAL	AVALIAÇÃO	OBSERVAÇÕES
10/8 14:30 15:00	A boneca vai comer	boneca, prato, colher, guardanapo	Criei uma situação bem lúdica, onde a boneca comia sozinha e bastante, e era elogiada por isso. Juliana, Sergio e Cristina se aproximaram e quiseram representar a refeição também. Foram elogiados por sua dramatização. Ina finalmente participou, tendo feito a boneca comer bastante. Riu muito durante sua representação.	Esta dramatização foi proposta pois Ina tem comido pouco no almoço.

AVALIAÇÃO: respostas às perguntas sugeridas nas atividades. ações imitadas, ordens atendidas, quantidade e tipo de ajuda requerida, comentários sobre as reações do aluno.

Liliane: que coisa boa. Fique atenta para generalização no almoço. Talvez levar um boneco? M.

Programa 18

AVD — Atividades da vida diária

HABILIDADES BÁSICAS
ATIVIDADES DE VIDA DIÁRIA – AVD

As atividades de vida diária, as assim chamadas AVD's, referem-se àquelas atividades do dia a dia, que constituem parte da rotina e visam tornar o indivíduo capaz de satisfazer suas necessidades básicas, independentemente. Ao nascer, o bebê encontra-se numa situação de total dependência do seu ambiente para a satisfação destas necessidades: a mãe ou outra pessoa devem alimentá-lo, fazer sua higiene, controlar suas eliminações, trocando-o, devem despi-lo, vesti-lo. À medida que a criança cresce, a aquisição de maior independência acontece de modo gradual e de acordo com o desenvolvimento das aptidões físicas da criança, sequencialmente. Assim, ela começará por segurar sozinha sua mamadeira, antecipar-se à mãe estendendo o braço, quando esta lhe tira o casaquinho, ajudará a ensaboar as mãos antes de alimentar-se, despir-se ou vestir-se, ou tomar banho por si só. As atitudes educacionais das pessoas responsáveis por ela podem favorecer a aquisição das habilidades de rotina e autocuidados básicos ou retardá-la, por cuidados excessivos ou falta de orientação. Espera-se que a criança, ao atingir a idade pré-escolar, seja capaz de alimentar-se sozinha, despir e vestir-se, ir ao banheiro, lavar-se e escovar os dentes, sem necessitar de ajuda ou apenas de ajuda mínima. A independência da criança não apenas libera os adultos de participar na realização destas atividades, mas também contribui para o desenvolvimento de sentimentos de segurança e autoconfiança. A criança será capaz de tomar conta de si e poderá funcionar de maneira autônoma em outros contextos: na escola, na casa de outros, em passeios ou festas.

A criança com problemas de desenvolvimento vai encontrar dificuldades na aquisição destas habilidades tão rotineiras, por muitos motivos. Ela é mais lenta no seu desenvolvimento físico. Pode ter problemas motores e/ou neurológicos leves ou severos, que dificultam ou mesmo impedem a realização de certos movimentos. Assim, a aquisição da independência nas atividades do dia a dia fica prejudicada. Este prejuízo pode manifestar-se em uma ou em várias atividades, como despir e vestir-se sozinha, ou incluir dificuldade em alimentar-se sozinha.

Pais e outros educadores frequentemente reagem às dificuldades de seus educandos, tornando-se superprotetores, na suposição de estar ajudando, ao fazer tudo por eles. Na realidade, estão lhes tirando a possibilidade de experiências de aprendizagem necessárias para sua autoindependência, independência esta que é um requisito fundamental para sua integração num grupo social maior e para facilitar sua aceitação social. Muitas vezes, porém, a manutenção desta dependência deve-se ao fato de ser mais rápido dar de comer a uma criança ou a um jovem com dificuldades, do que esperar que o faça sozinho, vestir ou despi-lo, em vez de esperar que ele o faça. Fatores como tempo, necessidade de sair num horário para escola e trabalho, também influem. No entanto, embora o processo de aprendizagem possa ser lento e a execução das atividades também, embora sejam muitas as atividades de vida diária que a criança precisa aprender a realizar, o ganho para o indivíduo é muito grande e deve ser motivação para os educadores terem-no como um dos seus principais objetivos.

O treino de AVD's pretende, portanto, como objetivo fundamental, que a criança se torne mais independente e autossuficiente, no que se refere a estas atividades, sem necessidade da ajuda constante e direta de um adulto. Com essa aquisição, os educadores ficarão também liberados para se dedicarem ao ensino de outras atividades que promovam o desenvolvimento da criança.

HABILIDADES BÁSICAS
ATIVIDADES DE VIDA DIÁRIA – AVD

A escola tem uma rotina na hora do lanche. Tomás já sabe direitinho o que deve fazer: levantar da cadeira, ir ao banheiro, lavar e enxugar as mãos, pegar sua lancheira no cabide e sentar com seus coleguinhas à mesa. O que será que a mamãe colocou hoje na lancheira?

Por mais que papai e mamãe tentassem, Vivi ainda não pede para fazer xixi, nem faz xixi, quando colocada na bacia. Também é difícil fazê-la cooperar para ser vestida ou despida. Será que ela vai aprender?

Vestir meias é complicado, até para quem não tem problemas de coordenação. Mesmo que não pareça, o ato de vestir meias envolve uma série de passos. Por isso, a professora ajuda Lia, colocando a meia até o calcanhar. Só falta ela dar o último puxão. Na próxima vez, a professora coloca a meia no pé e Lia precisará puxá-la até o calcanhar e depois para cima. Mais um pouco e ela já conseguirá calçar a meia sozinha.

INFORMAÇÕES INICIAIS

COMPORTAMENTO-ALVO

Ao final do treino o Aluno (A.) deve ser capaz de realizar a atividade de vida diária para a qual foi preparado, com o mínimo de ajuda compatível com suas possibilidades, mediante a(s) ordem(ns) do Educador (Ed.), de modo a obter o efeito previsto em cada atividade (banho tomado, dentes limpos, roupa vestida/despida, etc.).

PRÉ-REQUISITOS

É indispensável que o A. tenha condições físicas para realizar as ações previstas, atenda ordens e identifique os objetos necessários à realização de cada atividade.

AMBIENTE FÍSICO

Algumas das atividades devem ser treinadas, necessariamente, nos ambientes em que normalmente ocorrem (ou equivalente), tais como: tomar banho, escovar os dentes, lavar as mãos.

Treinos relativos a pentear cabelo e vestir e despir roupas podem ser realizados em situação formal de sala de aula, quando o treino na situação funcional mostrar-se insuficiente ou inviável.

Eventualmente, as habilidades-alvo podem ser incluídas no Programa de Dramatização, passando a serem treinadas (também) em ambientes não necessariamente relacionados à atividade.

MATERIAL

Além da folha de registro, cada treino deve exigir um material específico como:

- Tomar banho: sabonete, toalha, esponja, chuveiro manual, xampu.

Ao final do programa, encontra-se uma lista de diferentes treinos de AVD's.

Evidentemente, quanto maior o número de tentativas, maior a probabilidade de êxito mais rápido.

- Escovar dentes: escova pasta de dentes.
- Lavar as mãos: sabonete, toalha.
- Pentear cabelo: pente ou escova.
- Vestir/despir: roupas, (calças, blusas), meias, sapatos.
- Comer: prato, colher, comida.
- Beber: copo, canudo, bebida.
- Reforçadores.

PLANEJAMENTO DAS SESSÕES

Frequência: a frequência das sessões deve ser compatível com a rotina da escola e com a frequência normal de ocorrência das atividades treinadas, na vida comum do A., quando feitas em situação funcional. Os treinos em situação formal devem ser realizados pelo menos 2 vezes ao dia.

Duração: como neste treino prevê-se a realização da atividade na íntegra, a duração do treino deve ser definida em função das possibilidades do A., condições e quantidade de ajuda que requer, etc.

Número de tentativas: alguns treinos não possibilitam "tentativas" (tomar banho, lavar o cabelo), a não ser de cadeias específicas ou passos específicos de treino; os demais comportam a realização de mais de uma "tentativa" a cada situação de treino.

LINHA DE BASE

Todas as habilidades treinadas neste conjunto requerem uma verificação inicial do "estágio de aprendizagem" em que se encontra o A. O procedimento básico de Linha de Base será observar o desempenho do A., em situação natural ou mesmo criada especialmente para esta avaliação, notando-se e registrando-se qual (quais) ação(ões) já realiza sem ajuda e que tipo ou

A folha de registro dos programas de AVD prevê espaço para estas anotações.

O encadeamento de trás-para-frente é muitas vezes o mais indicado, porque o aluno é reforçado por completar o último passo do comportamento-alvo, o que garante que o treino acabe com um sucesso. Assim, as tarefas como vestir e despir são, em geral, ensinadas de trás-pra-diante, de forma que a finalização da ação sempre seja feita pelo aluno. O treino de atividades mais complexas, como tomar banho ou escovar os dentes, subdividido em cadeias diversas, pode ser ensinado através de uma combinação dos dois tipos de sequência. Por exemplo, entrar no banheiro, de frente-para-trás, e ensaboar o corpo, de trás-para-frente. Pode ser necessário também que o educador execute uma série de elos de uma cadeia pelo aluno, ensinando então um ou mais dos elos intermediários. Por exemplo, o educador poderá colocar o xampu no cabelo do aluno, este poderá ser ensinado a lavá-lo e o educador faz o enxague.

nível de ajuda requer do Ed. para as demais ações. É possível ou mesmo necessário ir fazendo comentários e/ou dando ordens verbais, para conseguir manter uma interação positiva durante a observação e para avaliar também o quanto o A. consegue fazer sob o controle de comandos verbais.

TREINO

PROCEDIMENTO

Uma vez estabelecidos os passos de cada cadeia, será necessário decidir se o procedimento a ser usado seguirá a sequência de frente-para-trás (na ordem natural em que a cadeia de ações acontece) ou de trás-para-diante (na ordem inversa à ordem natural de cada ação).

De acordo com o repertório do A., o Ed. deve dar as ajudas necessárias para que realize aqueles passos e cadeias que não sabe fazer sozinho e retirar essas ajudas, na medida em que sejam superadas nos treinos de AVD.

O Ed. deverá verbalizar para o A. todos os elos das cadeias realizadas, mesmo quando o treino é feito com ajuda total, para haver uma associação da ação com sua denominação. A seguir serão apresentados passos e procedimentos específicos de treino para cada uma das habilidades de autocuidado.

CONSEQUENCIAÇÃO

Respostas corretas: em ambos os procedimentos de treino recomenda-se reforçar cada ação.

Respostas aproximadas: ações realizadas com imperfeição, exigindo ainda ajudas ou dicas físicas, podem/devem ser reforçadas, dependendo do estágio de aprendizagem em que se encontre o A.

Respostas incorretas: são seguidas por correção e introdução de procedimento de ajuda nas tentativas subsequentes.

Recusas/Não-respostas são seguidas de apresentação de nova tentativa e introdução de procedimento de ajuda nas tentativas subsequentes.

REGISTRO

Nível de Ajuda	Resposta Correta	Resposta Incorreta	Recusa Ñ-Resposta
Sem ajuda	S+	S-	S^0
Ajuda física total	T+	T-	T^0
Ajuda física parcial	P+	P-	P^0
Dica física	D+	D-	D^0
Dica verbal	V+	V-	V^0

O registro dever ser feito na folha de registro de AVD.

Quando for grande o número de itens, a frequência com que é feito o registro depende da disponibilidade de tempo e pessoal. Na nossa prática, caso o educador não disponha de auxiliar na situação, pode fazer o registro uma vez por semana.

À medida que o aluno passa a realizar a maioria dos itens, controles menos frequentes podem ser introduzidos.

MANUTENÇÃO E GENERALIZAÇÃO

1. As habilidades já adquiridas devem ser exigidas do A. em todas as situações em que a atividade ocorra no ambiente natural.
2. Os pais devem ficar a par das novas aquisições e serem orientados quanto à melhor maneira de realizar as atividades com seus filhos em casa. Muitas vezes, a importância de se dedicar o tempo necessário para a realização independente de AVD's deve ser enfatizada para os familiares, a fim de que se garanta a sua colaboração.
3. O jogo simbólico também é uma maneira de ajudar a fixar as atividades e suas sequências, oferecendo oportunidade de indicar aspectos positivos na sua realização.

ATIVIDADES DE VIDA DIÁRIA
ITENS DE TREINO

AUTOCUIDADO TOALETE

1. Usar vaso sanitário.
2. Pedir para ir ao banheiro.

HIGIENE

1. Tomar banho.
   1.1. Lavar o rosto.
   1.2. Lavar partes do corpo.
   1.3. Lavar a cabeça.
2. Lavar as mãos.
3. Pentear os cabelos.
4. Escovar os dentes.
5. Assoar o nariz.

ALIMENTAÇÃO

1. Comer: com colher ou garfo.
2. Beber.
   2.1. Sugar (mamadeira).
   2.2. Beber em copo/xícara.
   2.3. Beber por um canudo.
3. Uso do guardanapo.

DESPIR/VESTIR DESPIR:

1. Tirar sapatos.
2. Tirar meias.
3. Tirar calças curtas.
4. Tirar calças compridas.
5. Despir camisetas.

VESTIR:

1. Calçar sapatos.
2. Pôr meias.
3. Vestir calças curtas.
4. Vestir calças compridas.
5. Vestir camisetas.

COMPLEMENTOS:

1. Abrir e fechar velcro.
2. Abrir e fechar zíper.
3. Desabotoar e abotoar zíper.
4. Desfazer e fazer nó.
5. Desfazer e fazer laço.

ROTINA ESCOLAR

Tomar banho é uma atividade de rotina diária para o aluno e, ao mesmo tempo, é também uma oportunidade de brincar, divertir-se e relaxar, quando o educador dispõe de tempo.

A hora do banho também é um bom momento para se rever itens já trabalhados, tais como: partes do corpo, lateralidade, estimular as partes do corpo com a esponja, conceitos de higiene, etc.

Algumas das variações possíveis são:

- *uso de banheira.*
- *uso de chuveiro fixo.*
- *uso de chuveiro manual.*
- *ausência/presença e tipo de esponja, sabonete.*

Higiene

TOMAR BANHO

TREINO

PROCEDIMENTO ESPECÍFICO

A atividade de Tomar Banho compreende um conjunto de cadeias comportamentais, compostas cada uma por uma série de passos ou elos.

Os itens (Passos de Treino) podem variar, dependendo da condição física, do ambiente físico e material disponível para esta atividade, bem como do repertório do A.

No treino de Tomar Banho, o A. realiza todas as cadeias, com ou sem ajuda do Ed., de acordo com o que já sabe fazer, mas apenas os passos de uma dessas cadeias são treinados em cada etapa do treino.

Por exemplo: o A. pode estar sendo treinado na cadeia "ensaboar-se" e realizar todas as outras (despir roupas, lavar a cabeça, enxaguar o corpo, enxugar-se, etc.), com ajuda total do Ed. Somente depois de superar os passos desta cadeia, outra cadeia é selecionada e treinada especificamente, seguindo o procedimento previsto.

Do mesmo modo, nem todos os elos de cada cadeia precisam de ordem verbal. A ordem só será necessária caso o A. não execute, por si, os vários passos.

Em alguns casos, o Ed. ou Aux. pode também dar o modelo do comportamento ou indicar o modelo de outro A. que já o realiza. A seguir, são apresentadas sugestões de itens relativos a uma situação de treino com chuveiro fixo e esponja.

ESPONJA

O preparo para o banho consiste em despir o aluno, o que pode ser feito com ou sem ajuda do educador, dependendo do repertório, tipo de roupa que está usando, etc.

Se o aluno não consegue manter o equilíbrio, uma opção é sentá-lo no boxe ou na banheira. Pode ser útil para a segurança da criança, colocar tapetes de borracha, com partes aderentes, por baixo da cadeira ou de seus pés ou dentro da banheira.

Neste caso, pode ser necessário dar ordens relativas a cada uma das partes do corpo (ou algumas delas).

Aqui, pode ser necessário decompor essa cadeia em passos como:

- *pegar o sabonete.*
- *pegar a esponja.*
- *passar o sabonete na esponja.*
- *passar a esponja pelo corpo (podendo ser necessário fazer referência a cada uma das partes do corpo).*
- *tirar a espuma do corpo.*
- *lavar a esponja.*
- *guardar a esponja.*

Há ainda cadeias mais específicas em relação a este momento do banho, tais como: lavar a cabeça, lavar o rosto, lavar as costas, lavar os pés, etc. Apresentam-se sugestões de passos para duas destas cadeias (lavar a cabeça e lavar o rosto).

Ao terminar o banho, o aluno se vestirá sozinho ou com ajuda (parcial ou total) do educador.

PASSOS: TOMAR BANHO COM CHUVEIRO FIXO E

1. Entrar no boxe.
2. Abrir a torneira.
3. Entrar debaixo do chuveiro.
4. Molhar o corpo.
5. Sair debaixo do chuveiro ou fechar a torneira.
6. Lavar-se:
   a - rosto.
   b - partes do corpo (pescoço, braços, tronco e pernas).
   c - cabelo.

7. Abrir a torneira.
8. Enxaguar o corpo.
9. Fechar a torneira (sair do boxe).
10. Pegar a toalha.
11. Enxugar o corpo (cabelo, pescoço, braços, tronco e pernas).
12. Pendurar a toalha..

PASSOS: CADEIAS ESPECÍFICAS

LAVAR A CABEÇA

1. Pegar o xampu.
2. Abrir o xampu.
3. Pôr um pouco de xampu na mão.
4. Guardar o xampu.

Eventualmente o educador ou o auxiliar guardarão o xampu.

5. Passar o xampu na cabeça.
6. Fechar os olhos.
7. Esfregar a cabeça com as 2 mãos/ com as pontas dos dedos.

Nesse caso, o educador precisaria orientar/ajudar o aluno a esfregar locais de difícil acesso.

8. Entrar debaixo do chuveiro com os olhos fechados.
9. Esfregar a cabeça com as 2 mãos (Repetir xampu ou condicionador).
10. Tirar todo xampu dos cabelos.
11. Pegar a toalha.
12. Enxugar o cabelo.
13. Pendurar a toalha.

LAVAR O ROSTO

Esta atividade poderá ser treinada, em situação independente do banho, usando-se a situação de banho para a generalização, sendo então necessário alterar os passos desta cadeia.

1. Passar o sabonete nas mãos.
2. Esfregar uma mão na outra.
3. Fechar os olhos.
4. Passar as mãos no rosto sem abrir os olhos.
5. Entrar debaixo do chuveiro.
6. Esfregar bem as mãos no rosto.
7. Sair debaixo do chuveiro.
8. Abrir os olhos.
9. Pegar a toalha.
10. Enxugar o rosto.
11. Pendurar a toalha.

LAVAR AS MÃOS

1 Entrar no banheiro.
2. Ir até a pia.
3. Abrir a torneira.
4. Molhar as mãos (ou por as mãos na água).

Em alguns casos, passos como: 4, 8, 9, 12, podem merecer um treino específico, por sua relevância para a lavagem das mãos.

5. Pegar o sabonete.
6. Esfregar o sabonete nas mãos.
7. Colocar o sabonete no lugar.
8. Esfregar as mãos.
9. Enxaguar as mãos (tirar a espuma ou por as mãos na água).
10. Fechar a torneira.
11. Pegar a toalha.
12. Enxugar as mãos.
13. Pendurar a toalha.
14. Sair do banheiro.

PENTEAR O CABELO

Para realizar esta atividade, o aluno deve estar em frente de um espelho.

Um modo de facilitar esta aprendizagem é permitir que o aluno penteie bonecas e outras pessoas.

São aspectos relevantes a serem observados:

- *a firmeza com que o aluno passa o pente/escova pelo cabelo (não muito forte a ponto de machucar, nem excessivamente de leve, de modo que não altere o estado do cabelo);*
- *a direção dos movimentos, de acordo como corte do cabelo;*
- *acesso a locais mais difíceis de pentear.*

Se o aluno tiver problemas para segurar o pente/escova, usar um pente com cabo, que facilmente poderá ser adaptado para a criança.

1. Pegar o pente/escova pelo cabo.
2. Levar o pente/escova à cabeça.
3. Passar o pente/escova no cabelo.
   - pentear os cabelos para frente.
   - fazer com o pente/escova a risca no cabelo.
   - pentear os cabelos para a esquerda ou direita da risca.
   - pentear os cabelos atrás da cabeça.
4. Guardar o pente/escova.

Se o aluno não alcançar a pia, pode-se fazê-lo ficar em pé sobre uma banqueta ou caixote, em frente ao espelho.

ESCOVAR DENTES

PROCEDIMENTO ESPECÍFICO

No caso de escovar os dentes, cada passo é treinado como um comportamento separado, na sequência indicada, sendo que o Ed. realiza com o A. aqueles em relação aos quais este porventura, apresente dificuldade.

Em alguns casos, é necessário um maior detalhamento dos passos e, em outros, há ordens desnecessárias, em função do repertório do A. O Ed. deve ser sensível para identificar as necessidades do A. na situação, bem como suas reais possibilidades.

Em alguns casos, é preferível que periodicamente alguém escove seus dentes, a fim de possibilitar o correto nível de higiene necessário.

PASSOS

1. Chegar perto da pia.
2. Abrir a porta do armário.
3. Pegar a pasta.
4. Abrir a pasta.
5. Pôr a tampa na pia (ou dar a tampa para o Ed.).
6. Pegar sua escova.
7. Pôr a pasta na escova:
   - encostar a pasta na escova.
   - apertar a pasta devagar.
8. Pôr a pasta na pia (ou no armário).
9. Abrir a torneira.
10. Molhar a escova (ou por a escova na água).

11. Escovar os dentes:
    - fechar os dentes.
    - esfregar a escova para cima e para baixo.

Caso o aluno tenha condições de aprender a escovar os dentes de forma completa, deve ser treinado em relação à escovação de todas as faces dos dentes.

12. Pôr a escova na pia.
13. Lavar a boca:
    - pegar água do copo.
    - colocar água na boca, sem engolir.
    - jogar a água da boca na pia
    - pôr o copo na pia
14. Pegar a escova.
15. Lavar a escova.
16. Guardar a escova.
17. Fechar a torneira.
18. Fechar a pasta.
19. Guardar a pasta.
20. Fechar o armário.
21. Pegar a toalha.
22. Enxugar a boca.
23. Pendurar a toalha.

ASSOAR O NARIZ

1. Pegar o lenço de papel ou pano.
2. Levar o lenço até o nariz.
3. Colocar o indicador e o polegar sobre o lenço e o nariz.
4. Assoar o nariz, tampando a narina esquerda.
5. Assoar o nariz, tampando a narina direita.
6. Enxugar o nariz.
7. Jogar o lenço de papel no cesto/guardar o lenço.

Os treinos de despir e vestir são feitos em geral, seguindo encadeamentos de trás-para-diante, ou seja, inicia-se o treino com o último passo listado. O encadeamento de trás-para-diante permite que o A. sempre faça a cadeia inteira e seja reforçado pela conclusão da ação e por seu efeito.

A criança normalmente aprende primeiro a retirar seus sapatos e as meias, depois sua calça e então, sua camisa. É recomendado que se siga esta ordem e que se trabalhe com um item, até o aluno ser capaz de removê-lo sem ajuda.

As habilidades envolvidas na aprendizagem de despir não somente estão intimamente envolvidas na aprendizagem do vestir, como também são mais fáceis de serem ensinadas.

O aluno deverá estar calçado com sapato sem cordões e fivelas.

Despir/Vestir

PROCEDIMENTO ESPECÍFICO

PASSOS

1. TIRAR SAPATOS

1. Sentar-se.
2. Cruzar uma perna sobre a outra.
3. Segurar o calcanhar do sapato.
4. Puxar o sapato para fora/baixo.
5. Pôr o sapato no chão.
6. Repetir o procedimento acima com o outro pé.

2. Tirar meias

1. Sentar-se.
2. Cruzar uma perna sobre a outra.
3. Pegar o cano da meia com as 2 mãos.
4. Empurrar até o calcanhar.
5. Puxar a ponta da meia.
6. Repetir o procedimento com o outro pé de meia.

3. TIRAR SHORTS (CALÇÃO, CALCINHA E CUECA)

1. Ficar em pé.
2. Segurar o shorts pelo elástico.
3. Abaixar o shorts até o tornozelo.
4. Tirar o shorts.
5. Colocar o shorts em local apropriado.

Se houver problema de equilíbrio, recomenda-se que o aluno sente-se para realizar estas atividades.

4. Tirar calça comprida

1. Ficar em pé.
2. Segurar a calça pelo cós.
3. Abaixar a calça até o joelho.
4. Sentar-se (numa cadeira).
5. Descer a calça até o tornozelo.
6. Retirar as mãos do cós.
7. Levantar uma perna e retirá-la da calça.
8. Abaixar a perna.
9. Levantar a outra perna e retirá-la da calça.
10. Pegar a calça.
11. Colocar a calça no local adequado.

Se houver problema de equilíbrio, recomenda-se que o aluno se ajoelhe ou se apoie em algum lugar.

Aspectos a garantir:

- *manter a cadeira afastada para garantir a mobilidade;*
- *utilizar cadeira baixa;*
- *usar, de preferência, calça de elástico, não muito apertada, sem zíper ou botão;*
- *aluno descalço.*

5. DESPIR CAMISETA

1. Segurar a barra da camiseta.
2. Levantar a camiseta até a altura do peito.
3. Pegar o punho de uma das mangas.
4. Puxar a camiseta desse braço.
5. Puxar a camiseta do outro braço.
6. Puxar a camiseta pela cabeça.
7. Colocar a camiseta em lugar adequado.

1. CALÇAR SAPATOS

Aspectos a garantir:

- *usar sapatos de calcanhar e que não apresentem cordões ou fivelas;*
- *manter a criança descalça para iniciar o treino;*
- *local para a criança sentar;*
- *o educador dá para a criança o pé do sapato a ser colocado, de forma que o aluno não precisa saber qual é o direito ou o esquerdo.*

1. Sentar-se.
2. Pegar o sapato.
3. Cruzar uma perna sobre a outra.
4. Colocar a ponta do pé no sapato.
5. Segurar o sapato pelo calcanhar.
6. Empurrar o sapato, encaixando-o no pé.
7. Pisar no chão.
8. Repetir o procedimento acima com o outro pé.

2. PÔR MEIAS

1. Sentar-se.
2. Pegar a meia.
3. Abrir a boca da meia.
4. Cruzar uma perna sobre a outra.
5. Colocar a ponta do pé na boca da meia com o calcanhar para baixo.
6. Puxar a meia até o calcanhar.
7. Pegar as pontas do cano.
8. Puxar até o tornozelo.
9. Repetir o procedimento acima com o outro pé de meia.

3. VESTIR SHORTS (CALÇÃO, CALCINHA E CUECA)

1. Sentar-se.
2. Segurar o shorts pelo elástico da parte frontal.
3. Levantar uma perna.
4. Enfiar a perna no shorts.
5. Levantar a outra perna.
6. Enfiar a outra perna no shorts.
7. Levantar-se.
8. Puxar o shorts até a cintura.

4. VESTIR CALÇAS COMPRIDAS

Para despir ou vestir a calça é mais fácil realizar a atividade sentada, especialmente em se tratando de alunos com problemas de equilíbrio.

1. Sentar-se.
2. Pegar a calça.
3. Segurar a calça pelo cós em sua frente.
4. Levantar uma perna.

5. Enfiar a perna na calça.
6. Levantar a outra perna.
7. Enfiar a perna na calça.
8. Levantar-se.
9. Pegar o cós da calça (ao lado ou na frente).
10. Puxar (até abaixo das nádegas).
11. Pegar a calça abaixo das nádegas.
12. Puxar a calça até a cintura.

5. VESTIR CAMISETA

Para iniciar o treino recomenda-se que o educador coloque a camiseta sobre uma mesa com a parte da frente para baixo.

1. Segurar a barra da camiseta na parte das costas.
2. Levantar a camiseta até a cabeça.
3. Enfiar a camiseta pela cabeça.
4. Puxar a camiseta até o pescoço.
5. Segurar a barra da camiseta com uma mão.
6. Enfiar um braço na manga.
7. Segurar a barra da camiseta com a mão vestida.
8. Enfiar o outro braço na manga.
9. Puxar a barra da camiseta para baixo até a cintura.

As habilidades complementares de se vestir foram escolhidas, tendo por base as que são mais comuns nas roupas das crianças hoje em dia. Habilidades de abrir/fechar fivela e colchete foram descartadas.

O educador pode ensinar essas habilidades complementares de se vestir, usando uma prancha com o material necessário para o ensino de cada habilidade (por exemplo, prancha com botão), mas deve ficar claro ao educador que esta tarefa é diferente e o aluno poderá precisar de ajuda para transferir a habilidade de abotoar em prancha para seu próprio corpo.

Botões grandes são mais fáceis de segurar e manipular; assim, o educador deve começar com calças com botões bem grandes na frente. Além disso, o cós da calça deve ser largo o suficiente para permitir as manipulações do aluno com alguma folga. Para facilitar a tarefa, o botão, além de ser grande, deve ser com furos no meio, isso possibilita que o botão fique afastado do cós.

COMPLEMENTOS

1 - ABRIR VELCRO

1. Pegar a ponta do velcro.
2. Puxar para cima (ou para baixo).

2 - FECHAR VELCRO

1. Aproximar o lado positivo do lado negativo.
2. Colocar o lado positivo sobre o negativo de forma que as extremidades coincidam.
3. Pressionar com a mão até que as partes fiquem presas.

3 - DESABOTOAR O BOTÃO DA CALÇA (BOTÃO DO CÓS)

1. Segurar com uma mão o cós da calça perto do botão.
2. Segurar com a outra mão o cós da calça perto da casa do botão.
3. Puxar o botão (ainda dentro da casa) para a direita.
4. Empurrar com o indicador da segunda mão o botão pela casa
5. Soltar o cós da calça.

4 - ABOTOAR O BOTÃO A CALÇA (BOTÃO DO CÓS)

1. Segurar com uma mão o cós da calça perto da casa do botão.
2. Segurar com a outra mão o botão da calça.
3. Encaixar o botão na abertura da casa pelo lado interno do cós.
4. Soltar o botão e ao mesmo tempo apoiá-lo com o polegar da outra mão.
5. Pegar o botão pela casa.
6. Puxar o botão pela casa.

5 - ABRIR ZÍPER

A habilidade de abrir/fechar zíper será considerada adquirida, quando o aluno for capaz de realizá-la sem prender o pano.

1. Segurar a ponta inferior do zíper com uma mão.
2. Segurar o puxador do zíper com a outra mão, levantando-o até destravá-lo.
3. Puxar o puxador do zíper para baixo até o terminal do zíper, separando as partes do zíper.

6 - FECHAR ZÍPER

1. Segurar a ponta inferior do zíper com uma mão.
2. Segurar o fecho com a outra mão.
3. Puxar o fecho do zíper para cima até o zíper se fechar completamente.

7 - DESFAZER NÓ SIMPLES

O educador poderá facilitar esta tarefa para o aluno utilizando no início do treino um fio de cada cor.

1. Enfiar o dedo embaixo do nó, ou seja, dentro da laçada.
2. Puxar o nó com este dedo, até que se descruzem.

8 - FAZER NÓ

1. Segurar cada ponta do cordão com uma mão.
2. Cruzar os fios.
3. Enfiar um dos fios por baixo do "X".
4. Puxar as pontas em direção oposta.

9 - DESFAZER LAÇO

1. Pegar as 2 pontas dos cordões em cada mão.
2. Puxar os cordões em sentidos opostos até que o laço seja desfeito.

Facilita a tarefa, no início do treino, se o sapato estiver fixo em uma prancha. Além disso, se cada cordão do par for de uma cor (por exemplo, branco e preto), ajudará o aluno a discriminar os passos da tarefa. O educador deve dar ao aluno os cordões já atados em nós.

10 - FAZER LAÇO

1. Pegar um dos cordões pelo meio com uma mão (cordão 1).
2. Com o indicador e o polegar da outra mão segurar o cordão 1 (perto) do nó formando um laço.
3. Com a outra mão pegar o cordão 2.
4. Circundar com o cordão 2 o laço feito anteriormente por cima do indicador e polegar da outra mão laço.
5. Passar o fio circundado por dentro da argola formada por ele, formando outro laço.
6. Puxar os 2 laços simultaneamente, em sentido oposto.

Alimentação

COMER

Pode-se facilitar a alimentação, iniciando-a, quando necessário, com comidas pastosas, passando em seguida para alimentos sólidos em pequenos pedaços.

É importante lembrar que se deve dar tempo para a criança consumir cada colherada de comida.

As refeições fazem parte da rotina do aluno e podem ser sinalizadas pelos preparativos (limpeza da mesa, colocação da mesa, colocação da toalha, etc.) e por musiquinhas apropriadas.

PASSOS:

USANDO A COLHER

1. Pegar a colher com a mão dominante.
2. Mover a colher para dentro da tigela de comida.
3. Colocar um pouco de comida na colher.
4. Erguer a colher com comida para fora da tigela.
5. Levar a colher com comida até a boca.
6. Abrir a boca.
7. Colocar a colher cheia na boca sem derramar.
8. Fechar a boca sobre a colher.
9. Remover a comida da colher com os lábios, enquanto puxa a colher para fora da boca.
10. Colocar a colher na tigela.
11. Mastigar e engolir a comida.
12. Repetir o procedimento até toda a comida ser consumida.

O educador deve colocar a comida numa tigela, colocá-la na frente do aluno e providenciar uma colher adequada às suas condições físicas. Por exemplo, pode-se fazer uma colher com cabo mais grosso ou uma colher torta. Tigelas de borracha de sucção no fundo, para impedir que escorreguem quando a criança come, também são indicadas. Quando a criança já come comida sólida com colher, de modo adequado, sem derramar muito, passa-se a treiná-la no uso do garfo com os mesmos passos descritos.

O educador deve providenciar um copo leve, inquebrável e usar somente uma pequena quantidade de líquido durante o treino. A quantidade de líquido será aumentada, à medida que o educador perceber que o aluno está mais seguro ao realizar a habilidade.

Um copo com tampa recortada, deixando um pequeno espaço na borda aberto, pode ser útil para alunos com pouca coordenação.

O educador deve estar atento para padrões inadequados e prejudiciais, a fim de procurar orientação para corrigi-los, neste caso.

BEBER

PASSOS

1. BEBER DE UM COPO

1. Segurar o copo com a mão dominante.
2. Levantar o copo.
3. Levar o copo até a boca.
4. Abrir um pouco a boca.
5. Colocar a borda do copo entre os lábios.
6. Vagarosamente virar o copo até algum líquido cair na boca.
7. Abaixar o copo até o líquido parar de cair na boca.
8. Retirar a borda do copo dos lábios.
9. Engolir o líquido.
10. Colocar o copo sobre a mesa.
11. Soltar o copo.
12. Repetir o procedimento.

2. BEBER DE CANUDINHO

1. Pegar a xícara/copo com o líquido e o canudo.
2. Levar a ponta do canudo à boca, fechando-a em torno do canudo.
3. Sugar ou chupar o líquido pelo canudo.
4. Engolir o líquido.

Dependendo das condições físicas e da compreensão dos alunos, todas as ordens de rotinas são treinadas em todos os seus passos ou apenas alguns deles são selecionados. Pode também haver desdobramento de passos, caso necessário.

Em geral, o educador introduz certos sinais para caracterizar situações diferentes ou mudanças de situações. Por exemplo: musiquinha para a hora do almoço, outra musiquinha para a hora do lanche, para o descanso, uso de um sininho, etc. Evidentemente, as rotinas podem variar em diferentes escolas, ou quando o programa for utilizado individualmente.

Por exemplo*: existe um ritual, na hora do almoço e do lanche da tarde que consiste em:*

1. *cantar música que assinala o início do período de refeição. Ex.: "Comer, comer..."*
2. *a música coincide com a arrumação da mesa individual, da criança: colocar toalha, pratos e talheres, (dependendo do nível da criança a arrumação será só colocar toalha).*
3. *a auxiliar traz a comida em uma bandeja e, novamente dependendo do nível da criança, ela se serve ou é servida e alimentada.*
4. *após a alimentação a criança devolve o prato, os talheres e o copo para o educador ou os coloca na bandeja.*
5. *guarda ou entrega ao educador sua toalha.*
6. *passa pano com álcool diluído em água sobre a mesa, limpando-a sob a supervisão do educador ou auxiliar.*

Rotina escolar

1 - ORDEM DE ENTRADA

1. Pendure a lancheira.
2. Guarde a sacola no... (local indicado)
3. Vá sentar.
4. Arrume sua mesa.

2 - PREPARO DA MESA PARA O ALMOÇO E PARA O LANCHE

- Vamos... (almoçar, tomar lanche).

1. Limpe sua mesa.
2. Pegue sua toalha.
3. Coloque a toalha na mesa.
4. Pegue o seu... (prato, copo, lanche)
5. Leve para sua mesa.
6. Agora você vai comer... (seu almoço, seu lanche, tomar seu suco).

3 - TERMINANDO O ALMOÇO OU LANCHE

1. Pegue seu guardanapo.
2. Limpe sua boca.
3. Dobre seu guardanapo.
4. Dobre sua toalha.
5. Dê a toalha para a tia/ou guarde a toalha na lancheira.
6. Limpe a mesa.

4 - *ATENDIMENTO PARA O DESCANSO*

- ***Vamos descansar***

1. Pegue o colchão no...
2. Vamos arrumar o colchão no chão.
3. Tire o sapato.
4. Deite-se.
5. Levante-se.
6. Vamos pôr os sapatos.
7. Guarde o colchão no...
8. Sente-se na sua cadeira.

5 - *ORDENS DE SAÍDA*

(Só acontece quando chega a pessoa para buscar a criança.)

1. Levante-se.
2. Arrume a mesa.
3. Vá pegar a sua lancheira.
4. Coloque a lancheira.
5. Pegue a sacola.
6. Abra a porta.
7. Dê tchau e beijo.

A aquisição do comportamento de eliminação e evacuação envolve não apenas o uso adequado do vaso sanitário/cadeira adaptada, mas um conjunto de habilidades, que podem ser treinadas concomitantemente ou em sequência, de acordo com o repertório e as características do aluno. Assim, para adquirir independência completa, o aluno deve ser capaz de:

1. manifestar o desejo de ir à toalete
2. dirigir-se ao banheiro e voltar ao local em que se encontrava antes
3. sentar no vaso/cadeirinha e levantar novamente
4. abaixar e levantar suas calças (sem fazer uso do vaso/cadeirinha.)
5. fazer uso do vaso sanitário/cadeirinha
6. limpar-se
7. dar descarga
8. voltar para outro local

Alguns indivíduos serão capazes de aprender todos esses comportamentos, enquanto outros vencerão apenas alguns deles. Neste treino, o objetivo é conseguir que, uma vez colocado no vaso/cadeirinha, o aluno passe a fazer suas necessidades neste local.

A aquisição desta habilidade, por si só, é um avanço em relação à sua independência.

Seria desejável por ocasião do Treino, que apenas um aluno ficasse no banheiro, o que, na prática, nem sempre é viável. Deve ficar claro, porém, que esta situação ofereceria maior garantia de sucesso, com maior rapidez.

USO DO VASO SANITÁRIO
INFORMAÇÕES INICIAIS

COMPORTAMENTO-ALVO

Ao terminar o treino, o Aluno (A.) deve ser capaz de urinar e evacuar no vaso sanitário ou em cadeira adaptada, quando lá instalado, dentro de um período de, no máximo, 5 minutos.

PRÉ-REQUISITOS

É indispensável que o A. tenha condições físicas para realizar o treino. É desejável que compreenda ordens simples e que não apresente comportamentos incompatíveis com a realização do treino.

AMBIENTE FÍSICO

O treino deve ser conduzido em situação natural, ou seja, no banheiro que é utilizado pelo A. na escola. Em alguns casos, por facilidade de locomoção e/ou manipulação do A., cadeirinhas adaptadas podem ser colocadas em locais especiais.

MATERIAL

- Vaso sanitário ou cadeirinha adaptada.
- Bacia (ou outro vasilhame) que possa ser colocada dentro do vaso sanitário, (sem mergulhar na água) e permita a coleta da urina/fezes.
- Aparelho sinalizador (PIBIP ou outros).
- Folha de horários previstos para levar o A. ao banheiro.
- Reforçadores tangíveis.
- Folha de registro.

Pode-se usar para este treino um aparelho eletrônico, constando de uma campainha que é acionada quando o terminal entra em contato com umidade (PIBIP ou outros). Este aparelho funciona como sinalizador da ocorrência de xixi, quando o terminal é instalado na roupa da criança ou no vaso sanitário e permite que os procedimentos previstos sejam aplicados sem retardo.

PLANEJAMENTO DAS SESSÕES

Frequência: o A. é instalado no vaso sanitário (ou cadeirinha), a cada um dos horários estabelecidos no período de Linha de Base da primeira fase.

Duração: o A. deve ficar sentado no vaso (ou cadeirinha), por, no máximo 5 minutos, a menos que inicie a eliminação/evacuação nesse período. Se não ocorrer eliminação/evacuação dentro desse intervalo de tempo, o A. deve ser retirado do ambiente e colocado para nova tentativa após 10 minutos.

Neste caso, o horário posterior previsto deve ser reconsiderado.

Número de tentativas: variável.

LINHA DE BASE

A Linha de Base é estabelecida de forma diferente, se o A. usa ou não fraldas. No primeiro caso, é feito um levantamento do período de retenção, como base para o estabelecimento de uma tabela de horários para condução do A. ao banheiro e treino nesse local. Para alunos que não usam fraldas, mas não apresentam controle voluntário sistemático de eliminação de urina e evacuação, é feito um teste do uso do vaso sanitário (ou cadeirinha).

Antes de fazer o levantamento de Linha de Base, o educador deve verificar se o aluno usa fralda e/ou se já teve experiência de ser levado ao vaso sanitário, sem ter ainda adquirido controle esfincteriano, e decidir então a forma como ela deve ser estabelecida.

PROCEDIMENTO A: levantamento do período de retenção

Por um período de 5 a 10 dias, de 15 em 15 minutos:

1. Ed. ou Aux. verifica a fralda do A.
2. Ed. ou Aux. anota se a fralda do A. está seca ou molhada na folha de registro

Se a fralda estiver molhada

3. Ed. ou Aux. troca a fralda (e roupa, se necessário) do A.

Estando a fralda seca ou molhada

4. Ed. não faz nenhum comentário.

A partir do estudo do intervalo entre micções e da frequência de eliminação e evacuação, a equipe estabelece uma tabela de horários, que represente aproximadamente o período de retenção do A., a ser utilizada na fase de treino.

A nossa experiência indica que dados obtidos por um período de dez dias resultam em informações mais confiáveis; no entanto, um mínimo de cinco dias deveria ser garantido para a descoberta de regularidades dos horários de eliminação/evacuação.

A latência é o tempo decorrido entre o início da tentativa e o início da micção/evacuação.

O critério deve ser de, pelo menos, 95% das respostas de micção e/ou evacuação no vaso, ou seja, admite-se no máximo um ou outro "acidente".

PROCEDIMENTO B: teste do uso do vaso sanitário (ou cadeirinha)

A partir de uma tabela de horários provisória, organizada pela equipe, com a ajuda de dados de observação do A. e de informações de seus pais, e em cada um dos horários previstos nessa tabela, por um período de 5 a 10 dias:

1. Ed. ou Aux. verifica a roupa do A.
2. Ed. ou Aux. anota se a roupa está seca ou molhada, na folha de registro

Se a roupa estiver molhada

3. Ed. ou Aux. troca a roupa do A.

Estando a roupa seca ou molhada

4. Ed. ou Aux. não faz nenhum comentário
5. Ed. ou Aux. coloca o A. no vaso (ou cadeirinha)
6. Ed. ou Aux. aguarda no máximo 5 minutos (ou até que o A. conclua a eliminação/evacuação iniciada dentro desse período)
7. Ed. ou Aux. registra a ocorrência ou não de micção/evacuação e a latência.

Caso o A. atinja o critério

- Aumentam-se os intervalos entre colocações no vaso (ver sugestões de treino), quando este intervalo for pequeno. Uma vez atingido o intervalo ideal para o A., mantém-se o registro por mais 2 meses

Caso o A. não atinja o critério

- Inicia-se o Treino.

Com crianças de maior repertório, é possível conseguir que elas venham a manifestar seu desejo de micção/evacuação. Nesse sentido, é desejável iniciar/fortalecer associações entre as situações de eliminação e sinalizações que o aluno possa apresentar. Com crianças verbais, pode-se solicitar fala ("xixi/coco"). Pode-se associar também, gestos indicativos e/ou símbolos (por exemplo, vaso sanitário em miniatura, gravura), que possam ser manipulados pelo aluno e inclusive levados por ele ao banheiro nessas situações.

Ver adiante sugestões para treino dessa resposta. (Pedindo para ir ao banheiro, que pode ser feito concomitantemente ou após início do treino de Uso do Vaso Sanitário).

CONSEQUENCIAÇÃO

Respostas corretas: (eliminação no vaso) deveriam ser elogiadas mesmo em Linha de Base. A resposta "sentar-se no vaso/cadeirinha", também deveria ser elogiada.

Respostas incorretas: em caso de acidentes, o Ed. ou o Aux. devem trocar a roupa do A. sem comentários.

Recusas: se o A. se recusar a sentar no vaso sanitário, convém realizar primeiramente um treino, a fim de instalar este comportamento.

REGISTRO

Deve ser feito na folha de registro de Linha de Base e Treino de Uso do Vaso Sanitário.

TREINO

AQUECIMENTO

Nos horários previstos na tabela elaborada pela equipe, o A. é convidado a fazer xixi/cocô ("Vamos ao banheiro."; "Está na hora de fazer xixi/cocô."; "Mostre que você quer fazer xixi/cocô."). Aproximações ao atendimento dessa solicitação devem ser reforçadas.

PREPARO PARA O TREINO

Ao iniciar-se o Treino de toalete, a fralda é substituída por roupa (calcinha, cueca).

Com crianças de maior repertório, o educador pode instruir o aluno com relação a sua ida até o toalete, aos comportamentos necessários e subjacentes ao uso do vaso, dando ordens e ajudas, se necessário. Ver adiante sugestões de ordens para tal situação (Ordens para Uso do Toalete).

Ver adiante, procedimento diante de ocorrências de eliminação/evacuação, fora do vaso sanitário/cadeirinha.

A experiência mostrou que cinco minutos são suficientes e não demasiados, evitando o surgimento de comportamentos inadequados e, muitas vezes, incompatíveis com o treino. Entretanto, também, neste treino, é preciso levar em consideração características específicas de cada aluno para eventuais alterações do tempo fixado.

PROCEDIMENTO

Em cada um dos horários previstos:

1. Ed. ou Aux. leva o A. ao banheiro.
2. Ed. ou Aux. verifica situação da roupa do A.

Se a roupa está seca/limpa:

3. Ed. ou Aux. elogia e, eventualmente, reforça com tangíveis.
4. Ed. ou Aux. registra a resposta na folha.

Se a roupa está suja/molhada:

5. Ed. ou Aux. a retira sem fazer comentários.
6. Ed. ou Aux. registra a ocorrência na folha.

Em ambos os casos:

7. Ed. ou Aux. coloca o terminal do aparelho sinalizador no recipiente de coleta de material.
8. Ed. ou Aux. leva o A. até o vaso/cadeirinha.
9. Ed. ou Aux. diz para o A.: "Fulano, vamos fazer xixi/cocô.", (de acordo com o horário).
10. Ed. ou Aux.; aguarda que o A. inicie eliminação/evacuação por até 5 minutos.
11. Ed. ou Aux. repete a solicitação durante esse período.

Caso ocorra eliminação/evacuação, fazendo soar a campainha:

12. Ed. ou Aux. diz: "Muito bem, você está fazendo xixi/coco na privada/pinico."
13. Ed. ou Aux. espera o A. terminar e reforça socialmente (e eventualmente com tangíveis).
14. Ed. ou Aux. registra o horário e a ocorrência na folha de registro.
15. Ed. ou Aux. leva o A. de volta à sala de aula.

Caso não ocorra eliminação nesse período:

16. Ed. registra horário e a não ocorrência na folha de registro.
17. Ed. leva o A. de volta à sala de aula.
18. Ed. repete a tentativa após 10 minutos.

Deve ser necessário, nesse caso, alterar os horários subsequentes da tabela, em função dos intervalos previstos para a condução do aluno ao local de treino.

Quando o A. atingir o critério para uma tabela de horários (previstos):

- A equipe propõe tabela de horários com intervalos maiores entre as idas ao banheiro.

O critério sugerido é de pelo menos 95% de respostas adequadas por um mês. Os intervalos podem ser ampliados em dez minutos, a cada vez que o aluno atingir o critério por dois dias consecutivos. De duas a três horas de intervalo entre micções seria espaçamento desejável, mas o tempo é bastante individual, podendo ser menor (uma hora) ou apenas uma vez por dia.

Caso o A. não atinja o critério:

- A equipe pode reduzir os intervalos de idas ao banheiro ou estudar outras alternativas.

É recomendável que sejam observados e conseq*uenciados outros comportamentos que o aluno deve ou pode emitir nos períodos em que é colocado no vaso sanitário, tais como:*

a) permanecer sentado, que é um comportamento desejável e deve ser reforçado;

b) levantar-se antes do final do período de observação, mexer (ou tentar mexer) na água do vaso, etc, que são comportamentos indesejáveis, e devem ser eliminados através de procedimentos discutidos com a equipe, de acordo com as características do aluno (por exemplo, extinção, restrição física, suspensão do treino, etc.).

CONSEQUENCIAÇÃO

Respostas corretas são seguidas de reforço social e, eventualmente, reforço tangível.

Respostas incorretas: em caso de acidentes, ou seja, evacuação e/ou eliminação fora dos horários, há várias possibilidades de consequenciação, em geral, bastante particulares para cada indivíduo (v. adiante).

Não-resposta: caso não ocorra eliminação/evacuação nesse período, o A. é levado de volta à sala. O Ed. ou Aux. pode comentar: "Você não fez xixi/cocô.". Depois de 10 minutos o Ed. ou Aux. repete a tentativa

Atuação em caso de acidentes: para alguns alunos, pode ser eficaz que a roupa molhada/suja seja deixada, por algum tempo, em contato com o corpo (da criança), quando isto se constitui numa situação percebida por ela como incômoda. Para outras crianças, contudo, essa situação não se apresenta como aversiva. Além disso, é preciso levar em conta as possíveis consequências da medida para a saúde da própria criança (assaduras nas regiões que permanecem em contato com a urina/fezes) e para as pessoas que interagem com ela, especialmente numa classe com vários alunos (odor, condições de higiene, etc.).

*O princípio que está em jogo, nesse caso, é o de punição e a criança pode aprender a se esquivar da situação indesejável, retendo sua urina/fezes e/ou pedindo para ir ao banheiro a tempo. Entretanto, para algumas crianças (com problemas intestinais e/ou digestivos) esse tipo de efeito pode gerar uma situação também indesejável, em função da própria retenção. O controle aversivo do comportamento, que tem como efeito colateral, por vezes, o fortalecimento de estados emocionais, pode levar também o aluno a manipular a eliminação e/ou evacuação como instrumento de agressão ao ambiente (consequên*cia aversiva para o comportamento do educador).

Aconselha-se, nesse caso, uma observação destes aspectos para decisões e encaminhamento pela equipe.

Caso haja "acidentes" frequentes de um aluno já treinado, após verificadas possíveis causas intervenientes, reinicia-se o Treino.

No caso de se optar por troca da roupa do A. imediatamente após a identificação da ocorrência, é preciso levar em conta que esta situação de interação pode se constituir, também, em fonte de reforçamento para a própria eliminação/evacuação.

Por isso, a troca deve ser feita o mais rápido possível, sem que se dê ao A. atenção maior que a indispensável para proceder à sua limpeza. Evitar um banho ou procedimentos prolongados e sofisticados de higienização seria, nesse caso, aconselhável. Comentários negativos sobre a ocorrência são contraindicados.

De qualquer maneira, será preciso manter sempre um registro dessas ocorrências, de modo a se verificar os reais efeitos do procedimento utilizado sobre o comportamento do A., sua saúde e interação com o seu ambiente.

Uma forma de atuar indiretamente sobre o problema é, também, garantir reforço frequente para os períodos em que não se observam acidentes, de tal modo que a retirada desse reforço (quando os acidentes ocorrem) possa servir como consequência aversiva suficiente.

REGISTRO

Deve ser feito na folha de registro para Linha de Base e Treino de AVD - Toalete - Uso do Vaso Sanitário.

MANUTENÇÃO

Após a aquisição do comportamento adequado de eliminação/evacuação, o comportamento deve continuar sendo reforçado intermitentemente.

Os pais devem ser instruídos no procedimento usado e devem passar a requisitar a eliminação adequada em casa.

A sinalização do desejo de ir ao toalete pode ocorrer mediante uma série de possíveis respostas e/ou uso de estímulos, por parte do aluno. Respostas do tipo: falar ou emitir sons correspondentes ao desejo, levantar a mão, apontar parte do corpo, mostrar ou pegar objetos ou figuras convencionadas, são algumas dessas alternativas. Com crianças de maior repertório, pode ser desejável, inclusive, que utilizem sinais diferentes para situações de evacuação e eliminação de urina. A escolha do(s) tipo(s) de resposta(s) deve levar em conta o repertório do aluno, bem como seus interesses, buscando tornar funcionais respostas que já existem ou instalar respostas comuns ao ambiente em que vive.

PEDINDO PARA IR AO BANHEIRO

INFORMAÇÕES INICIAIS

COMPORTAMENTO-ALVO

Ao terminar o Treino, o Aluno (A.) deve ser capaz de sinalizar seu desejo (através de um código) de evacuar/urinar, antes que a eliminação ocorra e a tempo de ser conduzido/ chegar ao toalete.

PRÉ-REQUISITOS

É desejável que o A. já tenha iniciado o treino de Imitação Motora e/ou Atendimento de Ordens.

LINHA DE BASE

Não há uma linha de base específica para este treino, mas apenas a identificação de respostas que possam ser aproveitadas ou instaladas com a função prevista (pedir para ir ao banheiro).

Caso o A. já tenha em seu repertório uma resposta funcional para a situação, o Ed. deve utilizá-la no treino de Uso de Toalete.

Caso o A. não tenha a resposta funcional, o Ed. deve localizar em seu repertório uma resposta que possa ser utilizada como sinalizadora de necessidades fisiológicas ou eventualmente, uma resposta a ser instalada com essa finalidade.

O aluno deve ser levado ao banheiro também quando o educador perceber sinais de necessidades fisiológicas (p.ex., apertar as pernas, irriquietação, agitação).

Exemplos: O Educador verbaliza:

1. *"Xixi/cocô. Vamos fazer xixi/cocô.".*
2. *"Xixi/cocô." e faz o gesto correspondente: "Vamos fazer xixi/cocô.".*
3. *O Educador entrega o "objeto-símbolo" para o aluno e verbaliza '"Xixi/cocô. Vamos fazer xixi/cocô.", fazendo o aluno lhe dar de novo o objeto.*
4. *"Levante o braço para mostrar que você quer ir ao banheiro." (ou fazer xixi/cocô).*
5. *"Mostre para mim o que você quer fazer no banheiro." (apontar parte do corpo/figura).*
6. *"Segure o cartão/pinico/vaso sanitário (miniatura) para mostrar o que você quer fazer.".*
7. *"Toque o sino para mostrar o que você quer fazer no banheiro.".*
8. *"Diga o que você quer fazer no banheiro.".*

TREINO

PROCEDIMENTO

Nos horários em que o A. será levado ao toalete, durante o treino de uso de toalete, antes de retirar o A. da situação em que está:

1. Ed. diz: "Fulano, está na hora de ir ao banheiro fazer xixi/cocô."
2. Ed. dá a ordem correspondente à resposta escolhida que o A. deve emitir, enquanto sinalização.

Em anexo encontram-se modelos destas folhas.

Se o A. responde corretamente:

3. Ed. elogia e leva o A. ao banheiro.

Se o A. responde incorretamente:

4. Ed. dá ajuda necessária para emissão da resposta correta.
5. Ed. leva o A. ao banheiro.
6. Ed. registra a resposta na folha.

Se o A. não responde em 10 segundos:

7. Ed. dá ajuda necessária para a emissão da resposta correta.
8. Ed. leva o A. ao banheiro.
9. Ed. registra a recusa na folha.

CONSEQUENCIAÇÃO

Respostas corretas são seguidas de elogio e da condução do A. ao banheiro pelo Ed.

Respostas incorretas ou Recusas são seguidas de novas tentativas, usando procedimento de ajuda e da condução do A. ao banheiro pelo Ed.

REGISTRO

Nível de Ajuda	**Resposta Correta**	**Resposta Incorreta**	**Recusa Ñ-Resposta**
Sem ajuda	S+	S-	S^0
Ajuda física total	T+	T-	T^0
Ajuda física parcial	P+	P-	P^0
Dica física	D+	D-	D^0
Dica verbal	V+	V-	V^0

O Ed. registra as respostas correspondentes na folha de registro para treinos com um item ou de AVD.

É necessário que o educador atente para a possibilidade de que essa resposta tenha sua frequência aumentada, não em correspondência ao real desejo de evacuar/eliminar, mas em função de suas consequências (saída da sala, atenção por parte do educador, etc.) A forma de lidar com esse problema deve ser definida pela equipe.

MANUTENÇÃO E GENERALIZAÇÃO

1. O Ed. deve esvanecer sua participação na indução da resposta de pedir para ir ao toalete, gradualmente, passando a provocá-la de forma indireta ("O que você quer agora?"; "O que você quer fazer no banheiro?"; "Quem quer ir ao banheiro?"; "Mostre para mim.", etc.).

2. O Ed. deve atentar para o aparecimento da resposta de maneira espontânea e levar o A. ao toalete quando ela surgir.

3. Os pais devem ser informados do procedimento usado e orientados para também aplicá-lo em casa.

CADEIAS COMPLEMENTARES

LISTA DE ORDENS

Para os alunos com capacidade física para se locomover até o banheiro, despir-se e vestir-se, os seguintes comportamentos devem ser treinados:

Na sala, mediante pedido do A. ou horário previsto:

1. Fulano, vamos fazer xixi/cocô.
2. Levante.
3. Arrume sua cadeira.
4. Vá para o banheiro fazer xixi/cocô.

No banheiro, antes de usar o vaso:

5. Feche a porta.
6. Levante a tampa (do vaso).
7. Abaixe a calça (calcinha, cueca).
8. Sente-se.
9. Faça xixi/cocô.

Após eliminação/evacuação:

10. Pegue o papel.
11. Enxugue o xixi (ou limpe o bumbum).
12. Jogue o papel no lixo.
13. Levante-se.
14. Levante (puxe) a calça (calcinha, cueca).
15. Dê a descarga.
16. Abaixe a tampa.
17. Lave as mãos.

FOLHA DE REGISTRO PARA: ☐ LINHA DE BASE DO PROGRAMA ☒ TREINO

AVD: Despir camiseta
(ATIVIDADES DE VIDA DIÁRIA)

PERÍODO: Agosto/2016

ALUNO: André

CLASSE: F EDUCADOR: Sérgio

DATA	8/8										OBSERVAÇÕES
HORA	9:00										
PASSOS / TENTATIVAS											
1. Segurar a barra da camiseta	T+										O treino está sendo realizado por
2. Levantar a camiseta	T+										encadeamento de trás para diante
3. Pegar o punho de uma manga	T+										
4. Puxar a camiseta desse braço	T+										
5. Puxar a camiseta do outro braço	T+										
6. Puxar a camiseta pela cabeça	XD+										
7. Colocar a camiseta em lugar adequado	XS+										

CÓDIGOS USADOS:
X: passo solicitado do aluno
S: sem ajuda
T: ajuda física total
D: dica física
+: resposta correta

CONCLUSÕES:

FOLHA DE REGISTRO PARA: ☐ **LINHA DE BASE DO PROGRAMA** ☒ **TREINO** **USO DO VASO SANITÁRIO**

PERÍODO: Maio/2016

ALUNO: Teo (Levantamento de Período de Revisão)

CLASSE: D EDUCADOR: Mila

DATA	15/3			16/3			17/3																					
CÓDIGOS / HORA	S M F	X E -	LAT	S M F	X E -	LAT	S M F	X E -	LAT	S M F	X E -	LAT	S M F	X E -	LAT	S M F	X E -	LAT	S M F	X E -	LAT	S M F	X E -	LAT	S M F	X E -	LAT	OBSERVAÇÕES
8:00	S			M			S																					
8:15	S			S			S																					
8:30	M			S			S																					
8:45	S			S			M																					
9:00	S			M			S																					
9:15	S			M			S																					
9:30	S			S			S																					
9:45	S			S			M																					
10:00	M			S			S																					
10:15	S			S			S																					
10:30	S			MF			M																					
10:45	S			S			S																					
11:00	S			S			S																					
11:15	MF			S			F																					
11:30	S			M			S																					
11:45	S			S			S																					
12:00	S			M			S																					
																												CONCLUSÕES: começar com
																												horário de hora em hora.

CÓDIGOS USADOS:

Casela 1	Casela 2	Casela 3
S = calça seca M = calça molhada F = calça c/fezes	X = micção E = evacuação - = não faz	LAT. = Latência de x ou E no vaso

Sumario: Dias	1	2	3	4	5	6	7	8	9	TOTAL
Nº acidentes										
Fr. micção										
Fr. evacuação										
Lat. media										

FOLHA DE REGISTRO PARA: ☐ **LINHA DE BASE DO PROGRAMA** ☒ **TREINO (manhã)** **USO DO VASO SANITÁRIO**

PERÍODO: Junho/2016

ALUNO: Teo

CLASSE: D **EDUCADOR:** Mila

DATA	2/6																											
CÓDIGOS / HORA	S M F	X E -	LAT	S M F	X E -	LAT	S M F	X E -	LAT	S M F	X E -	LAT	S M F	X E -	LAT	S M F	X E -	LAT	S M F	X E -	LAT	S M F	X E -	LAT	S M F	X E -	LAT	OBSERVAÇÕES
8:00	S	-	-																									Mila, parece que o Teo começou
8:15	S	X	2'																									bem o mês em relação a Maio!
8:30																												Observar períodos de retenção.
8:45																												M.
9:00																												
9:15	M	X	5'																									
9:30																												
9:45																												
10:00																												
10:15	S	XE	3'																									
10:30																												
10:45																												
11:00																												
11:15	S	-	-																									
11:30	S	-	-																									
11:45	M	X	1'																									
12:00																												

CÓDIGOS USADOS:

Casela 1	Casela 2	Casela 3
S = calça seca M = calça molhada F = calça c/fezes	X = micção E = evacuação - = não faz	LAT. = Latência de x ou E no vaso

Sumario: Dias	1	2	3	4	5	6	7	8	9	TOTAL
Nº acidentes	2'									
Fr. micção	4'									
Fr. evacuação	1'									
Lat. media	3'									

FOLHA DE REGISTRO PARA: ☒ **LINHA DE BASE DO PROGRAMA** ☐ **TREINO** **USO DO VASO SANITÁRIO**

PERÍODO: Maio/2016

ALUNO: Teo

CLASSE: D EDUCADOR: Mila

DATA	23/5																											
CÓDIGOS / HORA	S M F	X E -	LAT	S M F	X E -	LAT	S M F	X E -	LAT	S M F	X E -	LAT	S M F	X E -	LAT	S M F	X E -	LAT	S M F	X E -	LAT	S M F	X E -	LAT	S M F	X E -	LAT	OBSERVAÇÕES
8:00	S	-	-																									Os horários foram estabelecidos em função dos períodos de retenção observados na fase anterior.
9:00	M	-	-																									
10:00	S	X	3'																									
11:00	MF	-	-																									
12:00	M	X	5'																									
13:00	S	-	-																									
14:00	S	X	1'																									
15:00	S	-	-																									
16:00	M	-	-																									
17:00	M	XE	4'																									

CÓDIGOS USADOS:

Casela 1	Casela 2	Casela 3
S = calça seca M = calça molhada F = calça c/fezes	X = micção E = evacuação - = não faz	LAT. = Latência de x ou E no vaso

Sumario: Dias	1	2	3	4	5	6	7	8	9	TOTAL
Nº acidentes										
Fr. micção										
Fr. evacuação										
Lat. media										

E o caminho continua...

O caminho não para aqui. Novos passos deverão suceder os já percorridos. Conhecimentos adquiridos deverão firmar-se, a independência deverá ser aprimorada. Atividades pré-acadêmicas e acadêmicas, ocupacionais e recreativas, interações sociais e contato com o mundo deverão ser ampliados. Mil trilhas poderão abrir-se, sendo importante continuar a optar por aquelas que mais favorecerão cada um, na sua individualidade.

"Eu olhei para você. Você olhou para mim. Eu sorri. Você sorriu. Estabeleceu-se uma relação. E ela foi se moldando pelo que fizemos juntos, convivendo, trocando, brincando, estudando, trabalhando. Aprendemos. Crescemos".

Sugestões para leitura

Listar o material que norteou a elaboração deste Guia Curricular não é tarefa tão simples como poderia parecer. Pensou-se, inicialmente, em oferecer ao leitor uma listagem, didaticamente organizada, quanto a áreas e assuntos. Verificou-se, no entanto, que isto seria um trabalho à parte e complexo, que retardaria a publicação da segunda edição do Guia.

Optou-se, então, por apresentar, a título de Sugestões para leitura, duas listas de indicações: na primeira, foram incluídos livros que fundamentaram nossa formação básica e postura filosófica e social frente à educação; livros que serviram de apoio durante a elaboração do Manual; livros significativos para as áreas abrangidas no trabalho, publicados em português; e ainda livros de nível introdutório ou sintetizadores, para os iniciantes ou leigos que desejam "dar uma espiada" nos assuntos tratados. Na segunda lista arrolamos as revistas que foram sistematicamente consultadas e que merecem destaque pela quantidade e qualidade de trabalhos de pesquisa e aplicação divulgados. Foram também incluídas nessa lista algumas publicações brasileiras, onde artigos de interesse podem ser encontrados.

No caso dos livros traduzidos para o Português, é feita a indicação da obra na edição brasileira, mesmo quando a consulta tenha sido feita ao original, colocando-se, sempre que possível, a data e procedência da publicação original.

LIVROS

Ajuriaguerra, J. (1980). *Manuel de psychiatrie de l'enfant* (2a éd. entièrement refondue). Paris, FR: Masson.

Almeida, N. V. F., & Gil, M. S. C. A. (2009). *Contribuições para a estimulação do desenvolvimento de bebês de risco* (Coleção Apontamentos). São Carlos, SP: EdUFSCar.

Amiralian, M. L. T. M. (2001?). *Psicologia do excepcional* (4a reimpr.) (Temas Básicos de Psicologia, vol.8). São Paulo, SP: EPU.

Apter, S. J. (1982). *Troubled children/troubled systems.* New York, NY: Pergamon Press.

Ardila, R., & Restrepo, V. M. (1979). *El análisis experimental del comportamiento: la contribucion latinoamericana* (2a ed.) (Biblioteca Técnica de Psicología). México, MX: Trillas.

Aufauvre, M. R. (1987). *Aprender a brincar, aprender a viver: jogos e brinquedos para a criança deficiente: opção pedagógica e terapêutica.* São Paulo, SP: Manole.

Ayllon, T., & Azrin, N. H. (1974). *O emprego de fichas-vale em hospitais psiquiátricos: um sistema motivacional para terapia e reabilitação.* São Paulo, SP: EPU.

Ayllon, T., & McKittrick, S.M. (1998). *How to set up a token economy* (2nd ed.). Lawrence, KS: H & H Enterprises.

Azrin, N. H., & Besalel, V. A. (Eds.). (1980). *How to use overcorrection: for misbehaviors and errors.* Lawrence, KS: H & H Enterprises.

Azrin, N. H., & Besalel, V. A. (1981). *A parent's guide to bedwetting control: a step-by-step method.* New York, NY: Simon and Schuster.

Azrin, N. H., & Besalel, V. A. (Eds.). (1999). *How to use positive practice, self-correction, and overcorrection* (2nd ed.) (How to Manage Behavior Series). Austin, TX: Pro-Ed.

Bachrach, A. J. (1972). *Fundamentos experimentais da psicologia clínica.* São Paulo, SP: EPU, Herder.

Bachrach, A. J. (1978?). *Introdução à pesquisa psicológica.* São Paulo, SP: EPU.

Baer, D. M. (1999). *How to plan for generalization.* Austin, TX: Pro-Ed.

Baine, D. (c1982). *Instructional design for special education.* Englewood Cliffs, NJ: Educational Technology Publications.

Bakwin, H., & Bakwin, R. M. (1966). *Clinical management of behavior disorders in children* (3rd ed.). Philadelphia, PA: W.B. Saunders.

Baldwin, A. L. (1980). *Theories of child development* (2nd ed.). New York, NY: John Wiley & Sons Inc.

Bandura, A. (1979). *Modificação do comportamento.* Rio de Janeiro, RJ: Interamericana.

Barlow, D. H., Nock, M. K., & Hersen, M. (2009). *Single case experimental designs: strategies for studying behavior for change* (3rd ed.). Boston, MA: Pearson A & B.

Barnard, K. E., & Erickson, M. L. (1986). *Como educar crianças com problemas de desenvolvimento* (2a ed.). Porto Alegre, RS: Globo.

Bayley, N. (2006). *Bayley scales of infant and toddler development* (3rd ed.). San Antonio, TX: The Psychological Corporation.

Becker, W. C. (1971). *An empirical basis for change in education: selections on behavioral psychology for teachers.* Chicago, IL: Science Research Associates.

Becker, W. C. (1974). *Os pais são também professores: um programa que ensina a lidar com crianças.* São Paulo, SP: EPU.

Becker, W. C., Engelmann S., & Thomas, D. R. (1975). *Teaching 2: cognitive learning and instruction.* Chicago, IL: Science Research Associates.

Becker, W. C., Engelmann S., & Thomas, D. R. (1976). *Teaching 1: classroom management* (2nd rev. ed.). Palo Alto, CA: Science Research Associates.

Bee, H. L., & Boyd, D. R. (2011). *A criança em desenvolvimento.* Porto Alegre, RS: Artmed.

Begab, M. J., Richardson, S. A., National Institute of Child Health and Human Development (U.S.), & Rose F. Kennedy Center for Research in Mental Retardation and Human Development. (1975). *The mentally retarded and society: a social science perspective.* Baltimore, MD: University Park Press.

Bergès, J., & Lèzine, I. (1978). *Test d'imitation de gestes: techniques d'exploration du schéma corporel et des praxies chez l'enfant de 3 à 6 ans* (2. éd.). Paris, FR: Masson.

Bettelheim, B. (1972). *The empty fortress: infantile autism and the birth of the self.* New York, NY: Free Press.

Bijou, S. W. (1976). *Child development: the basic stage of early childhood* (The Century Psychology Series). Englewood Cliffs, NJ: Prentice Hall.

Bijou, S. W., & Baer, D. M. (1961). *Child development I: a systematic and empirical theory* (The Century Psychology Series). New York, NY: Appleton-Century-Crofts.

Bijou, S. W., & Baer, D. M. (1965). *Child development II: universal stage of infancy* (The Century Psychology Series). Englewood Cliffs, NJ: Prentice-Hall.

Bijou, S. W., & Baer, D. M. (1989). *O desenvolvimento da criança: uma análise comportamental.* São Paulo, SP: EPU.

Bijou, S. W., & Baer, D. M. (Eds.). (1967). *Child development: readings in experimental analysis.* New York, NY: Meredith Pub. Co.

Bijou, S. W., & Ribes Iñesta, E. (1973). *Modificacíon de conducta.* México, MX: Trillas.

Bizzotto, M. O. (1986). *O controle de estereotipias numa criança severamente retardada: papel da interação professor-aluno e das atividades programa das em procedimentos do tipo reforçamento diferencial de outros comportamentos* (Dissertação de Mestrado em Educação Especial). Universidade Federal de São Carlos, São Carlos, SP.

Bluma, S., Shearer, M., Frohman, A., & Hilliard, J. (1978). *Portage guide to early education.* Portage, WI: Cooperative Educational Service Agency 12.

Blurton-Jones, N. G. (1981). *Estudos etológicos do comportamento da criança.* São Paulo, SP: Pioneira.

Bobath, B. (1978). *Atividade postural reflexa anormal causada por lesões cerebrais* (2a ed.). São Paulo, SP: Manole.

Bobath, K. (1969). *A deficiência motora em pacientes com paralisia cerebral.* Petrópolis, RJ: Vozes.

Bobath, K. (2002?). *Uma base neurofisiológica para o tratamento de paralisia cerebral.* São Paulo, SP: Manole.

Bomtempo, E., Hussein, C. L., & Zamberlan, M. A. T. (Coords.). (1986). *Psicologia do brinquedo: aspectos teóricos e metodológicos* (Coleção Logos). São Paulo, SP: EdUSP: Nova Stella.

Braun, S. J., & Lasher, M. G. (1973). *Preparing teachers to work with disturbed preschoolers.* Cambridge, MA: Nimrod.

Brazelton, T. B. (1981). *Bebês e mamães.* Rio de Janeiro, RJ: Campus.

Brazelton, T. B., & Nugent, J. K. (2011). *Neonatal behavioral assessment scale* (4th ed.) (Clinics in Developmental Medicine, n. 190). London, UK: Mac Keith Press.

Bronfenbrenner, U. (1981). *The ecology of human development: experiments by nature and design.* Cambridge, MA: Harvard University Press.

Brunet, O., & Lézine, I. (1981). *Desenvolvimento psicológico da primeira infância.* Porto Alegre, RS: Artes Médicas.

Buddenhagen, R. G. (1971). *Establishing vocal verbalizations in mute mongoloid children.* Champaign, IL: Research Press Co.

Bühler, C., & Hetzer, H. (2003?). *O desenvolvimento da criança do primeiro ao sexto ano de vida: testes: aplicação e interpretação.* São Paulo, SP: EPU.

Bühler, C., Smitter, F., & Schenk-Danzinger, L. (1972). *Kindheitsprobleme und der Lehrer.* Wien: Jugend und Volk.

Camargo, S. (1986). *Quem e a criança com paralisia cerebral?: como ajudá-la?.* São Paulo, SP: Edicon.

Cardoso, E. M. (1982). *Recreação e mecânica respiratória: para classes de recuperação de deficientes da audição e da fala.* Brasília, DF: Câmara dos Deputados, Centro de Documentação e Informação, Coordenação de Publicações.

Carlson, B. W., Ginglend, D. R., & Sweet, D. K. (1962). *Play activities for the retarded child: how to help him grow and learn through music, games, handicraft, and other play activities.* London, UK: Cassell.

Carr, E. G. (1982). *How to teach sign language to developmentally disabled children.* Lawrence, KS: H & H Enterprises.

Catania, A. C. (1968). *Contemporary research in operant behavior.* [Glenview, IL]: Scott, Foresman and Co.

Catania, A. C., & Brigham, T. A. (1978). *Handbook of applied behavior analysis: social and instructional processes.* New York, NY: Irvington Publishers.

Château, J. (1987). *O jogo e a criança* (4a ed.) (Novas Buscas em Educação, vol.29). São Paulo, SP: Summus.

Chess, S., & Thomas, A. (Eds.). (1968-1975). *Annual progressin child psychiatry and child development* (8 vols.). New York, NY: Brunner/Mazel.

Children's Hospital Medical Center (Boston, Mass.), Gregg, E. M., Simont, M., & Waters, J. (1976). *Dê uma atividade a seu filho, quando ele não tiver o que fazer.* Rio de Janeiro, RJ: José Olympio.

Clarke, A. D. B., Clarke, A. M., & Institute for Research into Mental Retardation. (1973). *Mental retardation and behavioural research* (Study Group - Institute for Research into Mental Retardation, 4). Edinburgh, UK: Churchill Livingstone.

Cleland, C. C., & Swartz, J. D. (1969). *Mental retardation: approaches to institutional change.* New York, NY: Grune & Stratton.

Comley, J. (Ed.). (2013). *Behavior modification with the retarded child* (E-book). Burlington, MA: Elsevier Science.

Conference on Behavior Analysis in Education, Ramp, E., & Semb, G. (1975). *Behavior analysis, areas of research and application: [papers].* Englewood Cliffs, NJ: Prentice-Hall.

Conference on Behavioral Analysis in Education, Semb, G., Green, D. R., & University of Kansas. (1972). *Behavior analysis and education.* Lawrence, KS: University of Kansas, Support and Development Center for Follow Through, Dept. of Human Development.

Connolly, E., & Silk, D. (1976). *Bliss symbols: training-step program for non-verbal communication.* Manitoba, CA: Behavior Working Papers, Manitoba School for Retardades, Portage la Prairie.

Connolly, K. J., & Prechtl, H. F. R. (Eds.). (1993). *Maturation and development: biological and psychological perspectives* (Clinics in Developmental Medicine; Mac Keith Press, Book 77). London, UK: Mac Keith Press.

Connor, F. P., & Talbot, M. E. (1970). *An experimental curriculum for young mentally retarded children* (Special Education Series). New York, NY: Bureau of Publications, Teachers College, Columbia University.

Connor, F. P., Williamson, G. G., Siepp, J. M., & United Cerebral Palsy Associations. (1978). *Program guide for infants and toddlers with neuromotor and other developmental disabilities.* New York, NY: Teachers College Press.

Cortegoso, A. L. (1984). *Desempenho de indivíduos com deficiência mental na situação de escolha segundo o modelo* (Dissertação de Mestrado em Educação Especial). Universidade Federal de São Carlos, São Carlos, SP. Recuperado de http://www.nuteses.temp.ufu.br/tde_busca/processaPesquisa.php?pesqExecutada=2&id=2047&listaDetalhes%5B%5D=2047&processar=Processar

Craighead, W. E., Kazdin, A. E., & Mahoney, M. J. (1981). *Behavior modification: principles, issues, and applications* (2nd ed.). Boston, MA: Houghton Mifflin Co.

Crickmay, M. C., & Quiros, J. B. (1977). *Logopedia y el enfoque "Bobath" en parálisis cerebral.* Buenos Aires: Editorial Médica Panamericana.

Cross, L., & Goin, K. W. (1984). *Identifying handicapped children: a guide to casefinding, screening, diagnosis, assessment, and evaluation.* New York, NY: Walker for the Technical Assistance Development System, a division of Frank Porter Graham Child Development Center at the University of North Carolina, Chapel Hill.

Cruickshank, W. M., & Bartel, N. (1980). *Psychology of exceptional children and youth* (4th ed.). Englewood Cliffs, NJ: Prentice-Hall.

Cruickshank, W. M., & Johnson, G. O. (1988). *A educação da criança e do jovem excepcional* (3a ed.) (ISBN 85-250-0437-5 obra completa). Rio de Janeiro, RJ: Globo.

Cunha, N. H. S. (Coord.). (1981). *Material pedagógico: manual de utilização* (vol. 1) [versão digital] Recuperado de: http://www.dominiopublico.gov.br/download/texto/me002908.pdf. Rio de Janeiro, RJ: FENAME; São Paulo, SP: APAE: CENESP.

Cunha, N. H. S. (Coord.). (1981). *Material pedagógico: manual de utilização* (vol. 2) [versão digital] Recuperado de: http://www.dominiopublico.gov.

br/download/texto/me002909.pdf. Rio de Janeiro, RJ: FENAME; São Paulo, SP: APAE: CENESP.

Cunha, N. H. S., & Castro, I. M. C. (1981). *Sistema de estimulação pré-escolar: SIDEPE* (2a ed. rev.). São Paulo, SP: Cortez.

D'Oliveira, M. M. H. (2001?). *Ciência e pesquisa em psicologia: uma introdução* (3a reimpr.) (Temas Básicos de Psicologia, vol.3). São Paulo, SP: EPU.

Danna, M. F., & Matos, M. A. (2015). *Aprendendo a observar* (3a ed.). São Paulo, SP: Edicon.

Deibert, A. N., & Harmon, A. J. (1977). *New tools for changing behavior.* Champaign, IL: Research Press Co.

Delacato, C. H. (1984). *The ultimate stranger: the autistic child: [a revolutionary approach].* Novato, CA: Arena Pr.

Dunn, L. M. (1971). *Crianças excepcionais: seus problemas, sua educação* (2 vols.). Rio de Janeiro, RJ: Ao Livro Técnico.

Engelmann, S. (1997). *Preventing failure in the primary grades.* Eugene, OR: Association for Direct Instruction.

Esveldt-Dawson, K. (1982). *How to use self-control.* Lawrence, KS: H & H Enterprises.

Esveldt-Dawson, K., & Kazdin, A. E. (1998). *How to maintain behavior* (How to Manage Behavior Series). Austin, TX: PRO-ED.

Faber, A., & Mazlish, E. (2004). *Liberated parents, liberated children: your guide to a happier family.* New York, NY: Harper.

Faber, A., Mazlish, E., & Bennett, S. (2013). *How to talk so kids will listen and listen so kids will talk.* New York, NY: Sound Ideas.

Fagundes, A. J. F. M. (2015). *Descrição, definição e registro de comportamento* (17a ed. rev. e ampl.). São Paulo, SP: Edicon.

Favell, J. E., Greene, J. W., Luce, S. C., & Christian, W. P. (1981). *How to treat self-injurious behavior.* Lawrence, KS: H & H Enterprises.

Faw, T. (1981). *Psicologia do desenvolvimento: infância e adolescência.* São Paulo, SP: McGraw-Hill.

Fernández Pardo, G., & Natalicio, L. F. S. (1977). *La ciencia de la conducta.* México, MX: Trillas.

Ferster, C. B., & Culbertson, S. (1982). *Behavior principles* (3rd ed.). Englewood Cliffs, NJ: Prentice-Hall.

Ferster, C. B., Culbertson, S., & Boren, M. C. P. (1982). *Princípios do comportamento.* São Paulo, SP: Hucitec: Global.

Field, T. M. (Ed.). (1980). *High-risk infants and children: adult and peer interactions* (Developmental Psychology Series). New York, NY: Academic Press.

Finnie, N. R., Barvin, J., Bax, M., Browne, M., Gardner, M., Mueller, H. A., & Thornton, D. (2000). *O manuseio em casa da criança com paralisia cerebral* (19a ed.). Barueri, SP: Manole.

Foxx, R. M., & Azrin, N. H. (1977). *Toilet training the retarded: a rapid program for day and nigttime independent toileting* (5th ed.). Champaign, IL: Research Press.

Franks, C. M., & Wilson, G. T. (1973). *Annual review of behavior therapy: theory and practice, 1973.* New York, NY: Brunner/Mazel.

Franks, C. M., & Wilson, G. T. (1974). *Annual review of behavior therapy: theory and practice, 1974.* New York, NY: Brunner/Mazel.

Franks, C. M., & Wilson, G. T. (1975). *Annual review of behavior therapy: theory and practice, 1975.* New York, NY: Brunner-Mazel.

Fredericks, H. D. B., & Brodsky, G. (1973). *Isn't it time he outgrew this? Or, A training program for parents of retarded children.* Springfield, IL: Charles C Thomas Pub Ltd.

Fredericks, H. D. B., & Teaching Research Infant and Child Center. (1980). *The teaching research curriculum for moderately and severely handicapped: self-help and cognitive.* Springfield, IL: Charles Thomas Publisher.

Fundo das Nações Unidas para a Infância (Brasil). (1980). *A deficiência infantil: sua prevenção e reabilitação: relatório da Reabilitação Internacional à Junta Executiva do UNICEF.* Brasília, DF: UNICEF.

Gardner, W. I. (2006). *Behavior modification in mental retardation: the education and rehabilitation of the mentally retarded adolescent and adult.* New Brunswick, NJ: Aldine Transaction.

Garwood, S. G. (1983). *Educating young handicapped children: a development approach* (2nd ed.). Rockville, MD: Aspen Systems Corp.

Gauderer, E. C. (1987). *Autismo, década de 80: uma atualização para os que atuam na área: do especialista aos pais.* São Paulo, SP: Almed.

Gesell, A. (1929). *Infancy and human growth.* New York, NY: The Macmillan Co.

Gesell, A. (1992). *A criança dos 0 aos 5 anos* (3a ed.) (Psicologia e Pedagogia. Nova Série). São Paulo, SP: Martins Fontes.

Gesell, A., Amatruda, C. S., Knobloch, H., & Pasamanick, B. (1975). *Gesell and Amatruda's developmental diagnosis: the evaluation and management of normal and abnormal neuropsychologic development in infancy and early childhood* (3rd ed., rev.). Hagerstown, MD: Medical Dept., Harper & Row.

Gesell, A., Thompson, H., & Amatruda, C. S. (1976). *Infant behavior: its genesis and growth.* Westport, CT: Greenwood Press.

Gil, M. S. C. A., & Almeida, N. V. F. (2001). *Brincando na creche.* São Carlos, SP: EdUFSCar.

Gil, M. S. C. A., & Almeida, N. V. F. (2005). *Estudos avançados do desenvolvimento infantil* (Coleção Apontamentos). São Carlos, SP: EdUFSCar.

Ginott, H. G. (1973). *O professor e a criança: um livro para pais e educadores.* Rio de Janeiro, RJ: Bloch.

Ginott, H. G. (1975). *Pais e jovens* (2a ed.). Rio de Janeiro, RJ: Bloch.

Ginott, H. G. (1989). *Pais e filhos: novas soluções para velhos problemas* (9a ed.). Rio de Janeiro, RJ: Bloch.

Ginsburg, H., & Opper, S. (1988). *Piaget's theory of intellectual development: an introduction* (3rd ed.) (The Prentice-Hall Series in Developmental Psychology). Englewood Cliffs, NJ: Prentice-Hall.

Gomes, C. G. S. (2015). *Ensino de leitura para pessoas com autismo.* Curitiba, PR: Aprris.

Gomes, C. G. S., & Silveira, A. D. (2016). *Ensino de habilidades básicas para pessoas com autismo* (Manual para Intervenção Comportamental Intensiva). Curitiba, PR: Aprris.

Goodman, R. M., & Gorlin, R. J. (1986). *The malformed infant and child: an illustrated guide.* New York, NY: Oxford University Press.

Green, W. A., City University of New York, & New York Regional Resource Center (RCC #10). (1970). *Basic skills and activities compendium: Instructional objectives and matching activities for working with severely and profoundly mentally retarded children.* New York, NY: Graduate School and University Center of the City University of New York, Center for Advanced Study in Education, Teaching Resource Center.

Grünspun, H. (1988). *Distúrbios psicossomáticos da criança: o corpo que chora* (Série Pediatria, Neonatologia). Rio de Janeiro, RJ: Atheneu.

Grünspun, H. (1992). *Distúrbios psiquiátricos da criança* (3a ed.). Rio de Janeiro, RJ: Atheneu.

Grünspun, H. (2003). *Distúrbios neuróticos da criança: psicopatologia e psicodinâmica* (5a ed.). Rio de Janeiro, RJ: Atheneu.

Guerney, B. G. (1974). *Psychotherapeutic agents: new roles for nonprofessionals, parents, and teachers.* New York, NY: Holt, Rinehart & Winston.

Guess, D., Sailor, W., & Baer, D. M. (1976a). *Functional speech and language training for the severely handicapped: persons and things: steps 1-9.* Lawrence, KS: H & E Enterprises.

Guess, D., Sailor, W., & Baer, D. M. (1976b). *Functional speech and language training for the severely handicapped: actions with persons and things: steps 10-29.* Lawrence, KS: H & E Enterprises.

Hall, R. V. (1973). *Modificação de comportamento: princípios básicos* (Manipulação de Comportamento, vol. 2). São Paulo, SP: EPU: EdUSP.

Hall, R. V. (1974). *Modificação de comportamento: aplicações na escola e no lar* (Manipulação de Comportamento, vol. 3). São Paulo, SP: EPU: EdUSP.

Hall, R. V. (1975). *Modificação de comportamento: a mensuração do comportamento* (Manipulação de Comportamento, vol. 1). São Paulo, SP: EPU: EdUSP.

Hall, R. V., & Hall, M. C. (1998a). *How to negotiate a behavioral contract* (2nd ed.) (How to Manage Behavior Series). Austin, TX: Pro-ED.

Hall, R. V., & Hall, M. C. (1998b). *How to use planned ignoring (extinction)* (2nd ed.) (How to Manage Behavior Series). Austin, TX: Pro-Ed.

Hall, R. V., & Hall, M. C. (1998c). *How to use systematic attention and approval* (2nd ed.) (How to Manage Behavior Series). Austin, TX: Pro-ED.

Hall, R. V., & Hall, M. L. (1998d). *How to use time out* (2nd ed.) (How to Manage Behavior Series). Austin, TX: Pro-Ed.

Hallahan, D. P., & Kauffman, J. M. (1994). *Exceptional children: introduction to special education* (6th ed.). Boston, MA: Allyn and Bacon.

Halliday, C. (1975). *Crescimento aprendizagem e desenvolvimento da criança visualmente incapacitada do nascimento à idade escolar.* São Paulo, SP: Fundação para o Livro do Cego no Brasil.

Hanson, M. J. (1987). *Teaching your Down's syndrome infant: a guide for parents.* Baltimore, MD: University Park Press.

Haring, N. G., & Brown, L. J. (1977). *Teaching the severely handicapped* (vol. 1). New York, NY: Grune & Stratton.

Haring, N. G., & Schiefelbusch, R. L. (Eds.). (1976). *Teaching special children* (McGraw-Hill Series in Special Education). New York, NY: McGraw-Hill.

Hart, B., & Risley, T. R. (1982). *How to use incidental language teaching for elaborating language.* Austin, TX: PRO-ED.

Haynes, S. N., & O'Brien, W. H. (2012). *Principles and practice of behavioral assessment* (Applied Clinical Psychology). New York, NY: Springer-Verlag.

Herren, H., & Herren, M. P. (1986). *Estimulação psicomotora precoce.* Porto Alegre, RS: Artes Médicas.

Hobbs, N., & Project on Classification of Exceptional Children. (1981). *The futures of children* (Jossey-Bass Behavioral Science Series). San Francisco, CA: Jossey-Bass Publishers.

Hoffman, L. M. W., Hoffman, M. L., & Society for Research in Child Development. (2015). *Review of child development research* (2 vols.) (Publications of Russell Sage Foundation). Baltimore, MD: Project Muse, New York, NY: Russell Sage Foundation.

Holland, J. G. (1976). *The analysis of behavior in planning instruction.* Reading, MA: Addison-Wesley.

Holland, J. G., Skinner, B. F., Azzi, R., & Bori, C. M. (2004). *A análise do comportamento.* São Paulo, SP: EPU.

Homme, L. (1971). *Técnicas operantes na sala de aula: o ensino programado pelo sistema contratual* (Terapia Comportamental, vol. 2). Brasília, DF: Coordenada.

Honig, W. K. (1973). *Operant behavior: areas of research and application* (The Century Psychology Series). Englewood Cliffs, NJ: [s.n.].

Horowitz, F. D. (2014). *Exploring developmental theories: toward a structural / behavioral model of development* (E-book). New York, NY: Psychology Press.

Hunt, N. (1967). *The world of Nigel Hunt: the diary of a mongoloid youth.* New York, NY: Garrett Publications.

Hunter, M. (1989). *Teoria do reforço para professores: um livro programado* (Teoria em Prática, 2). Petrópolis, RJ: Vozes.

Hurlock, E. B. (1968). *Developmental psychology* (3rd ed.). New York, NY: McGraw-Hill.

Hutt, S. J., & Hutt, C. (1974). *Observação direta e medida do comportamento.* São Paulo, SP: EPU.

Ilg, F. L., & Ames, L. B. (1995). *Child behavior.* New York, NY: Dell.

Institute for Research in Clinical Psychology, Neuringer, C., & Michael, J. L. (1970). *Behavior modification in clinical psychology.* New York, NY: Appleton-Century-Crofts.

Izard, C. E. (1978). *Human emotions* (Emotions, Personality, and Psychotherapy). New York, NY: Plenum Press.

Jackson, S. E., & Taylor, G. R. (1973). *School organization for the mentally retarded: basic guides* (2nd ed.). Springfield, IL: Charles C. Thomas.

Jehu, D., Hardiker, P., Yelloly, M., & Shaw, M. (1977). *Behaviour [Behavior] modification in social work.* London, UK: Wiley-Interscience.

Johnson, D. J., & Myklebust, H. R. (1987). *Distúrbios de aprendizagem: princípios e práticas educacionais.* São Paulo, SP: Pioneira.

Johnson, G. O., Cruickshank,W. M., Costallat, D. M., Barnard, K. E., & Erikson, M. L. (1982). *Educação de excepcionais* (3 vols.). Porto Alegre, RS: Globo.

Johnson, G. O., Lavely, C. D., & New York State Interdepartmental Health and Hospital Council. (1966). *Guidelines for the establishment of training programs for severely mentally retarded children.* Albany, NY: New York (State) Interdepartmental Health and Hospital Council.

Johnson, V. M., & Werner, R. A. (1981). *A step-by-step learning guide for retarded infants and children.* Syracuse, NY: University Press.

Johnson, V. M., & Werner, R. A. (1994). *Um guia de aprendizagem progressiva para crianças retardadas.* São Paulo, SP: Manole.

Jordan, T. E. (1965). *The exceptional child.* Columbus, OH: Merrill.

Kanfer, F. H., & Phillips, J. S. (1974a). *Os princípios da aprendizagem na terapia comportamental: abordagem comportamental e paradigmas de aprendizagem* (vol. 1). São Paulo, SP: EPU.

Kanfer, F. H., & Phillips, J. S. (1974b). *Os princípios da aprendizagem na terapia comportamental: paradigmas de modificação de comportamento* (vol. 2). São Paulo, SP: EPU.

Kanfer, F. H., & Phillips, J. S. (1974c). *Os princípios da aprendizagem na terapia comportamental: aplicações clínicas* (vol. 3). São Paulo, SP: EPU.

Kanner, L. (1972). *Child psychiatry* (4th ed.). Springfield, IL: C. C. Thomas.

Kaprowy, E. A. (1975). *Primary reinforcement, a token system and attention criteria and feedback procedures with profound retardates in a verbal training classroom* (Thesis - Ph. D.). [S.l.]: University of Manitoba.

Kates, B., & McNaughton, S. (1975). *The first application of Blissymbolics as a communication medium for non-speaking children: history and development, 1971-1974.* Toronto, ON: Blissymbolic Communication Foundation.

Kazdin, A. E. (1980). *Behavior modification in applied settings.* Homewood, IL: Dorsey Pr.

Kazdin, A. E. (1987?). *Modificação do comportamento* (Instrução Programada BIP). São Paulo, SP: Brasiliense.

Keller, F. S. (1974). *A definição de psicologia.* São Paulo, SP: EPU.

Keller, F. S. (1983). *Aprendendo a ensinar: memórias de um professor universitário.* São Paulo, SP: Edicon.

Keller, F. S. (1987). *Aprendizagem: teoria do reforço* (Coleção Ciências do Comportamento). São Paulo: EPU.

Keller, F. S., & Schoenfeld, W. N. (1973). *Princípios de psicologia: um texto sistemático na ciência do comportamento.* São Paulo, SP: EPU.

Keller, F. S., & Sherman, J. G. (1974). *Psi: the Keller plan handbook essays on a personalized system of instruction.* Menlo Park, CA: W. A. Benjamin.

Kent, L. R. (1974). *Language acquisition program for the severely retarded.* Champaign, IL: Research Press.

Kerbauy, R. R. (Org.). (1983). *Fred Simmons Keller: psicologia* (Grandes Cientistas Sociais, n. 41). São Paulo, SP: Ática.

Kirk, S. A., & Gallagher, J. J. **(1991).** *Educação da criança excepcional* (2a ed.). São Paulo, SP: Martins Fontes.

Koegel, R. L. (1982). *How to integrate autistic and other severely handicapped children into a classroom.* Lawrence, KS: H & H Enterprises.

Koegel, R. L., Schreibman, L. E., Luce, S. C., & Christian, W. P. (1982). *How to teach autistic and other severely handicapped* children (Teaching the Autistic Series, n. 1033). Austin, TX: Pro-Ed.

Konstantareas, M. M., Balckstock, E. G., & Webster, C. D. (1981). *Initiation à l'autisme.* Montréal, QC: Société Québécoise pour les Enfants Autistiques.

Koontz, C. W. (1980). *Koontz child developmental program: training activities for the first 48 months* (5th print.). Los Angeles, LA: Western Psychological Services.

Kozloff, M. A. (1974). *Educating children with learning and behavior problems.* New York, NY: John Wiley & Sons.

Kozloff, M. A. (c1998). *Reaching the autistic child: a parent training program* (2nd ed.). Cambridge, MA: Brookline Books.

Krasner, L., & Ullmann, L. P. (Orgs.). (1972). *Pesquisas sobre modificação de comportamento.* São Paulo, SP: Herder.

Krinsky, S. (Org.). (1969). *Deficiência mental.* Rio de Janeiro, RJ: Atheneu.

Krinsky, S. (Org.). (1983). *Novos rumos da deficiência mental.* São Paulo: Sarvier.

Krumboltz, J. D., & Krumboltz, H. B. (1977). *Modificação do comportamento infantil.* São Paulo, SP: EPU.

La Barba, R. C. (2013). *Foundations of developmental Psychology* (E-book). [S.l.]: Elsevier Science.

Lahey, B. B. (1973). *The modification of language behavior.* Springfield, IL: Thomas.

Lambert M. J. (Ed.). (2013). *Bergin and Garfield's handbook of psychotherapy and behavior change* (6th ed.). Hoboken, NJ: John Wiley & Sons.

Leach, P. (2011). *Your baby and child: from birth to age five.* New York, NY: Alfred A. Knopf.

Lebovici, S., Diatkine, R., & Marco, L. (1988). *Significado e função do brinquedo na criança* (3a ed.). Porto Alegre, RS: Artes Médicas.

Lefèvre, A. B., & Lefèvre, B. H. (1983). *Disfunção cerebral mínima: estudo multidisciplinar* (2a ed.) (Monografias Médicas. Pediatria, vol.6). São Paulo, SP: Sarvier.

Levitt, S. (2013). *Treatment of cerebral palsy and motor delay* (E-book). New York, NY: John Wiley & Sons.

Lévy, J. (1985). *O despertar para o mundo: os três primeiros anos da vida.* São Paulo, SP: Martins Fontes.

Lévy, J., Lelong, M., & Abreu, E. S. (2001). *O despertar do bebê: práticas de educação psicomotora.* São Paulo, SP: Martins Fontes.

Lewis, M., & Rosenblum, L. A. (1981). *The uncommon child* (Genesis of Behavior, vol. 3). New York, NY: Plenum Press.

Lewis, M., Rosenblum, L. A., & Educational Testing Service. (1974). *The effect of the infant on its caregiver* (Origins of Behavior, vol. 1). New York, NY: John Wiley & Sons.

Linden, M. (1980). *Psicofarmacologia para psicólogos.* São Paulo, SP: EPU.

Ling, D. (2002). *Speech and the hearing-impaired child: theory and practice* (2nd ed.). Washington, DC: Alexander Graham Bell Association for the Deaf and Hard of Hearing.

Lipsitt, L. P. (1980). *Psicologia do desenvolvimento da criança.* Rio de Janeiro, RJ: Interamericana.

Lovaas, O. I. (1974). *Perspectives in behavior modification with deviant children* (Prentice-Hall Series in Developmental Psychology). Englewood Cliffs, NJ: Prentice-Hall.

Lovaas, O. I. (1980). *The autistic child: language development through behavior modification.* New York, NY: Irvington.

Lovaas, O. I., Leaf, R. B., Aller, R., Osterhout, M., Lovaas, O. I., Lovaas, O. I., Lovaas, O. I., ... Behavior Therapy and Learning Center. (1981). *Teaching developmentally disabled children: the ME Book.* Baltimore, MD: University Park Press.

Lovitt, T. C. (1977). *In spite of my resistance: I've learned from children.* Columbus, OH: Charles E. Merrill.

Lovitt, T. C. (1982). *Because of my persistence, I've learned from children.* Columbus, OH: Charles E. Merrill Publishing Co.

Luce, S. C., & Christian, W. P. (1981). *How to reduce autistic and severely maladaptive behaviors* (Teaching the Autistic Series, n. 1032). Austin, TX: PRO-ED.

Luria, A. R., & Yudovich, F. I. (1987). *Linguagem e desenvolvimento intelectual na criança. Porto* Alegre, RS: Artes Médicas.

Maciel, M. M., & Garcia Filho, A. P. (2012). *Brincanto: autismo tamanho família.* São Paulo: Scortecci.

Mackey-Jamieson, S. E., MacIsaac, H. M., Gattrell, J. E., & British Columbia. (1978). *The totals project: a play-oriented approach for teaching children from 0-6.* Victoria, BC: Ministry of Human Resources.

MacLean, J. E. (1978). *Language intervention with the retarded: developing strategies.* Baltimore, MD: University Park Press.

Mager, R. F. (1981). *Medindo os objetivos de ensino: ou conseguiu um par adequado?* (2a ed.). Porto Alegre, RS: Globo.

Mager, R. F. (1983). *Análise de objetivos* (2a ed.). Rio de Janeiro, RJ: Globo.

Mager, R. F. (1987). *A formulação de objetivos de ensino* (7a ed.). Rio de Janeiro, RJ: Globo.

Malott, R. W. (2011). *Contingency management in education and other equally exciting places* (Behavior Komics Presents, 1). Kalamazoo, MI: Behaviordilia.

Martin, G., & Pear, J. (2016). *Behavior modification: what it is and how to do it* (10th ed.). London, UK: Routledge, Taylor & Francis Group.

Mash, E. J., Hamerlynck, L. A., Handy, L. C., & Banff International Conference on Behavior Modification. (1976). *Behavior modification and families.* New York, NY: Brunner/Mazel.

Mattar, C. D. (1979). *O ensino de respostas gestuais simbólicas para crianças severamente retardadas* (Dissertação de Mestrado). Instituto de Psicologia, Universidade de São Paulo, São Paulo, SP.

Maurice, C. (1998). *Let me hear your voice: a family's triumph over autism.* London: Robert Hale. (Edição original 1993).

Mayer, M. F., & Child Welfare League of America. (1987). *A guide for childcare workers.* New York, NY: Child Welfare League of America.

Mayer, M. F., Richman, L. H., & Balcerzak, E. A. (1978). *Group care of children: crossroads and transitions: a new look at residential group care for dependent, neglected and emotionally disturbed children in North America* (2nd ed.). New York, NY: Child Welfare League of America.

Mayo-Ortega, L., & LeBlanc, J. M. (1990). *Un programa de entrenamiento de familias para apoyar a las personas con retardo severo durante toda la vida.* Documento presenteado en la Sociedad Japonesa de Programas Portage. Tokyo, TO.

Mayo-Ortega, L., & LeBlanc, J. M. (1992). *Avances en el entrenamiento de padres de niños con autismo y con retardo mental.* Lawrence, KS: Centro CASP: Universidad de Kansas.

Mayrink, J. M. (1986). *Anjos de barro: histórias de pais e filhos especiais.* São Paulo, SP: EMW Editores.

Mazzotta, M. J. S. (1982). *Fundamentos de educação especial* (Biblioteca Pioneira de Ciências sociais. Educação. Série Cadernos de Educação). São Paulo, SP: Pioneira.

McGuigan, F. J. F. J. (1976). *Psicologia experimental: uma abordagem metodológica* (Conceitos Básicos de Psicologia). São Paulo, SP: EPU.

McReynolds, L. V. (1974). *Developing systematic procedures for training children's language* (American Speech and Hearing Association; ASHA Monographs). Washington, DC: American Speech and Hearing Association.

Mejias, N. P. (1976). *Modificação de comportamento em situação escolar* (2a ed.) São Paulo, SP: EdUSP.

Menyuk, P. (1975). *Aquisição e desenvolvimento da linguagem.* São Paulo, SP: Pioneira.

Meyer, S. B. (1988). *Auto-agressão: estudo descritivo de relações funcionais* (Tese de Doutorado em Psicologia Experimental). Instituto de Psicologia, Universidade de São Paulo, São Paulo, SP.

Meyers, C. E. (1978). *Quality of life in severely and profoundly mentally retarded people: research foundations for improvement* (Monographs of the American Association on Mental Deficiency, n. 3). Washington, DC: American Association on Mental Deficiency.

Millenson, J. R. (1975). *Princípios de análise do comportamento.* Brasília, DF: Coordenada.

Ministry of Community and Social Services. (1986). *Standards for the use of behavioral and treatment procedures in settings for the developmentally handicapped.* Toronto, ON: Ministry of Community and Social Services.

Mises, R. (1977). *A criança deficiente mental: uma abordagem dinâmica.* Rio de Janeiro, RJ: Zahar.

Mithaug, D. E. (1981). *How to teach prevocational skills to severely handicapped persons.* Lawrence, KS, H & H Enterprises.

Mittler, P. (1973). *Assessment for learning in the mentally handicapped.* Edinburgh, UK: Churchill Liviongstone.

Mizukami, M. G. N. (1986). *Ensino: as abordagens do processo* (Temas Básicos de Educação e Ensino). São Paulo, SP: EPU.

Mongrain, M. A., & Stoppard, J. M. (1978). *Curriculum guides for use with the mentally retarded and annotated bibliography.* British Columbia, BC: Ministry of Human Resources.

Moore, C. J. *Changing behavior* (1985). Toronto, ON: Ministry of Community and Social Services, 1985.

Moores, D. F. (2007). *Educating the deaf: psychology, principles, and practices.* Boston, MA: Houghton Mifflin Harcourt.

Morais, S. D. (1980). *Guia curricular para deficientes mentais educáveis, treináveis e semi-dependentes.* São Paulo, SP: Almed.

Müller, K., & Toledo, C. A. (1977). *Psicologia aplicada à educação.* São Paulo, SP: EPU; Porto Alegre, RS: Universidade Federal do Rio Grande do Sul.

Mussen, P. H. (Org.). (1975-1978). *Carmichael: manual de psicologia da criança* (10 vols.). São Paulo, SP: EPU/EdUSP.

Mussen, P. H., Conger, J. J., Kogan, J., & Huston, A. C. (2001.). *Desenvolvimento e personalidade da criança.* São Paulo, SP: Harbra.

Neri, A. L. (Org.). (1987). *Modificação do comportamento infantil: estudos de caso em treino de toalete, encoprese e autismo.* Campinas, SP: Papirus.

Nevin, J. A., & In Reynolds, G. S. (1973). *The study of behavior: learning, motivation, emotion, and instinct.* Glenview, IL: Scott, Foresman & Co.

Not, L. (1983). *Educação dos deficientes mentais: elementos para uma psicopedagogia* (2a ed.). Rio de Janeiro, RJ: Francisco Alves.

Oaklander, V. (1980). *Descobrindo crianças: a abordagem gestáltica com crianças e adolescentes* (17a ed.) (Coleção Novas Buscas em Psicoterapia). São Paulo, SP: Summus.

Ohlson, E. L. (1979). *Identification of specific learning disabilities.* Champaign, IL: Research Press Company.

Pacheco, A., & Nucci, S. (1979). *Terapia comportamental: conceitos e definições.* São Paulo, SP: EPU.

Panyan, M. C. (1974). *Modificação do comportamento: novos modos de ensinar novas habilidades* (Coleção Manipulação de Comportamento, vol. 4). São Paulo, SP: EPU.

Panyan, M. V., & Azrin, N. H. (1980). *How to use shaping* (How to, [5]). Lawrence, KS: H & H Enterprises.

Papalia, D. E., & Olds, S. W. (1981). *O mundo da criança: da infância a adolescência.* São Paulo, SP: McGraw-Hill.

Patterson, G. R., & Gullion, M.E. (1979). *Convivendo com as crianças: novos métodos para pais e professores.* Brasília, DF: Coordenada.

Pérez-Ramos, A. M. Q. (1978). *Estimulação precoce: informações básicas aos pais e aos profissionais.* Rio de Janeiro, RJ: CENESP/OEA.

Pérez-Ramos, A. M. Q. (1982). *Diagnóstico psicológico: implicações psicossociais na área do retardo mental* (Coleção Educação Contemporânea). São Paulo, SP: Cortez.

Pessotti, I. (1984). *Deficiência mental: da superstição à ciência* (Biblioteca de Psicologia e Psicanálise, vol. 4). São Paulo, SP: T. A. Queiroz.

Pessotti, R. C. (1982). *Uma análise crítica de avaliações psicológicas do deficiente mental: proposição de um roteiro de avaliação de habilidades de auto-cuidados a partir de critérios de execução* (Dissertação de Mestrado). Centro de Educação e Ciências Humanas, Universidade Federal de São Carlos, São Carlos, SP.

Piaget, J. (1974). *Biology and knowlegde: an essay on the relations between organic regulations and cognitive processes.* Chicago, IL: University of Chicago Press.

Piaget, J. (1978). *Fazer e* compreender (Biblioteca de Educação). São Paulo, SP: Melhoramentos.

Piaget, J. (1987). *O nascimento da inteligência na criança* (4a ed.) (Biblioteca de Ciências da Educação). Rio de Janeiro, RJ: Guanabara.

Piaget, J. (1999). *A linguagem e o pensamento da criança* (7a ed.) (Psicologia e Pedagogia). Rio de Janeiro, RJ: Martins Fontes.

Piaget, J., Inhelder, B., & Cajado, O. M. (2006). *A psicologia da criança* (2a ed.) (Saber Atual). São Paulo, SP: Difel.

Picq, L. (1988). *Educação psicomotora e retardo mental: aplicação aos diferentes tipos de inadaptação* (4a ed.). São Paulo, SP: Manole.

Popham, W. J., & Baker, E. L. (1978). *Como planejar a sequência de ensino* (2a ed.). Porto Alegre, RS: Globo.

Popham, W. J., & Baker, E. L. (1982). *Como estabelecer metas de ensino* (3a ed.). Porto Alegre, RS: Globo.

Popham, W. J., & Baker, E. L. (1989). *Como ampliar as dimensões dos objetivos de ensino.* Porto Alegre, RS: Globo.

Popovich, D. (1981). *A prescriptive behavioral checklist for the severely and profoundly retarded.* Baltimore, MD: University Park Press.

Proença, I. F. (1981). *Posso ajudar você?: minha experiência com meu filho excepcional.* São Paulo, SP: T. A. Queiroz.

Rappaport, C. R., Davis, C., & Fiori, W. R. (1981). *Psicologia do desenvolvimento* (4 vols.). São Paulo, SP: EPU.

Reese, E. P. (1978). *Análise do comportamento humano* (4a ed.) (Coleção Psicologia Contemporânea). Rio de Janeiro, RJ: José Olympio.

Reese, H. W., & Lipsitt, L. P. (1973). *Experimental child psychology.* New York, NY: Academic Press. Parte inferior do formulário

Reynolds, G. S. (1976). *A primer of operant conditioning.* Glenview, IL: Scott, Foresman.

Ribes, I. E. (2004). *Técnicas de modificación de conducta: su aplicación al retardo en el desarrollo* (2a ed.) (Biblioteca Técnica de Psicología). México, MX: Trillas.

Rimland, B., Edelson, S. M., & Rimland, B. (2015). *Infantile autism: the syndrome and its implications for a neural theory of behavior by Bernard Rimland, Ph. D.* (50th anniversary updated ed.). London, UK; Philadelphia, PA: Jessica Kingsley Publishers.

Rincover, A. (1981). *How to use sensory extinction: a nonaversive treatment for self-stimulation and other behavior problems.* Lawrence, KS: H & H Enterprises.

Romanczyk, R. G., & Lockshin, S. (1981). *How to create a curriculum for autistic and other handicapped children.* Lawrence, KS: H & H Enterprises.

Ross, A. O. (1979). *Distúrbios psicológicos na infância: uma abordagem comportamental à teoria, pesquisa e terapêutica.* São Paulo, SP: McGraw-Hill do Brasil.

Rossito, A. L. (1984). *Estudo comparativo entre o Inventário Portage e a Escala AVD: implicações para a programação de atividades pré-escolares de crianças excepcionais* (Dissertação de Mestrado em Educação Especial). Universidade Federal de São Carlos, São Carlos, SP.

Saldanha, L. E. (1979). *Tarefas individuais programadas: uma tecnologia de ensino com vistas à individualização.* Porto Alegre, RS: Globo.

Schiefelbusch, R. L. (1981). *Language intervention strategies* (Language Intervention Series, 2). Baltimore, MD: University Park Press.

Schiefelbusch, R. L., & Lloyd, L. L. (1988). *Language perspectives: acquisition, retardation, and intervention* (2nd ed.). Austin, TX: PRO-ED.

Schiefelbusch, R. L., National Institute of Child Health and Human Development., & University of Kansas Bureau of Child Research. (1977). *Language of the mentally retarded* (NICHID-Mental Retardation Research Centers Series). Baltimore, MD: University Park Press.

Schroeder, S. R. (1993). Etapas y transiciones a través del período de vida para las personas con problemas en el desarollo: perspectivas norteamericanas y latinoamericanas. In Tercer Simposium Internacional del Centro Ann Sullivan. Lima, PE.

Shakespeare, R. (1977). *Psicologia do deficiente* (Curso Básico de Psicologia: Psicologia, Sociedade e Mudança, 2). Rio de Janeiro, RJ: Zahar.

Sidman, M. (1976). *Táticas da pesquisa científica: avaliação dos dados experimentais na psicologia.* São Paulo, SP: Brasiliense.

Silverman, F. H. (1995). *Communication for the speechless* (3rd ed.). Boston, MA: Allyn and Bacon.

Skau, L. B. B., & Skau, R. (1985). *Deficiência mental: sonho e realidade.* São Paulo, SP: Edicon.

Skinner, B. F. (1975). *Tecnologia do ensino.* São Paulo: EPU.

Skinner, B. F. (1978). *O comportamento verbal.* São Paulo: Cultrix.

Skinner, B. F. (2006). *Sobre o behaviorismo* (10a ed.). São Paulo, SP: Cultrix.

Skinner, B. F., Todorov, J. C., & Azzi, R. (2003). *Ciência e comportamento humano* (11a ed.). São Paulo, SP: Martins Fontes.

Sloane, H. N., & MacAulay, B. D. (1982). *Operant procedures in remedial speech and language training.* Washington, DC: University Press of America.

Smith, D. W. (1985). *Síndromes de malformações congênitas: aspectos genéticos, embriológicos e clínicos* (3a ed.). São Paulo, SP: Manole.

Smith, D. W., & Wilson, A. A. (1973). *The child with Down's syndrome (mongolism): causes, characteristics and acceptance: for parents, physicians and persons concerned with his education and care.* Philadelphia, PA: W.B. Sauders Company.

Smith, J. M., & Smith, D. E. P. (1979). *Child management: a program for parents and teachers.* Champaign, IL: Research Press Co.

Speller, P. (1978). *Análisis de la conducta: trabajos de investigación en Latinoamérica.* México, MX: Trillas.

Spinelli, M. (1983). *Foniatria: introdução aos distúrbios da comunicação, audição, linguagem* (2a ed. rev.). São Paulo, SP: Moraes.

Staats, A. W. (1973). *Comportamento humano complexo: uma extensão sistemática dos princípios de aprendizagem.* São Paulo, SP: EPU/EdUSP.

Staats, A. W. (1977). *Child learning, intelligence, and personality: principles of a behavioral interaction approach* (Behavioral Psychology Series, vol. 2). Kalamazoo, MI: Behaviordelia.

Stant, M. A. (1988). *A criança de dois a cinco anos: atividades e materiais* (3a ed.). Rio de Janeiro, RJ: Francisco Alves.

Stolz, S. B., & American Psychological Association. Commission on Behavior Modification. (1978). *Ethical issues in behavior modification.* San Francisco, CA: Jossey-Bass Publishers.

Strauss, A. A., Kephart, N. C., & Lehtinen, L. E. (1989). *Psychopathology and education of the brain-injured child* (The Pro-Ed Classics Series). Austin, TX: Pro-Ed.

Striefel, S. (1975). *Como ensinar uma criança a imitar manual para o desenvolvimento de habilidades motoras em crianças retardadas* (Manipulação de Comportamento, 6). São Paulo, SP: EPU.

Striefel, S. (1998). *How to teach through modeling and imitation* (2nd ed.) (How to Manage Behavior Series). Austin, TX: Pro-Ed.

Sulzer-Azaroff, B., & Mayer, G. R. (1977). *Applying behavior-analysis procedures with children and youth.* New York, NY: Holt, Rinehart and Winston.

Sweeney, H. M., & Leblanc, J. M. (1993). *Efectos del tamaño de la tarea en las condutas aberrantes y relacionadas con el trabajo de alumnos con autismo y retardo mental* (Manuscrito). Lawrence, KS: Universidad de Kansas.

Tawney, J. W., & Gast, D. L. (1984). *Single subject research in special education.* Columbus, OH: C. E. Merrill Pub. Co.

Teaching Research Infant and Child Center, & Fredericks, H. D. B. (1980). *The teaching research curriculum for moderately and severely handicapped* (2nd ed.). Springfield, IL: Thomas Publishers.

Telford, C. W., & Sanwrey, J. M. (1988). *O indivíduo excepcional* (5a ed.). Rio de Janeiro, RJ: Guanabara.

Terwilliger, R. F. (1974). *Psicologia da linguagem.* São Paulo: Cultrix.

Tharp, R. G., & Wetzel, R. J. (1972). *Behavior modification in the natural environment.* New York, NY; London, UK: Academic Press.

Thompson, T., & Grabowski, J. (1977). *Behavior modification of the mentally retarded* (2nd ed.). New York, NY: Oxford University Press.

Tymchuk, A.J. *Parent handbook on mental, retardation* (1975) (Mimeografado). Los Angeles, LA: University of California.

Ullmann, L. P., & Krasner, L. (1975). *A psychological approach to abnormal behavior.* Englewood Cliffs, NJ: Prentice-Hall.

Ulrich, R. E., Stachnik, T., & Mabry, J. (1966-1974). *Control of human behavior* (3 vols.). Glenview, IL: Scott, Foresman and Co.

Užgiris, I. C., & Hunt, J. M. V. (1989). *Assessment in infancy: ordinal scales of psychological development.* Urbana, IL: University of Illinois Press.

Vallet, R. E. (1977). *Tratamento de distúrbios de aprendizagem: manual de programas psico-educacionais.* São Paulo, SP: EPU.Parte superior do formuláriParte inferior do formulário

Van Houten, R. (1998). *How to motivate others through feedback* (How to Manage Behavior Series). Austin, TX: Pro-Ed.

Van Houten, R., & Azrin, N. H. (1980). *How to use reprimands* (How To, n. 6). Lawrence, KS: H & H Enterprises.

Van Kolck, O. L. (1974). *Técnicas de exame psicológico e suas aplicações no Brasil: testes de aptidões* (vol. 1) (Coleção Nova Psicologia, 4). Petrópolis, RJ: Vozes.

Van Kolck, O. L. (1975). *Técnicas de exame psicológico e suas aplicações no Brasil: testes de personalidade* (vol. 2) (Coleção Nova Psicologia, 4). Petrópolis, RJ: Vozes.

Vargas, J. S. (1976). *Como formular objetivos comportamentais úteis.* São Paulo, EPU.

Vayer, P. (1992). *O diálogo corporal: a ação educativa para a criança de 2 a 5 anos.* São Paulo, SP: Instituto Piaget.

Virginia Commonwealth University. (1983). *A curriculum resource guide for people with severe handicapps* (vol. 1). Richmond, VA: Virginia Commonwealth University.

Vygotsky, L. S. (2007). *A formação social da mente: o desenvolvimento dos processos psicológicos superiores* (7a ed.) (Psicologia e Pedagogia). São Paulo, SP: Martins Fontes.

Walker, E. L. (1974). *Aprendizagem: o condicionamento e a aprendizagem instrumental.* São Paulo, SP: EPU.

Washington (State). (1989). *The Washington State Cooperative Curriculum Project (WSCCP)* (6 vols.). Seatle, WA: University of Washington.

Weitz, S. (1979). *Nonverbal communication: readings with commentary* (2nd ed.). New York, NY: Oxford University Press.

Whaley, D. L., & Malott, R. W. (1980). *Princípios elementares do comportamento* (Matos, M. A., Ferrara, M. L., Santoro, C. F., Trad.; Fagundes, A. J. F. M., revisão técnica) (2 vols.). São Paulo, SP: EPU.

Wheeler, A. H. A. H., & Fox, W. L. (1972). *Modificação de comportamento: guia do professor para a formulação de objetivos instrucionais* (Manipulação de Comportamento, vol. 5). São Paulo, SP: EPU.

White, B. L. (2014). *New first three years of life: completely revised and updated.* New York, NY: Touchstone.

Williams, L. C. A. (1983). *Favorecendo o desenvolvimento de crianças excepcionais em fase pré-escolar através de treino dado a seus familiares no ambiente natural* (Tese de doutorado) (2 vols.). Universidade de São Paulo, São Paulo, SP.

Williams, L. C. A., & Aiello, A. L. R. (2001). *O inventário Portage operacionalizado: intervenção com famílias.* São Paulo, SP: Memnon.

Wing, L. (2013). *Autistic children: a guide for parents and professionals* (E-book). Abingdon, OX: Taylor & Francis.

Winn, M., & Porcher, M. A. (1975). *Como educar crianças em grupos: técnicas para entreter as crianças* (Biblioteca Psicologia e Educação, 77). São Paulo, SP: Ibrasa.

Yates, A. J. (1970). *Behavior therapy.* New York, NY: John Wiley & Sons.

Zulliger, H. (2007). *Heilende kräfte im kindlichen spiel* (8. Aufl.). Magdeburg, MD: Klotz.

PERIÓDICOS E ARTIGOS DE PERIÓDICOS SOBRE O TEMA

O espaçamento entre os títulos das revistas foi feito para que possam ser visualizados, na sequência e com maior facilidade, quando continuados, absorvidos ou fundidos com outros títulos; portanto, nem sempre estarão em ordem alfabética e sim pela sequência de publicação (ano início / ano encerramento), o que poderá ser modificado a critério da editora.

American Association on Mental Deficiency. (1940-1987). *American Journal of Mental Deficiency* (ISSN 0002-9351) (Continuado por: American Journal of Mental Retardation). Albany, NY: American Association on Mental Deficiency.

American Association on Mental Retardation., & American Association on Intellectual and Developmental Disabilities. (1987-2008). *American Journal of Mental Retardation: AJMR* (ISSN 0895-8017) (Continuado por: American Journal on Intellectual and Developmental Disabilities). Washington, DC: American Association on Mental Retardation.

American Association on Intellectual and Developmental Disabilities. (2009-). *American Journal on Intellectual and Developmental Disabilities* (ISSN 1944-7515 Print / 1944-7558 Electronic). Washington, DC: American Association on Intellectual and Developmental Disabilities.

American Psychological Association. (1968-). *Journal of Consulting and Clinical Psychology* (ISSN 0022-006X Print / 1939-2117 Electronic). Arlington, TX: American Psychological Association.

American Psychological Association., & American Psychological Association. (1904-). *Psychological Bulletin* (ISSN 0033-2909 Print / 1939-1455 Electronic). Washington, DC: American Psychological Association.

American Speech Correction Association., American Speech and Hearing Association., & American Speech-Language-Hearing Association. (1948-1990). *The Journal of Speech and Hearing Disorders: JSHD* (ISSN 0022-4677) (Absorvido por: Journal of Speech and Hearing Research). Danville, IL: American Speech and Hearing Association.

American Speech and Hearing Association., & American Speech-Language-Hearing Association. (1958-1996). *Journal of Speech and Hearing Research* (ISSN 0022-4685) (Continuado por: Journal of Speech, Language, and Hearing Research). Washington, DC: American Speech And Hearing Association.

American Speech-Language-Hearing Association. (1997-). *Journal of Speech, Language and Hearing Research* (ISSN 1092-4388 Print / 1558-9102 Electronic). Rockville, MD: American Speech-Language-Hearing Association.

Analysis and Intervention in Developmental Disabilities. (1981-1986). (ISSN 0270-4684) (Fundiu-se com: Applied Research in Mental Retardation, para formar: Research in Developmental Disabilities). New York, NY: Elsevier Science.

Research in Developmental Disabilities. (1987-). (ISSN 0891-4222 Print / 1873-3379 Electronic). New York, NY: Pergamon Press.

Associação Brasileira para o Estudo Científico da Deficiência Mental. (1966-1980). *Revista Brasileira de Deficiência Mental* (ISSN 0034-7132). São Paulo, SP: [S. n.].

Associação de Modificação do Comportamento. (1981-1982). *Cadernos de Análise do Comportamento.* São Paulo, SP: AMC.

Association for Advancement of Behavior Therapy., & Association for Behavioral and Cognitive Therapies. (1970-2006). *Behavior Therapy* (ISSN 0005-7894 Print / 1878-1888 Electronic). New York, NY: Academic Press.

Association for Child Psychology and Psychiatry., & Association for Child and Adolescent Mental Health. (1960-). *Journal of Child Psychology and Psychiatry and Allied Disciplines* (ISSN 0021-9630 Print / 1469-7610 Electronic). Oxford, UK: Blackwell Pub.

Behavior Modification. (1977-). (ISSN 0145-4455 Print / 1552-4167 Electronic). Beverly Hills, CA: Sage.

Behavior Therapy and Research Society. (1970-). *Journal of Behavior Therapy and Experimental Psychiatry* (ISSN 0005-7916 Print / 1873-7943 Electronic). [Elmsford, NY]: Pergamon Press.

Child behavior therapy. (1979-1981). (ISSN 0162-1416) (Continuado por: Child & Family Behavior Therapy). New York, NY: Haworth Press.

Child & Family Behavior Therapy. (1982-). (ISSN 0731-7107). New York, NY: Haworth Press.

Conselho Federal de Psicologia (Brasil). (1981-). *Psicologia: Ciência e Profissão* (ISSN 1414-9893 Impressa / 1982-3703 Eletrônica). Brasília, DF: Conselho Federal de Psicologia.

Council for Exceptional Children. (1951-). *Exceptional Children: Journal of the International Council for Exceptional Children* (ISSN 0014-4029 Print / 2163-5560 Electronic) (Continuação de: Journal of Exceptional Children (1935-1951) ISSN 0887-5405). Los Angeles, LA: Council For Exceptional Children.

De Marco, C. L. S. T. (2011). O aluno com Síndrome de Asperger em sala de aula. *Temas sobre Desenvolvimento, 18* (102),63-65.

Denison University., & Southern Illinois University at Carbondale. (1937-). *The Psychological Record* (ISSN 033-2933 Print / 2163-3452 Electronic). Granville, OH: Denison University.

Dossiê: Educação de bebês e desenvolvimento infantil: intervenção e atenção precoce (2012). *Educar em Revista, 43.* Recuperado de http://revistas.ufpr.br/educar/issue/view/1274. DOI: http://dx.doi.org/10.5380/educar.v0i43.

Journal of Experimental Child Psychology. (1964-). (ISSN 0022-0965 Print / 1096-0457 Electronic). New York, NY: Elsevier.

Journal of Learning Disabilities. (1968-). (ISSN 0022-2194 Print / 1538-4780 Electronic). Chicago, IL: Professional Press.

Institute of Psychiatry, Maudsley Hospital, Denmark Hill. (1963-1999). *Behaviour Research and Therapy* (ISSN 0005-7967 Print / 1873-622X Electronic). Oxford, UK: Pergamon.

Research in Developmental Disabilities. (1987-). (ISSN 0891-4222) (Fusão de: Analysis and Intervention in Developmental Disabilities (ISSN 0270-4684), de 1981-1986, e de: Applied Research in Mental Retardation (ISSN 0270-3092), de 1980-1986). New York, NY: Pergamon Press.

Analysis and Intervention in Developmental Disabilities.(1981-1986). (ISSN 0270-4684 Print). New York, NY: Pergamon Press.

American Association of University Affiliated Programs for the Developmentally Disabled. (1980-1986). *Applied Research in Mental Retardation* (ISSN 0270-3092 Print). New York, NY : Pergamon Press.

Sociedade Brasileira para o Progresso da Ciência. (1949-). *Ciência e Cultura* (ISSN 0009-6725). São Paulo, SP: Sociedade Brasileira para o Progresso da Ciência.

Sociedade Brasileira para o Progresso da Ciência. (1990-). *Reunião Anual da SBPC.* São Paulo, SP: Sociedade Brasileira para o Progresso da Ciência.

Society for Research in Child Development. (1930-). *Child Development* (ISSN 0009-3920 Print / 1467-8624 Electronic). Chicago, IL: University of Chicago Press for the Society for Research in Child Development.

Society for the Experimental Analysis of Behavior. (1958-). *Journal of the Experimental Analysis of Behavior* (ISSN 0022-5002 Print / 1938-3711 Electronic). Waltham, MA: Society for the Experimental Analysis of Behavior.

Society for the Experimental Analysis of Behavior. (1968-). *Journal of Applied Behavior Analysis* (ISSN 0021-8855 Print / 1938-3703 Electronic). Ann Arbor, MI: Society for the Experimental Analysis of Behavior.

The Journal of Special Education. (1966-). (ISSN 0022-4669 Print / 1538-4764 Electronic). Austin, TX: Pro-Ed.

Universidade de Brasília. Departamento de Psicologia., & Universidade de Brasília. Instituto de Psicologia. (1985-). *Psicologia: Teoria e Pesquisa: Revista Quadrimestral do Departamento de Psicologia, Universidade de Brasília* (ISSN 0102-3772). Brasília, DF: A Universidade.

ALGUMAS PUBLICAÇÕES E TRABALHOS DA AUTORA

Windholz, M. H. (1969). *Rorschach em crianças* (2 vols.). São Paulo: Vetor.

Windholz, M. H. (1973). O excepcional como problema da psicologia experimental. In *Anais do XIV Congresso Interamericano de Psicologia.* São Paulo, SP.

Windholz, M. H. (1976a). O uso da observação num programa de modificação de comportamento. *Ciência e Cultura, 28*(1), 35-39.

Windholz, M. H. (1976b). Rooming-in e autorregulação. *Revista de Educação, 38*(62/65), 39-45.

Windholz, M. H. (1978). O papel do psicólogo na educação especial e na reabilitação. In *Anais da VIII Reunião Anual de Psicologia* (p. 39-68). Ribeirão Preto, SP: Sociedade de Psicologia de Ribeirão Preto.

Windholz, M. H. (1980a). A hierarchy for the teaching of phonemic emission: some results on the training of children with speech disorders. In *Abstracts of the World Congress on Behavior Therapy,* July 13–17. Jerusalem, Israel.

Windholz, M. H. (1980b). Training basic habilities in severely and profoundly retarded children in a brazilian day-scholl: a program description. In *Abstracts of the World Congress on Behavior Therapy,* July 13–17. Jerusalem, Israel.

Windholz, M. H. (1981). A conceituação do deficiente mental e suas implicações educacionais. In *Anais da XI Reunião Anual de Psicologia.* Ribeirão Preto, SP: Sociedade de Psicologia de Ribeirão Preto.

Windholz, M. H. (1982). Indagações e caminhos no atendimento de bebês e pais a partir de uma abordagem interdisciplinar à neonatologia. In *Anais da XII Reunião Anual de Psicologia.* Ribeirão Preto, SP: Sociedade de Psicologia de Ribeirão Preto.

Windholz, M. H. (1983). Relações pais e filhos: palavras e ações que ajudam a crescer. *Pediatria Moderna, 18*(5), 257-266.

Windholz, M. H. (1985). O atendimento do deficiente mental em instituições. In *Anais da XV Reunião Anual de Psicologia.* Ribeirão Preto, SP: Sociedade de Psicologia de Ribeirão Preto.

Windholz, M. H. (1988). Passo a passo: seu caminho: guia curricular para o ensino de habilidades básicas. São Paulo, SP: Edicon. 495 p.

Windholz, M. H. (1989a). Aprendendo a ensinar crianças especiais: passo a passo se fez um caminho. *Psicologia: Teoria e Pesquisa, 4*(3), 257-267.

Windholz, M. H. (1989b). Fred Keller and The Brazilian Connection: step by ttep, his path. In *Annual Convention of the Association for Behavior Analysis.* Milwaukre, WI.

Windholz, M. H. (1990). Serão pré-requisitos básicos do aluno suficientemente considerados na elaboração de programações de ensino?. In *XX Reunião Anual de Psicologia da Sociedade de Psicologia de Ribeirão Preto.* Ribeirão Preto, SP.

Windholz, M. H. (1991a). Abordagem comportamental no tratamento da criança autista. In IV Congresso Mundial da Criança Autista, II Congresso Nacional de Autismo. São Paulo, SP.

Windholz, M. H. (1991b). Reinstalando o comportamento de comer alimentos básicos. In Anais do 18º Congresso Mundial da Criança Autista, II Simpósio Internacional de Instituições para Deficientes Mentais, II Congresso Nacional de Autismo. São Paulo.

Windholz, M. H. (1992a). O desenvolvimento e os problemas de comportamento na Síndrome de Down. In *I Congresso Brasileiro de Síndrome de Down.* São Paulo, SP.

Windholz, M. H. (1992b). Tratamento não medicamentoso da criança com distúrbio da atenção. In *Simpósio: Distúrbios da Atenção na Criança.* São Paulo, SP.

Windholz, M. H. (1992c). Uma contribuição ao atendimento da criança deficiente auditiva: a sistematização e hierarquização do trabalho com emissão fonêmica. In *VII Encontro Internacional de Audiologia.* Bauru, SP.

Windholz, M. H. (1992a). O acompanhante escolar como agente integrador da criança especial em classe regular. In *Anais do I Congresso Nacional de Psicologia Escolar* (p. 49-52). Campinas, SP: Átomo.

Windholz, M. H. (1992b). Trechos da vida de um autista: uma história que merece ser contada. In *44a Reunião Anual da Sociedade Brasileira para o Progresso da Ciência (Trabalho).* São Paulo, SP.

Windholz, M. H. (1993a). Behavioral treatment of autistic children. In *Seminário do Centro de Diagnóstico e Desenvolvimento Infantil de Beer Sheva, Israel.* Beer Sheva.

Windholz, M. H. (1993b). Modos de interação do recém-nascido com seu ambiente. In *XXIII Reunião Anual de Psicologia.* Ribeirão Preto, SP.

Windholz, M. H. (1994a). Abordagem comportamental no trabalho educacional com o excepcional. In Cursos de Reciclagem para Educadores. São José, SC: Fundação Catarinense de Educação Especial.

Windholz, M. H. (1994b). A terapia comportamental tem uma proposta para lidar com a criança em terapia?. In *III Encontro Brasileiro de Psicoterapia e Medicina Comportamental.* Campinas, SP.

Windholz, M. H. (1995a). Autismo infantil: terapia comportamental. In Schwartzman, J. S., & Assumpção Jr., F. B. (Eds.). *Autismo infantil.* São Paulo: Memnon. Cap. 10, p. 179-210.

Windholz, M. H. (1995b). Tratamento comportamental infantil. In 47a Reunião Anual da Sociedade Brasileira para Progresso da Ciência - SBPC. São Luiz, MA.

Windholz, M. H. (2002). A terapia comportamental com portadores de TID. In: Camargos Jr., W. (Org.). *Transtornos Invasivos do Desenvolvimento, 3° Milênio* (2a ed.) (p. 75-82)(Coleção Estudos e Pesquisas na Área da Deficiência, vol. 2). Brasília: Ministério da Justiça, Coordenadoria Nacional para Integração da Pessoa Portadora de Deficiência.

EM COLABORAÇÃO

Csillag, S., & Windholz, M. H. (1983). Como avaliar bebês. *Clínica Pediátrica*, 7(3), 8-12.

Csillag, S., & Windholz, M. H. (1986a). Avaliação comportamental do recém-nascido. In: Viegas, D., & Vilhena-Moraes, R. (Eds.). *Neonatologia clínica e cirúrgica.* (p. 169-176). Rio de Janeiro, RJ: Atheneu.

Csillag, S., & Windholz, M. H. (1986b). O que é uma criança em desenvolvimento: abordagem psicológica. In: Viegas, D., & Vilhena-Moraes, R. (Eds.). *Neonatologia clínica e cirúrgica* (p. 285-288). Rio de Janeiro, RJ: Atheneu.

Windholz M. H., Rossito, A. L., & Meyer, S. B. (1986). O ensino de habilidades básicas a excepcionais. In *Anais da XVI Reunião Anual de Psicologia da Sociedade de Psicologia de Ribeirão Preto* (p. 16-27). Ribeirão Preto, SP.

Windholz, M. H., & Guidi, M. A. A. (1992). Estudo longitudinal de um autista: depoimentos de pessoas que acompanharam seu caminho. In *XXII Reunião Anual de Psicologia (Videoconferência).* Ribeirão Preto, SP: Sociedade Brasileira de Psicologia.

Windholz, M. H., & Meyer, S. B. (1994). Tratamento: terapias comportamentais. In: Assumpção Jr., F. B. (Org.). *Psiquiatria da infância e da adolescência* (p. 543-548). São Paulo, SP: Santos.

Windholz, M. H., & Meyer, S. B. (2000). Crianças com problemas de desenvolvimento. In Silvares, E. F. M. (Org.). *Estudos de caso em psicologia clínica comportamental infantil.* (vol. 2, cap. 8, p. 223-258). Campinas: Papirus.

TRIBUTO PARA DRA. MARGARIDA H. WINDHOLZ (MAGGI), POR SUAS CONTRIBUIÇÕES PARA A ANÁLISE COMPORTAMENTAL NO BRASIL[1]

Dr. Antônio Jayro da Fonseca Motta Fagundes[2]

1 AGRADECIMENTO E EXPLICAÇÃO

Agradeço o convite para saudar a Dra. Margarida Hofmann Windholz, a Dra. Maggi[3] neste evento. Este privilégio se deve ao meu envolvimento com um conjunto de iniciativas relacionadas a ela.

A primeira delas, que desencadeou as demais, foi, na condição de editor da Editora Edicon, convidá-la para reeditar seu pioneiro e precioso livro "Passo a Passo, seu Caminho", ao qual ela anuiu e se dedicou totalmente.

A segunda iniciativa foi propor a Denis Zamignani, presidente da Associação Brasileira de Psicologia e Medicina Comportamental (ABPMC), que o livro dela fosse lançado neste XXV Encontro. A Diretoria autorizou e fez mais: decidiu prestar-lhe a homenagem desta noite, em reconhecimento por suas importantes e continuadas contribuições para o desenvolvimento da Análise Comportamental no Brasil.

Minha terceira iniciativa foi incentivar pessoas e entidades, no que resultaram 6 eventos em setembro, em sua vinda ao Brasil: esta homenagem em Foz e 5 outros na cidade de São Paulo[4].

[1] Saudação à Maggi, na abertura do XXV Encontro Brasileiro de Psicologia e Medicina Comportamental e II Encontro Sul Americano de Análise do Comportamento, promovido pela Associação Brasileira de Psicologia e Medicina Comportamental (ABPMC), em Foz do Iguaçu, no dia 7 de setembro de 2016. Abertura que a homenageava por suas contribuições ao desenvolvimento da Análise Comportamental no Brasil. Por conta da emoção do momento, esta saudação só foi revelada parcialmente, mas aqui se encontra na íntegra e mais: vai acrescida de Notas de Rodapé e foi gentilmente revisada pela Maggi.

[2] Mestrado e doutorado em Psicologia Experimental pelo IP-USP. Contato: profjayro@profjayro.com.br.

[3] Doutorado em Psicologia USP, Professora Aposentada do Departamento de Psicologia Experimental do Inst. Psic. da USP (DPE-IPUSP). Contato: maggi@windholz.co.il. (Aos 90 anos, se já era radioamadora desde 1965, agora usa Skype, WhatsApp, Face etc e, brevemente, o Blog: *Magwinblog.wordpress.com*).

[4] Programação com Maggi no Brasil, em setembro:

1 – Dia 7. XXV Encontro da ABPMC: Homenagem, na abertura do Encontro; Mostra Fotográfica sobre Maggi; Lançamento da 2ª edição do livro "Passo a Passo".

2 – Dia 13. Comunidade Judaica/Grupo Chaverim: Rodada de Conversa, com mediação de José Goldfarb e Ester Tarandach; Lançamento da 2ª edição do livro.

3 – Dia 15. S. Paulo. Museu de Psicologia do IP-USP: Colóquio sobre Fred S. Keller, mediação de Ant. J. F. M. Fagundes; Mostra Fotográfica sobre Maggi e suas Publicações; Lançamento da 2ª ed. do livro.

4 – Dia 19. S. Paulo. PUC-SP: Colóquio sobre Autismo, com mediação de Paula Gioia; Lançamento da 2ª edição do livro.

5 – Dia 21. S. Paulo. PUC-SP, Núcleo em História da Psicologia- (NieHPsi). Colóquio sobre História da Psicologia no Brasil, com mediação de Maria do Carmo Guedes.

6 – Dia 22. S. Paulo. TV-PUC: Entrevista de Maggi e seu filho David Windholz com José Luiz Goldfarb.

Tantas homenagens são uma amostra da receptividade que a comunidade acadêmica e a judaica, bem como a sociedade dão a ela, e é o reflexo da importância da Maggi.

2 QUEM É MAGGI E QUAL SUA CONTRIBUIÇÃO PARA O DESENVOLVIMENTO DA ANÁLISE COMPORTAMENTAL NO BRASIL

Em um Encontro como este, tendo jovens em sua maioria, não estranha que Maggi não seja conhecida. Por isso, faço dela uma breve apresentação, o que, concomitantemente, irá mostrar seu pioneirismo em vários setores e seu pioneirismo em Psicologia Aplicada, evidenciando sua importância para o desenvolvimento, consolidação e divulgação da Análise Comportamental no Brasil.

Tive a felicidade de ter sido seu aluno em 1971, quando fazia pós-graduação em Psicologia na USP, que teve início em 1970, no Instituto de Psicologia. Frequentando sua bela casa, na Rua Manduri (São Paulo, SP), eu ficava impressionado em vê-la, como radioamadora, se comunicando com filhos e parentes nos Estados Unidos e Israel. E era radioamadora desde 1965, conseguindo se comunicar amplamente, num mundo ainda sem internet... O que mostra seu pioneirismo até nisso! Bem, hoje ela não dispensa Skype, WhatsApp, Face e o que mais vier por ai...

Em 1936, quando tinha 10 anos, Maggi, sua irmã gêmea e seus pais, fugiram dos horrores nazistas e vieram para o Brasil. Alemã de nascimento, é brasileira de coração, por ter-se naturalizado. Esta simpática e tão disposta senhora não parece, mas completou 90 anos no dia 23 de maio passado. Até acho que achou a fonte da juventude em Israel...

Ela integrou a primeira turma de formandos do Curso de Psicologia da USP (1958-1961), na então Faculdade de Filosofia, Ciências e Letras (FFCL). É professora aposentada do Departamento de Psicologia Experimental, do Instituto de Psicologia da USP (IP-USP). Faz parte da Academia Paulista de Psicologia, ocupando, desde 1982, a cadeira 12, que tem como patrono Raul Carlos Briquet, um dos pioneiros da Psicologia no Brasil.

Suas linhas de pesquisa (apoiadas pelo CNPq e FAPESP) eram principalmente: Psicologia do Excepcional, Processo ensino/aprendizagem, Programação curricular para indivíduos com problemas de desenvolvimento, Relações mães/bebês e avaliação de bebês.

Em 1977, foi cofundadora e ministrou cursos no que se tornou o Programa de Pós-graduação em Educação Especial, na Universidade Federal de São Carlos, que foi o primeiro[5], e, até 2004, era o único existente no País, totalmente voltado para essa área.

Betti e Keller. Foi colaboradora, por muitos anos da Dra. Bettina Katzenstein-Schoenfeldt[6], a Dra. Betti, uma das pioneiras no Brasil da Psicologia, especialmente a Infantil, e foi aluna de um dos pioneiros da Análise Comportamental, o Professor Dr. Fred Simmons Keller, amigo e colaborador de Skinner.

Betti e Keller, dois grandes amigos seus, foram duas pessoas que tiveram influência marcante na estrutura de seu modo de pensar e de atuar na vida acadêmica e na clínica psicológica infantil, e tanto que os considera como seus "pais intelectuais".

Quando fazia o último ano da graduação em Psicologia, foi aluna de Keller, professor visitante da Universidade de Colum-

[5] Informação veiculada no site da UFSCar. Disponível em: http://www.ppgees.ufscar.br/apresentacao/ historico. Acesso em: 20 maio 2016.

[6] Seu relacionamento, de cerca de 30 anos com a Dra. Betti, começou quando Maggi tinha 16 anos, atuando como secretária e, mais tarde, como colaboradora dela, no consultório da Dra. Betti.

bia (Nova Iorque), participando do curso que introduziu os estudos da AC no Brasil, ministrado na FFCL da USP, em 1961, a convite de seu diretor, Paulo Sawaya. Dele tomou parte, juntamente com os já professores Carolina Martuscelli Bori e Rodolfo Azzi, tendo como colegas: Maria Amélia Matos, Dora Fix Ventura, Maria Ignez Rocha e Silva (D. Mauze), Maria Helena Raimo, Carlos Prósperi e cerca de uma dezena de outros, conforme me informou Maggi.

Com Keller se correspondeu durante toda a vida dele (faleceu em 1996). E na próxima semana fará doação de cartas manuscritas de seu mestre, para o Museu de Psicologia da USP[7], que tem uma sala dedicada a ele e que abriga a biblioteca particular dele, obtida por intermédio de Maria Amélia Mattos.[8]

Maggi visitou Keller várias vezes nos Estados Unidos, o hospedou em sua casa, em São Paulo, e até o saudou, em nome dos brasileiros, em um Simpósio da APA, nos Estados Unidos, em 1989[9].

[7] A doação foi feita no dia 15 de setembro, em evento promovido pelo Museu de Psicologia do Instituto de Psicologia -USP, para homenageá-la, e que contou com o Colóquio "Conversando com Maggi sobre Fred S. Keller", mediado por mim, e uma Exposição sobre a Maggi e suas publicações.

[8] Maria Amélia foi triplamente colega de Maggi: no primeiro curso de graduação de Psicologia da FFCL-USP, no primeiro curso ministrado por Keller, de quem ambas receberam influência marcante, bem como no magistério no DPE do IP-USP. Maria Amélia, incentivada por Keller, no ano seguinte ao curso dele de 1961, foi fazer mestrado (terminado em 1964), na Universidade de Columbia, tendo Keller como seu orientador, e doutorado em Análise Experimental do Comportamento/Psicologia Experimental, orientada por William Nathan (Nat) Schoenfeld, mas sempre contando com a colaboração do Keller, PhD concluído em 1969, segundo Tomanari (2006).
TOMANARI, Gerson Yukio. We lost a leader: Maria Amelia Matos (1939–2005). *The Behavior Analyst*, 2006, *29*(1), 109–112. Disponível em: https://www.ncbi.nlm.nih.gov/pmc/articles/PMC2223174/. Acesso em: 15 out. 2016.

[9] Association for Behavior Analysis - Annual Convention, Milwaukee, Wisconsin, USA. May, 25/28, 1989. *Symposium*: Keller and the Brazilian connection. May, 27th, 1989. Murray Sidman, Chair.

Com Keller, Maggi bebeu na primeira fonte de águas cristalinas da AC que jorrou no Brasil, em 1961. E mais: tanto se entusiasmou por esta abordagem e pelo exemplo do Keller, que passou sua vida a difundir a AC.

Rorschach. Foi pioneira ao publicar um manual, em dois volumes, para a aplicação do teste de Rorschach[10] em crianças, assunto de sua tese de doutorado, sob orientação da Dra. Annita de Castilho e Marcondes Cabral.[11]

Observação Comportamental. Maggi e seu colega de magistério na USP, o Dr. Walter Hugo de Andrade Cunha, foram pioneiros em mostrar a necessidade, assentar as bases e motivar várias gerações de alunos de graduação e pós em Psicologia, difundindo o estudo sistemático[12] da observação comportamental, no Brasil. Tive o privilégio de ter sido aluno dos dois e deles sou um tributário agradecido[13].

[10] WINDHOLZ, Margarida Hofmann. Rorschach em crianças. Vol. 1: A pesquisa. São Paulo: Vetor, 1969; WINDHOLZ, Margarida Hofmann. Rorschach em crianças. Vol. 2: Catalogo de respostas. São Paulo: Vetor, 1969.

[11] WINDHOLZ, Margarida Hofmann. Respostas de crianças escolares paulistanas ao teste de Rorschach: um estudo normativo. Tese de Doutorado. Universidade de São Paulo, Instituto de Psicologia. Departamento de Psicologia Experimental. São Paulo: 1969.

[12] Registro elogio ao trabalho da Maggi, dado por sua orientadora de doutorado, Annita Cabral (após corrigir um trabalho observacional com crianças que fiz para o curso da Annita, segundo as orientações dadas no curso feito com a Maggi), elogio em que Annita reconhecia a contribuição da Maggi no ensino da Observação: "Que profusão e riqueza de informações a observação sistemática permite!"

[13] Sentimento confessado no Posfácio de meu livro, que tem o privilégio de ter dois importantes Prefácios, que nele sempre permanecerão: o da Maggi, desde a 1ª ed., e do Walter Hugo, na última (17ª ed.). [FAGUNDES, Antônio Jayro da Fonseca Motta. *Descrição, definição e registro de comportamento.* 17. ed. rev. e amp. Inclui catálogo com 155 definições comportamentais. São Paulo: Edicon, 2015].

Educação especial. Maggi também foi pioneira, na aplicação da Análise Comportamental em educação especial, com seu alentado volume "Passo a Passo: seu Caminho - Guia Curricular para o Ensino de Habilidades Básicas."[14]

Esse livro foi o resultado de 15 anos de aplicação prática, em clínicas psicológicas e outras instituições, principalmente em duas escolas paulistanas em que atuou por muitos anos: (1) a de orientação infanto-juvenil do CIAM - Centro Israelita de Assistência ao Menor e (2) a CARE - Carminha - Associação para Reabilitação do Excepcional, fundada por ela e Celma Maria Vieira Cenamo, em 1972, que ensinava, conforme a AC, uma nova maneira de atuar com crianças e jovens com problemas de desenvolvimento. No CIAM, aplicava alguns princípios da Análise Experimental do Comportamento; já na Escola da Carminha, fazia mais, pois foi a primeira do Brasil toda ela programada segundo a AC.

E vejam a importância da Escola da Carminha, que Maggi fundou e onde atuou: contou com o incentivo, entre outros, de personalidades marcantes da AC, que nela estiveram e a ela deram contribuições. Por exemplo: Fred S. Keller, Charles B. Ferster, Donald M. Baer, Sidney W. Bijou, Jack Michael e Robert Vance Hall.

Na Escola da Carminha, já em 1972, iniciou pioneiras intervenções comportamentais com crianças e jovens com necessidades especiais (por exemplo: intervenções com autistas, descritas em Windholz, 1995)[15], que hoje são adultos integrados socialmente e produtivos. Uma demonstração significativa dos resultados que ela propiciava é o fato de uma mãe agradecida, cujo filho, hoje adulto adaptado socialmente, durante muitos anos ter contribuído com bolsas de estudo para crianças carentes da Escola da Carminha.

A convicção de Maggi de que toda proposta de intervenção deve, necessariamente, estar vinculada ao ensino e à pesquisa, na Escola da Carminha e no CIAM, era a regra que possibilitou, a seu pessoal e estagiários (principalmente psicólogos, fonoaudiólogos, fisioterapeutas, psicopedagogos e professores) se tornarem divulgadores dessas mesmas preocupações e não apenas os muitos pós-graduandos que nelas estagiaram.

Além de atuar na sua clínica particular, onde atuavam psicólogos e profissionais de outras áreas, foi assessora em diversas escolas, especialmente no Colégio Pauliceia, escola inclusiva, na qual, com sua diretora Carmen Lydia de Marco, orientou a instalação de classes para autistas, desde o Maternal e Jardim, a partir de 2002.

Ao fazer a avaliação psicológica de crianças, para conhecer o ambiente familiar seguindo o modelo de sua mestra, Dra. Betti, foi pioneira introduzindo as visitas domiciliares, bem como o uso da acompanhante escolar, para facilitar a inclusão da criança na escola.

Ao longo de sua carreira, orientou um número significativo de crianças e seus pais, alguns dos quais ainda hoje a procuram quando têm dúvida. Para uso desses pais, organizou e coordenou um grupo de voluntários (Comunidade Virtual Autismo

[14] WINDHOLZ, Margarida Hofmann. *Passo a passo seu caminho: guia curricular para o ensino de habilidades básicas.* São Paulo: Edicon, 1988. [A 2ª ed. revista, atualizada e ampliada foi lançada dia 8 set. 2016, no XXV Encontro da ABPMC, em Foz do Iguaçu. Edicon: edicon@edicon.com.br].

[15] WINDHOLZ, Margarida Hofmann. *Autismo infantil*: terapia comportamental. *In*: J. Salomão Schwartzman e Francisco B. Assumpção Jr. (Org.). Autismo infantil. São Paulo: Memnon, 1995, p. 179-210. No depoimento de Schwartzman, ele menciona o encaminhamento de uma criança autista por uma psicóloga. Esta psicóloga foi Maggi.

no Brasil - CVAB[16]) que traduziu e, em 2006, disponibilizou, gratuitamente na internet, os dois volumes de Lear (2004)[17], um programa de treinamento em Análise do Comportamento Aplicada, que tem sido usado extensivamente por aqueles que se dedicam à educação de autistas.

Atuação Social. Saliento também sua intensa atuação social, a vida toda, lembrando, por exemplo, que participou do grupo que, durante o segundo semestre de 1960, batalhou e **fundou** a APAE de São Paulo - Associação de Amigos e Pais dos Excepcionais, no dia 4 de abril de 1961; grupo que também incentivou a formulação de políticas públicas em prol dos que demandam uma educação especial[18].

Voluntariado. Além do mais, em meio às suas múltiplas atividades, sempre fez questão de atuar como voluntária, prestando atendimento psicológico a instituições da comunidade. Por exemplo: Lar das Crianças da Congregação Israelita, Creche da Organização Feminina Israelita de Assistência Social - OFIDAS, Movimento Comunitário Estrela Nova, Sociedade Pestalozzi, Cruzada Pró-Infância e Lar-Escola São Francisco. Em todos esses lugares, contribuiu para formar pessoal que desse continuidade a seu trabalho.

3 OUTRAS CONTRIBUIÇÕES DA MAGGI

Ainda para o surgimento e desenvolvimento da Análise Comportamental entre nós, eu destaco algumas das contribuições da Maggi, nem sempre conhecidas, a que tive o privilégio de saber, por ter tido acesso a anotações dela.

Em 1969, após defender sua tese de doutorado, foi contratada pela Dra. Carolina Martuscelli Bori para atuar na USP, porque Carolina queria aproveitar a experiência de 20 anos que Maggi tinha em clínica, parte como assistente da Dra. Betti, e, com a ajuda da Maggi, introduzir a Análise Comportamental Aplicada, no programa de pós-graduação, o que passou a fazer nos dois cursos que ministrava:

1) Psicologia Experimental Aplicada: Observação do Comportamento Humano;
2) Modificação do Comportamento Humano.

Ela foi a primeira pessoa a documentar o uso da AC com autistas entre nós, em 1974-75. É seu o 1º caso de autista descrito na literatura brasileira, em capítulo que escreveu em Salomão Schwartzman[19] (1995). Um dos raros estudos longitudinais, acompanhando, por 20 anos, o tratamento de um autista.

---

16 A CVAB é a primeira comunidade virtual em língua portuguesa sobre autismo, fundada em 13 dez. 1998, e ainda atuante, formada principalmente por pais e educadores, preocupados com a educação e integração social de autistas. Desde 2001, Maggi participa ativamente das discussões, orientando e esclarecendo dúvidas. Essa comunidade está hospedada em: www.yahoogrupos.com.br/groups/ autismo. Acesso em: 10 maio 2016.

17 LEAR, Kathy. *Ajude-nos a aprender* (Help us learn): um programa de treinamento em ABA (Análise do Comportamento Aplicada) em ritmo autoestabelecido. Trad. Margarida Hofmann Windholz, Marialice de Castro Vatavuk, Inês de Souza Dias, Argemiro de Paula Garcia Filho e Ana Villela Esmeraldo. 2006. Disponível em: http://www.autismo.psicologiaeciencia.com.br/wp-content/uploads/2012/07/Autismo-ajude-nos-a-aprender.pdf. Acesso em: 10 maio 2016.
Original: LEAR, Kathy. *Help us learn*: a self-paced training program for ABA. Part I: Training Manual. 2th ed. Toronto, Ontario – Canada: [*s.n.*], 2004.

18 Conforme se vê na introdução de CYTRYNOWICZ, Mônica Musatti. *Somos todos iguais e diferentes*: história do Centro Israelita de Assistência ao Menor (Ciam) e da Aldeia da Esperança. São Paulo: Narrativa Um, 2004.

19 WINDHOLZ, Margarida Hofmann. *Autismo infantil*: terapia comportamental. *In*: J. Salomão Schwartzman e Francisco B. Assumpção Jr. (Org.). Autismo infantil. São Paulo: Memnon, 1995, p. 179-210.

Mas não foi apenas na USP, para o pessoal de Psicologia, alunos e orientandos, que ela colaborou para difundir a Análise comportamental. Citarei alguns cursos que ministrou para profissionais de outras áreas, no que foi pioneira, entre nós, por ex.:

a) Para fonoaudiólogos e fisioterapeutas, em fins de 1970, deu um curso com demonstrações práticas, no consultório dela, usando Caixas de Skinner, junto com seu colega de magistério na USP, Dr. Mário Arturo Alberto Guidi[20]. Entre outros, participaram desse curso as professoras de fono da USP, Ida Lichtig e Maria Cecilia Bevilacqua; e da USP – Campus de Bauru: Vera Lúcia Bailão, que muito trabalhou com Maggi e Lúcia Werner Peliciotti, com quem ela fez parceria em vários trabalhos apresentados em Congresso Internacional, em Israel.

b) Nos anos de 1990, para orientadores e diretoras de Escolas Municipais de São Paulo, ministrou cursos de "Manejo de Sala de aula", introduzindo conceitos básicos de ensino-aprendizagem, estruturação de ambiente e programação, segundo a Análise Comportamental.

c) No final dos 80 e começo dos 90, para a Fundação Catarinense de Educação Especial - FCEE[21], em Florianópolis, deu cursos anuais para diretores e supervisores escolares de Santa Catarina, Paraná e Rio Grande do Sul.

d) Em 2006, no Colégio Pauliceia, no qual atuou por muitos anos, desde 1990, ministrou cursos para diretores, orientadores e professores de Escola Pública, da cidade paulista de Registro, sobre conceitos básicos de Analise Comportamental e orientação para instalação de sala para autista.

e) Além de cursos, deu assessoria para escolas, para a orientação de crianças com déficits de desenvolvimento.

4 O GRANDE LEGADO DE MAGGI

Maggi produziu vasta literatura, principalmente para difundir a AC na educação de crianças e jovens, de modo particular para os que requerem Educação Especial. Tal literatura está atualizada, nas Referências da 2ª edição de "Passo a Passo, seu Caminho", livro que acaba de ser impresso e será lançando amanhã, durante este Encontro. Por ser esse livro uma das mais significativas contribuições dela para a divulgação da AC no Brasil, faço alguns comentários a respeito dele.

"Passo a Passo", além de conter um curso básico de Análise Comportamental, pioneiramente[22] descreve, em detalhes, 18 programas para a aplicação desses princípios para a aprendizagem de habilidades fundamentais para o desenvolvimento geral, emocional, social e cognitivo de crianças e jovens, especiais ou não.

Eu publiquei esse livro em 1988, pela Editora Edicon. Ao convidá-la para esta segunda edição, ela se perguntou, como acadêmica conscienciosa que é, se 28 anos depois, ele não estaria

[20] Segundo Maggi, Mário Guidi participou do 2º curso de AC, dado por Keller na USP, em 1962. Mário foi coautor do primeiro manual de laboratório para demonstração de princípios básicos da AC, bem como, por suas habilidades em eletricidade e mecânica, auxiliado por seu técnico Silvano Scavazza, construiu os protótipos da Caixa de Skinner, Caixa de Mowrer e, para tais estudos, outros dispositivos usuais no Brasil, produzidos pela FUNBEC, que funcionou, muitos anos, na Cidade Universitária da USP, em São Paulo. Eis o manual: GUIDI, Mário Arturo Alberto; BAUERMEISTER, Herma B. *Exercícios de laboratório em psicologia*. São Paulo: Martins Fontes, 1968.

[21] "Primeira instituição pública estadual do Brasil responsável pela definição e coordenação de políticas de Educação Especial [...], criada em maio de 1968 e vinculada à Secretaria de Estado da Educação [...]." Informação veiculada no site da FCEE. Disponível em: http://www.fcee.sc.gov.br/index.php/institucional/sobre-a-fcee . Acesso em: 15 out. 2016.

[22] O leitor atento terá reparado que deixei em destaque (sublinhado) as atividades em que Maggi foi pioneira entre nós. Se contá-las verá que foram muitas: 10 ao todo!

superado e consultou especialistas da Univ. Federal de S. Carlos, PUC-SP, USP e as antigas 4 colaboradoras do livro[23]. Todos foram unânimes em dizer que ele é atemporal, um clássico, uma contribuição perene e merecia ser reeditado. Diante disso, foi iniciada a revisão que, em 6 árduos meses, contou com a ajuda de 6 colaboradores[24], revisando e atualizando o livro em alguns aspectos e acrescentando outros.

Em síntese, restou um legado, precioso para as próximas gerações de pais e profissionais, principalmente para quantos se beneficiarão com sua aplicação e poderão se desenvolver adequadamente e se integrar na sociedade.

* * *

Significados especiais. Ah, para mim, nesse árduo processo de coordenação editorial do livro na Edicon e no preparo dos 6 eventos para a Maggi, o que de mais significativo aconteceu é o que ela me relatou um dia: o convite para a reedição chegou pouco depois da morte de Siegfried Windholz (Fridel), seu esposo, com quem viveu 70 anos, morte que a deixou em depressão. Pois ela viu na reedição do livro "um propósito de vida", uma razão para lutar e se enfronhou duramente na sua revisão e atualização, a ponto de superar sua depressão e "ficar a mil", – como o fazia antigamente – coordenando vasta equipe, pesquisando e ampliando o livro.

Pois agora, ao voltar para Israel, no final de setembro, como não terá mais a agitação para rever e ampliar o livro, ela quer ocupação para manter-se ativa, que, com a ajuda de vocês, poderemos dar-lhe: sugeri e o filho Ari montou um Blog para ela continuar a dar ajuda a profissionais, pais e quantos necessitem de sua orientação segura. Eis o endereço, para que escrevam para ela: Magwinblog.wordpress.com.

Para mim, que cursei Pós Graduação em Psicologia Experimental na USP, no seu início instalada no velho B10[25], a homenagem que a ABPMC hoje presta à Maggi tem também um outro significado: o de reparo histórico. No B10, nos anos 70, a ênfase era fazer pesquisa básica e os raros professores, como a Maggi, que faziam pesquisa aplicada eram vistos com "o rabo do olho", com um certo descaso.

Mas o resultado está ai: os que a desvalorizavam tiveram seu tempo de glória, sim, mas os frutos do trabalho da Maggi continuam até hoje, atestando que uma coisa não poderia excluir a outra. E que o ganho social de tantas crianças e jovens, destinados à exclusão social e a uma vida sem perspectivas, que se viram encaminhados para uma vida com qualidade, tornando-se

---

[23] Foram consultados, entre outros, da Univ. Federal de S. Carlos: Deisy de Souza e Antonio Celso de Noronha Goyos que, coincidentemente, estavam se propondo a reeditar o livro!; da PUC-SP: Maria do Carmo Guedes; do IP-USP: Sônia Beatriz Meyer, que foi uma das quatro colaboradoras da 1ª edição, e consultou também as outras três: Ana Lúcia Rossito Aiello, Ana Lúcia Cortegoso e Célia M. C. Gonçalves Loch.

[24] As quatro colaboradoras da primeira edição e Antônio Celso de Noronha Goyos e Antônio Jayro da Fonseca Motta Fagundes.

[25] Nos anos 70, quando fiz a pós, e depois, B10 (Bloco ou Barracão 10) era a denominação usual (e praticamente única, pois se dizia: "Vou ao B10" e não: "Vou ao Dep. Psic. Experimental"), denominação para designar o barracão especialmente construído na Cidade Universitária, que, segundo Ades e outros (2014), foi ocupado em 1968, pelo que, depois, se tornou o Departamento de Psicologia Experimental, do Instituto de Psicologia da USP e que, de 1966 até a mudança para a Cidade Universitária, tinha suas atividades em uma casa na Rua Cristiano Viana, 177, em Pinheiros, na capital paulista.

Informações corroboradas por Walter Hugo de Andrade Cunha, que acrescenta que acompanhou a construção do B10, sendo que ele e outros professores foram consultados para indicar suas necessidades de salas e laboratórios, a serem feitos no B10 (comunicação pessoal).

ADES, César (*in memoriam)* e outros (Org.). *A Glette, o palacete e a Universidade de São Paulo.* S. Paulo: Centro de Memória do Instituto de Psicologia da Universidade de São Paulo, 2014, p. 131.

pessoas entrosadas socialmente e desempenhando papeis diversos na sociedade, que tal ganho social enaltece e glorifica a opção acadêmica da Maggi em fazer e ensinar a fazer pesquisa aplicada em humanos, para o que, especificamente, a Dra. Carolina Martuscelli Bori a tinha contratado na USP. Mérito inquestionável da Maggi, graças ao discernimento e apoio da Dra. Carolina!

Termino lendo a dedicatória para a Maggi, de um livro recente[26] sobre AC para educação de autistas, escrito por Camila Gomes e Analice Silveira, que estão neste Encontro, vindas de Belo Horizonte, MG, especialmente para poder conhecer, agradecer e parabenizar a Maggi. No seu prefácio, elas dizem assim:

[26] GOMES, Camila Graciela Santos; SILVEIRA, Analice Dutra. *Ensino de habilidades básicas para pessoas com autismo*: manual para intervenção comportamental intensiva. Curitiba: Appris, 2016.

[Dedicado ao] "[...] ícone da história do autismo no Brasil, a professora Margarida Windholz, que com o seu livro *Passo a passo, seu caminho nos inspirou a trabalhar com qualidade, a organizar o ensino e a acreditar que as pessoas com autismo poderiam aprender, desde que estratégias adequadas de ensino fossem utilizadas."*

E, agora, eu os convido a saudar Maggi com uma salva de palmas!

PASSOS PARA O FUTURO DA ANÁLISE COMPORTAMENTAL NO BRASIL[1]

Margarida H. Windholz

Em 2008, meu marido e eu resolvemos partir para um novo projeto: "vida nova aos 80", mudando para Israel, para passar esta etapa –aposentadoria– com filhos, netos e bisnetos morando lá. Uma fase boa. Mas, apesar disso, como diz um poema-canção de Oswaldo Montenegro, "Metade", enquanto curtia a nova realidade, com uma metade de mim, outra metade de mim nunca deixou o Brasil. Procurei manter-me a par do que estava acontecendo aqui, conservar o contato com amigos e colegas, mas considerei que minha função tinha sido cumprida.

O que não esperava, e que me deixou profundamente emocionada e tocada, foi esta homenagem que hoje me está sendo prestada, graças ao convite do presidente da ABPMC, Denis Zamignani e de seus colegas. De repente me vejo de volta ao Brasil, abraçada pelo carinho e pela amizade dos colegas. Não tenho palavras... a emoção é grande demais.

Agradeço de coração tudo que foi dito pelo Antônio Jayro. A verdade é que tudo que fiz, foi feito com dedicação, seriedade, amor, procurando, sempre que possível, inovar numa área que estava começando a ser introduzida no Brasil, a Análise do Comportamento e sua aplicação, área em que eu acreditava e que reconheci como promissora.

***

No nosso trabalho, muitas vezes aprendemos mais do que ensinamos e, uma das lições importantes que aprendi, gostaria de transmitir a vocês. Para isso, quero convidá-los a vir comigo para uma casa modesta, num bairro popular em São Paulo, onde tinha sido instalada a primeira escola, que pretendia se guiar pelas propostas da Análise Comportamental, aplicando-as a um grupo de crianças e jovens com déficits moderados a severos de desenvolvimento: "A Escola da Carminha".

---

[1] Discurso de Maggi, agradecendo a homenagem que lhe foi prestada na abertura do XXV Encontro Brasileiro de Psicologia e Medicina Comportamental e II Encontro Sul Americano de Análise do Comportamento, promovido pela Associação Brasileira de Psicologia e Medicina Comportamental (ABPMC), em Foz do Iguaçu, no dia 7 de setembro de 2016.
Nele, Maggi faz referência aos passos que foram dados, entre nós, para o desenvolvimento da Análise Comportamental Aplicada e alguns dos passos que ainda precisam ser dados.
Este texto deverá constar dos anais do Evento realizado em Foz do Iguaçu.

Dia de reunião mensal. O calendário mostra que estamos no primeiro semestre de 1975.

De manhã, reunião da equipe: educadores, terapeutas, atendentes e direção. Juntos, analisamos os resultados obtidos, problemas que surgiram, procedimentos que funcionaram e também outros que não funcionaram. Finalmente, foi exibido o vídeo feito por ocasião do primeiro passeio com 10 alunos, ao Parque do Morumbi. Alegria geral da assistência. Gritos de satisfação: "Olha o Luiz chutando bola para Márcio", "Veja a Lulu abrindo sozinha a lancheira e tirando o lanche, até oferecendo um pedaço do pão para Rita com um gesto de ""quer?", "Reparem: Fábio, tão agitado, obedeceu à ordem da Pro e ficou com a turma". Enfim: alegria geral.

À noite, reunião dos pais. Percorremos as salas de aula, mostramos as faixas com os programas de cada aluno, os registros com seus gráficos. Respondemos dúvidas e perguntas. Por fim, mostramos o vídeo do passeio ao Parque do Morumbi. Mas... ao contrário da alegria da assistência da manhã, gelo, gelo. Nenhuma exclamação dos pais!? Gelo.

Eu não entendi o que estava acontecendo e não aguentei. Saí da sala, sentei no banco do meu carro e chorei. Encerrada a reunião, Celma, diretora, pedagoga, mãe de Carminha, veio sentar ao meu lado. Chorando ainda, eu disse: "Não entendi nada. A alegria dos educadores, o silêncio dos pais". E Celma, mais sábia que eu, me respondeu com uma frase que nunca mais esqueci e que norteou anos de trabalho: "Nós, os educadores, vimos os passos andados; os pais viram os passos que faltavam andar."

***

Junto com esta homenagem que me está sendo prestada, teremos o lançamento da reedição do meu livro "Passo a Passo, Seu Caminho. Guia Curricular para o ensino de habilidades básicas", fruto do trabalho de anos na escola da Carminha. Na introdução do mesmo, refleti sobre o período decorrido desde seu lançamento, em 1988 e, mais especificamente, no período decorrido desde minha mudança para Israel, em 2008. E perguntei: houve e quais foram os passos andados e quais os passos que faltam? Para responder, restrinjo-me aqui apenas ao trabalho com a população mencionada: a educação de pessoas com necessidades especiais.

Achei apropriado trazer as mesmas perguntas para este XXV Encontro da ABPMC, onde professores, pesquisadores, alunos de graduação e pós-graduação apresentam seus trabalhos, discutem e planejam o futuro, para analisarmos o que há e o que precisa ser feito.

Quanto aos passos andados, vejo muitos. Basta ver o maravilhoso sucesso da ABPMC, com seu encontro todos os anos, trazendo para Foz do Iguaçu um número impressionante de participantes, uma programação com uma temática variada e atual. Confirma-se que o Brasil continua sendo o segundo ou terceiro país do mundo, em que a Análise do Comportamento tem a maior quantidade de seguidores. O número de analistas de comportamento, atuando em clinicas, aumentou e se espalha por todo o Brasil, mesmo em pequenas cidades do norte ao sul. Centros e escolas, em que os conhecimentos da Análise Comportamental são aplicados, cresceram e aumentam constantemente, em quantidade e qualidade. Material pedagógico excelente está sendo produzido e colocado ao alcance de todos, por meio de divulgação direta, inclusive na internet e facebook.

Cursos se multiplicam, além dos oferecidos pelas universidades, e até online.

Assim sendo, podemos responder: sim, muitos passos foram dados e com eles nos alegramos muito, como fizeram os educadores da Escola da Carminha.

Passos que faltam para andar. No entanto, muito ainda há que ser feito em numerosas áreas, entre as quais aqui destaco apenas o atendimento à população atípica.

Vejamos o que acontece com relação à inclusão escolar. O fato da Lei exigir a inclusão, da pessoa com necessidades especiais na escola, não é suficiente para que as condições de atendimento garantam os resultados desejáveis dessa inclusão. Isso porque existem muitos alunos por classe e há falta de formação específica do corpo de professores que não dispõe de uma metodologia baseada em conceitos teóricos fundamentados, para atendimento de uma população com características tão diversas e difíceis. O resultado é o que se costuma ver: professores sobrecarregados e obtendo resultados insatisfatórios e pais descontentes.

Mesmo se, como previsto na Lei, haja acompanhantes para os alunos especiais, ambos, professor e acompanhante, necessitam de uma formação que lhes permita sucesso na sua tarefa. Há que lutar também contra o preconceito, de significativa parte de pais, contra a pessoa "diferente" junto a seus filhos na mesma escola, implicando em rejeição, isolamento e "bullying".

Vejo aqui, portanto, um grande campo para a atuação da comunidade de Analistas de Comportamento, os já atuantes e aqueles a se formar, trazendo seus conhecimentos e instrumentos, para contribuir para a melhor habilitação dos professores, uma mais eficaz organização escolar, programação curricular e criação das condições específicas, necessárias para garantir resultados promissores. Afirmamos isso tendo em vista os avanços importantes em pesquisas e trabalhos de aplicação da Análise do Comportamento nas últimas décadas, especificamente na área de Educação e Educação Especial, no que se refere a instrumentos de diagnóstico, intervenção e ensino.

É desejável e necessário, a meu ver, incentivar um maior número de profissionais e estudantes em direção à habilitação e atuação em escolas e instituições, principalmente as públicas, para ajudar a aprimorar o atendimento da população, garantindo resultados de nível. Isso porque, diante do vasto número de pessoas a encaminhar e educar, há necessidade de um trabalho "por atacado", neste imenso e diversificado Brasil.

Hoje em dia, felizmente, diagnósticos de comprometimentos diversos, que requerem atenção e intervenção, são realizados mais precocemente, por estarem as famílias melhor informadas, pelos meios de comunicação e de trocas de informações em grupos de pais e profissionais, principalmente pela internet. Os pais, com filhos com necessidades especiais, têm também maior conhecimento sobre os seus direitos e os serviços que podem ser oferecidos a seus filhos.

Abrindo um parêntesis, nesse sentido, aliás, parece importante também visar a formação do neonatólogo e do pediatra, primeiros especialistas a entrarem em contato com a criança e que, ainda hoje, frequentemente não estão suficientemente atentos ou procuram dissipar as preocupações de pais, em vez de ouvi-las e fazer os devidos encaminhamentos a serviços especializados para intervenção precoce.

Vemos também a necessidade de criar, junto às escolas, grupos de apoio aos pais e à família, para um trabalho conjunto deste triângulo: profissionais, pais e comunidade escolar.

Os casos de infecções pelo vírus da Zica, que estão surgindo no Brasil e em outros lugares, envolvendo o nascimento de bebês com microcefalia, vêm trazer um novo problema de dimensões ainda não previsíveis e, infelizmente, um aumento significativo de crianças que necessitarão de atendimento e estreita colaboração entre profissionais das áreas de medicina, psicologia, fisioterapia e fonoaudiologia.

Paralelamente a essas mudanças, as pesquisas e novidades nas áreas neurológica e psiconeurológica trazem novos conhecimentos, que, junto com os avanços tecnológicos, teremos que considerar e incluir em nossos processos educativos.

Esses são, portanto, alguns dos passos que faltam andar e que conclamo os congressistas presentes a considerar nos seus caminhos no futuro.

De minha parte, com a reedição do livro "Passo a Passo", espero ter continuado a contribuir com um pequeno, mas espero que importante passo nesse sentido.

Sobre a Autora

Margarida Hofmann Windholz, psicóloga pela Faculdade de Filosofia, Ciências e Letras da Universidade de São Paulo, é Doutora em Ciências pelo Instituto de Psicologia da USP, do qual é professora aposentada, pelo Departamento de Psicologia Experimental.

Fez parte do primeiro grupo de formandos do Curso de Psicologia da Universidade de São Paulo, tendo sido aluna do Prof. Dr. Fred S. Keller, que teve uma influência significativa na sua vida, dirigindo suas atividades para a área de Análise do Comportamento, na qual se destacou por atividades pioneiras, na área de pesquisa e aplicação.

Foi co-fundadora do Programa de Pós-graduação em Educação, da Universidade Federal de São Carlos, o primeiro no Brasil, totalmente voltado para essa questão.

Suas linhas de pesquisa (apoiadas pelo CNPq e FAPESP) foram principalmente: Psicologia do Excepcional, Processo Ensino/Aprendizagem, Programação Curricular para Pessoas com Problemas de Desenvolvimento, bem como Relações Mães e Bebês.

Sua carreira acadêmica e profissional sempre esteve marcada pela preocupação em aliar ensino e pesquisa à realização de intervenções e trabalhos na comunidade, bem como em promover uma atuação inter e transdisciplinar.

Profunda conhecedora de psicologia infantil, ao lado da carreira acadêmica, desenvolveu fecundo trabalho clínico, tendo sido colaboradora de muitos anos da eminente psicóloga Dra. Betti Katzenstein-Schoenfeldt.

Co-fundadora, em 1960, do Centro Israelita de Assistência ao Menor - CIAM, por 15 anos dirigiu nele a escola e clínica de orientação infanto-juvenil.

Em 1972, participou da criação e organização de uma maneira nova de atuar com crianças e jovens com problemas de desenvolvimento, na Carminha Associação para Reabilitação do Excepcional – CARE, dirigida por Celma Cenamo. Primeira escola brasileira com metodologia derivada da Análise do Comportamento, sendo responsável pelo seu planejamento e organização, treinamento dos educadores e programação para os alunos. *Passo a Passo, seu Caminho*, agora reeditado, é resultado de 15 anos desse trabalho.

Foi assessora de diversas escolas, especialmente no Colégio Pauliceia, onde, com sua diretora Carmen Lydia Trunci de Marco, orientou a instalação de classes para autistas, ao nível de Educação Infantil. Sua atuação no Colégio Paulicéia é um marco histórico, pois numa Escola Inclusiva, fundada em 1960, hoje referência em nosso país, lançou sementes de um programa educacional fundamentado na Análise do Comportamento Aplicada. Maggi sempre esteve à frente do seu tempo, lutando por seus ideais e buscando oportunidades inovadoras de desenvolvimento.

Atuante em várias organizações científicas, tem participado de suas diretorias ao longo de sua carreira. É membro da Academia Paulista de Psicologia, ocupando a cadeira 12.

Margarida Hofmann Windholz, também conhecida como Maggi, é viúva, tendo quatro filhos, nove netos e quatro bisnetos, o que enriquece sobremaneira a sua vida, inclusive a sua atuação profissional.

E-mail: maggi@windholz.co.il

Betti Kazenstein-Schoenfeldt, em sua casa, com o esposo Huberto Schoenfeldt. Agosto 1981. Acervo Autora.

Em pé: Margarida Windholz, Fred Keller, Lúcia Williams e Marilene Grandesso. Agachados: Frances Keller, Maria Amélia Matos e Cesar Ades. Simpósio "Ética na atuação do Psicólogo", PUC-SP, 17-19 nov. 1977.
Fotografado por Larry Williams, pertencente ao acervo da família Keller, escaneada pela Universidade de Brasília (UnB).

Homenagem à Dra. Margarida Hofmann Windholz e lançamento de seu livro*

Agradecendo a homenagem. A seu lado, Jan Luiz Leonardi.

Cumprimentada por Isaías Pessoti, junto de Sílvio Paulo Botomé.

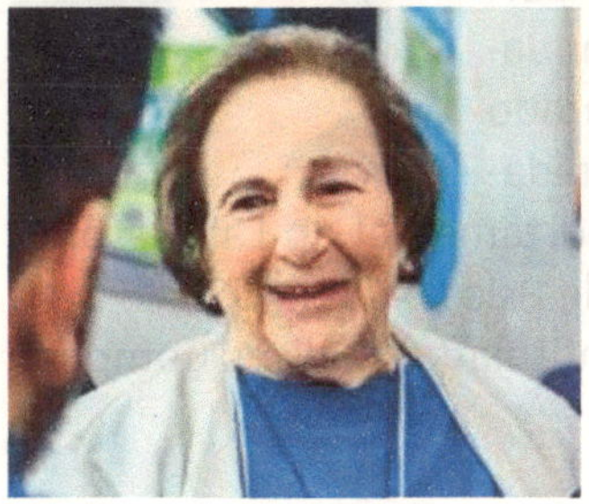

Presenteada pela ABPMC, com o 1º exemplar da 2ª ed. de "Passo a Passo", único com douração nas folhas. Ao lado de Oswaldo Martins Rodrigues Júnior.

Aguardando o início da cerimônia, com A. Jayro F. M. Fagundes, que iria saudá-la em nome da ABPMC.

Acompanhada dos filhos Daniel, Tamara (neta), Ari e Moria, indo para a Abertura.

Abaixo - Na sessão de Abertura, acompanhada dos filhos Davi e Daniel.

Tietagem com Sônia Beatriz Meyer e Jan Luiz Leonardi.

* Registros da homenagem para a Dra. Maggi, por suas contribuições ao desenvolvimento da Análise Comportamental no Brasil, prestada na abertura da XXV Encontro Brasileiro de Psicologia e Medicina Comportamental e II Encontro Sul-americano de Análise do Comportamento, no dia 06/09/2016. E também do lançamento da 2ª edição de seu livro "Passo a Passo", no dia 07/09/2016. Ambos, em Foz do Iguaçu, PR. *(Fotos do arquivo da ABPMC e dos filhos da Dra. Maggi)*

Sobre os colaboradores

Ana Lucia Cortegoso

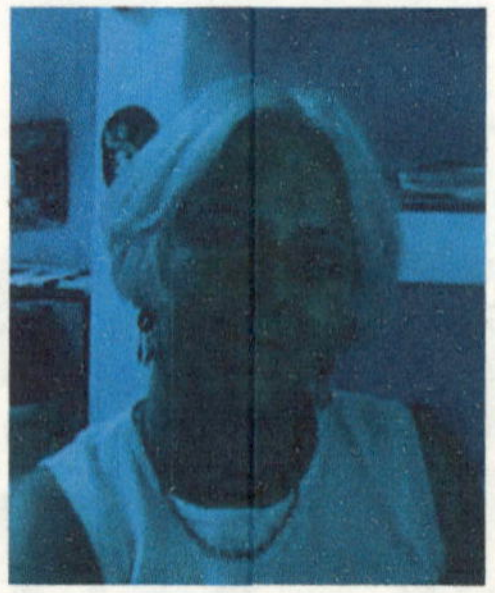

Psicóloga pela PUC-SP, mestre em educação especial pela UFSCar.

Doutora em psicologia da educação pela PUC-SP, sócia da Psi-Oficina de Psicologia.

Docente aposentada pelo Departamento de Psicologia da UFSCar e vinculada ao NuMI-EcoSol, desta mesma universidade, como professora sênior.

ana.lucia.cortegoso@gmail.com

Célia M. C. Gonçalves Loch

Psicóloga formada pela PUC-SP; especialização em Saúde Pública pela USP; título de especialista em Psicologia Clínica reconhecido pelo CRP; atuação em Saúde Pública nas áreas de Planejamento e Gestão, Saúde Mental do Trabalhador e Vigilância Sanitária.

Membro do Grupo Condutor da Rede de Atenção Psicossocial da Baixada Santista; psicoterapeuta de crianças, adolescentes, adultos e famílias; experiência em orientação psicopedagógica nas áreas de estudo e de redação.

Co-autora de livro didático de redação para alunos de Ensino Médio e Universitário, editado inicialmente pela Brasiliense ("Descubra um novo autor: você") e reeditado pela Vozes e EDUCS em 1994 com novo título ("Redação Passo a Passo").

celiagloch@gmail.com

Ana Lúcia Rossito Aiello

Graduação em Licenciatura em Psicologia e Formação de Psicólogo, pela Faculdade de Filosofia Ciências e Letras da USP Ribeirão Preto.

Mestrado em Educação Especial (Educação do Indivíduo Especial), pela Universidade Federal de São Carlos.

Doutorado em Psicologia (Psicologia Experimental), pela Universidade de São Paulo.

Atualmente é professora adjunta do Departamento de Psicologia da Universidade Federal de São Carlos, ministrando disciplinas e orientando na Graduação e na Pós-Graduação em Educação Especial.

alaiello@ufscar.br; ana.aiello@terra.com.br

Sonia Beatriz Meyer

Livre-docente no Departamento de Psicologia Clínica do Instituto de Psicologia da Universidade de São Paulo.

Mestre pela Western Michigan University e doutora pela Psicologia Experimental da USP.

Professora na graduação e na pós-graduação, orientadora de mestrado e de doutorado e supervisora clínica em serviços à comunidade, no Serviço de Terapia Analítico-Comportamental do Laboratório de Terapia Comportamental do Instituto de Psicologia da USP.

Coordena um projeto de pesquisa intitulado Análises Comportamentais de Sessões de Psicoterapia.

sbmeyer@usp.br

Celso Goyos

Coordenador do Instituto LAHMIEI - Autismo, Professor Associado nível 4 do Departamento de Psicologia da UFSCar.

Mestrado em Applied Behavior Analysis (ABA) pela Western Michigan University (EUA) e Doutorado pela Universidade de São Paulo. Pós-doutorado pela Universidade de Bangor (Reino Unido), Universidade de Kansas (EUA), e Universidade da Califórnia - San Diego (EUA).

Coordenador do Curso de Pós-graduação Lato Sensu em Análise do Comportamento Aplicada ao Autismo da UFSCar. Atua nas áreas de ensino, supervisão de atendimentos e pesquisa em Análise do Comportamento Aplicada ao Autismo e a indivíduos com atraso no desenvolvimento intelectual e da linguagem.

Orientou dezenas de pesquisas de mestrado e doutorado pela UFSCar, é autor de dezenas de artigos científicos publicados em periódicos nacionais e internacionais, foi coordenador da Escola São Paulo de Ciência Avançada: Autismo (2012, FAPESP), e membro do corpo editorial de diversos periódicos científicos nacionais e internacionais.

Foi professor-pesquisador visitante nas seguintes universidades no exterior: Trinity College (Irlanda), Palermo (Itália), Oviedo (Espanha).

celsogoyos2@gmail.com

Antônio Jayro da Fonseca Motta Fagundes

Mestrado e doutorado em Psicologia Experimental pela Universidade de São Paulo (USP). Experiência em Observação Comportamental, Condicionamento Animal, Terapia com Ajuda de Animais e Projetos de Pesquisa; em editoração de livros e periódicos científicos; em revisão e normalização de textos de relatórios científicos e similares, desde 1972. Membro efetivo da Associação Brasileira de Normas Técnicas (ABNT), Comissão de Estudo de Documentação. Autor do primeiro livro sobre observação comportamental escrito em português (1981), atualmente na 18ª edição: "Descrição, definição e registro de comportamento" e editor, em 1982, do segundo sobre o assunto, ambos pela Edicon.

Pioneiro no Brasil, atua no trabalho sistemático em TV, Cinema, Publicidade, Teatro e eventos, aplicando princípios de Psicologia na preparação de animais para cumprirem o roteiro pré-estabelecido (desde 1982) e também na capacitação de bebês e crianças (a partir de 1999) para a mesma finalidade.

Professor por vocação e com muito orgulho, leciona Observação Comportamental, Análise Experimental do Comportamento e disciplinas voltadas para a pesquisa em Psicologia, desde 1967. Atualmente é Professor Convidado da Pós Graduação da Universidade Federal de São Carlos (UFSCar).

Na Edicon, teve a honra de publicar a 1ª edição de "Passo a Passo", da Maggi, e de tê-la convencido a reeditar seu livro, sendo dele colaborador na 2ª e 3ª edições.

profjayro@profjayro.com.br